Presidente
Marcelo Consentino

Vice-presidente
Rodrigo Duarte Garcia

**Instituto de Formação
e Educação**
Rua Boa Vista, 99 – 1º andar
Centro. São Paulo – SP
CEP 01014-001
Tel.: (11) 2507 1431
E-mail: contato@ife.org.br

Editores
Joel Pinheiro da Fonseca
Eduardo Wolf
Renato José de Moraes
Henrique Elfes
Bruno Garschagen
Marcelo Consentino
Leandro Oliveira

Direção de arte
Felipe Cohen

Arte e diagramação
Carla Castilho e Lia Assumpção
janela estúdio

Ilustração
Ulysses Bôscolo de Paula

Colaboradores
André Otávio Assis Muniz
Alvaro Machado
Brad Mehldau
Bruno Garschagen
Bruno Gripp
David Pryce Jones
Diogo Costa
Eduardo Carvalho
Eduardo Schmidt Passos
Eduardo Augusto Pohlman
Gabriel Goldmeier
Oswaldo Giacóia Junior
João Cezar de Castro Rocha
Julio Lemos
Jonas Lopes
Érico Nogueira
Jerônimo Teixeira
Jessé de Almeida
Leandro Oliveira
Leonardo Valverde
Luiz Felipe Amaral
Luiz Felipe Pondé
Marcelo Laier
Martim Vasques da Cunha
Pedro Gonzaga
Pedro Sette-Câmara
Raymond Tallis
Rodrigo de Lemos
Ruy Goiaba
Thiago Blumenthal
Willian Silveira

CIP-BRASIL. CATALOGAÇÃO-NA-FONTE
SINDICATO NACIONAL DOS EDITORES DE LIVROS, RJ

D55

Dicta&contradicta : N.9, [2012 / [organização Guilherme Malzoi Rabello]. - Rio de Janeiro : Civilização Brasileira ; São Paulo : IFE, 2012
(Dicta e contradicta ; 9)

ISBN 978-85-2001-158-4

1. Ensaio brasileiro. I. Rabello, Guilherme Malzoni, 1984-. II. Instituto de Formação e Educação. III. Série.

12-3770.
CDD: 869.94
CDU: 821.134.3(81)-4

Patrocinadores

Dicta&Contradicta é uma coletânea de ensaios editada semestralmente pelo IFE - Instituto de Formação e Educação, associação sem fins lucrativos que visa a estudar, criar e divulgar no Brasil conhecimento nos campos das Humanidades, das Artes e da Filosofia. Com exceção do editorial, as opiniões expressas nos ensaios que compõem a coletânea são de responsabilidade exclusiva dos seus autores e não refletem necessariamente as do IFE.

www.dicta.com.br

CIVILIZAÇÃO BRASILEIRA

2012

ÍNDICE

EDITORIAL [6]

PRINCIPAIS [10]

SERGIO BUARQUE DE HOLANDA E GILBERTO FREYRE: RAÍZES DE UMA RIVALIDADE LITERÁRIA [10]
João Cezar de Castro Rocha

OU ELA OU EU [30]
Érico Nogueira

ARTE E LIBERDADE [42]
Raymond Tallis e Julian Spalding

PERFIL [64]

PAUL JOHNSON: A TEORIA E A PESSOA
Anthony Daniels

FELIZ NOVA DIETA [80]

Julio Lemos

> **Ensaio Visual | Ulysses Bôscolo de Paula** nasceu em São Paulo em 1977. Estudou Artes Plásticas na FAAP formando-se em 1999. Ministra aulas de gravura em metal no Atelier Piratininga e cursa atualmente o Programa de Mestrado em Poéticas Visuais pela Universidade de São Paulo (USP) com a orientação do artista Claudio Mubarac.

FILOSOFIA [82]

TEORIA PURA E IMPURA DO DIREITO: KELSEN, SCHMITT E VOEGELIN [82]
Eduardo Schmidt Passos

NIETZSCHE PARA IDIOTAS [90]
Luiz Felipe Pondé

O FASCÍNIO DE NIETZSCHE [98]
Oswaldo Giacóia Júnior

GENESIS [106]

A DANÇA SOBRE O ABISMO
Stefan Zweig

RELIGIÃO [112]

OS BUDISTAS ACREDITAM EM REENCARNAÇÃO?
André Otávio Assis Muniz

SOCIEDADE [124]

UMA APOSTA PARA LEONARDO BOFF
Diogo Costa

HISTÓRIA [130]

HOBSBAWM E O PREÇO DA UTOPIA
David Pryce-Jones

DO LADO DE LÁ [138]

COLTRANE, JIMI HENDRIX, BEETHOVEN E DEUS
Brad Mehldau

LITERATURA 148

O AMERICANO TRANQUILO [148]
Martim Vasques da Cunha

PANORAMA GERAL DO FRACASSO [160]
Jonas Lopes

SOBRE OS NARCISOS DE VALÉRY [170]
Rodrigo de Lemos

CORAGEM, HORROR E MARAVILHA: PHILIP ROTH
E O TEATRO DE SABBATH REVISITADO [178]
Pedro Gonzaga

ARS GRAMMATICA 188

INTRODUÇÃO E O USO DO ÁTONO
Leonardo Valverde

TEATRO 194

A INTUIÇÃO TRÁGICA DE NELSON RODRIGUES
OU A SALVAÇÃO PELO FETICHE
Pedro Sette-Câmara

POEMA TRADUZIDO 202

POEMAS EM PROSA DE PAUL VALÉRY
Traduzidos por Rodrigo de Lemos

210

CONTO

MYCOPLASMA GENITALIUM
JCVI-1.0
Jerônimo Teixeira

CRÔNICA 216

TUDO O QUE VOCÊ NUNCA QUIS SABER SOBRE O
HUMOR INGLÊS E JAMAIS PENSOU EM PERGUNTAR
Bruno Garschagen

MÚSICA 224

RUÍDOS NA SALA DE CONCERTO
Leandro Oliveira

CINEMA 230

RESPONSABILIDADE E SERVIDÃO EM
ALEKSANDR SOKÚROV
Alvaro Machado

ANATOMIA DO POEMA 236

OS INCOMPREENDIDOS
Jessé de Almeida

RESENHAS 246

DUAS NOVAS TRADUÇÕES DE HOMERO [246]
Bruno Gripp

DE COMO AS GRANDES MIGRAÇÕES
REMODELAM O MUNDO [249]
Eduardo Carvalho

LIVRES E IGUAIS? [251]
Gabriel Goldmeier

O INFINITO PERDIDO [253]
Marcelo Laier

DE HOMENS E DEUSES [256]
Eduardo Augusto Pohlman e Willian Silveira

EXPLICANDO O DESENVOLVIMENTO [258]
Luiz Felipe Amaral

HERZOG ENTRE A LOUCURA E A MORTE [261]
Thiago Blumenthal

O LANÇAMENTO QUE NÃO HOUVE 264

SAUL KRIPKE, NAMING AND NECESSITY
Julio Lemos

HUMOR 272

BREVES ENTREVISTAS COM HOMENS TEDIOSOS
Ruy Goiaba

Dicta&Contradicta

Das Vergangene wird gewußt, das Gegenwärtige wird erkannt, das Zukünftige wird geahndet.
Das Gewußte wird erzählt, das Erkannte wird dargestellt, das Geahndete wird geweissagt.
(Schelling, Die Weltalter)[1]

Diz o provérbio que "a história é mestra da vida". Não deixa de ser verdade por ser surrado, nem por serem poucos a pô-lo em prática; tão poucos, que já se pôde definir o homem como "o único animal que reincide indefinidamente nos mesmos erros".

Os cínicos de sempre murmurarão que a definição poderia aplicar-se à *Dicta*, que chega agora a seu nono número. E chega com um tema mestre que, curiosamente, emergiu de uma confluência não premeditada de causas, mas que acabou moldando as feições do volume que o leitor tem em mãos: justamente a história, o historiador e seus parentes próximos: sociólogos, antropólogos; enfim, todos aqueles que nos ajudam a conhecer e entender-nos a nós mesmos e à nossa sociedade.

Um de nossos destaques é um ensaio pioneiro sobre ninguém menos que Sergio Buarque de Holanda. A obra de Sergio Buarque é fundamental para a compreensão do Brasil, mas o Prof. João Cezar resolveu apimentar um pouco as coisas e tomar o próprio Sergio Buarque como seu objeto. Numa minuciosa comparação das diferentes edições de *Raízes do Brasil*, ele revela um pouco das mudanças que foram, pouco a pouco, eliminando as referências que Sergio Buarque fazia àquele que, com o tempo, tornou-se seu grande rival: Gilberto Freyre.

O Perfil, outro destaque, é da autoria de Anthony Daniels. A pedido da *Dicta*, Daniels teve uma longa conversa com o historiador Paul Johnson, e a usou para escrever um ensaio que busca não só dar uma ideia da obra de Johnson, mas da pessoa por trás dela. O resultado é um texto matizado, com plena liberdade tanto para a admiração como para a crítica.

No que promete ser o texto mais polêmico desta edição, o ensaísta inglês David Pryce-Jones também escolheu um historiador como seu objeto de análise, mas não um que ele admira, mas sim um que despreza: Eric Hobsbawm. Sua acusação contra Hobsbawm, em que pese seus títulos e amplo reconhecimento público (inclusive no Brasil), é que sua afiliação ideológica o faz não apenas defender e justificar crimes monstruosos, como afeta sua obra histórica, que omite, em momentos cruciais, o lado e os feitos menos abonadores do socialismo no século XX. Como parece ser regra entre os ideólogos de

---

[1] "O passado é conhecido, o presente é reconhecido, o futuro é vislumbrado. / O conhecido é narrado, o reconhecido é representado, o vislumbrado é previsto" (*As Idades do Mundo*).

diversos matizes, Hobsbawm não hesita, argumenta Pryce-Jones, em colocar suas teses, ou sua matriz interpretativa, acima dos fatos.

O que não quer dizer que a História possa prescindir dessa matriz interpretativa, ou seja, das lentes que o historiador traz consigo. Juntar fatos, dados e documentos é apenas um passo inicial de seu trabalho; há que se articulá-los em uma narrativa coerente, dando-lhes uma interpretação. E aí é que se vê como há muito em comum entre historiador e romancista. A esse propósito, trazemos uma pequena narrativa histórica, inédita no Brasil, de Stefan Zweig sobre os último dias de Nietzsche. Seria uma narrativa realista? Como descrição detalhada dos fatos, é dúbio; mas como representação artística do estado espiritual do filósofo alemão, bem, daí caberá a cada leitor comparar com a sua interpretação da vida e do mundo e julgar por si mesmo...

Nietzsche, na verdade, acabou constituindo uma microsseção dentro deste número; além do texto de Zweig, compõem a edição dois ensaios filosóficos sobre o autor: um de Luiz Felipe Pondé e o outro de Oswaldo Giacóia, revelando outra possibilidade de se fazer história: olhar para o passado não dos fatos, mas das ideias, apresentando diferentes versões de um mesmo pensamento e mostrar como o que Nietszche representa pode estar distante do que ele realmente foi.

E não é só o pensamento individual que costuma ser distorcido com o passar do tempo – diz-se que cada geração reescreve a história –, mas igualmente o das correntes de pensamento e espiritualidade. O sacerdote budista André Muniz, em nossa seção de Religião, defende que um dos ensinamentos mais básicos do budismo – o renascimento – foi completamente invertido nos tempos modernos.

Não pense o leitor, contudo, que falte a tradicional variedade de temas. Entre os artigos principais, trazemos um poema inédito de Érico Nogueira com uma apresentação do professor João Ângelo Neto, que ajuda o leitor a desvendar as diversas camadas de significado presentes e traz, ao mesmo tempo, uma tese muito interessante sobre a relação da literatura com os clássicos. Igualmente digno de destaque é o monumental ensaio dos filósofos Raymond Tallis e Julian Spalding, que indaga sobre a relação entre a arte e a liberdade humana, tanto do ponto de vista da produção quanto da fruição. Além dele, é forçoso mencionar o conto inédito de Jerônimo Teixeira, que lança um olhar sobre o homem do ponto de vista do futuro. E, *last but not least*, o nosso Martim Vasques escreve um brilhante perfil, *warts and all* ("sem poupar nem as verrugas"...), do escritor de romances policiais James Ellroy, lançando ao mesmo tempo, esperamos, uma pá de cal sobre o velho preconceito de que literatura policial é um gênero menor, de segunda categoria, que não pode atingir os cumes nevados da "grande arte".

O leitor perceberá também as mudanças na diagramação e na parte gráfica, que estão agora a cargo do olhar apurado de Felipe Cohen em colaboração com a equipe da Janela Estúdio.

Passemos agora a algumas breves reflexões sugeridas pela temática principal desta revista.

O que a memória é para o indivíduo, representa-o a história para as sociedades. Os poucos casos de amnésia completa que conhecemos mostram-nos pessoas "despersonalizadas"; não sabem quem são, não têm biografia, e por isso não têm futuro, nem na forma de projetos, nem na de um fim ou sentido para sua vida. Quem quiser ler ou reler o capítulo "O marinheiro perdido", do livro *O homem que confundiu sua mulher com um chapéu*, de Oliver Sacks, poderá ver uma descrição muito viva da importância que a memória tem como núcleo central da pessoa. Ora, a memória se organiza como narrativas parciais que se juntam numa grande narrativa autobiográfica. Não temos na cabeça teses ou modelos da nossa vida, ou verbetes de dicionário, mas imagens e conceitos "indexados" – dizem-nos os neurocientistas – pela emoção que provocaram, a qual por sua vez os "amarra" em sequências temporais – narrativas. Já dissemos que há muito em comum entre o historiador e o romancista, e ao menos no plano pessoal isso é a mais rigorosa verdade: todo mundo é um romancista da própria vida.

Idealmente, essa narrativa interior deveria corresponder ponto por ponto aos fatos do mundo exterior. No entanto, no sentido mais estrito do termo, isso é impossível, porque necessariamente – é da própria estrutura da memória que seja assim – os tais "fatos" são tingidos, valorizados, etiquetados e conectados por emoções. O que não significa que essa narrativa seja falsa, apenas que temos

EM QUASE TUDO O QUE DIZ RESPEITO AOS SABERES HUMANOS, POUCAS SÃO AS CERTEZAS E A VERDADE PERMANECE QUASE SEMPRE UMA META, UM OBJETIVO, UM IDEAL.

de tomá-la *cum grano salis*, com consciência da sua limitação e relatividade, e procurando evitar com todo cuidado a "vaidade congênita, especialmente suscetível em tudo o que diz respeito à nossa capacidade intelectual" de que fala Schopenhauer. Saber que, em quase tudo o que diz respeito a nosso conhecimento de nós mesmos e do homem em geral, poucas são as certezas e a verdade permanece quase sempre uma meta, um objetivo, um ideal.

O que nos leva, por extensão, ao tema da história. Não é à toa que Platão afirma, na *República*, que toda sociedade se baseia em um "mito", uma narrativa mais ou menos romanceada, e que lhe confere passado, personalidade e, em consequência, futuro. Nossa civilização ocidental já viveu e já descartou e reabilitou uma série desses mitos, que não deixam de existir mesmo em tempos pretensamente científicos como o nosso. Já o Brasil, embora submetido em certa medida às tendências gerais da sociedade ocidental, nunca teve propriamente um mito fundacional. A condição de colônia privou-o de uma história própria, e as primeiras tentativas de uma narrativa – primeiro a "história heroica", baseada em batalhas e grandes homens, erigida tanto pelo romantismo literário quanto pelo positivismo e plasmada ainda nos nossos símbolos e hinos de estilo caracteristicamente empolado – estavam em gritante contradição com os fatos. Depois, mais sérias, as tentativas de Sergio Buarque de Holanda e Gilberto Freyre foram abortadas pelos esquemas marxistas do estruturalismo que tomou conta da nossa academia e continua a predominar no ensino fundamental e médio.

Tudo isso impõe uma série de responsabilidades concretas ao historiador nacional, das quais se pode destacar pelo menos três. Em primeiro lugar, a de lembrar-se de que a história é, antes de mais nada, uma *narrativa*. Desde as tentativas do execrado (pelas esquerdas) Rocha Pombo (1857-1933) ou de Gilberto Freyre (1900-1987), não apareceu mais uma única narrativa decente da nossa história, completa e acessível ao público leitor, nem ao menos aparece no horizonte alguém que se disponha a corrigir e completar essas obras (muitas das quais, por sinal, só se encontram em raríssimos sebos a preço de ouro). Ou seja, em breve completaremos cem anos sem uma história geral. O interesse que tal obra teria, se bem escrita, deduz-se sem dificuldade do sucesso que tiveram e têm livros como *Mauá, Chatô, 1822, Guia politicamente incorreto da história do Brasil* etc. O brasileiro está sedento por conhecer sua própria história, mas carece de fontes para descobri-la.

Segundo, a de ser *tão verdadeiro quanto possível* – e na história a dificuldade é muito maior, porque todo o conhecimento é mediado e não poucas vezes "re-mediado" –, sem fabricar pseudo-heróis (isto é, ocultando seus defeitos) como os bandeirantes, o Zumbi ou seja quem for que esteja nas graças da ideologia dominante, mas também sem temer encontrar heróis autênticos como Aleijadinho, José Bonifácio ou Joaquim Nabuco (aqui, é claro, estamos nós mesmos fazendo uma interpretação histórica).

E, por fim, a de saber usar esquemas e modelos, sim, mas *subordinando-os sempre à verificação*, para a qual não faltam métodos: crítica textual, arqueologia, numismática, paleografia etc. etc. etc. Dentre eles, contudo, gostaríamos de destacar um em particular; um instrumento fabuloso de que fala Henri-Irenée Marrou no seu clássico *De la connaissance historique*, a saber: a *empatia*, a fineza de espírito que permite ao historiador colocar-se no lugar do personagem histórico para interpretar e, assim, melhor compreender, suas ações; desvelar as possíveis narrativas que dão sentido aos feitos humanos. Valeria muito a pena que os historiadores brasileiros parassem de fingir que trabalham com uma ciência exata, dedicando todo seu tempo a *papers* sobre questiúnculas de cerâmica funerária tupi que ninguém lê exceto três dos seus pares – tarefa também útil, é verdade, mas que não deveria limitar seus horizontes – e se lembrassem de que a história é uma ciência *humana*, escrita por homens sobre homens para homens. Podemos – não; *devemos* – nos colocar, com um pouco de erudição e sensibilidade, nas botas de um comerciante português de 1600, de um índio que lutou com negros e portugueses contra os holandeses, ou de um carioca da *belle époque*. E aí está, novamente, o ponto de encontro do historiador com a literatura, cujo contato com a realidade do homem em nada deve, assim pensamos, às ciências humanas.

Com a humilde esperança de que algum historiador ao menos leia este editorial e daí surja algum resultado concreto, uma leitura ambiciosa e corajosa de nosso país, despedimo-nos do leitor desejando-lhe, como sempre, uma boa leitura. Até a próxima.

SERGIO BUARQUE DE HOLANDA E GILBERTO FREYRE: RAÍZES DE UMA RIVALIDADE LITERÁRIA

João Cezar de Castro Rocha

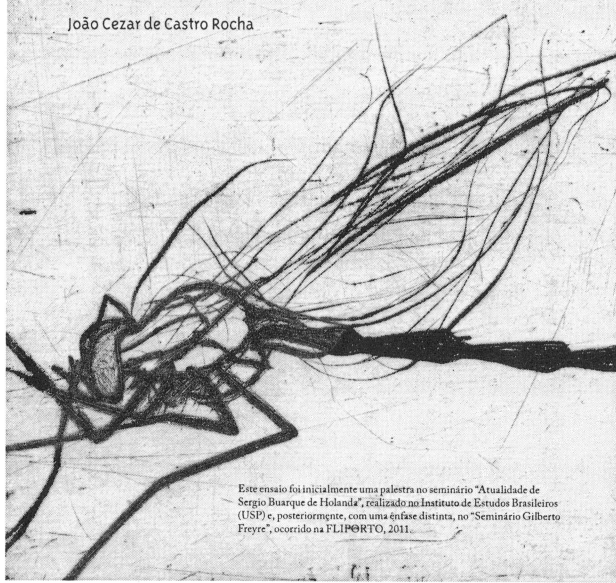

Este ensaio foi inicialmente uma palestra no seminário "Atualidade de Sergio Buarque de Holanda", realizado no Instituto de Estudos Brasileiros (USP) e, posteriormente, com uma ênfase distinta, no "Seminário Gilberto Freyre", ocorrido na FLIPORTO, 2011.

Introdução

Este ensaio é parte de um trabalho em curso. Apresento, portanto, não conclusões definitivas, mas sugestões iniciais. Principio propondo que se considere *Raízes do Brasil* um *livro-problema*. Pode-se sintetizar o caráter problemático de *Raízes do Brasil* anotando a surpresa com a resistência dos especialistas na obra de Sergio Buarque de Holanda em analisar com cuidado as autênticas metamorfoses sofridas pelo texto de 1936 nas quatro edições subsequentes, até a quinta e definitiva, publicada em 1969.

O que me interessa é a naturalização de um elemento que deveria ocupar o centro de suas preocupações. O próprio Sergio Buarque escreveu em junho de 1947, no prefácio à segunda edição, lançada em janeiro do ano seguinte:

> Publicado pela primeira vez em 1936, este livro sai consideravelmente modificado na presente versão. Reproduzi-lo em sua forma originária, sem qualquer retoque, seria reeditar opiniões e pensamentos que em muitos pontos deixaram de satisfazer-me. Se por vezes tive o receio de ousar uma revisão verdadeiramente radical do texto – mais valeria, nesse caso, escrever um livro novo –, não hesitei, contudo, em alterá-lo abundantemente onde pareceu necessário retificar, precisar ou ampliar sua substância.[1]

Perguntar, portanto, pelo significado das modificações de *Raízes do Brasil*, mais do que passatempo erudito, talvez ajude a esclarecer novas dimensões do texto e da trajetória intelectual de seu autor.

Em tese, não haveria motivo para surpresa no fato de um autor rever sua obra. Reconheço-o de imediato para que não se pense que sou assim tão ingênuo. Na impecável formulação de Borges: "*El concepto de* texto definitivo *no corresponde sino a la religión o al cansancio*". A fim de preservar a riqueza da leitura, é preciso desconsiderar interpretações automaticamente transmitidas, e não se deixar vencer pelo cansaço de ter sob os olhos, repetidas vezes, as "mesmas" páginas: "*No hay buen texto que no parezca invariable y definitivo si lo practicamos un número suficiente de veces*".[2] Reler com olhos descansados representa a forma mais ativa de reescrita. De igual modo, reescrever o próprio texto com novos olhos – ou, ainda melhor, os "olhos livres" do "Manifesto da Poesia Pau-Brasil" – é a forma mais ativa de releitura. Portanto, não há nenhum problema no gesto de alterar radicalmente certos aspectos de *Raízes do Brasil*. O problema reside antes em nossa dificuldade de refletir sobre o alcance dessas alterações. A fim de ordenar minha exposição – e repito o que disse: trata-se de um trabalho em curso, cujas conclusões ainda não me satisfazem completamente –, dividirei nosso diálogo em seis momentos.

Principiarei propondo o conceito de "texto-matriz", ou de "autor-matriz", cujo paradoxo talvez revele por que resistimos a comparar sistematicamente as cinco pri-

---

[1] Sergio Buarque de Holanda. *Raízes do Brasil*. Prefácio à segunda edição. José Olympio, 1948, p. 11.

[2] Jorge Luis Borges. "Las versiones homéricas". Discusión. *Obras completas*. Emecé Editores, vol. I, 1989 [1932], p. 239.

meiras edições de *Raízes do Brasil*. Num segundo momento, tratarei da biografia do livro, valorizando as modificações realizadas de 1936 a 1969. Neste ensaio, contudo, concentrarei minha atenção no estudo, breve, das três primeiras edições. Na terceira seção, buscarei reconstruir a história das principais modificações. O estudo de certa orientação dessas modificações constitui o quarto momento, no qual tento entender o alcance de uma "rivalidade literária" fundamental para a determinação da cultura brasileira no século passado. Os ingleses desenvolveram com brilho a noção de "*literary friendships*". Por que não esboçar, à sombra das relações cordiais, o método das "rivalidades literárias"? No quinto momento, tratarei das relações perigosas entre Freyre e a escola paulista de sociologia. Por fim, à guisa de conclusão, apresentarei duas hipóteses.

Se for bem-sucedido, poderei entender melhor as modificações nas diferentes versões de *Raízes do Brasil*, assim como esclarecer aspectos novos da rivalidade literária entre Gilberto Freyre e Sergio Buarque de Holanda.

O paradoxo do autor-matriz

Proponho começar com uma reflexão acerca da figura do *autor-matriz* – que será válida para o *texto-matriz*.

O autor-matriz é aquele cuja obra, pela própria complexidade, autoriza a pluralidade de abordagens, pois elementos diversos de sua obra podem ser valorizados através de articulações teóricas igualmente diversas. Por vezes, elementos opostos, que convivem criativamente, engendram inevitáveis divisões no campo crítico. Ora, nenhum crítico ou teórico da literatura pensaria com seriedade que sua análise é a "única" leitura realmente fecunda da obra de Machado de Assis, Mário de Andrade, Guimarães Rosa, Sergio Buarque de Holanda, Gilberto Freyre, Florestan Fernandes, entre outros.

Portanto, pela riqueza de seus textos, o autor-matriz favorece o eterno retorno de querelas hermenêuticas e metodológicas. Um sistema intelectual necessita desse combustível para manter-se ativo, com seus elementos em circulação constante e renovadora.

Sergio Buarque é um dos mais destacados *autores-matrizes* da história da cultura brasileira – e *Raízes do Brasil* é um texto-matriz por excelência. Ora, um texto-matriz não pode senão gerar polêmicas, pois sua riqueza convoca apropriações diversas.

Se as polêmicas, assim compreendidas, revelam-se indispensáveis na formação de um sistema intelectual, é preciso que se mantenham propriamente "polêmicas", isto é, inovadoras, capazes de ampliar os problemas, modificando as respostas anteriormente oferecidas. Contudo, uma vez que o sistema esteja solidamente consolidado, o mais provável é que os debates se limitem a confirmar alianças previamente estabelecidas. O *texto-matriz* transforma-se, então, em mero pretexto para a defesa de posições institucionais; em consequência, os "novos" livros publicados correm o risco de simplesmente acumular informações adicionais sobre conhecimento já produzido.

Eis, portanto, o paradoxo que ameaça o autor-matriz: quanto mais importante ele se revela, tanto menos sua obra se torna legível. Afinal, em lugar de novas leituras do texto, ocorre uma concentração na periferia da fortuna crítica. Concentração, aliás, indevida – deixemos a ociosa diplomacia de lado. Pois o que de fato importa é o corpo a corpo com o texto e não o jogo falsamente sofisticado das infinitas querelas de uma fortuna crítica mais preocupada com a moda da última semana do que com o texto ou autor em discussão.

Como responder ao paradoxo da ilegibilidade potencial do autor ou do texto-matriz? Eis nossa questão central. Proponho uma ideia: ler o texto-matriz com as lentes fornecidas pelo método da *"thick description"*, da "descrição densa", tal como formulado por Clifford Geertz. A expressão foi cunhada por Gilbert Ryle e, na antropologia de Geertz, implica um esforço descritivo tão minucioso quanto possível, mesmo microscópico, de determinado sistema social. Desse modo, um gesto qualquer, mesmo o mais prosaico, somente adquire pleno significado quando visto no âmbito de relações socialmente significativas.

Gilbert Ryle refletiu sobre a possível diferença de dois movimentos idênticos. Isto é, um movimento involuntário da pálpebra, um tique ou um cacoete (*twitch*), e o mesmo movimento, porém realizado deliberadamente, uma piscadela (*wink*). Uma descrição superficial (*thin descrip-* *tion*) apenas observaria a mecânica dos dois atos. Logo, não apontaria nenhuma distinção relevante. Contudo, uma descrição densa procuraria compreendê-los a partir de sua imersão num contexto determinado, reconstruindo uma teia de sentidos capaz de produzir diferenças significativas. O movimento mecânico se transforma assim num gesto propriamente interpretável. A tarefa do antropólogo, para Geertz, consiste em identificar os códigos que permitem conferir significado aos gestos que compõem o tecido cultural. Em outras palavras, nenhuma ação pode ser entendida individualmente sem o esclarecimento de seu vínculo com outras ações e atores sociais.

Tal metodologia permite valorizar tanto o gesto, considerado em si mesmo, quanto o contexto, visto como entorno que produz sentidos possíveis. Desse modo, a descrição densa favorece a superação de falsas dicotomias entre texto e contexto, forma e conteúdo. Com base nessa intuição, por que não ler um texto ou um autor-matriz através do método da descrição densa? Assim, em lugar de hipostasiar a fortuna crítica, ela seria considerada apenas como mais um elemento de análise, sempre em relação com o dado determinante: o texto e suas relações com a obra do autor e com a constelação de problemas de sua circunstância de produção.

Na próxima seção, esboço um exercício inicial de "descrição densa" de *Raízes do Brasil* e de seu contexto de publicação, no qual será possível avaliar a fecundidade do método.

Biografia de um livro

Principio por observações preliminares, conhecidas de todos, mas importantes na análise de certas mudanças nas edições estará reservada para a próxima seção; agora, limito-me a recordar a história editorial do livro.

Seu primeiro esboço foi publicado na forma de um ensaio, "Corpo e alma do Brasil. Ensaio de psicologia social", saído em 1935, na revista *Espelho*. Ele foi extraído, como se sabe, do caderno de anotações mantido por Sergio Buarque na Alemanha, "mais ou menos 400 páginas, que eu pretendia transformar em livro, e o título seria *Teoria da América*".[3]

A primeira edição de *Raízes do Brasil* foi publicada em outubro de 1936, na coleção "Documentos Brasileiros", da editora José Olympio. O livro de Sergio Buarque inaugurou a coleção, coordenada por Gilberto Freyre. O autor de *Casa-grande & senzala* escreveu um prefácio de 5 páginas, no qual, embora fundamentalmente apresentasse o projeto da coleção, assim definiu o perfil de Sergio Buarque:

> Os organizadores desta coleção foram ainda felizes podendo fazer do trabalho de Sergio Buarque de Holanda o seu volume número 1. O escritor paulista é uma daquelas inteligências brasileiras em que melhor se exprimem não só o desejo como a capacidade de analisar, o gosto de interpretar, a alegria intelectual de esclarecer.

Quando apareceu há dez ou doze anos, ao lado de Prudente de Moraes, neto – talvez a vocação mais pura de crítico que já surgiu entre nós –, foi logo revelando as qualidades e o gosto, que agora se afirmam vitoriosamente.[4]

Não apenas o tom é elogioso: Freyre empenhou-se para que a produção editorial e gráfica do livro de estreia de Sergio Buarque correspondesse a seu talento. Marcus Vinicius Corrêa Carvalho estudou a correspondência de Freyre com José Olympio e registrou o cuidado com a publicação de *Raízes do Brasil*, lançado meses depois de *Sobrados e mucambos*.[5]

Sergio Buarque também demonstrou grande apreço pela inteligência de Gilberto Freyre, assim como pela importância de *Casa-grande & senzala*, como veremos adiante.

Prossigo, agora, com a breve biografia do livro.

Em janeiro de 1948, veio à luz a segunda edição, na mesma coleção, mas agora sob a direção do historiador Octavio Tarquinio de Sousa. Como vimos, Sergio Buarque encarregou-se de anunciar a profunda revisão imposta ao texto. De fato, as mudanças foram estruturais. Recordemos algumas.

A primeira edição possui 7 capítulos, sendo que dois, os capítulos 3 e 4, possuem o mesmo título, com o esclarecimento, no quarto, que se trata de "continuação" do

---

[3] Richard Graham. "Uma entrevista". Francisco de Assis Barbosa (org.) *Revista do Brasil*. Número especial dedicado a Sergio Buarque de Holanda. Ano 3, número 6/87

[4] *Raízes do Brasil*. Prefácio à segunda edição. José Olympio, 1936, p. V.

[5] O livro de Gilberto Freyre foi publicado pela Companhia Editora Nacional, também em 1936.

anterior. A segunda edição manteve os 7 capítulos, mas os capítulos 3 e 4 passam a denominar-se, respectivamente, "Herança rural" e "O semeador e o ladrilhador", pois, nas palavras do autor, "denominações estas que melhor se ajustam aos conteúdos, pelo menos aos conteúdos atuais, dos mesmos capítulos" (edição de 1948, p. 12). Novas notas, com referências bibliográficas posteriores a 1936, também foram adicionadas.

A terceira edição, revista, mas não ampliada, foi publicada em agosto de 1956. Mais uma vez, na coleção "Documentos Brasileiros", ainda sob a direção de Octavio Tarquinio de Sousa. Essa edição possui uma inovação importante: logo após a folha de rosto, o leitor encontra a lista das "Obras de Sergio Buarque de Holanda", incluindo o anúncio de dois livros no prelo, *Caminhos e Fronteiras* e *Tentativas de mitologia*. De igual modo, o leitor é informado que se encontrava em preparo *A Era do Barroco no Brasil*, título lançado postumamente como *Capítulos de Literatura Colonial*, organizado por Antonio Candido. O jovem ensaísta de 1936 dá lugar ao respeitado historiador da década de 1950. Sem dúvida, o necessário rito de passagem esclarece, em boa medida, o escopo de determinadas mudanças nas edições e, sobretudo, ajuda a compreender a trajetória intelectual e institucional de seu autor.

Em nota, assinada em outubro de 1955, Sergio Buarque informou: "Com algumas alterações que não lhe afetam essencialmente o conteúdo, mantém-se na presente, o texto da segunda edição de *Raízes do Brasil*.[6] Como mostrarei na próxima seção, é impossível estar inteiramente de acordo com o autor, pois foi nesta terceira edição que se introduziu uma modificação fundamental, justamente no parágrafo de abertura do livro!

Dois apêndices enriquecem a terceira edição: o ensaio de Cassiano Ricardo, "Variações sobre o homem cordial", e a resposta de Sergio Buarque, "Carta a Cassiano Ricardo"; publicados originalmente em dois números da revista *Colégio* em 1948. Ademais, o livro ganhou índice onomástico e de temas, dando-lhe uma feição mais acadêmica do que ensaística, traço definidor da primeira edição. Na caracterização precisa de Evaldo Cabral de Mello: "Observar-se-á então como o discurso de corte sociológico (no bom sentido) cedeu lugar à concreção do discurso historiográfico".[7]

A quarta edição, publicada em 1963, da Editora da Universidade de Brasília, mais uma vez é revista, mas não ampliada, e possui o acréscimo de um prefácio de três páginas de Antonio Candido, no qual se observa um elemento-chave na constituição de um texto-matriz: "Não espanta que seus pontos de vista se tenham incorporado ao pensamento de uma geração, recebendo muitos deles a glória de se transformarem em conceitos de toda a gente". Provavelmente, Candido pensava no conceito de

---

[6] Sergio Buarque de Holanda. *Raízes do Brasil*. Prefácio à terceira edição. José Olympio, 1956, p. 9.

[7] Evaldo Cabral de Mello. "Raízes do Brasil e depois". Sergio Buarque de Holanda. *Raízes do Brasil*. 26 edição. Companhia das Letras, 2002, p. 192.

"homem cordial", autêntico personagem conceitual que participa ativamente do nosso dia a dia.[8]

Essa edição reproduz as notas e os índices, assim como os dois apêndices da terceira edição.

Por fim, em janeiro de 1969 saiu a quinta edição, de novo pela José Olympio, na mesma coleção "Documentos Brasileiros", agora dirigida por Afonso Arinos de Melo e Franco. Nessa edição o autor estabeleceu a versão definitiva do texto. Depois desse momento, a única alteração lugar deu-se na 17ª edição, com uma "Nota" da viúva, Maria Amélia, que retifica certos aspectos da quinta edição.

Em relação à prometida edição crítica de *Raízes do Brasil* não disponho de notícias, mas o fato concreto é que, anunciada há pelo menos uma década, ainda não foi publicada. Nas próximas seções proporei uma hipótese para essa notável ausência.

Um livro e suas metamorfoses

Começo propriamente pelo princípio, ou seja, identificando a dupla orientação das principais alterações de Sergio Buarque às cinco primeiras edições de *Raízes do Brasil*: de um lado, são alterações, por assim dizer políticas, e, de outro, hermenêuticas.

---

[8] No meu primeiro livro, aliás, procurei discutir a permanência do conceito no cotidiano da cultura brasileira. Ver *Literatura e cordialidade. O público e o privado na cultura brasileira*. Rio de Janeiro: EdUERJ, 1998.

Esclareço o que digo através de quatro pontos: 1) o apagamento da presença de Gilberto Freyre, significativa na primeira edição e progressivamente eliminada nas edições subsequentes; 2) a supressão – ou deslocamento – da presença de Carl Schmitt; 3) a polêmica com Cassiano Ricardo; e 4) a mudança no parágrafo de abertura do livro.

Por um lado, é possível identificar mudanças motivadas especialmente, mas não exclusivamente, por razões políticas. Compreenderia sob essa ótica o progressivo apagamento de Gilberto Freyre e a simples supressão do nome de Carl Schmitt no último capítulo da primeira edição.

Essas mudanças são políticas porque implicam tão somente o apagamento de um nome ou de uma referência sem que se altere o argumento, ou mesmo sem que se altere a redação do parágrafo.

Vejamos dois exemplos.

No capítulo 5 da primeira edição encontramos a seguinte passagem – que, aliás, já se encontrava na íntegra no ensaio de 1935, "Corpo e alma do Brasil":

> Nosso catolicismo tão característico, que permite tratar aos santos com uma intimidade quase desrespeitosa, e que deve parecer tão escandaloso às almas verdadeiramente religiosas, provém ainda dos mesmos motivos. Gilberto Freyre, que tão bem se ocupou dessa liturgia "antes social que religiosa", em uma obra que representa o estudo mais sério e completo sobre a formação social do Brasil, fala-nos dos anjos e santos, que só falta tornarem-se de carne e descerem dos altares, nos dias de festa, para se divertirem com o povo; nos bois entrando pelas igrejas para serem benzidos pelos padres; nas mães mimando os filhos com as mesmas cantigas de louvar o menino Deus etc.

> A popularidade, entre nós, de uma Santa Theresa de Lisieux – Santa Therezinha (…). (edição de 1936, p. 105)

Vejamos a operação textual que ocorre na segunda edição. A modificação se limita à mera supressão do nome de Gilberto Freyre e da paráfrase de seu livro:

> Nosso catolicismo tão característico, que permite tratar aos santos com uma intimidade quase desrespeitosa, e que deve parecer tão escandaloso às almas verdadeiramente religiosas, provém ainda dos mesmos motivos. A popularidade, entre nós, de uma Santa Theresa de Lisieux – Santa Therezinha (…). (edição de 1948, p. 219)

Na primeira edição, a frase "A popularidade, entre nós, de uma Santa Theresa de Lisieux – Santa Therezinha (…)" iniciava um novo parágrafo, necessário devido à longa e encomiástica alusão ao livro de estreia de Freyre, lançado três anos antes de *Raízes do Brasil*. Na segunda, simplesmente se apaga a presença do autor de *Casa-grande & senzala*. Assim, a frase destacada deixa de inaugurar um novo parágrafo, incorporando-se ao anterior. Repita-se o mais importante: *não houve nenhuma modificação no conteúdo do argumento; apenas suprimiu-se o nome de Freyre.*

Igual procedimento ocorre no último capítulo. Na primeira edição, a discussão acerca das condições do totalitarismo na iminência do colapso da democracia liberal possuía uma frase forte: "É um fato instrutivo o das doutrinas que exaltam o princípio de autoridade pressuporem fatalmente a ideia de que os homens são maus por natureza" (edição de 1936, p. 155). Segue-se a nota de número 52, na qual se cita como referência obrigatória na matéria "o ilustre professor de Direito Pública da Universidade de Bonn", ou seja, Carl Schmitt. E não é tudo: na referência bibliográfica, Sergio Buarque identifica, com reverência, "Prof. Carl Schmitt".

Na segunda edição, a frase acima citada é simplesmente suprimida, embora não se altere em nada o raciocínio dos parágrafos anteriores ou posteriores: apenas se suprime a frase para eliminar a nota e, portanto, a alusão elogiosa a Carl Schmitt, por certo constrangedora após o término da Segunda Guerra.

Ainda na segunda edição, Carl Schmitt não foi simplesmente eliminado, mas sutilmente deslocado para outra nota, a célebre nota do capítulo 5, na qual Sergio Buarque procura esclarecer o sentido do conceito de homem cordial, a fim de encerrar uma polêmica iniciada por Cassiano Ricardo – e que discutirei a seguir. Portanto, na segunda edição, a referência a Carl Schmitt reduz-se a uma menção breve: "A distinção entre inimizade e hostilidade, formulou-a de modo claro Carl Schmitt recorrendo ao léxico latino" (edição de 1948, p. 219). Segue uma citação em latim, porém nenhuma referência à obra na qual Schmitt fizera a distinção: o mesmo livro suprimido na outra passagem: *O conceito do político*. Somente na quarta edição a referência é fornecida: "*Der Begriff des Politischen*, Hamburgo, s.d. [1933], pág. 11, nota".

Considero tais supressões *políticas* porque se trata da eliminação de determinados autores sem que o argumento se altere: *excluem-se nomes, mas não ideias.* Trata-se de operação propriamente *cordial*, não exatamente intelectual – e enfrentar criticamente essa dimensão é passo necessário para estarmos à altura da obra. Não é o caso, porém, da maioria das mudanças, cuja motivação é hermenêutica, pois se altera, algumas vezes radicalmente, o sentido do que havia sido apresentado na primeira edição.

Menciono brevemente a polêmica com Cassiano Ricardo. Em *Marcha para Oeste*, ele opunha à cordialidade a ideia da bondade como o elemento próprio do brasileiro. Ora, para quem não tenha lido o ensaio "Corpo e alma do Brasil" ou a primeira edição de *Raízes do Brasil*, o reparo de Cassiano Ricardo parece enigmático, quase um delírio poético. Recorde-se o ponto da discórdia: Cassiano não aceitava o corolário da violência do homem cordial, apostando suas fichas numa suposta capacidade propriamente brasileira de acomodação pacífica de conflitos.

Contudo, vale a pena consultar as diferentes versões do texto-matriz para que se entenda adequadamente o reparo de Cassiano Ricardo. Eis como se expressa Sergio Buarque no ensaio de 1935: "Com a cordialidade *e* a bondade não se criam os bons princípios".[9] A conjunção cria a possibilidade de equivalência entre o homem cordial e o homem bondoso, e o argumento do autor de *Martim Cererê* toma como base essa equivalência. A diferença é que ele opta pela ideia de uma técnica de bondade,[10] em lugar de apostar num possível *éthos* cordial.

Na primeira edição de *Raízes do Brasil*, no último capítulo, o leitor encontrava a mesma frase, porém com uma mudança decisiva, embora em aparência mínima: "Com a cordialidade, a bondade, não se criam os bons princípios" (edição de 1936, p. 156). Ora, não se trata mais de uma possível equivalência, mas de uma relação propriamente sinonímica: se não me equivoco na leitura, a substituição da conjunção pela vírgula estreita o vínculo semântico entre cordialidade e bondade.

Na segunda edição, contudo, o reparo de Cassiano Ricardo deu frutos, pois agora a mesma passagem diz: "Com a simples cordialidade não se criam os bons princípios" (edição de 1948, p. 156). Não se altera o que vem imediatamente antes e depois da passagem citada; meramente se suprime a equivalência entre cordialidade e bondade, tornando a desavença de Cassiano Ricardo aparentemente um simples despropósito. O leitor desavisado da terceira edição, portanto, ao ler o ensaio de Cassiano Ricardo e a carta-resposta de Sergio Buarque, dificilmente compreenderá o ponto de vista do poeta. A comparação das versões de *Raízes do Brasil* esclarece enigma.

Por isso, em sua réplica, o poeta insiste tanto em mencionar o texto da primeira edição, além de jactar-se de ter levado Sergio Buarque a alterar seu texto: "Agora, exami-

---

[9] Sergio Buarque de Holanda. "Corpo e alma do Brasil: ensaio de psicologia social". Marcos Costa (org.). *Escritos coligidos*. Livro I – 1920-1949. Editora Fundação Perseu Abramo / Editora Unesp, 2011, p. 73.

[10] "Que o brasileiro (quando mais polido) sabe tirar partido da sua própria bondade, e que esse seu ricorso se poderia chamar 'técnica da bondade'". Cassiano Ricardo. *O homem cordial e outros pequenos estudos brasileiros*. Ministério da Educação e Cultura, 1948, p. 22.

nando a origem terminológica da palavra, dá Sergio Buarque de Holanda a 'cordial' uma amplitude inexistente na primeira edição do livro".[11] Por sua vez, Sergio Buarque reage com elegância, acrescentando na terceira edição a "carta" publicada em 1948: "É certo, entretanto, que não me convenceram seus argumentos em contrário, quando opõe *bondade* e *cordialidade*. Não vejo como fugir, com efeito, ao sentido ético associado à palavra *bondade*. Você mesmo não o conseguirá, apesar de toda a sua admirável destreza" (edição de 1948, p. 311). Destreza que o autor soube usar como poucos, eliminando a incômoda equivalência entre cordialidade e bondade que constava no texto original. Todo o argumento de Cassiano Ricardo, para o bem ou para o mal, tinha-a como base. Ou seja, e para dizê-lo sem meias palavras, se a palavra *bondade* implica necessariamente um *sentido ético*, oposto à noção de cordialidade, Sergio Buarque bem poderia ter reconhecido a força do reparo de Cassiano Ricardo. Afinal, quem usou a palavra, e duas vezes, foi o próprio Sergio Buarque. Admirável mesmo foi a habilidade com que se livrou da incômoda palavra.

E ainda não é tudo: Cassiano joga Freyre contra Sergio numa passagem que exige esclarecimento. Para o poeta, "tudo no Brasil se fez assim: por mediação. (...)

Quando falhasse aquele equilíbrio de antagonismos, de que fala Gilberto Freyre, entraria a mediação. Num equilíbrio de antagonismos, um antagonismo alimenta o outro. Na mediação, os antagonismos se destroem pacificamente".

Adiante proporei uma interpretação para esse recurso. Por questão de espaço, limito-me somente a mais um exemplo das alterações no texto de *Raízes do Brasil* – exemplo que remata a discussão sobre cordialidade e bondade.

Na primeira edição, o livro principia com um otimismo que certamente surpreenderá o leitor contemporâneo:

> Todo estudo compreensivo da sociedade brasileira há de destacar *o fato verdadeiramente fundamental* de constituirmos *o único esforço bem-sucedido* em larga escala, de transplantação da cultura europeia para uma zona de clima tropical e subtropical. Sobre território que, povoado com a mesma densidade da Bélgica, chegaria a comportar um número de habitantes igual ao da população atual do globo, *vivemos uma experiência sem símile*. (edição de 1936, p. 14, destaques meus)

É curioso que Sergio Buarque retome o exemplo do Conde Affonso Celso em seu panegírico *Porque me ufano do meu país*.[12] Para que o contraste entre as edições fique mais claro, reproduzo a abertura da terceira

---

[11] Cassiano Ricardo. *O homem cordial e outros pequenos estudos brasileiros*. Ministério da Educação e Cultura, 1948, p. 12. Um pouco antes, afirmara: "O que se vê pelo trecho transcrito, é que Sergio Buarque de Holanda reexamina o conceito de 'homem cordial' e agora sob novos aspectos, que não figuravam na 1ª edição".

[12] Recorde-se a comparação de Affonso Celso: "Quer isto dizer que se a população do Brasil igualar a densidade da população belga, tornar-se-á superior a que se calcula existir hoje na terra inteira". Affonso Celso. *Porque me ufano do meu país*. Rio de Janeiro: Garnier, 6ª edição, s.d., p. 6 [1900].

edição, aquela em que o parágrafo de abertura é alterado:

> A tentativa de implantação da cultura europeia em extenso território, dotado de condições naturais, *se não adversas, largamente estranhas à sua tradição milenar, é*, nas origens da sociedade brasileira, o fato dominante e mais rico em consequências. (edição de 1956, p. 3, destaques meus)

No primeiro caso, a experiência brasileira é sem igual porque exitosa: não pode haver dúvidas. E o sucesso parece sugerir que a aclimatação da cultura europeia ocorreu da melhor maneira possível. O parágrafo de abertura das duas primeiras edições pareceria a própria metonímia do título. O intérprete poderia encontrar os fundamentos da formação social, já que, desde seus primórdios, o processo civilizatório brasileiro exemplificaria uma feliz e rara coincidência entre intenção e gesto. Não é verdade que se escuta no trecho de 1936 um eco do parágrafo de abertura de *Casa-grande & senzala*?

Recorde-se, então, o início do ensaio de Gilberto Freyre:

> Quando em 1532 se organizou econômica e civilmente a sociedade brasileira, já foi depois de um século inteiro de contatos dos portugueses com os trópicos; de demonstrada na Índia e na África sua aptidão para a vida tropical. Mudado em São Vicente e em Pernambuco o rumo da colonização portuguesa do fácil, mercantil, para o agrícola; organizada a sociedade colonial sobre base mais sólida e em condições mais estáveis que na Índia ou nas feitorias africanas, no Brasil é que se realizaria a prova definitiva daquela aptidão.[13]

As duas passagens celebram a vocação colonizadora portuguesa. No vocabulário de Gilberto Freyre, a plasticidade do português favoreceu o contato produtivo com culturas exóticas, assim como sua assimilação num composto híbrido, formado por elementos lusitanos abertos à contribuição milionária do Outro. A abertura da primeira edição de *Raízes do Brasil* corrobora o otimismo do sociólogo pernambucano: dicções diferentes, porém afinadas no mesmo tom.

A modificação não poderia ser maior, já que, na nova versão, a experiência histórica brasileira parece condenada ao descompasso entre as ideias e seu lugar. Destaque-se o fator decisivo: não se trata de correção estilística, tampouco do acréscimo de novos dados, *mas da supressão completa de ideia-chave, simplesmente substituída pelo seu contrário*. Os fatores da formação social brasileira que surgiam caracterizados como *o único esforço bem-sucedido* de transplantação cultural em larga escala, aparecem agora como estrangeiros às condições tropicais. O trânsito do próprio ao alheio realiza-se sem mediações, como se entre as duas passagens não residisse um paradoxo de difícil entendimento. Contudo, apesar da notável mudança, tanto nas primeiras edições quanto na definitiva segue o célebre trecho (com pequenas modificações):

> Trazendo de países distantes nossas formas de vida, nossas instituições, nossa visão de mundo, e timbrando em manter tudo isso em ambiente muitas vezes desfavorável e hostil, *somos ainda uns desterrados em nossa terra*. (edição de 1948, p. 15)

> Trazendo de países distantes nossas formas de convívio, nossas instituições, nossas ideias, e timbrando em manter tudo isso em ambiente

---

[13] Gilberto Freyre. *Casa-grande & senzala*. Formação da família brasileira sob o regime de economia patriarcal. José Olympio, 1943 [1933], p. 77.

muitas vezes desfavorável e hostil, *somos ainda hoje uns desterrados em nossa terra*. (edição de 1969, p. 3)

Nas primeiras duas edições, somente faltava o "hoje"; o resto da frase é praticamente o mesmo, preservando-se, porém, o mesmo juízo – em outra ocasião, discutirei a sutil mudança conceitual de "formas de vida" para "formas de convívio" e de "visão de mundo" para "ideias". Os brasileiros tiveram uma experiência única porque bem-sucedida, mas, ao mesmo tempo, como resultado, vivem desenraizados em seu próprio país. Esse paradoxo não tem sido devidamente avaliado. Como ser ao mesmo tempo bem-sucedido *e* desterrado?

Aqui, reconheço, ainda não disponho de uma resposta plenamente satisfatória. Devo, portanto, limitar-me a apontar a dificuldade, pois mesmo o que já escrevi sobre o tema ainda me parece insuficiente.[14] Entretanto, talvez possa oferecer uma hipótese mais bem estruturada para uma questão igualmente intrigante.[15]

Ora, o entendimento mais comum do conceito associa cordialidade à amizade, simpatia, disponibilidade emocional. Ou seja, embora o conceito seja atribuído a Sergio Buarque, no tocante à sua interpretação a proposta de Gilberto Freyre triunfou! Como

> **ORA, O ENTENDIMENTO MAIS COMUM DO CONCEITO ASSOCIA CORDIALIDADE À AMIZADE, SIMPATIA, DISPONIBILIDADE EMOCIONAL. OU SEJA, EMBORA O CONCEITO SEJA ATRIBUÍDO A SERGIO BUARQUE, NO TOCANTE À SUA INTERPRETAÇÃO A PROPOSTA DE GILBERTO FREYRE TRIUNFOU!**

tal interpretação tornou-se possível? Por que ela segue dominante ainda hoje? Responder a essa pergunta permite retomar o relacionamento entre Sergio Buarque de Holanda e Gilberto Freyre – tema da próxima seção.

Em *Sobrados e mucambos*, publicado poucos meses antes de *Raízes do Brasil*, mestiçagem e cordialidade encontram-se claramente associadas:

> (…) simpatia à brasileira (…); a "cordialidade", a que se referem Ribeiro Couto e Sérgio Buarque de Holanda,[16] essa simpatia e essa cordialidade, transbordam principalmente do mulato. (…) O próprio conde de Gobineau, que todo o tempo se sentiu tão mal entre os súditos de Pedro II, vendo em todos uns decadentes por efeito da miscigenação, reconheceu, no brasileiro, o supremo homem cordial: *"très poli, très accueillant, très aimable"*.[17]

---

[14] Em livro anterior, discuti com detalhes essa passagem: "O exílio como eixo: bem-sucedidos e desterrados. Ou: por uma edição crítica de Raízes do Brasil". *Exílio do homem cordial. Ensaios e revisões*. Rio de Janeiro: Editora do Museu da República, 2004, p. 105-141. Neste ensaio, aliás, aproveito-me de certas formulações contidas no livro.

[15] Trabalhei o tema em "As origens e os erros da cordialidade brasileira". Idem, p. 49-67.

---

[16] Em outra passagem, Freyre volta a mencionar Sergio Buarque como referência necessária no tocante ao conceito de cordialidade: "O 'desejo de estabelecer intimidade' que Sérgio Buarque de Holanda considera tão característico do brasileiro, e ao qual associa aquele pendor, tão nosso, para o emprego dos diminutivos - que serve, diz ele, para 'familiarizar-nos com objetos'". Gilberto Freyre. *Sobrados e mucambos*. Decadência do patriarcado rural no Brasil. São Paulo: Companhia Editora Nacional, 1936, p. 358.

[17] Idem, p. 356-7.

Nesse parágrafo, Freyre compreende a cordialidade por um viés duplo. Por um lado, é o resultado do processo da formação social; ou seja, a cordialidade aparece como produto da mestiçagem. Por outro, surge como índice de relações sociais específicas, evocando a "polidez cordial e hospitaleira", definida por Ronald de Carvalho, em ensaio dedicado à "psique brasileira".[18] Em outras palavras, cordialidade é uma "técnica de bondade", e, como tal, constituiria o traço propriamente brasileiro. Como vimos, foi o que Cassiano Ricardo propôs em seu debate com Sergio Buarque, adotando antes o metro de Gilberto Freyre, exposto em *Sobrados & mucambos*, do que o do autor de *Raízes do Brasil*.

Em suma, parece possível compreender as mudanças no texto de 1936 a partir de dois motivos principais.

De um lado, o autor acrescentou notas, com o objetivo de enriquecer os argumentos com dados. Tratava-se do historiador relendo o ensaio de estreia. De outro, alterou ou simplesmente eliminou passagens em que celebrava o trabalho de Gilberto Freyre. Tratava-se do intelectual defendendo sua concepção. Numa leitura menos cautelosa, o teórico da cordialidade pagava tributo à própria criação, revelando um Sergio Buarque cordial, à revelia do lúcido autor de *Raízes do Brasil*. E, aqui, vale lembrar que, apesar de terem sido introduzidos acréscimos e mudanças importantes em edições posteriores de *Sobrados e mucambos*, Freyre manteve integralmente as menções ao trabalho de Sergio Buarque. Sem dúvida, a reação de Sergio Buarque foi drástica. Contudo, a obstinada miscigenação hermenêutica, que já atravessa sete décadas, não será igualmente desconcertante?

Tentarei, agora, propor outro círculo de leitura. A recuperação da rivalidade literária entre Sergio Buarque de Holanda e Gilberto Freyre talvez ilumine não apenas o texto de *Raízes do Brasil*, mas também o contexto da história das ideias no Brasil.

Uma rivalidade literária

Há dois registros muito interessantes da rivalidade literária entre os dois autores. O primeiro deles, de Sergio Buarque, antecede o primeiro encontro dos dois. Em 1922, retornando de uma viagem a Paris, Paulo Prado trouxe um exemplar de *Ulisses*. Sergio Buarque dedicou-se à tarefa, árdua, de ler o inovador romance. Decidiu, então, escrever para a revista *Estética* uma resenha da obra. Contudo, foi levado a desistir da empreitada. Ele mesmo explicou a razão da desistência: no Recife alguém já havia escrito sobre Joyce:

> *O nome do articulista era tão desconhecido de mim, ou de qualquer de nós como o do próprio missivista.* Chamava-se Gilberto Freyre. Não guardo o artigo, mas tenho a nítida lembrança da passagem onde há referências a críticos que, "à sombra das bananeiras cariocas" já se metem a anunciar artigos sobre o dificílimo Joyce.

---

[18] Ronald de Carvalho. "A psique brasileira". *Estudos brasileiros*. Editora Nova Aguilar, 1976, p.89. Ver, também, Manoel Bomfim. "A cordialidade da taba". *O Brasil na América*. Topbooks Editora, 1997, pp. 143-146.

Embora a alusão zombeteira tivesse meu endereço, o trabalho deixou-me boa impressão. Era melhor do que tudo quanto eu fosse capaz então de escrever sobre o assunto, por isso aceitei meio esportivamente a direta.[19]

Sergio Buarque fez mais: revelando grandeza intelectual, decidiu publicar o artigo no quarto número de *Estética* – mas o artigo de Freyre nunca foi publicado. Ele foi vetado por Graça Aranha, que recorreu a um argumento perfeitamente cordial: "Este Freyre é nosso inimigo. Estive sabendo que foi pessoa do Oliveira Lima na briga com o Nabuco. Não *nos* convém publicar".[20] É verdade que o quarto número de *Estética* não chegou a sair, mas o ponto valioso é o veto ao pernambucano. Ainda mais valioso é perceber que, no Rio de Janeiro, o nome de Gilberto Freyre era totalmente desconhecido, embora ele já escrevesse há alguns anos, com regularidade e destaque, para o *Diário de Pernambuco*. Ora, se ainda hoje todo escritor depende da repercussão no eixo Rio-São Paulo para divulgar nacionalmente seu trabalho, imagine-se nos anos 20 do século passado!

Em outras palavras, mais do que simples desavença pessoal, desacordo político ou traço psicológico, a rivalidade literária aqui tratada *também* se alimenta de um desequilíbrio estrutural entre o eixo dominante Rio-São Paulo e as demais regiões do país (desequilíbrio permanente e que merece ser discutido e superado com urgência).

Gilberto Freyre, por seu lado, tem um depoimento ainda mais valioso, pela desabusada franqueza com que se refere à rivalidade, inicialmente literária e posteriormente intelectual:

> Um como nosso tio intelectual – o avô era o velho João Ribeiro –, o poeta e quase *scholar* Manuel Bandeira teve a ideia, certa vez, de, em Santa Tereza, *provocar uma competição entre nós dois*, Prudente também presente, para saber quem, se Sergio, se eu, mais conhecia literatura em língua inglesa. Cada um que fizesse uma pergunta ao outro. Isto? Aquilo? Manuel Bandeira, juiz.[21]

Um autêntico duelo entre os jovens mais bem informados de sua geração. Sergio Buarque, nessa altura, viajante incansável à roda da biblioteca. Freyre, pelo contrário, mais cosmopolita, já possuía experiência internacional incomum, o que incluía um mestrado na Columbia University. Destaque-se ainda a presença de Manuel Bandeira no papel de mediador entre Nordeste e Rio-São Paulo.

Freyre segue com o mesmo desembaraço:

> *Até que nos defrontaríamos, taco a taco, noutra competição*: quem, dos dois, mais sociólogo da História na interpretação de passados sociais do Brasil. Se eu emergia com *Casa-grande & senzala*, Sergio não tardaria a aparecer, de início, com *Raízes do Brasil*; depois com outros ensaios magnificamente perceptivos, eruditos, *scholarly* (...).[22]

---

[19] Sergio Buarque de Holanda. "Depois da 'Semana'". *Tentativas de mitologia*. Editora Perspectiva, 1979, p. 277, grifos meus.

[20] Idem.

---

[21] Gilberto Freyre. "Sergio, mestre de mestres". Francisco de Assis Barbosa (org.). *Revista do Brasil*. Número especial dedicado a Sergio Buarque de Holanda. Ano 3, número 6/87, p. 117, grifos meus.

[22] Idem.

Aliás, ansiedade a que Sergio Buarque também não escapou, como se depreende da seguinte menção, em artigo publicado em 1940:

> Em artigo de jornal há pouco mais de dez anos, Gilberto Freyre traçou dos autores sem livro um retrato sugestivo, cheio de terna compreensão e simpatia. (...)
>
> Depois disso, Gilberto Freyre – então simples autor de artigos e de *plaquettes* – *publicou uma quinzena de volumes e ficou célebre*. Sua obra já não é hoje apenas das mais numerosas, como também das mais importantes e fecundas da nossa atual geração de escritores. Sua ação e seu exemplo foram indiscutivelmente dos principais responsáveis pelo interesse crescente que o estudo da História Social e da Sociologia vem merecendo entre nós. Não há exagero em dizer-se que o autor encontrou enfim o público estimulante e compreensivo que desejava e que lhe serve de sexo oposto ao espírito.[23]

Sem dúvida, o tom é elogioso, mas não deixa de manter uma distância irônica. A frase final pode ser lida pelo avesso, numa espécie de antecipação seca do traço que mais tarde Darcy Ribeiro definiria com a exuberância que lhe era própria: "Gilberto Freyre tem uma característica com que simpatizo muito. Como eu, ele gosta que se enrosca de si mesmo. Saboreia elogios como a bombons, confessa".[24]

---

[23] Sergio Buarque de Holanda. "O problema das culturas – I". Sérgio Buarque de Holanda. *Escritos coligidos*. Livro I – 1920-1949. Marcos Costa (org.). São Paulo: Editora Fundação Perseu Abramo / Editora da Unesp, 2011, p. 185-86, grifos meus.

[24] Darcy Ribeiro. "Gilberto Freyre. Uma introdução à *Casa-grande & senzala*". *Gentidades*. LPM, 2011, p. 9.

OS APARENTEMENTE SÓBRIOS INTELECTUAIS DO EIXO RIO-SÃO PAULO TALVEZ NÃO NECESSITEM DE ELOGIOS-BOMBONS TÃO ÓBVIOS PORQUE POSSUEM UM CHOCOLATE MUITO MAIS SABOROSO: A HEGEMONIA QUASE ABSOLUTA DA PRODUÇÃO DE CONHECIMENTO ATRAVÉS DOS CENTROS UNIVERSITÁRIOS MAIS PRESTIGIOSOS E, PORTANTO, DOTADOS DAS VERBAS MAIS GENEROSAS.

Talvez a questão não seja tão simples, ainda que os termos de Darcy sejam persuasivos. Por que não pensá-la por outro ângulo?

Os aparentemente sóbrios intelectuais do eixo Rio-São Paulo talvez não necessitem de elogios-bombons tão óbvios porque possuem um chocolate muito mais saboroso: a hegemonia quase absoluta da produção de conhecimento através dos centros universitários mais prestigiosos e, portanto, dotados das verbas mais generosas. Isso para não mencionar o acesso imediato à única imprensa com capacidade de circulação nacional. Nesse caso, ser programaticamente vaidoso é quase um pleonasmo; na verdade, um erro estratégico. Afinal, nessa circunstância dourada, a melhor forma de obter bolsas, recursos e visibilidade é manter-se indiferente...

Indiferente *ma non troppo*, bem entendido.

Gilberto Freyre e os paulistas

Talvez essa perspectiva ajude a reavaliar a relação de Gilberto Freyre com os modernistas dos anos 1920 e, décadas depois, com os sociólogos paulistas dos anos 1950 e 1960. Entre o sociólogo-escritor pernambucano e os escritores e sociólogos paulistas, o único diálogo possível pareceria mesmo o diálogo de surdos. Mas nem por isso menos eloquente, tal como sugerido na polêmica entrevista concedida pelo pernambucano à *Playboy*. Leia-se, por exemplo, o juízo severo, no limite excessivo, que Freyre dispensou a certos sociólogos da escola paulista:

> Dos sociólogos paulistas, o que eu considero a figura máxima é Fernando Henrique Cardoso, que é até político militante marxista, mas há pouco, num artigo, mostrou-se simpático às minhas atitudes, embora divergindo de mim. (...) Mas quando o marxista é um Octavio Ianni, que não é intelectualmente honesto, a meu ver (...). Florestan [Fernandes] que não é desonesto mas que é um fanatizado pelo marxismo. (...) eu respeito o Florestan, uma cultura real, um talento autêntico, mas fanatizado.[25]

Apesar da virulência de ambas as partes da disputa, por que não imaginar uma alternativa para a reconstrução bélica da história cultural, cujo auge envolve a obra do autor pernambucano e a vanguarda literária e acadêmica de São Paulo?

Passo agora às desavenças acadêmicas. O mal-estar por vezes originou leituras no mínimo descuidadas, provocando mal-entendidos previsíveis, talvez deliberados.

No tocante ao arsenal universitário, limito-me a uma curiosa avaliação de Octavio Ianni sobre o trabalho de Freyre. A fim de justificar a localização da perspectiva do sociólogo pernambucano nos "parâmetros da antropologia física e cultural do século XIX", selecionou estrategicamente uma passagem do "Prefácio à primeira edição" de *Casa-grande & senzala*:

> Também Gilberto Freyre não escapou a essas motivações. "E dos problemas brasileiros, nenhum que me inquietasse tanto como o da miscigenação. Vi uma vez, depois de mais de três anos maciços de ausência do Brasil, um bando de marinheiros nacionais – mulatos e cafuzos – descendo não me lembro bem se do *São Paulo* ou do *Minas* pela neve mole do Brooklin. Deram-me a impressão de caricaturas de homem". Vendo-se no espelho da Europa e dos Estados Unidos da América do Norte e pensando com categorias sociais formuladas na Europa e nos Estados Unidos, o cientista social brasileiro nem sempre ficava imune aos valores e problemática europeus e norte-americanos.[26]

Essa conclusão, propriamente absurda, vinda de um intelectual da importância de Octavio Ianni, só se explica pelo clima de hostilidade entre Freyre e a escola paulista.

Explico-me.

Mais do que selecionar um trecho, Ianni o interrompeu abruptamente no

---

[25] Gilberto Freyre. "Falando de política, sexo e a vida". Edilberto Coutinho (org.). *Gilberto Freyre*. Coleção Nossos Clássicos. Agir, 1980, p. 98.

[26] Octavio Ianni. *Raças e classes sociais no Brasil*. Rio de Janeiro: Civilização Brasileira, 1966, p. 7.

meio do raciocínio, deformando-o: não há como dizê-lo de outra forma. De fato, se o leitor desconhece ou não se recorda vivamente do "Prefácio", talvez julgue razoável a conclusão: sob o fantasma de preconceitos europeus e norte-americanos, Freyre teria diagnosticado definitivamente a debilidade congênita do brasileiro, fruto inelutável da miscigenação. Nessa leitura, é como se Freyre tomasse o lugar do imperador Pedro II, desse as mãos ao conde de Gobineau e, em longos passeios pelo Jardim Botânico, lamentasse a impossibilidade da civilização nos trópicos mestiços. Portanto, Freyre, o autor de elogios sistemáticos da miscigenação, vista como poderoso fermento cultural, seria, na verdade, um eugenista, disfarçado com o hábito do futuro estudioso da civilização tropical.

No entanto, para que se compreenda a natureza da operação textual realizada por Ianni, transcrevo a passagem do "Prefácio" na íntegra, pois somente assim se recupera a malícia narrativa implícita na afirmação "Deram-me a impressão de caricaturas de homem":

> E dos problemas brasileiros, nenhum que me inquietasse tanto como o da miscigenação. Vi uma vez, depois de mais de três anos maciços de ausência do Brasil, um bando de marinheiros nacionais – mulatos e cafuzos – descendo não me lembro bem se do *São Paulo* ou do *Minas* pela neve mole do Brooklin. Deram-me a impressão de caricaturas de homem. E veio-me à lembrança a frase de um viajante americano que acabara de ler sobre o Brasil: "the fearfully mongrel aspect of the population". A miscigenação resultava naquilo. Faltou-me quem me dissesse então, como em 1929 Roquette Pinto aos arianistas do Congresso Brasileiro de Eugenia, que não eram

simplesmente mulatos ou cafuzos os indivíduos que eu julgava representarem o Brasil, mas cafuzos e mulatos doentes.

> Foi o estudo de antropologia sob a orientação do professor Boas que primeiro me revelou o negro e o mulato no seu justo valor – separados dos traços de raça os efeitos do ambiente ou da experiência cultural. Aprendi a considerar fundamental a diferença entre raça e cultura (…).[27]

Não é preciso uma análise cuidadosa, tampouco um especial talento crítico para perceber o efeito retórico obtido por Freyre. Ora, ao diagnóstico que em aparência tanto impressionou a Ianni, segue evidente e pormenorizada desconstrução do mesmo. Efeito tanto mais forte quanto mais divulgada era a equivalência entre mestiçagem e degeneração. Por exemplo, Adolfo Caminha, nas impressões da viagem que fez aos Estados Unidos em 1886, antecipou a seu modo o pessimismo do jovem Freyre. Após elogiar os alunos da Escola de West Point, lançou mão de paralelismo inevitável à época: "E não era sem uma ponta de tristeza que nós, brasileiros – raça degenerada e linfática –, víamos criar-se assim uma raça forte e alegre com todos os caracteres de virilidade e independência".[28]

Na verdade, a passagem selecionada pelo sociólogo paulista afirma precisamente o contrário do que ele crê inferir. Em alguma medida, Freyre parece sugerir que *Casa-grande & senzala* representa um acerto de contas com a célebre cena de seu período de formação. A observação data de 1921: "Vi uns desses dias marinheiros de guerra do

---

[27] Gilberto Freyre. *Casa-grande & senzala*, 4 a. ed. Rio de Janeiro: José Olympio, 1943 [1933], p.17-18, destaques do autor.

[28] Adolfo Caminha. *Tentação. No país dos ianques.* José Olympio Editora, 1979 [1894], p. 175.

Brasil caminhando pela neve do Brooklin. Pareceram-me pequenotes, franzinos, sem o vigor físico dos autênticos marinheiros. Mal de mestiçagem? Entretanto, (...) o sábio John Casper Branner faz o elogio do mestiço brasileiro, mesmo quando de aspecto assim pouco ou nada atlético".[29] Em *Casa-grande & senzala*, o sábio é o próprio Freyre e o elogio é menos ao mestiço do que à civilização brasileira, compreendida sob o signo da miscigenação.

A curiosa hermenêutica de Octavio Ianni ajuda a dimensionar de forma realista a animosidade existente entre ambas as partes. Por isso, se estivesse simplesmente sugerindo a diluição das diferenças e tensões entre o polo paulista e o polo freyriano, minha posição seria tão ingênua quanto acredito ser a reconstrução puramente bélica da história cultural brasileira.

Tudo se passa como se rivalidades como a de Sergio Buarque e Freyre, e, posteriormente, a escola paulista de sociologia e Freyre, apenas pudessem ser explicadas mediante traços psicológicos ou afinidades eletivas. Sem desconsiderar esses

---

[29] Gilberto Freyre, *Tempo morto e outros tempos*. Rio de Janeiro: José Olympio, 1975, p. 68. John Casper Branner foi reitor da Universidade de Stanford e colaborou para a ida de Gilberto Freyre a esta universidade nos anos 1930, em cujos cursos principiou a pensar mais detidamente no projeto de *Casa-grande & senzala*. O reitor de Stanford "era um geólogo especialista em Brasil. [Ele] era tão respeitado neste país que a companhia responsável pelas estradas de ferro não só lhe oferecia trens especiais, como lhe dava a possibilidade de pará-los a qualquer momento para estudar a geologia local". Gerhard Casper. "O futuro da universidade e o futuro das bibliotecas". *Futuro da Universidade*. EdUERJ, 2002, p. 35.

aspectos, proponho que se adicione uma consideração estrutural.

À guisa de conclusão

Concluo com duas hipóteses, que devem fornecer o elo entre os pontos do meu argumento. Em primeiro lugar, a rivalidade entre Sergio Buarque e Gilberto Freyre deve ser associada à disputa, anterior e posterior, entre o centro Rio de Janeiro-São Paulo e as demais regiões do país. Tal associação tanto matiza o caráter potencialmente anedótico da disputa quanto revela a atualidade do motivo subjacente à rivalidade.

Em segundo lugar, é preciso, em alguma medida, "despolitizar" a operação textual realizada por Sergio Buarque. Aqui todo cuidado é pouco; explico-me.

Sem dúvida, há motivação política no distanciamento progressivo entre Sergio Buarque e Gilberto Freyre. Negar essa motivação seria o mesmo que ignorar o relacionamento entre os dois intelectuais, especialmente após o golpe militar de 1964, mas mesmo antes, a partir de 1945. Porém, talvez seja possível pensar que a questão política tenha sido um efeito e não propriamente a causa — ou, pelo menos, não a causa única, pois se trata de uma questão complexa e que, como uma tela cubista, pode ser apreciada desde muitos pontos de vista.

Em outras palavras, a rivalidade, alimentada pelo desequilíbrio sistêmico entre o eixo Rio-São Paulo e as demais regiões do país desdobrou-se em duas atitudes opostas. Sergio Buarque tornou-se cada vez mais comprometido com o fortalecimento de instituições, assumindo um perfil propriamente anticordial – muito embora, em seu trato com Freyre, tenha sucumbido à mística própria do homem cordial. Já Gilberto Freyre tornou-se cada vez mais comprometido com a divulgação da própria obra e, no limite, com a criação de um mito: o do próprio Gilberto Freyre – aliás, atitude comum entre os militantes das vanguardas do início do século XX, sempre preocupados em compor memoriais de suas vidas e obras pela reunião cuidadosa de seus registros pessoais e artísticos.

Não se trata, portanto, de reduzir o fenômeno a traços psicológicos. Ora, ainda hoje, o intelectual e escritor fora do eixo Rio-São Paulo encontra-se isolado. Imagine-se o mesmo problema nos anos de 1930. A sensação de isolamento agravou-se com o fortalecimento da mais importante instituição universitária brasileira, a Universidade de São Paulo, cuja escola de sociologia não mediu esforços no projeto de criar uma interpretação diferente do processo social brasileiro – interpretação que, via de regra, conflitava, e, no fundo, buscava refutar o modelo da casa-grande & senzala, dos sobrados & mucambos, dos jazigos & das covas rasas.

Ainda não posso oferecer conclusões definitivas. Espero, porém, que as notas iniciais que compõem este ensaio estimulem o necessário debate acerca das diferentes edições de *Raízes do Brasil* e da dinâmica cultural maior à qual ele deve estar atento.

....

João Cezar de Castro Rocha é Professor de Literatura Comparada da Uerj.

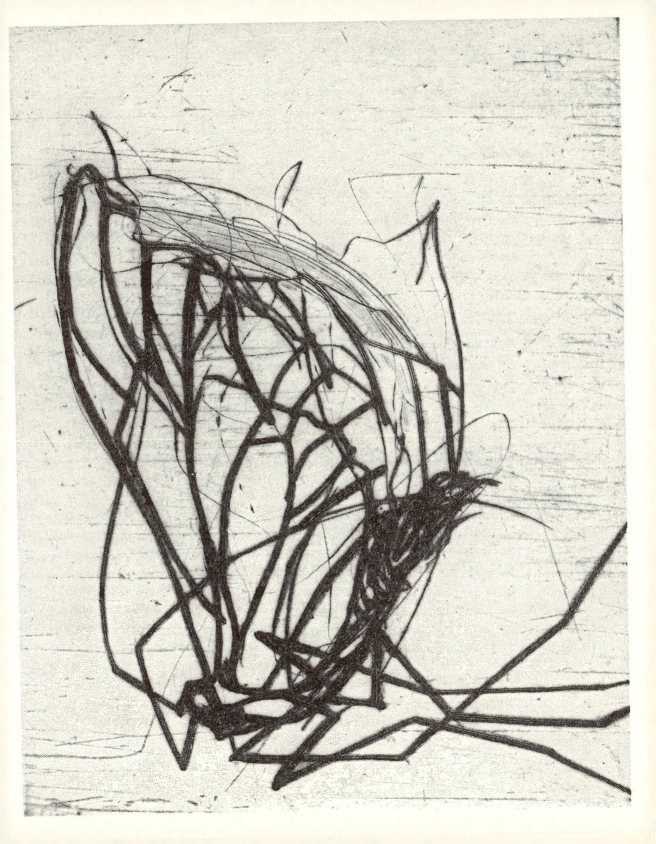

OU ELA OU EU

Érico Nogueira

"Que piano pesado", um pensou, o outro viu
uma bola no seio assim, ó: "Melanoma?",
"É; espalhou, olha só", "É; operar, bem, pra quê?",
"Desse jeito é pior", "O pior tá por vir",
 "É; amanhã pode ser?", "Tá; amanhã; é o pior";   5
de manhã lá foi ela pegar seu exame,
e as paredes, as portas, a cara do médico,
a caneta no bolso, – era tudo bem claro;
"Senhora...", "Duda", "Duda de...?", "Só Duda só",
"Pois é...", "Dá pra operar?", "Melhor o quanto antes",   10
"Agora?", "Agora é o ideal, mas...", "Mas o quê?",

CARTA DE NAVEGAÇÃO

João Ângelo Neto

O poema "Ou ela ou eu" é moderníssimo, mas é poema antigo; é moderníssimo *porque* é antigo. Incorporar o legado da Antiguidade marcou os momentos mais felizes da poesia moderna do século XX: Fernando Pessoa, T. S. Eliot, Ezra Pound. Se não é exclusivo da modernidade voltar-se à tradição para incluir matéria antiga nos temas de que trata, decerto caracteriza-a o modo especioso com que leva a cabo a inclusão: ora, desde o Humanismo, atravessando todos os períodos classicizantes e até mesmo o romântico que os queria demolir, a matéria da Antiguidade amiúde integrou a poesia da Europa e das Américas, quase exclusivamente como aquele item que não podia faltar, porque era sempre a insígnia, o mero crachá da autoridade, ao passo que, após a ruptura moderna ter aberto as vestalinas portas da poesia para qualquer mundano assunto, o argumento antigo pôde reaparecer por seu mérito intrínseco, pela substância mesma daqueles argumentos bem achados (a guerra por causa de uma mulher; o herói que não consegue voltar para casa; o filho que desposa ignaro a própria

"Se a senhora insiste...", "Insisto", "Vamos", então foi;
papo pra boi dormir, remédio, umas risadas,
desliza o leito de rodinhas num oceano,
até que atraca na cirúrgica baía,   15
e alguém acende o refletor, e a ação começa.

"Ana, Ana, tá terrível a insônia, ai, terrível,
esses últimos dias, desde que esse Elias,
o olho, o braço dele, a voz, apareceu,
na mochila um poema e a guitarra espanhola;   20
se sofreu o que diz, se só diz, não sofreu,

––––––––––

mãe; a mulher traída que mata os próprios filhos; o guerreiro errante que deve fundar um país) já sem as togas, armaduras e lugares que indicavam que tudo aquilo era "clássico". É paradoxo delicioso: foi a moderníssima radicalidade das conquistas poéticas do começo do século XX que permitiu que argumentos mui antigos voltassem com toda a significância poética, desde que devidamente agenciados por poetas *de verdade*. Reentram em cena, já sem o consueto figurino – que sempre foi acidente – e trazem consigo a substância ética, filosófica e religiosa que a fez, agora sim, verazmente clássica. Mas cabe lembrar que a presença da matéria clássica sem a velha indigitação reclama leitores versados nas letras antigas, capazes de identificá-la. O paradoxo é mais delicioso pois que a modernidade radical retrouxe às letras de hoje não um, mas dois ingredientes das antigas letras: a poesia douta (que os comentadores dizem "alusi-va", ou recentemente "intertextual") e o respectivo público, que, instruído naquela poética, se comprazia também em reconhecer as alusões ou o intertexto.

que me importa?; não fosse casada, talvez,
sim, talvez, claro, claro, eu, sei lá, tô mexida;
– não, não, que é isso, não, minha cabeça, é isso".

"Acorda, Duda, minha irmã, ó o sol lá fora;   25
teu marido tá morto, é traumático, é tudo
bem pior, na real, que na tua cabeça,
mas é; o sujeito não voltou da guerra;
paradeiro não tem, não tem pista, é um espectro,
um morto-vivo que apodrece no teu quarto;   30
cê vive aí, jogada pelos cantos, lendo;
je n'ai pu vous cacher, jugez si je vous aime,
tout ce que je voulais me cacher à moi-même,
blá-blá-blá, blá-blá-blá, e passa mal à beça;
esse Elias é lindo, parece um deus grego;   35
marinheiro – e daí?; se tá aqui, se o mau tempo
o detém, é um sinal, aproveita, que a lua
é constante, e as estrelas, de tão inconstante".

O relógio pulsátil, a que um corpo dá corda,
badalou dozes vezes escuras, mas ela,   40
nas orelhas, o abdome, pelos tornozelos,

    Leia-se o poema: quem ignora a tradição verá, a partir do marco zero, que "Ou ela ou eu" começa já no meio da ação: deduz-se da conversa de dois médicos que Duda, a protagonista, tem grave câncer de mama, por causa do qual se submeterá a cirurgia no dia seguinte (vv. 1-16). No v. 17, ratificado pelo espacejamento, há o primeiro de vários cortes e justaposições, daqueles que o cinema copiou da poesia, mas que os críticos de poesia costumam chamar "cinematográficos". Corta-se a cena, e agora assistimos ao sonho, ou delírio, em que por rememoração se saberá como tudo começou: Duda conversa com a irmã, Ana, sobre o jovem Elias, marinheiro e poeta cantador, que, errante, apareceu na cidade e, acometido por recentes revezes, segundo contou, teve guarida na fazenda de Duda, dele condoída, mas já por ele apaixonada (vv. 17-24). Quando Ana encoraja a hesitante irmã a viver com o poeta-viajante, revela-se que Duda era já casada, que o marido, militar,

era todo um verão que não sabe parar,
mar ave ilha; "É suíço, não é, o teu relógio?",
"Patek Philippe", ele largou, indiferente,
metódico, infalível como essa engrenagem   45
que dispara o seu pulso sem quê nem por quê;
"E o meu marido?; e se morreu?; e se voltar?";
estica o braço, e o frio, ali, já dura séculos,
e há séculos, ali, aquele mesmo fóssil,
e a brisa quente sem parar no gelo agora.   50

E soprou e soprou e soprou – veio o dia
de um e outro a cavalo por desfiladeiros
e por campos abertos e mata fechada,
sob um céu de fazenda entre nuvem e luz;
na fazenda, e o incêndio da nuvem se espalha,   55
um incêndio de prata metralha, do céu,
os cavalos, os dois a cavalo; uma gruta,
e uma bruta alquimia, de prata, em mercúrio,
quando dois no mesmíssimo espaço do corpo;
nem mercúrio, nem corpo: um galope no espaço,   60
ali dentro da gruta por desfiladeiros
e por matas e um campo, a galope, os cavalos,
onde a luz meio bruta abre e fecha, ali dentro.

––––––––

nunca tornara, nem sequer se sabia se era vivo, se morrera. Vemos nos vv. 39-50 a mulher
madura no acme da própria exuberância (é vero verso: "ela [...] / era todo um verão que não
sabe parar"). No corte seguinte (vv. 51-63) assistimos, vá lá, em *flashback*, à união amorosa
entre Duda e Elias numa gruta durante tempestade: a intensidade do desejo é dada pelo
galopar do cavalo (vv. 52; 56 e 62) e o rubor meteorológico do céu apesar da chuva (vv.
55 e 56): "espalha" do v. 55 sugere paronímica e eroticamente aquela "palha" que se não
deve pôr perto do fogo ("incêndio") e pela rima interna antecipa "metralha" (v. 56), irônica
sinédoque da vida militar, a que pertence o marido ausente. Más línguas de certas mexeri-
queiras (vv. 64-77) patenteiam a infâmia de Duda na cidade, e o Jarbas que citam, sabemos
a seguir (vv. 78-94), é pretendente recusado, de provinciana mediania e muito rancor; as
alturas existenciais não eram para ele: morre, coitado, praticando alpinismo. Entrementes

E voava no bico das gralhas: "Menina,
verdade mesmo?", "É como eu digo: foi assim",   65
"Assim, no duro, pelas costas do marido,
os dois sozinhos na fazenda?", "Os dois sem dó,
sem remorso", "Pobre capitão, um herói,
que tá preso, ou tá num hospital", "Vai saber?",
"Vai saber?; mas que morto não tá", "Ah, quando isso,   70
um varão como aquele?", "Isso não, clá que não";
"Escuta, o Jarbas tá sabendo?", "Acho que tá,
tá todo o mundo na cidade comentando",
"Vai dar problema", "Problemão", "Problema dela",
"E desse outro aí também", "Também, também",   75
"Cê já viu ele, o tal Elias?", "Vi pedaços –
o queixo, a perna, o peito então... – de mau caminho".

Ele na igreja, no domingo de manhã,
tava vazio; pedir o mal? – não, não; pedia,
virando o vento, o marinheiro que vazasse,   80
e que se escafedesse, e sumisse, só isso;
tava vazio, lá na varanda; e olhava, longe,
com chapéu de araucária, fumando neblina,
queda-d'água fazendo de barba, o Barão;
"Só tu, Barão, pra me entender", saiu de casa,   85

———————

Duda, consumado o mero sexo, que tomou como penhor de eterna união da parte de Elias, coabita com o amado na fazenda. Ele vai trovando versos; ela vai estorvando os versos que ele trovara, porque, feliz, é agora a esposa extremosa cujo doméstico extremar-se, porém, enfada o amásio-poeta, que, não menos navegante, resolve partir para cumprir seu destino, que era terminar o poema. A decisão de partir chega nas asas intertextuais do corvo de Poe, que na narrativa é de fato um corvo pousado na janela que, para irritação de Elias, causa tolo alvoroço em Duda: "quando, *en robe de chambre*, 'Alguém lá fora,/ alguém bateu lá fora', 'Não, imagina, lindo, / vem cá', teve certeza de que a deixaria/ por um pedaço de papel, e uma caneta/ que só funciona quando falta uma costela" (vv. 95-109), verso este que é lapidar como adágio, ou anátema. Elias decidira partir, mas faltava dizer a Duda, que percebera. Sendo a última a perceber, odeia Elias, vitupera-o, lamenta. (vv. 110-136). Chega

"Só vou falar contigo", e já era um alpinista,
"Eu e tu, eu e tu", que não é um alpinista,
"Ah, mulher, dessa vez cê me paga", ah, não é;
Aqui jaz a cabeça, uma perna, uns artelhos,
do que um dia foi Jarbas; poeta amador,   90
vereador duas vezes, ou mais, bom cristão,
e alpinista medíocre; sua única falta,
fora o verso capenga (nem Deus guenta essa),
foi bem só mal-amar lá no alto; caiu.

Quando o vento virou, e o problema no fígado   95
de Netuno deu trégua pro mar, finalmente,
o seu livro, uma coisa à Virgílio, parece,
não arredava o pé da porta da fazenda,
"Bom dia, Elias; como vai?; já escreveu hoje?;
olá; tchauzinho; ó eu aqui" – uma tortura;   100
como falar pra ela, dizer "Tô indo embora
por causa, ah, bem, de um livro: ou é ele, ou você,
e eu vou ficar com ele"?; calma, calma; à noite,
a lareira, ela, um vinho do Porto, é a prova
dos nove; – e quando, *en robe de chambre*, "Alguém lá fora,   105
alguém bateu lá fora", "Não, imagina, lindo,
vem cá", teve certeza de que a deixaria

————————

o dia do adeus e, como sempre, é na maior crise que há o maior discernimento de tudo e de si mesmo: "Não dá mais, acabou, eu, enfim, vou embora,/ não por causa de alguém, mas por causa de mim". Como último recurso, Ana tenta dissuadir o marinheiro, de partida já no cais: "quando ouvia, no cais, o apelo que ela/ – pela boca da irmã – lhe fazia, 'Eu te amo',/ então 'Fica', e outros socos na boca do estômago", (vv. 179-181). O marinheiro a zarpar, entrevendo no brevíssimo momento final a parte inteira que desempenhou naquela catástrofe, verte *uma* lágrima. A *intensidade* da comoção é-nos dada por versos admiráveis: "prisma liquefeito e cruel, cruelmente gelado,/ escorreu, resumiu, concentrou um oceano", (vv. 183-185), em que desfila uma sequência de tropos: a raridade da lágrima na metáfora "pérola"; a conhecida sinédoque quinhentista e seiscentista com "lágrima" é dita "cristal", e aquelas que a dizem "orvalho" e "prisma liquefeito" culminam por metamorfose numa

por um pedaço de papel, e uma caneta
que só funciona quando falta uma costela.

"Alguém"; quando ela ouviu 'alguém', adivinhou   110
'embora', embora errasse – "Tem alguém" –, e errasse
feio; o sorriso amarelento das vizinhas,
os segredinhos, quando aquele seu vestido
levava aquele paletó valsar na praça,
"Todo o mundo sabia, idiota, idiota,   115
menos eu"; um cachorro? – ora, ele, com cara
de cachorro molhado, de volta da rua,
assoviando e procurando não sei quê,
"Oi", vai logo fazendo um conhaque, "Ó amor",
e sentando naquela poltrona francesa   120
com um livro na mão, "Ei, querida, os meus óculos
'tão lá no quarto, cê não pega, por favor?",
"Já pego já; tá vendo agora?", "Agora sim,
brigadão", "Quê isso, amor, – mas não não, cê não tá;
cê não vê que eu tô vendo, você vai embora,   125
tem outra, acho, sei lá, mas vai, que tá na cara,
no jeito, até na roupa tá, e no assovio;
eu não quero viver sem você; é ridículo,
pegajoso, clichê, – mas verdade; e verdade

––––––––––

gema de poesia, uma incrustação de antítese ("lágrima" / "oceano"), sinédoque ("lágrima"
e "oceano" são líquidos) e hipérbole ("escorreu um oceano"). Redigo: não é virtuosismo de
quem dedilha figuras de linguagem, é a virtude de quem faz convir matéria e forma. Assim,
Elias cumpriria seu destino (vv. 137-155) e Duda consumiria sua vida: já não lamenta nem
vitupera, mas impreca contra o amado e só definha (vv. 156-203). Nos vv. 204-220 o delírio
nos apresenta uma preta velha e um lençol ensopado de sangue que, no segmento final (vv.
221-236), quando a ação voltara ao mundo externo, por justaposição deduzimos da conversa entre Ana e o médico tratar-se da "velha hemorragia": a cirurgia teve intercorrências.
Alfim, no hospital, toda entubada – para amargura da irmã –, Duda agoniza até que, expi-
rando, liberta o sopro vital: "um aroma de flor que apodrece, tão doce/ que dá náusea, dá dor
de barriga". A imagem, associada às fezes do turpilóquio "merda", presentifica a brevidade

também é que eu não resisti, nem pude, eu acho,   130
quando você me quis; agora, quando não
me quer mais, como vou resistir, se não quero,
nunca quis sem você, se não posso, nem acho
o que em mim seja eu, sem você, seja eu mesma?;
ah, eu, só, não, ai, não, só, só, não, Deus, Deus, ai;   135
não sei mais, nada mais, nada, nada; não posso".

Engoliu; mas, não fosse uma glote metálica,
não teria contido o refluxo "É melhor
não chorar"; e matou o conhaque num gole,
pra amargar a mistura de doce com lágrima   140
que ela tinha servido; "É o fim", vomitou,
"Não dá mais, acabou, eu, enfim, vou embora,
não por causa de alguém, mas por causa de mim,
tenho um negócio pra acabar, faz tanto tempo,
e a hora é agora; não tem volta, não tem 'mas',   145
bem sei, não sei; mas eu me devo, eu tenho, eu, bem,
– só eu posso fazer, e ninguém mais, só eu;
cê acha que eu quero?; eu tenho, e até que quero, mas,
mas, – palavra mais inconveniente – isso, ter,
é mais forte, é só isso, querer não importa,   150
não é nada; o dia que te vi, que te beijei,

---

da vida, de que a flor sempre foi figura poética, e também a putrescência do corpo, ou seja, o que é humano e mortal, a que se opõe antitética e derradeiramente a sublimidade celestial do sopro e do azul. Se assim leu, não obtém pouco o leitor, ainda que inculto.

Contudo, quem conhece a *Eneida*, de Virgílio, não deixa tampouco de perceber tudo isso, mas reconhece, além disso tudo, a fenícia Dido em Duda, o troiano Eneias em Elias; reencontra Jarbas, o rejeitado, e Ana, a eterna irmã. Relê o nome "Cartago", dado a uma propriedade. Reconhece que a fala de Elias ("tenho um negócio pra acabar, faz tanto tempo,/ e a hora é agora; não tem volta, não tem 'mas',/ bem sei, não sei; mas eu me devo, eu tenho, eu, bem,/ – só eu posso fazer, e ninguém mais, só eu;/ cê acha que eu quero?; eu tenho, e até que quero, mas,/ mas, – palavra mais inconveniente – isso, ter,/ é mais forte, é só isso, querer não importa") não são os farrapos da desculpa, mas é em voz

– nunca vou esquecer; e já fujo do espelho
pra não ter que encarar quem fui eu, quando disse
o que digo aqui agora, pensando no mar
e na longa viagem pra longe de ti".   155

Ela soube, "Acabou" retumbava, batia,
era agora o martelo do tímpano, a válvula
miocardicamente em pedaços agora,
donde o sangue encanado, ebulindo, extravasa;
"Quando o navio, coitado, onde você se for   160
se arrebentar, *kaputt!*, no meio dos abrolhos,
cê vai abrir o olho, ó desgraçado, ah vai,
e vai ver o que fez; se eu morrer antes disso,
sabe, ouvir um sussurro, virar a cabeça,
e ninguém?; sabe, entrar numa sala,   165
ou num quarto, e de esguelha ver algo saindo?;
sabe o que é?; sou eu; não vou te dar sossego;
– e aquele grito horrível, em noite de tufão,
e janela que treme, e baixela que racha,
sou eu também, sou sempre eu; no teu encalço";   170
ela não pôde mais, e desmaiou; "Alô",
"Alô, uma ambulância, por favor; Cartago;
é, fazenda Cartago; boa noite"; e sumiu.

––––––––––

contemporânea a mesma *pietas* de Eneias, que o faz deixar Dido para fundar Roma e cumprir seu destino. Quem conhece a tradição na verdade reconhece o *argumento* antigo, como disse, e neste caso reconhece o argumento, eternamente virgiliano, do livro IV da *Eneida*. Este "argumento", como aqueloutros três já mencionados, os antigos gregos e depois os latinos bem chamavam "invenção". Sendo assim, o argumento do poema "Ou ela ou eu" é invenção, é *achado* de Virgílio, mas como não estamos a ler o latim de Virgílio nem tradução do poema, cabe-nos enfim identificar também *o que não é* de Virgílio e contemplar o funcionamento de um poema moderno, como este, segundo a relação que tem com a matéria antiga e o que a ela lhe adiciona. No arcabouço do verso dodecassílabo, ele mesmo elevado, a julgar pelo uso parnasiano, as falas acolhem, entretanto, coloquialismo brasileiro, que, ainda que entre aspas, se inserem livres sem a indicação do

O vento, quanto mais avança contra a copa,
e a descabela, mais o tronco estende a mão   175
para a raiz, grita "Segura firme e estica
as pernas lá pro quinto dos infernos, vai,
que a tempestade vai passar"; esse era Elias,
quando ouvia, no cais, o apelo que ela
– pela boca da irmã – lhe fazia, "Eu te amo",   180
então "Fica", e outros socos na boca do estômago;
de uma banda do rosto, e da outra, uma pérola,
ou cristal destilado, ou orvalho, ou já prisma
liquefeito e cruel, cruelmente gelado,
escorreu, resumiu, concentrou um oceano.   185

Convalescia na capela da fazenda,
e num canteiro de jasmins, seu preferido;
quando voltou, de novo e sempre, a lua cheia,
e ela ficava até mais tarde de joelhos,
passou a ouvir ali a voz do capitão,   190
nem bravo nem amável, até que um mocho piava,
aquele bicho do diabo, e era o pavor;
e passou, de pavor, a sonhar que fugia,
ou de um cão assassino babando, ou de um touro
tresmalhado de sangue, e era Elias, Elias,   195

––––––––––

verbo declarativo. O bom estranhamento que causam se deve a que a história elevada-
mente trágica (em termos aristotélicos superiores a nós) nos é narrada com falas, lugares
e personagens iguais a nós, significando que tal catástrofe não está tão distante de nós
como Dido e Eneias. O romance só *em parte* o faz, porque carece da patética elevação do
metro. Outra novidade é o riso (que há na *Eneida*, mas não no canto IV, com que Érico
Nogueira dialoga), como o humor irônico, ao quase do sarcasmo, no epitáfio de Jarbas e
principalmente no v. 223 após a cirurgia: "respira, agora, com os mais novos aparelhos".
No mero e unicíssimo adjetivo "novos" entrevemos toda a voz publicitária da medicina
dos planos de saúde – contemporânea agrura de muitos de nós – mesclada à explicação
de qualquer médico sobre o estado de um paciente. No passo, o contraste só faz revelar a
miséria de Ana. Na absoluta inverossimilhança desta fala há a absoluta verossimilhança

no final era ele; e parou de comer,
só tomava café, então cigarro, cigarro,
e a fraqueza, a fumaça, mais a cafeína,
fez de chave de fenda pro seu parafuso;
e parou de dormir; e a narcose do sonho   200
sabotou os seus cinco sentidos de vez,
e foi o fim; tocava o réquiem de Mozart
o dia inteiro na vitrola sem parar.

Era uma preta véia, uma galinha preta,
um morcego no lombo do exu, um saci,   205
e uma mula tordilha no meio do mato;
era fogo no pé de café, era um riso
como um copo que quebra no escuro, era um poço
onde a água é o soluço de gente afogada;
era o mocho, era ele piando de novo,   210
com a unha enterrada no olho de um rato,
e o barulho do vento fazendo de guizo,
e esfriando o lençol, ensopado de sangue;
um purgante, a geada; e no alto do morro
é tão frio, e é tão claro, o sabor da laranja,   215
que "É o sol, só pode ser o sol encapsulado",

———————

dos fatos mesclados: só poesia, só verdadeira poesia logra-o. Não termina mal para nós porque, se nos comove a patética condição de Duda, não deixa de nos aprazer o discurso poético que no-la relata.

E ainda no âmbito do riso, ou antes, do sorriso, deixo por derradeiro o v. 97: "o seu livro, uma coisa à Virgílio, parece". É única linha que diz algo do poema que Elias compõe. Como o poeta é marinheiro, poderá ser poema de viagem, como em parte é a *Eneida*. Como Elias habitava na fazenda, quem sabe fosse umas *Geórgicas*? Ora, o nome Virgílio sempre traz primeiro a *Eneida* e então se entende por que não foi necessário mais que uma linha: espe(ta)cularmente, enquanto Elias pensava compor "uma coisa à Virgílio", ou seja, a mesma outra história de Eneias, ele compunha a própria história às vistas do bom leitor, que a conhecia, sem que ele mesmo, porém, soubesse: *Mutato nomine, de te fabula narratur.*

e trompas, flautas e o fagote em revoada,
e a mais querida, a clarineta, no pinhal;
é solitário caminhar por entre o gelo,
mas é suave, é como patinar; é um eco. 220

"Doutor, eu sou...", "Parente?", "Irmã: como ela está?",
"Estável; após a velha, sabe, hemorragia,
respira, agora, com os mais novos aparelhos;
a senhora quer vê-la?", "Eu...", "Eu acho que deve",
ela foi; era a última vez que a veria; 225
a cabeça tosada, a magreza, e uma pele
fosca, sim, meio opaca demais, cor de cera,
e um aroma de flor que apodrece, tão doce
que dá náusea, dá dor de barriga, "Que merda,
mas que merda de vida que é essa"; chorou; 230
logo abriu a janela; e o azul carregado,
ofensivo, sem sombra de nuvem, era mudo;
quando abriram a porta, a corrente de ar,
pela nuca, pescoço, nos ombros, axilas,
foi uma coisa sem nome, "Senhora?, senhora?", 235
"Eu já sei, eu senti"; era um vento, era um sopro
no momento em que volta pro azul; "Fecha a porta".

....

João Angelo Oliva Neto é professor de Língua e Literatura Latina da Universidade de São Paulo. Dedica-se
primordialmente a estudo e prática da tradução poética de textos latinos e gregos. Publicou, entre outros, *O
livro de Catulo* (1996) e *Falo no jardim: priapeia grega,
priapeia latina* (2006).

....

Érico Nogueira é poeta e tradutor, autor de *Dois* (2010)
e *O livro de Scardanelli* (2008).

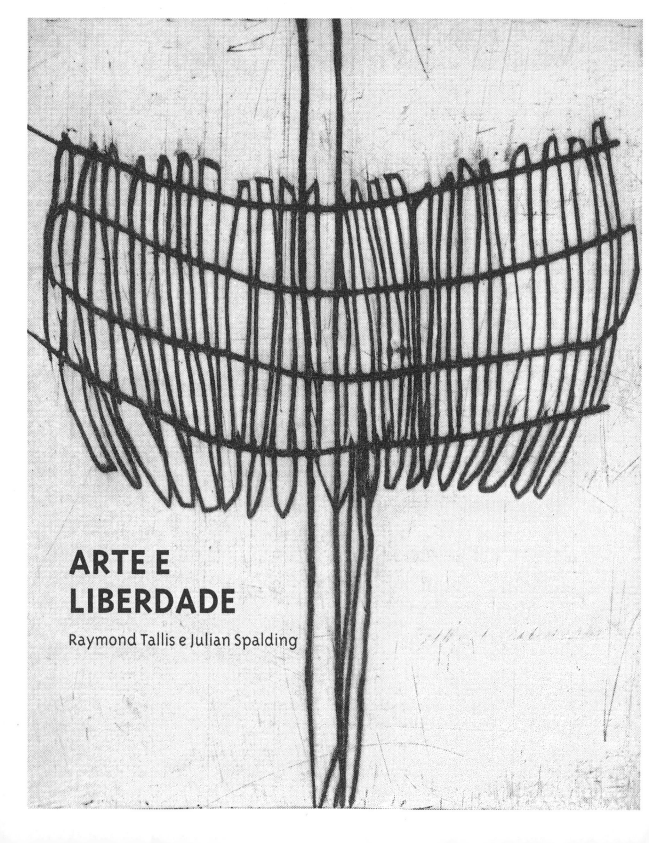

ARTE E LIBERDADE

Raymond Tallis e Julian Spalding

Bombons para bonobos

Segundo os fãs da neuroestética, entenderíamos melhor nossa experiência da arte se a tratássemos como uma coleção de estímulos aos quais o nosso cérebro estaria naturalmente sintonizado a responder com uma intensidade particular. A neurociência possuiria a chave para o efeito que a pintura, a literatura e a música exercem sobre nós. As ferramentas mais adequadas para a pesquisa acerca de tal impacto seriam os aparelhos de ressonância magnética e de encefalografia, que mostrariam quais pedaços do nosso cérebro são ativados pelas obras de arte. Para entender a diferença entre Malevich e Matisse, precisaríamos apenas perceber que esses pintores estimulam caminhos visuais diversos; para descobrirmos por que certos versos nos comovem, deveríamos procurar as estruturas neurais que determinados truques linguísticos ativam; e se quisermos pistas para o motivo de a grande música nos emocionar, basta notar que ela afaga os centros de "recompensa" do cérebro que herdamos dos nossos selvagens ancestrais.

A estética reduzida à biologia não para por aqui. Uma vez que o cérebro é um órgão evoluído – o servo da sobrevivência orgânica –, interpretações neurais da arte encaixam-se perfeitamente nas teorias darwinistas que veem a literatura, as artes visuais e a música como formas de comportamento cujo fim último é otimizar as chances de replicação dos genes. Os artistas são pavões exibindo-se para atrair pares para a procriação; e a própria arte tem a função de promover a coesão social ou transmitir informações cruciais à sobrevivência. Nossos valores formaram-se durante a nossa última reconfiguração cerebral, que teria ocorrido no Pleistoceno ou, para alguns, ainda antes do *Homo sapiens* entrar em cena, uma espécie de herança dos nossos ancestrais pré-humanos. Gostamos de paisagens que retratam bons locais para a caça; apreciamos Mondrian (um dos favoritos dos *biologistas*) porque seus padrões replicam a distribuição da luz e da sombra no chão da selva; Picasso instiga-nos porque suas pinturas reproduzem os tipos de "hiperestímulo" que excitam as gaivotas fêmeas.

Há muitos motivos para toda essa explicação estar equivocada. Obras de arte não são meros estímulos aos quais reagimos passivamente – de fato, travamos com elas uma relação ativa. As nossas respostas – inclusive a indiferença e a hostilidade – dependem das nossas atitudes e expectativas, por sua vez influenciadas pela história, pela cultura e pela nossa própria trajetória pessoal. Isso fica evidente nas diferenças radicais no gosto entre períodos históricos, grupos sociais e indivíduos distintos. As "explicações" neuroevolutivas nada dizem sobre a diferença entre a grande arte e a mediocridade, entre dois tipos distintos de grande arte. Também nada dizem sobre as verdades específicas que a arte exprime. Sequer são capazes de distinguir as experiências associadas à arte daquelas próprias de outras formas de lazer. Afirmam, uma e outra vez, que artes como a música estimulam os centros de "recompensa" do nosso cérebro, e tais centros são os mesmos estimulados pelas drogas e pelo sexo. Sob o prisma da neurociência "darwinizada", ouvir alguém tocar órgão e sentir alguém tocar o seu "órgão" são a mesma coisa; e ouvir a *Paixão segundo São Mateus* é como um pico de cocaína. A explicação dos artistas como vaidosos deixa de lado a necessidade de talento e ignora o fato de muitos artistas – homens e (cada vez mais) mulheres – terem menos interesse em atrair parceiros que em desfrutar as alegrias da criação: há meios muito mais fáceis de seduzir do que escrever quartetos de cordas absurdamente difíceis.

Há, contudo, uma razão muito mais interessante para a redução da criação e experiência artísticas a fenômenos biológicos estarem erradas, a saber: ela ignora a relação entre arte e liberdade, exclusiva dos seres humanos, criaturas que, como nenhuma outra, romperam as cadeias do ambiente material. O fato de vivermos em um mundo compartilhado tecido de significados desconhecidos para os outros animais – em uma semiosfera e tecnosfera distantes da biosfera – basta para prová-lo. A arte celebra e enfatiza a liberdade. Ilustremos essa ideia pensando primeiro na pintura.

A liberdade do observador

A visão é o mais livre dos sentidos. Olhar as coisas ao nosso redor permite-nos chegar até elas sem a necessidade de expor-nos diretamente, ou de nelas afundar e mergulhar. Entramos em contato com o mundo, ainda que dele apartados. Podemos escolher o que ver: redirecionamos o nosso olhar, mudamos de lugar ou assumimos uma posição mais favorável. O nosso ponto de vista – diferentemente dos animais que se guiam pelo olfato ou pelo tato – é uma vantagem. E não apenas por essa razão. O que vemos é muito maior que nós mesmos, para não falar do olho que vê: "*opsis*" é sinopse. As nossas cabeças são como pequenas torres erguidas sobre os nossos ombros. Daí, a liberdade do ob-servador.

No dia a dia, geralmente olhamos com um propósito específico: a cena exige-nos algo, devolve o nosso olhar e temos de responder-lhe. A nossa liberdade enquanto observadores fica, então, comprometida; mas há sempre a possibilidade de olhar por olhar. O olhar interessado mas desinteressado é um lazer primordial. A alegria, o poder, a liberdade do espectador são precondições à fruição da arte pictórica. Evidentemente, não são suficientes; do contrário, a arte seria desnecessária. Assim, o que os quadros têm a mais?

Examinemos a questão por meio da arte que associamos mais conscientemente à celebração do humano e à expressão da liberdade implícita na sua representação: a arte da Europa humanista, do Oriente Médio islâmico e da China confuciana. As paisagens e os retratos estão entre os seus temas mais comuns. O que ambos acrescentam à visão sinóptica disponível ao olhar imediato do observador? A pintura ajunta a vista num retângulo e a torna portátil. A paisagem captada na tela, condensada numa página ou traçada num pergaminho, é congelada num dos seus momentos e trazida para dentro de casa; assim, amplia-se a distância entre o olho que vê e o mundo material. Não preciso estar na paisagem real nem próximo dela para vê-la. O mesmo vale para o retrato, para o qual posso olhar sem estar perto do indivíduo retratado nem correr o risco de receber um olhar em resposta. Os olhos do sujeito devolvem-nos o nosso olhar apenas se assim o desejarmos ou imaginarmos. O fato de os olhos do Doge parecerem seguir-nos pela sala apenas nos diverte porque sabemos que eles estão parados. O rosto pintado é um mero objeto do nosso olhar: não é capaz, por sua vez, de fazer de nós um objeto. A nossa resposta ao que vemos não carrega qualquer responsabilidade; o nosso compromisso com o quadro é uma manifestação mais profunda do estado descompromissado do animal apartado, do observador humano. Apreciamos a luz pela luz, não por aquilo de útil que ela nos revela; os objetos pelas cores da sua superfície.

Há mais fatores apontando para tal possibilidade – implícita na transformação do *opsis* em sinopse; neles descobrimos postas para a distinção entre competência e grandeza. O grande paisagista é capaz de descobrir o ponto de vista que maximiza a sensação de perspectiva ampla; pode aprofundar o campo de visão brincando com a relação entre primeiro plano, plano médio e plano de fundo, identificando arquétipos de luz e sombra a fim de criar um sentido de forma que aproxima mais os componentes da cena do que o mero amontoamento, a mera reunião acidental, da cena ordinária. O retratista pode captar certa expressão, que pode significar outro tipo de paisagem

– a paisagem interior que é qualquer coisa que corresponda ao *eu*. O rosto pode simbolizar um tipo, um ambiente, uma cultura, um mundo envolto pela narrativa de uma vida. Olhar para um rosto assim pode ser como olhar para a superfície visível de uma realidade invisível: é como se estivéssemos diante de alguém situado num ponto privilegiado de uma paisagem imaginária, envolta num mundo sintetizado pelo rosto, corpo, postura e vestimentas do modelo. A grandeza da grande arte reside na habilidade em explorar todos esses fatores, de jogar com eles a partir do uso de técnicas já consagradas que serão desenvolvidas, transcendidas ou transgredidas a fim de surpreender o olho. Aquilo que se vê não se limitará a uma mera reprodução obtida por meios convencionais.

A arte verbal: o olhar extenso

Podemos pensar as outras artes analogamente. O gozo "espectatorial" do observador está literal e explicitamente presente no drama, em que testemunhamos o desenrolar de uma história. A sucessão de eventos e o uso das palavras (diálogo, prólogo, coro) dotam a *opsis* de uma profundidade temporal. É sobretudo o drama a mobilizar outro aspecto da nossa liberdade: a capacidade de jogar com coisas que, noutros contextos, fazem sofrer; de aquecer as mãos em chamas que na realidade nos podem consumir. Ensaiamos situações imaginárias; submetemo-nos voluntariamente a provações que tememos e cultivamos emoções a elas associadas pelo simples desejo de vivenciá-las. Na comédia, rimos de um mundo que sempre ameaça olhar-nos às gargalhadas; ou rimos para desarmar aquilo que nos assusta. A literatura cria um ponto de vista do qual vemos mundos, vidas e eventos que nada nos exigem senão uma atenção fascinada e reflexiva. O enredo – que ata começo e fim, que tanto cinge – torna os acontecimentos sucessivos como que copresentes: começo, meio e fim estão prenhes uns dos outros, e assim o nosso olhar estende-se para além do presente.

Esse olhar pode ser ainda mais aperfeiçoado por meio da atribuição de relances sinópticos a personagens. O desfecho do romance moderno – o romance *Generosity*, de Richard Powers – pode dar margem a incontáveis exemplos disso.

"Na manhã seguinte, pelo telefone, Thomas Kurton diz a Thassa que escolha qualquer ponto de encontro na cidade [Chicago]. Ela ri do cheque em branco. Esta cidade tem bosques a noroeste grandes o bastante para alguém perder-se neles. Ao sul, os bairros negros do tamanho de Constantina onde os brancos nunca entram. Distritos comerciais cheios de revendas de contrabando e salpicados de cadáveres frios. Cemitérios cem vezes mais compridos que um campo de futebol, com epitáfios em quarenta e uma línguas. Tem bairro chinês, grego, polaco, gay, italiano, coreano, mexicano, palestino, assírio... Duas vizinhanças árabes – os muçulmanos da zona sul e os cristãos da zona norte – onde pessoas de uma dúzia de países reú-

nem-se para comer, recitar poesias árabes e zombar uns dos dialetos dos outros."

Também a poesia aspira a abrir um espaço correspondente a um olhar enormemente extenso. Consegue-o à força de abarcar o muito no pouco, explorando assim de maneira mais direta a capacidade das palavras para transportar-nos a uma vista aérea ou para construir uma sucessão de pontos de vista que se erguem uns sobre os outros até formarem um ponto de vantagem muito além do escopo de qualquer olho humano. O objetivo mais óbvio da poesia lírica (a quintessência da arte poética) é desvelar parte do que está aí, tornar algo verdadeiramente presente, iluminando-o com um olhar firme e fixo. A poesia lírica prende a nossa atenção por valer-se de uma atenção ideal. Mas, mais que seus temas e circunstâncias primários, ela nos dá uma fatia maior do mundo por meio do nimbo do não dito no qual insere o dito. Dá-nos um mundo recordado a partir de sugestões, um espaço de significado cuja antessala é marcada pela alvura que cerca e permeia a escassez verbal do poema: o silêncio enfático das largas margens e os espaços entre as linhas. O poema é *Gedichte* ("condensado", para usarmos a adorável palavra alemã para poema). Reúne e concatena um largo campo de sentido implícito em poucas palavras, o que o torna portátil, inclusive para nossa mente. O poema enfatiza as conexões que faz por meio das suas próprias conexões internas. Trata-se de algo mais profundo que uma sequência lógica de significados. A sua garantia são o ritmo – e as outras formas de cerzidura interna – e o som das palavras. Um poema – disse Paul Valéry, referindo-se sem dúvida à poesia lírica – é uma hesitação entre o som e o sentido. E esse impasto verbal, que engrossa a presença física das palavras transmissoras de sentido, aumenta a viscosidade e demanda uma parada na sucessão unidirecional de momentos que caracteriza o falatório. A própria complexidade da poesia diz: "Pare, vá devagar". A metáfora difícil e pegajosa põe freio a dois tipos de pressa: à do fluxo da linguagem e à do olhar inquieto sempre em movimento. Gottfried Benn descreveu seus últimos poemas como *Statische Gedichte*: poemas estáveis. Mas há algo em boa parte da grande poesia que permanece estável, que tenta fundir caminho e chegada e permite escapar da fluência.

Desacelerados, somos convidados a expandir-nos no espaço mental proporcionado pelas palavras. Podemos ir mais longe. Imagine o quão frequentemente a poesia incorpora listas de itens díspares, convidando-nos a construir um espaço que corresponda ao que está no centro da triangulação desses itens. Consideremos essa estrofe do poema "Lenda", de Boris Pasternak (é um dos poemas de Jivago):

> Pálpebras bem fechadas,
> Vaus, rios e riachos.
> A altura nuviosa dos céus
> E eras, e anos...

O olhar expande-se para abarcar os sonhos de um menino prestes a dormir, e o mundo que ele imagina em volta das suas pálpebras fechadas, unindo o passado remoto – o passado infantil de todos nós – ao passado compartilhado da história, da lenda, e os anos entre o nosso passado longínquo e o presente. Assim é a liberdade do olhar aperfeiçoada pela arte literária. Ela não apenas nos liberta da responsabilidade residual de qualquer observador – desse observador situado naquilo que observamos –, como também amplia imensamente o campo de visão.

Ao ouvirmos uma história ou lermos um romance, somos convidados a visualizar os acontecimentos ou cenas que nos descrevem. Esse convite, e a própria narrativa, ergue-se sobre a liberdade primordial do observador, daquele que sabe, mas não precisa agir como quem sabe, que está apartado daquilo que lhe é revelado. É isso a ligar o leitor do romance mais sofisticado ao *flâneur* pré-histórico olhando por nenhuma outra razão que pelo prazer de contemplar.

A alegria de celebrar a liberdade do observador, que não é obrigado a olhar, é evidente nos primeiros anos de vida, quando criamos surpresas visuais uns para os outros, proto-histórias de ocultação e revelação, de esconder, procurar e encontrar. Uma das nossas primeiríssimas brincadeiras é uma espécie de esconde-esconde para bebês, capaz de entreter a criança por mais tempo que os pais são capazes de aguentar. A mãe cria um suspense visual ao esconder o rosto – atrás das mãos ou de alguma outra coisa. A criança aguarda o retorno. Tal sequência de partida, espera e retorno compartilha uma característica fundamental com o conto, em que o começo cria as bases para o meio que deflagra a necessidade de resolução, trazida pelo aguardado fim. A arte do contador de histórias – que explora essa estrutura básica, mas (com todo o respeito aos primitivistas) deixando-a irreconhecível – reside na sua agudeza para conscientizar o público de um fato (ou vários) que lhe é sonegado e atiçar o seu apetite por ele (ou eles). Um ponto central na nossa tese é de que esse apetite é uma escolha, e uma escolha bem diferente das prescritas pela biologia, que devem haurir satisfação da dor do sofrimento ou da morte. A curiosidade do observador e a do ouvinte de uma história – ou piada – são manifestações análogas de uma liberdade fundamental que talvez tivera raízes na necessidade biológica, mas que há muito deixou-as para trás.

Música e causalidade virtual

A criação de novos apetites a satisfazer e de desejos a realizar como modo de expressão ou celebração de uma liberdade humana fundamental está mais patente na música. A música é a arte mais distante da visão (com exceção das formas mistas, como a ópera) e pode, por conseguinte, parecer mais difícil enquadrá-la na nossa tese. As diferentes liberdades do compositor, do instrumentista e do ouvinte estão, contudo, profundamente ligadas à liberdade que começa pelo observador.

Quando olho pelo prazer de olhar, a série de experiências visuais de que desfruto – quais experiências e em qual or-

dem – deve-se a minhas escolhas. Olho mais adiante e noto os raios de sol sobre as árvores. Aproximo o olhar e vejo um inseto escalando uma pedra iluminada pelo sol. Aproximo ainda mais o olhar e observo o sol na minha mão. Não se trata de uma sequência causal de eventos: não há uma lei da natureza que prescreva que devo seguir semelhante ordem. Eu, da maneira como agi, passeio pelas sequências causais como uma borboleta, destacando esta ou aquela. Posso fazê-lo – como se estivesse fora do mundo material de que eu e o meu olho somos parte – porque a intencionalidade ou *aboutness* da percepção estão fora do mundo material da causalidade. Detenhamo-nos um pouco nesse tema para deixá-lo mais claro.

Quando olho (e vejo) algo, isso se dá porque a luz do objeto entra pelo meu olho e (supostamente) estimula o meu cérebro, fazendo com que as fibras nervosas dos meus caminhos visuais sejam ativadas. Como a luz entra, porém, é apenas metade da história. A outra metade (de igual importância, mas em geral ignorada, especialmente pelos filósofos materialistas e por aqueles que desejam biologizar a humanidade) é como o olhar, por sua vez, olha para fora. O olhar voltado para fora sempre é implicitamente ativo, sempre rema contra a maré causal; no entanto, ele é maduro o suficiente para tornar-se explicitamente ativo, como quando um pasmo boquiaberto dá lugar ao escrutínio, à observação meticulosa, à espreita, à inspeção sistemática. O olhar não faz parte da rede causal a que o corpo do observador está atado; de fato, representa uma ruptura no mundo material cerrado pelas causas. É a base da liberdade do observador.

A esta altura da discussão, pode sobrevir um esboço de objeção. Os humanos, dirá você, não são os únicos a terem visão e, além disso, o campo visual e a acuidade de alguns animais são mais impressionantes que as nossas. O observador humano não é apenas um organismo: somos sujeitos corpóreos, conscientemente apartados do mundo com o qual interagimos, portadores de um "eu" que aprofunda no tempo; conduzimos a nossa vida, e não apenas vivemo-la (organicamente) passando de um momento relaxado a outro. Somos sujeitos diante de objetos, reconhecidos por transcender a nossa experiência, *eus* interagindo com mundos e não apenas entidades biológicas a ricochetear pelos ambientes materiais. É isso que torna a potencial liberdade de olhar do animal em algo que em nós realiza-se como a verdadeira liberdade autoexpressiva. A liberdade expressa nas experiências eletivas do observador (humano) é predicada a um *eu* que aprofunda no tempo em que está incorporado como parte de uma vida vivida conscientemente.

O artista não apenas celebra a liberdade, mas a leva além. Na experiência corriqueira, os conteúdos de uma cena aparecem como dados e, mais ainda, permanece a possibilidade de o observador ser instado a reagir ao que vê. O artista, em contrapartida, pode escolher livremente os seus elementos e pode, dentro de limites, organizar segundo os seus desejos aquilo que estará na tela. Nenhuma paisagem aberta aos olhos parece-se com as paisagens capturadas em um quadro, e não apenas porque estas foram traduzidas à superfície plana de uma tela, emolduradas e transportadas a uma galeria para serem penduradas, embora as paisagens pintadas alterem o modo de olhar aquelas com que simplesmente nos deparamos; elas também influenciam a nossa escolha de quais paisagens naturais buscar e olhar. (As representações pictóricas ajudam a definir nosso senso do que é pitoresco). E, como já destacamos, artista e observador estão livres da obrigação de responder ao que está presente na paisagem com qualquer outra coisa que não o prazer – o prazer da satisfação estética em que se misturam memória, emoção, um senso de forma e a admiração pela habilidade e originalidade do artista. O observador pode correr os olhos pela pintura a gosto, focando nisso e naquilo a fim de obter um senso geral daquilo que tem diante de si.

Qual, pois, seria a relevância disso na música? Em primeiro lugar, a música é escutar o som pelo som, assim como as pinturas são vistas por si mesmas. O ato de escutar não tem um propósito específico. Não é como quando mantemos os ouvidos atentos aos passos de um predador (ou veículo) a aproximar-se, ou ao choro de um bebê, ou ainda aos chamados de uma pessoa que deseja se comunicar. Eis a liberdade do "ob-ouvinte", o *flâneur* acústico. Em segundo lugar, a música cria um apetite pela resolução que ela mesma proporcionará. É a dimensão narrativa, compartilhada com a literatura e que também se desenrola no tempo. Em terceiro lugar, por conseguinte, a música pode estimular outras atividades – a dança (em que nos movemos não para chegar a algum lugar, mas apenas para desfrutar cantarolando do movimento rítmico ou para estar ou chegar a estar junto dos outros) ou o canto (em que vocalizamos não para comunicar algo de útil, mas para compartilhar o prazer da voz humana, em outra maneira de "juntar-nos") – realizadas por si mesmas, como expressão da liberdade. No entanto, o ponto mais importante da música é o fato de ela exemplificar algo apenas embrionário no observador: a capacidade de juntar uma sucessão de eventos relacionados uns com os outros de uma maneira que não foi ditada pelo mundo material. O observador-borboleta, que foca o que lhe é dado a seu bel-prazer e cria uma sucessão única de experiências visuais, é levado além. Pois os próprios elementos da música – as notas – não são prescritos pelo mundo material ou emprestados do domínio do discurso prático. E não apenas essas notas: também o modo em que elas estão organizadas é escolhido livremente. Isso toca algo situado no próprio cerne da liberdade humana.

Ouço alguém tocar piano. O meio de produção dos sons é uma expressão dos mecanismos causais ordinários do mundo material. Pressionam-se as teclas que movem os martelos. Os martelos batem nas cordas e as fazem vibrar. A vibração das cordas, por sua vez, faz o ar a seu redor vibrar. A vibração do ar faz o meu pavilhão auricular vibrar em sintonia, que é transmitida a novos mecanismos causais na parte interna do meu ouvido, onde a energia é traduzida em pulsos nervosos que aca-

bam por chegar ao meu córtex auditivo. Trata-se de uma sequência de eventos que liga as notas tocadas à minha audição, tal como ocorre com diversos eventos presentes na biosfera, como quando os animais ouvem sons que denunciam a presença de presas ou predadores ou quando se comunicam. Mas há outra sequência de eventos, ligadas de modo diferente: a sequência de notas acumuladas na peça musical que ouvimos. Essa passagem de um momento musical para outro não é governada pela causalidade material, mas pelas regras de composição, pelo senso de harmonia entre as notas, pela sensação de consonância ou dissonância estratégica, pelo desenrolar da narrativa da expectativa e complemento ou pela surpresa.

Como Roger Scruton escreve em *Understanding Music* (Continuum, 2009): "O que ouvimos não é uma sucessão de sons, mas um movimento entre tons governados por uma causalidade virtual presente na pauta musical" (p. 5). Em seguida, acrescenta: "Apenas um ser racional – um ser com autoconsciência, intenção e a capacidade de representar o mundo – pode experimentar o som dessa maneira".

O som pelo som é moldado a fim de criar harmonias – desconhecidas na natureza – que satisfazem apetites ou necessidades cultivados para serem desfrutados. São completa e gloriosamente supérfluos.

A música é um exemplo especialmente impressionante da conexão entre arte e liberdade. As melodias são tecidas a partir de sons manufaturados que, depois, são conectados e reunidos de uma maneira que não reflete os arranjos naturais presentes no mundo físico. Possuem uma dinâmica interna, uma narrativa liberada a partir de um desdobramento de eventos no mundo material e expressam significados içados dentre aqueles que nos são impostos pelas leis da causalidade material. Alcançam-se tais significados sem uma referência precisa: a sua significância à deriva – desligada dos particulares – corresponde a emoções que mudam a forma como experimentamos o mundo como um todo em detrimento de algum dos seus itens. Podemos alinhá-la à afirmação de Martin Heidegger de que as emoções são um modo de sintonizar-se com o mundo e dizer que as melodias põem-nos em uma relação emocional com o mundo. Em todo caso, é por isso que quando discutimos música – sem levar em conta a técnica – podemos valer-nos da linguagem das emoções, embora admitamos que algumas vezes procedemos assim por carecermos de uma linguagem precisa o bastante para articular o que a música representa para nós.

A música é o mais alto exemplo da expressão da liberdade pela qual cultivamos por si próprias certas coisas que, do contrário, nos sobreviriam aleatoriamente; são fruídas em vez de sofridas em reação a eventos inesperados. As emoções cumprem um propósito na vida diária: sublinham a realidade daquilo que está diante de nós, mas são coalhadas e confusas por causa das emoções e conversas (interiores e exteriores) em que são narradas, justificadas, explicadas e por causa das ações que de nós exigem. Na música, temos emoções purificadas das narrativas prescritas, desligadas de qualquer realidade determinante. Sentimos a tristeza da perda sem a perda; a sensação de terror sem o objeto de terror; o brilho da alegria desprendido de um objeto que se desfaz tão logo o percebamos. Em certo sentido, as emoções musicais são irresponsáveis e é por isso que, embora possam ser mais diretas e intensas, não são superiores às emoções despertadas, por exemplo, pela poesia. Como expressão da nossa liberdade de cultivar por si mesmo algo que costuma ter finalidades biológicas, as "emoções recolhidas na tranquilidade" de Wordsworth são tão válidas quanto a música. É claro que a emoção musical é diferente do material bruto dos sentimentos cotidianos: a tristeza de um movimento lento não está contaminada pelas lágrimas que desfaz maquiagens e provocam coriza. E ela tem a sua própria arquitetura sofisticada, dotando a evolução dos sentimentos de uma estrutura por vezes até narrativa. Às vezes, ela deixa a emoção mais perto do pensamento. Como disse Felix Mendelssohn: "Os pensamentos que expresso na música não são demasiado indefinidos para serem formulados em palavras; são, pelo contrário, demasiado definidos".

Arte e liberdade humana fora da arte

Muitos artistas, talvez nem sempre os melhores, imaginam que devam tentar mudar tudo aquilo que evita que os outros desfrutem da liberdade primordial possibilitada pela condição humana: a escassez que tantos experimentam em consequência de injustiças levadas a cabo por déspotas, desde os tiranos domésticos até os cleptocratas sanguinolentos, passando pelos chefes das aldeias. "A arte", sustentam, "não deveria apenas admitir a escravidão de muitas pessoas pela carestia ou por outras pessoas, mas deveria engajar-se na mudança dessa situação iníqua". É uma *Kunstlerschuld* louvável, mas equivocada.

Sim, os artistas deveriam se preocupar com a liberdade daqueles que não são livres para desfrutar da arte ou, de fato, com a liberdade dos artistas proibidos de se expressar livremente. Esta não é a questão: é dever de todo ser humano decente promover a liberdade dos seus semelhantes. O que está em questão é se eles deveriam fazê-lo *por meio* da sua arte. A arte engajada, a arte como meio de superar a tirania que se opõe à celebração ou expressão da liberdade, costuma fracassar em um ou dois níveis. Em primeiro lugar, geralmente é uma política inútil. Quando se trata de grande arte, não abordará os assuntos na medida certa. A arte produz manifestos fracos. Poderíamos dizer que esta é uma afirmação verdadeira por princípio, mas qualquer um que duvide desse princípio precisa apenas ver a história da arte como propaganda. Em segundo lugar, caso a arte se submeta aos requisitos da boa propaganda, será uma arte fraca, pois terá de se submeter às expectativas de um mundo pré-digerido. Os grandes expoentes da arte engajada – exaltados com uma frequência suspeita – têm pouco ou nenhum impacto no mundo do sofrimento

e da injustiça cotidianas. *Guernica* não desviou o curso da história um mícron sequer, o que não causa surpresa. O quadro é mais impressionante como exemplo da preocupação de Picasso com a representação visual do que como um grito de revolta contra o horror infligido por seres humanos a seus semelhantes. Funciona como obra de arte; e tenho interesse em ver provas de que esse protótipo de obra engajada tenha funcionado como propaganda.

Se a arte desperta seu público para a possibilidade da liberdade, o faz em um nível mais profundo que os desafios à liberdade humana surgidos em um momento histórico particular. Isso não quer dizer que os artistas não podem tratar da iniquidade em sua arte. Porém, os poucos a obterem algum êxito na tentativa – como Hogarth, Goya e Brecht – mostram como é difícil defender um ponto de vista partidário e ser fiel à própria experiência da vida. A maior parte dos artistas tende a uma visão geral que deixa o público sem saber sua perspectiva política particular e sem saber exatamente como agir. Não nos sentimos mais decididos a tornar as ruas mais seguras para as mulheres depois de ver *O rapto das sabinas*. *A balsa da Medusa* raramente ter-nos-á estimulado a melhorar as condições dos marinheiros. Por conseguinte, suas preocupações parecerão triviais ou autocomplacentes em face da tarefa direta e perigosa de parar ou derrubar tiranos. Mais: a liberdade celebrada em muitas obras de arte não é clara; a música, em especial, é ambígua e não se sabe se ela está do lado daqueles que estão livres para escravizar ou se daqueles que buscam libertar-se da escravidão. Os nazistas não viam em Beethoven nada com que não concordassem ou que merecesse ser banido, e sua rejeição a Mendelssohn não tinha nada a ver com música e tudo a ver com a sua condição de judeu. Esses fatos, claro, não desencorajam hordas de supostos artistas contentes consigo próprios a exigir respeito ou um cachê especial para produzirem uma arte "subversiva" que nada subverte – ou que não subverte nada que mereça ser subvertido além das expectativas secretas de determinado grupo desprezado, como a "burguesia". O verdadeiro escândalo da arte subversiva não é o ultraje que deveria causar no amante de arte supostamente conservador, mas a mediocridade daquilo que deveria ultrajá-lo.

Temos de conviver com o fato de que há uma diferença entre o reino dos fins, objeto da arte, e o reino dos meios (a qual todos nós artistas e não artistas pagamos tributo), objeto da política, das profissões, da miríade de tecnologias do conforto e assim por diante. Se a arte por acaso vem a desempenhar um papel no reino dos meios, é puro acidente. Há alguns exemplos interessantes disso, mas nenhum deles supera o caso de *Ulisses*, de James Joyce. Joyce era um apolítico notório e apaixonado. A sua extraordinária reconstrução de um dia em Dublin conforme a experiência de vários personagens e mapeada a partir da primeira grande obra da literatura ocidental – *Odisseia* – foi uma celebração gigantesca da complexidade da consciência humana, da riqueza infinita da linguagem e da multiplicidade ilimitada do mundo. Ao mesmo tempo, trata-se de uma obra absolutamente destemida. Seus palavrões, blasfêmias e irreverências aproximam-nos da verdade privada e silenciada sobre o mundo. *Ulisses*, assim, subverte o gênero calculado e comedido de discurso público que mantinha a Irlanda paralisada diante do olhar de uma religiosidade repressiva metida num conluio patológico com uma classe política corrupta que se beneficiava da cultura de silêncio e servilismo fomentada pela religião. *Ulisses* – que muitos leram às escondidas – deve ter sido libertador por causa do espaço de verdade que descortinava para além da mendacidade conveniente de um estado semiteocrático. Mais que vento é libertado quando Leopold Bloom relaciona a ventania que enfrentou com a cidra que bebeu enquanto lê a plaqueta na estátua de Robert Emmet – "Quando meu país assumir seu lugar entre as nações da terra, então, e só então, meu epitáfio deve ser escrito" –, frase que todas as crianças aprendiam a recitar a fim de internalizar a gratidão pela subserviência em que muitos viviam depois da libertação de seu país. É óbvio que o impacto de Joyce não foi imediato; ele nem sequer desejava qualquer impacto. Trabalhava contra a corrente, exercitava a liberdade de um artista para edificar sobre a liberdade essencial da consciência humana. Se os artistas têm um efeito político, é por serem apolíticos no sentido de olhar para além da estrutura cognitiva em que opera a política que traz ou evita mudanças. Os artistas podem tornar visíveis pressupostos outrora invisíveis que faziam os tiranos aceitáveis ou invencíveis.

O corolário disso é: uma vez que a arte pouco faz com relação ao sofrimento no mundo, deve ser da mais alta qualidade se quiser justificar sua existência ou a vida do indivíduo bem nutrido, confortável e saudável que dispõe do ócio e da liberdade para criá-la. A arte medíocre não tem espaço em um mundo onde (por exemplo) 800 milhões de pessoas deitam-se à noite quase sempre com fome e onde a desnutrição ceifa mais pessoas diariamente do que as vítimas dos ataques de 11 de setembro. Apenas obras capazes de expandir o senso de possibilidades do homem, o senso de como o mundo pode ser visto, escutado ou compreendido, podem justificar a aparente indiferença do artista. Essa indiferença não abrange apenas o sofrimento humano remediável, mas também o fato de que a maior parte das pessoas vive sem saber o que é a grande arte e sem que seus exemplos remanescentes tenham em sua vida uma presença que não seja intermitente e irrelevante.

Uma função importante da crítica de arte é corrigir os delírios narcisistas daqueles que erroneamente se creem capazes de celebrar a liberdade humana e, por conseguinte, de ampliar a liberdade dos outros. O crítico deveria encorajá-los a dedicar a sua vida profissional a ocupações úteis (pedreiro, médico, administrador etc.) e seu tempo livre a desfrutar da arte alheia. A crítica também deveria libertar os amantes da arte da obrigação de admirar a mediocridade empurrada pela propaganda, que joga com nosso medo de descartar originalidade verdadeira como se fosse lixo. Enquanto isso, deveríamos reconhecer

que a instrumentalização da arte traduz sua liberdade primordial. Se a arte acarreta mudanças, não o faz por trabalhar com pressupostos inquestionáveis e com a visão costumeira própria da política partidária ou das ações coletivas.

Liberdade dos limites da arte

A relação entre arte e liberdade tem ficado mais complexa nos últimos anos. Os artistas estão conscientes de enveredarem por um campo da empresa humana que é vasto, diverso e muitas vezes glorioso. O pesadelo desta história pesa sobre eles e evoca sentimentos infelizes. Se tiverem noção da suas próprias limitações, sentir-se-ão esmagados por seus precursores, ou terão a desagradável sensação de que não há nada mais a dizer; ou, mesmo que isso não seja verdade, de que o que resta a ser dito é supérfluo diante de tudo o que já se disse. Esses artistas também enfrentam um público escravizado pelos gostos formados pelas técnicas e conquistas dos mestres do passado. Uma perspectiva mais recente – e astuta – para muitos artistas incapazes de emular aquilo que já foi alcançado é transformar a derrota em virtude. Eles rejeitam os grandes feitos do passado com o argumento de que, longe de ampliarem a liberdade humana, os mestres do passado aliaram-se aos poderosos, oferecendo glosas estéticas a uma ideologia que permitia aos opressores continuar com sua maligna opressão. A par disso, impuseram suas próprias definições de "grandeza" artística, determinando um novo cânone de obras-primas e regras de bom gosto.

Tal estratégia de apresentar o passado como uma influência maligna parece ter atingido predominância crescente ao longo do século anterior, mesmo entre a pequena minoria de artistas talentosos. A literatura séria – livros sobre os quais lemos no mínimo tanto quanto os lemos, em contraste com os livros que lemos sem preocupações com comentários oficiais – abraçou temporariamente o anti-, o meta-, o irônico, a ponto de quase excluir qualquer outra coisa: voltou-se a si mesmos para questionar sua validade existencial. Compositores de formação clássica, no reduzido espaço deixado livre pela expansão do jazz e da música popular, atacaram a harmonia, a melodia, a consonância, a orquestra e até o próprio som musical: aspiradores de pó e silêncio tomaram seu lugar no poço da orquestra ao lado do violino e demais cordas. As fases de autodestruição na literatura e na música parecem ter passado. Nas artes visuais, porém, a enfermidade continua no auge. O observador é descartado e a relação entre as artes visuais e a visão é ora rejeitada (o sempre aplaudido desprezo de Duchamp pela arte "retinal"), ora subordinada ao mundo – como no caso dos vídeos didáticos, instalações e obras conceituais que são meras ilustrações de ideias (quase sempre insípidas), mais bem expressas em notas explicativas.

Boa parte dessas obras não vale nada e é recebida com um dar de ombros pela maioria das pessoas fora do círculo mágico de grupinhos de lisonjas mútuas. À primeira vista, o seu predomínio é enigmático. O enigma, porém, é solúvel. Em parte, a obra explora as ansiedades a que me referia antes, criadas pela lembrança coletiva exagerada de uma época em que os críticos, e o público por eles influenciados, massacravam o que hoje consideramos obras-primas. Na realidade, tratou-se de um período extremamente breve que atrasou muito pouco o reconhecimento dos grandes artistas. As transformações dramáticas na pintura – a celebração da aparência fenomenal das coisas, o cultivo da cor e da forma por si sós na arte abstrata moldada a partir da música – foram, de fato, aceitas com uma pressa quase indecente. O que está realmente em questão é algo mais próximo de nossas presentes preocupações, a saber: a tensão dentro da arte, enquanto expressão da liberdade, entre liberdade de expressão, os limites impostos pelo artista pelas regras e convenções do gênero, e a expressão da liberdade advinda da quebra dessas regras.

Olhemos de fora para essa liberdade de segunda ordem – a aspiração da arte à liberdade a partir das suas próprias convenções – focando noutra atividade humana a celebrar a nossa liberdade: o esporte. Isso aproxima-nos do nosso tema original da arte enquanto celebração da nossa fuga do destino material.

Os esportes têm sua origem em habilidades necessárias à sobrevivência, mas tomam lugar em uma esfera onde a sobrevivência literal não é uma preocupação. No caso do boxe, das trilhas e da caça, a ligação com um propósito biológico original é óbvia. Uma vez tornadas esporte, porém, tais atividades antes necessárias tornam-se inúteis: são fruídas por si mesmas. O dia inteiro de perseguição a uma raposa – animal que não se costuma comer – talvez seja o exemplo mais claro de uma atividade originada de uma necessidade biológica fundamental e transformada em um *divertissement* em que *la chasse ne vaut pas la pis*. Mas a apropriação, pela recreação, de uma atividade necessária também se exemplifica no prazer de dar voltas em uma pista de corrida de acordo com as rígidas regras do esporte; o atleta não corre para fugir do predador, mas de um fracasso a que ele mesmo se arriscou; atira um dardo contra um alvo que não será o seu almoço, mas apenas um número correspondente a uma distância.

Tais atividades são todas regidas por regras específicas. Em alguns casos, as regras existem apenas para garantir a justiça: todos correm a mesma distância e começam ao mesmo tempo. Noutros casos, porém, a intenção é dificultar a vitória, o que não apenas garante a equidade do jogo, mas dota-lhe de uma complexidade infinita. É o caso de jogos como o críquete, cujo livro de regras preenche sessenta páginas de letras miúdas. A regra mede – e celebra – a distância entre as origens biológicas das habilidades em teste: pegar, correr, rebater etc. É evidente que o jogo não seria beneficiado pela remoção das regras, isso sem falarmos de problemas menores,

A SITUAÇÃO DO ARTISTA QUE SE LIBERTA DOS "GRILHÕES" DA FORMA É COMPARÁVEL ÀQUILO QUE IMMANUEL KANT DESCREVEU COMO FILOSOFIA PURA: "A LEVE POMBA EM VOO LIVRE CORTA O AR E, SENTINDO-LHE A RESISTÊNCIA, TALVEZ IMAGINE QUE TERIA AINDA MAIS SUCESSO NO VÁCUO".

como a anarquia que a ausência de parâmetros acarretaria.

O que a arte tem em comum com o esporte é o fato de também transformar algo essencial à sobrevivência – a experiência – em recreação, em celebração da liberdade. É uma mudança total da sua natureza e acentua a distância que nos separa do mundo material. No caso do esporte, as regras aumentam essa distância; são as limitações desnecessárias que fazem o esporte. A arte também tem as suas regras. Elas criam uma sensação de expectativa que depois é satisfeita. Quando essas expectativas ficam cansadas de si mesmas, surgem motivos para quebrar as regras que direcionam o fluxo da causalidade virtual que conduz o olho, o ouvido ou a mente de um elemento a outro. A questão de seguir, respeitar, quebrar ou infringir regras é reconhecidamente importante, mas então chega-se a um ponto – já há muito alcançado na arte visual – em que essa preocupação torna-se paralisante. Nesse ponto, a arte volta-se cada vez mais para si mesma, e a obra nos é apresentada como obra *de arte*; o criador preocupa-se mais com a reação do ouvinte imaginário; o observador estupefato, chocado, escandalizado é visto como um idiota privado de reflexão que alberga expectativas estéticas prontas para serem invertidas ou confundidas. O objetivo louvável de descascar o verniz do hábito presente no olhar mediado pela arte começa a atrapalhar o próprio olhar, e a visão ampliada fica bloqueada à medida que a obra fala cada vez mais sobre si própria: sobre si própria enquanto exemplar de arte, sobre a "arte" e a "reação à arte". O olhar turva-se de autorreferências.

O estágio final vem quando se quebram todas as regras de maneira tão regular que já não é possível ver suas finalidades mutiladas nem criar expectativas a se violar. A transformação da necessidade biológica em recreação que celebra a liberdade primordial do observador está perdida, pois não se tem mais o sentido de desvelo necessário porém escolhido. A situação do artista que se liberta dos "grilhões" da forma é comparável àquilo que Immanuel Kant descreveu como filosofia pura: "A leve pomba em voo livre corta o ar e, sentindo-lhe a resistência, talvez imagine que teria ainda mais sucesso no vácuo" (*Crítica da Razão Pura*, Introdução III).

Todavia, como Joseph Wright ("de Derby", como os londrinos arrogantemente o chamavam) mostrou na sua grande pintura *Experimento com um Pássaro numa Bomba de Ar* (1768), um pássaro morre no vácuo.

Dizer que essa última fase da arte é decadente seria elogiá-la demais, pois a decadência representa um verdadeiro desafio às expectativas, aos pressupostos e aos múltiplos hábitos da vida diária. Boa parte da arte visual "subversiva" de hoje nada subverte – sequer as expectativas daqueles que a proclamam "chocante", "desafiadora", "perturbadora" enquanto bebericam seus espumantes no *vernissage* privado (imaginando se é para lá que o dinheiro culto rumará) –, em parte por estar envolta por demasiadas e cansativas camadas de aspas. A limitação aperfeiçoa a liberdade de dançar, pois a própria dança exige o cumprimento de regras para dar origem a movimentos que correspondam a um senso de forma. A dança, ao contrário das cabriolas, põe em itálico a liberdade implícita na vida cotidiana, nas nossas próprias consciências, pois representa um mundo que podemos discernir mas que nada nos pede senão nossa atenção livremente dada. E somos livres para não dar qualquer atenção à arte. Nas célebres palavras de L.S. Lowry a um jovem pintor que reclamava por ninguém comprar as suas obras: "Bem, ninguém lhe pediu para pintá-las". E somos livres não somente para não olhar para a arte, mas também para não gostar dela, ainda que dúzias de educadores queiram nos fazer crer que isso é um dever, e, mais ainda, somos livres para não reagir à arte de forma alguma. Assim, começam a fechar-se as grades da jaula das ideias preconcebidas, contra as quais os jovens artistas naturalmente se rebelam à medida em que lutam para expressar as suas novas experiências de vida. De fato, não há "deveres" na arte: nem da parte do criador, nem da parte do observador. Também nesse sentido, a arte é livre, assim como flutua livremente sobre a causalidade material.

Isso não quer dizer, todavia, que a arte é uma barafunda anárquica em que vale tudo. Uma peça de teatro mal construída perde o interesse popular e sai de cartaz. A arte que não funciona deixa de ser arte.

Mesmo que a peça consiga manter o interesse do público por apresentar-lhe coisas inesperadas, só o pode fazer diante do pano de fundo da expectativa. A arte que quebra regras só funciona quando há regras a quebrar. No Ocidente, ao longo dos últimos cinquenta anos, essa divisão entre os quebradores de regras (o atual *establishment*) e os seguidores das regras (os atuais párias) vem se reduzindo a um debate entre aqueles que julgam as regras da arte arbitrárias e aqueles que veem nelas alguma necessidade, alguma justiça natural, a ponto de defender que elas refletem algo de fundamental que subjaz à realidade das coisas, do nosso lugar na natureza, da sensibilidade que reage distintamente à arte. O debate logo degenera em uma briga de travesseiros infantil, com capitalistas de livre mercado e seus companheiros anarquistas numa cama e socialistas e fascistas juntos noutra aliança maldita na cama ao lado. O resultado é uma nuvem de penas.

Liberdade na construção da arte

As regras da arte não são nem arbitrárias nem essenciais. Mais do que regras, são leis; princípios, e não instruções. Todos os edifícios obedecem às leis da gravidade. Do contrário, cairiam por terra. Mas assim como não vemos a gravidade, tampouco vemos as leis da arte. Nenhum artista quer que o seu público olhe para o seu dedo quando aponta para a lua. Como diz o ditado, "a arte está em esconder a arte". Exibições técnicas, *per se*, sempre parecem ocas porque chamam a atenção para a técnica e não para o significado, para a forma e não para o conteúdo. E o conteúdo é tudo na arte. Sem conteúdo, a arte não existe. E o conteúdo da arte é sempre elusivo. Ninguém jamais foi capaz de indicar exatamente aquilo que dá ao verso de Shakespeare, ao acorde de Beethoven, à pincelada de Van Gogh um efeito tão fascinante e emblemático. Se isso fosse possível, essas obras perderiam seu mistério e sua autoridade. Seriam aterradas, passariam a basear-se em cálculos e deixariam de pairar livremente pela nossa mente, sempre distantes no seu brilho, não importa o quão vividamente sintetizem as alegrias e dores reais da nossa vida. O conteúdo da arte não é apenas uma expressão da liberdade, mas ele próprio livre em essência. É por isso que a grande arte é tão libertadora. Suspiramos num reconhecimento livre daquilo que é verdadeiro em nossa condição, mesmo para aqueles aspectos que parecem mais distantes da nossa liberdade primordial.

O problema é que esse conteúdo, o significado de uma obra de arte, não pode ser revelado sem técnica, sem leis de construção. No mundo material, A segue B segundo leis inescapáveis da causalidade física. Mas no mundo em que celebramos a liberdade iniciada pelo nosso olhar, somos livres para submeter sucessivas experiências ao nosso interesse descompromissado. É essa a raiz da causalidade virtual na arte, em que a sucessão de experiências baseia-se num senso de significância a desenrolar-se até um todo ou uma conclusão de acordo com leis livremente adotadas. Destruir essas leis é destruir a base dessa celebração da liberdade que é a arte. Nesse sentido, as leis são a pedra angular da arte; mas elas devem desaparecer para que o conteúdo fique claro. Qual a natureza dessas leis? Para entendê-las, temos de olhar seus fundamentos, aquilo que as sustenta. Serão elas baseadas em leis naturais, ou ainda na harmonia inerente à quase divina criação?

A arte existe na mente humana – materialistas e devotos concordam neste ponto. Podemos comparar a esfera mental onde a arte é criada a uma bolha luminosa e sem base. Essa bolha possui duas dimensões: um *continuum* interno – um senso de significado a se desenrolar – e um todo abrangente – uma totalidade ou uma conclusão. Todas as artes possuem ambas as dimensões, mas com ênfases distintas. As artes do espaço como a pintura e a escultura concentram-se no efeito completo, no momento parado no tempo, embora as pinceladas, a disposição da composição etc. possam ser lidas como sequências – como uma performance. Essas jornadas visuais, se o artista seja bom, fazem-nos retornar inúmeras vezes à obra, sempre com um entendimento melhor do efeito total; fazem o todo cada vez mais retumbante a cada olhar; nossos olhos retornam à obra como que para beber dessa fonte de sentimento. Mas mesmo nas formas de arte que privilegiam a dimensão temporal – como a música e o romance –, a sensação que temos ao final de um concerto, ou quando fechamos o livro, depende da capacidade do artista para urdir as tramas e criar uma resolução que nos suspende do tempo por uns instantes, transportando-nos para um tipo de espaço, apoiando-se sobre a esfera compartilhada da existência que é a liberdade humana.

Dentro dessas esferas imaginativas, os artistas são livres para decidirem o que quiserem a fim de expressar o seu significado. Desde o começo, o significado geral que buscam está nas suas mentes, ainda que apenas como um vislumbre longínquo. Essa "visão" existe necessariamente, do contrário o artista não saberia por onde começar. Uma obra de arte sempre começa de um ponto de decolagem; não de uma base material. Mesmo quando o artista desenha uma paisagem, pinta uma inspiração, não uma mera causa que guia os traços do pincel ou da caneta. Para tornar a sua visão real, para deixá-la clara, o artista precisa tomar incontáveis decisões instantâneas a fim de fazer surgir o efeito geral que corresponde completamente à verdade elusiva que percebera no começo. Há princípios, nessa arquitetura etérea, que podem ajudar os artistas a construírem narrativas ou composições, mas não há regras a governar o que criam de fato. Essas decisões, em todo caso, são sempre demasiado específicas, demasiado minu-

> **NINGUÉM JAMAIS FOI CAPAZ DE INDICAR EXATAMENTE AQUILO QUE DÁ AO VERSO DE SHAKESPEARE, AO ACORDE DE BEETHOVEN, À PINCELADA DE VAN GOGH UM EFEITO TÃO FASCINANTE E EMBLEMÁTICO. SE ISSO FOSSE POSSÍVEL, ESSAS OBRAS PERDERIAM SEU MISTÉRIO E SUA AUTORIDADE.**

ciosas e demasiado pessoais para serem capturadas em regras gerais. Mudanças minúsculas demais para serem medidas podem fazer toda a diferença, como sabe qualquer artista que luta para escrever um verso ou pintar um quadro capaz de satisfazer sua ideia de perfeição.

Isso é patente numa peça musical interpretada por um pianista: o significado está dado, mas precisa ser trazido à vida mais uma vez. Muitos podem aprender a tocar piano, de cor, mas a menor inflexão no toque pode elevar uma performance a outro plano, ao passo que outras, talvez mais tecnicamente precisas, permanecem no nível do solo. Se isso vale para o intérprete de uma obra alheia, quanto mais para o criador da peça! As regras são desastradas demais – como barras postas em um pauta – para reger decisões tão infinitesimais. E essas decisões estão longe de ser uma mera filigrana às margens da arte. Pelo contrário: são essenciais, centrais para o seu próprio significado; estão no seu cerne. Céus e infernos inteiros podem caber nesses interstícios. Uma obra de arte existe, portanto, nas fissuras de uma esfera numinosa. O artista deve estar completamente livre para controlar uma área de minúcias que ninguém mais é capaz de atingir se quiser concretizar a sua visão de um todo.

As regras servem apenas como rastros que apontam para essas inúmeras decisões infinitesimais que, se o artista as acerta, preparam a decolagem. Tratam-se dos momentos de inspiração, quando ele deixa de calcular e de passar adiante o que aprendeu para sentir como que pela primeira vez o que é estar vivo naquele instante, desfrutando de uma percepção aumentada. Nesses momentos, sente-se absolutamente livre e, paradoxalmente, preso ao compromisso de atingir a meta. Ninguém pode lhe dizer como dar o passo seguinte. Nesse estágio, não há diretrizes. Ele está em mar aberto. O mundo é fluido, e as potencialidades infinitas.

É por isso que as decisões tomadas pelo artista devem ser tão delicadas e precisas; ele dá forma a algo vivo, e deve fazê-lo de modo a não abafar essa vida ou – o que seria pior – aleijá-la ou matá-la. A liberdade é a atmosfera onde o gérmen de uma ideia/sentimento (não se podem separar os dois nesse estado de animação suspensa) desenvolve-se em obra de arte que parece ter vida própria. É essa vivacidade que separa um rosto pintado por Rembrandt de outro pintado por, digamos, Reynolds. Ambos sabiam desenhar cabeças, conheciam a relação entre olhos e ouvido e entre queixo e testa; e ambos aplicavam essas leis da natureza. Ambos sabiam onde situar o modelo de modo a captar e prender a atenção do observador; e ambos aplicavam essas leis da criação artística. A diferença entre as suas pinceladas é minúscula, mas os resultados são mundos completamente separados. Rembrandt desenhou uma mulher perturbada pela iminência da morte. Reynolds desenhou o estereótipo da beleza, e a sua pose era uma pantomima aventada por um admirador de Michelangelo, um rosto de porcelana com olhos sem vida nem profundidade. As duas pinturas não são separadas pelas regras, mas pela liberdade. É por isso que quando começamos a criar com a liberdade exigida pela arte, um horizonte de infinitas possibilidades se abre. A menor inflexão altera o significado, e as possíveis variações nas formas e, portanto, nos significados podem variar infinitamente como os flocos de neve. Eis a terrível liberdade da paisagem artística, em que os grandes artistas têm coragem de se arriscar a fim de descobrir formas de expressão que trazem a todos nós novas intuições sobre o que significa estar vivos.

É por isso que nenhuma forma de arte – não importa o quão maravilhosamente executada no passado nem o quão próxima seja a sua ligação com uma época que já não volta – está, *per se*, esgotada. Isso porque todas as formas de arte – as estritamente delimitadas e também aquelas combinadas à maneira da ópera – têm o potencial para uma expressão infinita. São pedras de pavimento para a liberdade. Novas formas de expressão ampliam a possibilidade humana; não substituem o que já existe: o cinema não diminui o potencial do teatro. Assim, a única rota honrada para um artista diante da eminência dos seus predecessores é emular sua grandeza potencialmente opressiva, que por outro lado pode ser inspiradora, tendo em conta que o artista de hoje tem a vantagem de estar afinado com a *Weltanschauung* de uma geração com a qual os seus precursores nem sequer poderiam sonhar. Toda a arte verdadeira, não importa o quanto tente emular as conquistas passadas, é nova, porque não há dois artistas iguais – e todos revelam em maior ou menor medida a sua personalidade única por meio das suas obras – e ninguém é capaz de fugir ao próprio tempo.

A novidade não é um alvo a que se deva apontar diretamente; ela aparece naturalmente, como todas as criações, assim que a obra é terminada. A arte nunca é o produto de um cálculo; é sempre uma revelação. Nenhum artista ambicioso deseja imitar Tolstói ou Ticiano; deseja menos ainda ser uma evolução destes, derrotá-los em seu próprio jogo. O que o artista ambicioso quer, no entanto, é ser tão retumbante e profundo como eles, com sua própria voz e em seu próprio tempo. Pode estudar o seu artista preferido da maneira mais minuciosa que conseguir, como Proust fez com Ruskin, e usar tudo o que aprendeu para escalar sua própria montanha, mas sabe desde o início que a montanha é sua e que está sozinho. E tudo o que busca então, tudo com que sonha, é o momento em que deitará fora cordas, martelete e mesmo botas para decolar, flutuar livremente e explorar os precipícios, planícies e picos até poder ver a montanha como um todo. O que o artista procura é a liberdade da atenção fluida. As regras na arte não existem para serem obedecidas ou quebradas, mas para derreterem, porque o artista precisa flutuar para além delas até a região que não se pode conhecer de antemão. Qualquer nova tentativa de atar a arte às regras será como amarrar um barbante em um pássaro. Nesse sentido, podemos dizer que é simplesmente um equívoco tentar identificar os ingredientes da criação artística e escrever receitas para obras-primas.

Embora sejam os detalhes a fazer toda a diferença, a grandeza de uma obra de arte encontra-se não na decantação dos seus constituintes, mas na descrição do seu efeito total. A maior parte dos textos sobre obras de arte tenta analisar os diferentes elementos presentes na sua construção. Em casos mais banais e cansativos, os textos costumam apontar o eco das influências – os passos que o montanhista segue –, as lembranças do artista acerca das montanhas alheias antes de começar a escalar a sua própria. Já os melhores textos nos dão uma visão mais próxima do trabalho do artista, seguindo-o em suas decisões enquanto ele escolhe o caminho. Os críticos, porém, raramente seguem os artistas até o momento crucial, quando ele consegue alçar voo e inspira-se. Ainda menos análises há sobre o efeito total, que quando plenamente concretizado faz o artista pôr a pena de lado, traçar um risco sob tudo o que fez e, ao fazê-lo, elevar a sua obra por sobre o fluxo temporal, deixando o leitor, o ouvinte ou o observador com a sensação imensamente satisfatória de ter, por uns momentos, vivido plenamente. A liberdade é assim expressa sob a forma de uma obra de arte, não apenas na sutileza da sua estrutura interna e da jornada a que ela nos leva, mas no seu efeito total e duradouro.

Conclusão

Começamos com a visão e a liberdade primordial do observador. É essa a liberdade que a arte celebra e, ao fazê-lo, expande-a largamente. Flaubert, num texto sobre o drama shakesperiano, falava de "uma vastidão onde o olhar se perde em vertigens". Essa liberdade que é a razão de ser e o fim último da arte foi sintetizada nas palavras de E.M. Forster sobre *Guerra e paz*:

> Depois de ler *Guerra e paz* por uns instantes, começamos a ouvir grandes acordes e não podemos dizer com precisão o que os produziu. Eles vêm de uma área imensa da Rússia, pela qual se espalham os episódios e personagens do livro, da somatória de todas as pontes e rios congelados, bosques, estradas, jardins, campos, que acumulam magnificência e sonoridade depois que os atravessamos.

Forster prossegue dizendo que os acordes estão "esparramados pelo espaço e pelo tempo, e a experiência desse espaço é, até antes de aterrorizar-nos, empolgante, e deixa atrás de si um efeito como que musical". É impossível resistir ao desfecho da primeira obra-prima de James Joyce, a novela *Os mortos*, que ilustra com ainda mais brilhantismo o que vimos antes naquela passagem de *Generosity*, de Richard Powers. Por meio da Irlanda sintetizada em um vislumbre, Joyce presenteia-nos com uma epifania do tamanho do mundo em que nos encontramos:

> Leves batidas fizeram-no voltar-se para a janela. A neve tornava a cair. Olhou sonolento os flocos prateados e negros, que despencavam obliquamente contra a luz do lampião. Era tempo de preparar a viagem para o oeste. Sim, os jornais estavam certos: a neve cobria toda a Irlanda. Caía em todas as partes da sombria planície central, nas montanhas sem árvores, tombando mansa sobre o Bog of Allen e, mais para o oeste, nas ondas escuras do cemitério abandonado onde jazia Michael Furey. Amontoava-se nas cruzes tortas e nas lápides, nas hastes do pequeno portão, nos espinhos estéreis. Sua alma desmaiava lentamente, enquanto ele ouvia a neve cair suave através do universo, cair brandamente – como se lhes descesse a hora final – sobre todos os vivos e todos os mortos.

Dada a ligação central entre a arte e uma liberdade unicamente humana, as explicações biológicas da arte, apelando a uma natureza animal predeterminada, são equivocadas. Animais não são livres. Estão atados às necessidades impostas pela biologia. Agem segundo seu destino orgânico. Não conduzem suas vidas; apenas vivem-nas. A arte põe em itálico a liberdade implícita na vida cotidiana. A tendência do *opsis* à sinopse é liberada quando o próprio olho é liberto de preocupações específicas e focais. Então o olhar pode ser verdadeiramente tão amplo e longínquo quanto os olhos alcançam. A arte é a expressão mais desenvolvida da nossa capacidade de moldar ou manufaturar significados. E isso está muito além da ideia de arte como serva dos nossos genes ou como meros bombons para bonobos. Se a valorizamos, é porque temos consciência da nossa finitude como nenhum outro animal: sabemos, podemos vislumbrar, o fim de nós mesmos. A gloriosa liberdade da arte é nossa resposta à armadilha da mortalidade. A arte permite-nos – quando as nossas necessidades materiais estão satisfeitas, quando temos água, comida e segurança – iluminar e mesmo desfrutar o extraordinário mistério que é a nossa existência enquanto estivermos por aqui.

....

Raymond Tallis, médico aposentado, é filósofo, crítico cultural e escritor. Seu livro mais recente é *Aping Mankind*.

Julian Spalding é escritor, crítico de arte e curador. É autor, entre outros, de *The Art of Wonder: A History of Seeing* e *The Eclipse of Art: Tackling the Crisis in Art Today*.

PERFIL

PAUL JOHNSON: A TEORIA E A PESSOA

Anthony Daniels

Paul Johnson é um dos historiadores populares mais famosos e prolíficos do mundo. Seus livros foram traduzidos para todas as línguas mais importantes, venderam milhões de cópias e cobrem uma variedade impressionante de temas. Escreveu livros longos e eruditos (entre outros) sobre a história do Cristianismo, os judeus, os egípcios antigos, a arte ocidental e o povo norte-americano; longas e influentes histórias intelectuais dos séculos XIX e XX; e mais recentemente biografias curtas de George Washington, Napoleão, Winston Churchill, Sócrates e Jesus. Aos 84 anos, ainda escreve dois livros por ano. Uma biografia de Darwin sairá em breve, e já trabalha em uma biografia de Mozart. Um de seus livros mais bem-sucedidos foi uma coleção de ensaios sobre as deficiências morais de grandes intelectuais, deficiências que ele associa às ideias tolas por eles defendidas e cujos efeitos históricos foram desastrosos. Cedo em sua vida, escrevera dois romances, antes de perceber que a ficção não era seu forte; mas produziu também um volume de memórias da infância que está destinado a se tornar um clássico do gênero.

Para a maioria das pessoas, isso já seria o bastante; mas Johnson é também um jornalista hiperativo que deve ter escrito milhares, se não dezenas de milhares, de artigos. Um jornalista do *Daily Mail*, um dos jornais britânicos para os quais Johnson escrevia frequentemente, e que paira entre o lamento da vulgaridade popular e a promoção ativa dessa mesma vulgaridade (uma estratégia muito lucrativa do ponto de vista comercial, já que captura duas audiências ao invés de uma só), me disse uma vez que Johnson era capaz de, se lhe fosse pedido, ditar no ato textos por telefone sobre qualquer tema do qual tivesse algum conhecimento. O artigo resultante ficaria tão fluente como se fosse fruto de profunda consideração e de uma longa meditação sobre o assunto. Para muitos de meus amigos escritores, dar à luz um artigo é tão doloroso quanto o parto de um bebê; custa-lhes saber que alguém escreve artigos tão bons ou melhores sem esforço aparente.

Essa facilidade e essa produtividade são o resultado não só do talento, que é uma condição necessária mas não suficiente, mas da necessidade psicológica. Johnson obviamente escreve porque precisa. Por que ele é assim deixo para outros especularem. Basta dizer que, para alguém que frequentemente apontou as deficiências na vida pessoal e no caráter dos outros, selecionados usualmente pela hostilidade que ele nutre por suas ideias, ele corre o risco de receber suas críticas de volta: *tu quoque*. No mínimo, ninguém pode o acusar de ser insosso.

Talvez uma fonte de inspiração de sua energia fenomenal seja o conselho que uma vez recebeu de Winston Churchill, com quem se encontrou brevemente em 1946 no saguão de um hotel. Churchill já tinha deixado o poder nessa época, é claro, mas era ainda um grande homem. Johnson, prestes a ir para Oxford, aproximou-se dele e perguntou timidamente a que ele atribuía seu sucesso. Churchill respondeu que era à conservação de energia: disse para Johnson nunca ficar de pé quando pudesse se sentar, e nunca se sentar quando pudesse ficar deitado. Mais de

65

sessenta anos depois, Johnson escreveu uma curta biografia de Churchill que, segundo ele, é primordialmente para os leitores jovens que não gostam de livros longos (se é que gostam de algum livro). As biografias de Churchill costumam ser muito longas.

Uma lição importante da vida Churchill, diz Johnson, é que ele sempre trabalhou pesado, nunca amolecendo em sua determinação de chegar ao topo. Em outras palavras, conservou sua energia para dedicá-la ao que realmente importava. Assim, o livro é pensado como um guia para os jovens, na suposição de que chegar ao topo do campo da escolha de cada um seja o principal objetivo, ou ao menos um dos principais objetivos, da existência terrena. De certo modo, portanto, Johnson é, entre outras coisas, um Samuel Smiles contemporâneo – o doutor e pedagogo de Edimburgo no século XIX que escreveu muitos campeões de vendas com títulos como *Self-Help with Illustrations of Conduct and Perseverence, Lives of the Engineers, Men of Invention and Industry, Character, Thrift* etc. [Autoajuda com ilustrações de conduta e perseverança, Vidas dos engenheiros, Homens de invenção e indústria, Caráter, Frugalidade etc.], que tentava persuadir as pessoas comuns (provavelmente com sucesso em muitos casos) que, como Cássio diz em *Júlio César*:

> "*The fault, dear Brutus, is not in our stars,*
> *But in ourselves, that we are underlings.*"

Smiles é ridicularizado hoje em dia quase como uma figura cômica, certamente como alguém que foi incapaz de reconhecer as dificuldades institucionais no caminho do pobre comum, mas sua perspectiva era consoante à de Johnson. Em muitos sentidos, Johnson é hoje (embora nem sempre o tenha sido) um liberal à moda antiga, que acredita que o único sentido real que pode ser dado à igualdade é igualdade perante a lei; que qualquer tentativa de dar-lhe algum outro significado, por exemplo igualdade de renda, ou igualdade de oportunidade, está fadado a desembocar na tirania explícita ou implícita. Em contraste, em um estado em que haja igualdade formal perante a lei, ou seja, nenhuma barreira legal ao avanço ou autoaprimoramento, os obstáculos ao progresso não são a injustiça ou a opressão, mas aquilo que William Blake, em um contexto muito diferente, chamou de "*the mind-forg'd manacles*". Isso é a chave de sua admiração quase sem limite, alguns dirão acrítica, pelos Estados Unidos, que é o mais próximo – em sua estimativa – de uma sociedade em que nascimento não é destino.

Nasceu em 1928, em Manchester, mas cresceu em Stoke-on-Trent, que é não tanto uma cidade como uma aglomeração de sete vilarejos contíguos sem um centro definido. É com frequência votada como uma das conurbações mais lúgubres da Inglaterra, uma nação ricamente dotada de conurbações lúgubres; e, é claro, ele chegou à idade consciente durante a grande Depressão, que afetou áreas industriais mais severamente do que quaisquer outras. Stoke era o centro da indústria de cerâmica e porcelana britânicas, e, de fato, fica em um distrito conhecido como The Potteries; mas a demanda por seus produtos caiu fortemente durante a

Depressão, trazendo pobreza e desemprego generalizados.

Johnson não teve, contudo, uma infância pobre; seu pai, um artista, dirigia a escola local de artes que ensinava desenho, design e pintura para cerâmica e porcelana. Suas ambições artísticas eram algo frustradas por seu trabalho, que incluía muita administração, mas Johnson herdou o talento artístico do pai, e foi desde sempre um talentoso aquarelista amador. Seu pai, no entanto, era contra a carreira de artista, pois o futuro, ao menos no que dizia respeito ao sucesso econômico no mundo da arte, pertencia àqueles que ele considerava fraudes e charlatães, como (mais notavelmente) Pablo Picasso. Essa é uma atitude da qual Johnson se apropriou sem muita nuança; ele permanece agarrado à ideia de que a arte deve representar o mundo mais ou menos realisticamente.

Se Johnson não sofreu com a pobreza, teve duas leves desvantagens sociais no meio em que cresceu (mas uma desvantagem, desde que não seja muito extrema, pode ser transformada com a atitude correta em vantagem, assim como o mau exemplo, absorvido corretamente, pode ser bom): ele era católico e ruivo.

Sua família era *recusante*, isto é, católicos ingleses cujos ancestrais se recusaram a aceitar a reforma protestante de Henrique VIII no início do século XVI, e não assistiam ao culto anglicano mesmo quando não fazê-lo era um crime. O termo *recusancy* agora se refere principalmente ao Catolicismo da *gentry* inglesa, alta classe média e da aristocracia, e não ao Catolicismo das classes baixas, que é muito misturado àquele dos imigrantes irlandeses; e na época em que Johnson nasceu, é claro, qualquer desvantagem em se ser católico devia-se ao preconceito social e não a qualquer desqualificação legal. Esse preconceito sobreviveu até tempos surpreendentemente modernos: por exemplo, a indicação de Johnson em 1965 à editoria da *New Statesman*, o famoso semanário britânico dos socialistas fabianos, foi combatida por Leonard Woolf (marido de Virginia Woolf) pelo motivo de que Johnson era católico. (Este preconceito passou também para os Estados Unidos, onde, ainda em 1960, levantavam-se sérias dúvidas sobre se um católico como John Fitzgerald Kennedy poderia ser eleito à presidência). O estado da indiferença religiosa atual na Inglaterra é tal que a objeção de Leonard Woolf soa hoje tão misteriosa quanto teria sido uma acusação de bruxaria contra Mrs. Thatcher.

Já o cabelo ruivo flamejante era mais grave. Quando ele chegou a seu internato jesuíta, um menino mais velho, um valentão, perguntou a Johnson se havia algum motivo pelo qual ele não deveria lhe bater, já que meninos ruivos eram sabidamente geniosos e precisavam de uma boa lição. O menino era bem mais alto que Johnson, que respondeu que cochicharia a resposta em seu ouvido. O valentão curvou-se para escutá-lo e Johnson acertou seu queixo com um gancho.

A combatividade sempre permaneceu com Johnson. Seu pior inimigo não poderia acusá-lo de não manifestar claramente suas opiniões ou atitudes. Ele próprio conta a história de quando o famoso fotógrafo Cecil Beaton, um fofoqueiro e homossexual

67

notório, se esgueirou para perto dele numa festa para ouvir a anedota que ele confidenciava a uma outra pessoa. Beaton espalhou essa anedota aos quatro ventos, e Johnson, na próxima vez que o encontrou, disse-lhe que, se fizesse de novo algo semelhante, ele chutaria seu traseiro com tanta força que nunca mais quereria ser sodomizado. Foi, sem dúvida, um argumento poderoso.

Johnson guarda um grande respeito pela educação católica que recebeu, tanto dos Irmãos Cristãos quanto dos jesuítas. Os primeiros são uma ordem laica fundada na Irlanda, preocupada principalmente em educar os jovens, especialmente os pobres. Não há dúvidas de que os Irmãos fizeram um imenso trabalho em trazer educação de alta qualidade àqueles que, caso contrário, não teriam tido acesso a ela, transformando assim suas chances na vida; mas escândalos de abuso infantil em anos recentes sujaram sua reputação, assim como de outras ordens religiosas voltadas ao ensino. Johnson, no entanto, não sofreu nem viu nenhum abuso em sua época e é cético, portanto, quanto à extensão do abuso que deu origem aos escândalos. A insuficiência dos motivos de seu ceticismo ilustra uma das fraquezas de sua obra, ao menos na opinião de seus críticos: juízo apressado e surdez a possíveis contra-argumentos.

Os jesuítas, por sua vez, imbuíram-no de um sentimento da dimensão moral da história, e de que é impossível esvaziá-la de significado moral (o que não quer dizer que qualquer significado seja o indubitavelmente correto). Uma breve reflexão na condição essencial da existência humana mostra que tem que ser assim: pois mesmo a decisão de se esvaziar a vida de significado moral é ela mesma moral; a decisão de não se fazer juízos morais é moral (ou imoral). A moralidade, portanto, não pode ser evitada; não mais do que a realidade. O homem é uma criatura que, tendo alcançado a autoconsciência, não pode senão ver o mundo à luz de juízos morais e estéticos, e isso deve se aplicar também, portanto, à sua própria história. Isso não quer dizer, certamente, que não existam fatos ou que os juízos não possam ser derrubados pela revelação de novos fatos; mas a tentativa de se tratar a história como se fosse a astronomia está fadada não só ao fracasso, como à desonestidade.

Enquanto estava em Oxford, Johnson foi aluno de A. J. P. Taylor, um historiador celebrado por seu iconoclasmo de esquerda e sua habilidade de, assim como Isaiah Berlin, apresentar de improviso uma aula tão redonda que aparentava preparo anterior. Foi ele que disse a Johnson que não fazia sentido escrever história se, ainda que erudita e precisa, ela acumulasse mofo, não lida, em alguma biblioteca. Taylor ensinou-lhe o valor da clareza de expressão, e todos os livros de seu pupilo são, de fato, marcados por uma prosa límpida.

Ao deixar Oxford, Johnson cumpriu seu serviço no exército, na época obrigatório a todo jovem britânico. Serviu principalmente em Gibraltar, e desse posto de observação formou uma opinião muito baixa do regime de Franco, de sua "miséria e crueldade". Trinta anos depois ele escreveria uma avaliação um pouco mais positiva em *Modern Times*; Franco não era, ao menos, nenhum utópico ou construtor de sistemas, e nessa medida salvou seu país dos horrores da loucura que dominou o resto da Europa continental (embora a pesquisa moderna mostre que ele cometeu não poucos massacres).

Depois do serviço militar, Johnson foi para Paris, com a intenção de usar suas habilidades artísticas e virar um estilista. Escreveu para Christian Dior, que disse não ter vagas no momento, mas talvez tivesse uma em alguns meses, sugerindo que lhe escrevesse novamente. Esse é mais um pequeno nariz de Cleópatra da história: se Dior tivesse vagas, Paul Johnson talvez fosse hoje conhecido como um famoso costureiro e não escritor. Impossível não sorrir perante o absurdo dessa ideia.

Em vez disso, foi aceito como editor na publicação liberal francesa *Réalités*, e então virou o correspondente de Paris da *New Statesman*. Paris naqueles dias era, como se sabe, fermento de instabilidade política, efervescência intelectual e rápido crescimento econômico. Johnson diz que entrou para a esquerda quando viu o modo como a polícia francesa lidou com uma manifestação em 1952, com "uma ferocidade que eu não acreditaria se não a tivesse visto com meus próprios olhos". Isso, talvez, ilustre seu temperamento intelectual: a inferência imaginativa de grandes conclusões a partir de eventos ou fenômenos relativamente pequenos, brilhante quando o julgamento está correto, menos feliz, é claro, quando o julgamento é falho.

Durante seus quinze anos na *New Statesman*, dos quais os último cinco como editor, Johnson foi um defensor e membro ativo do Partido Trabalhista britânico. Do ponto de vista de sua obra mais recente, é estranho ler sua reação aos eventos de Paris em 1968, que ele na época via quase como a aurora de um novo mundo mais justo e democrático:

> Qualquer um que seja fascinado por processos políticos e filosofias públicas deve fazer um esforço para ir a Paris agora. Pois o que está acontecendo lá é de grande importância não só para a França mas para o mundo. Estar lá é uma educação política, é assistir às dores de parto de uma nova abordagem para a organização das sociedades humanas.

Quando alguém diz "dores de parto de uma nova abordagem" é porque se trata de um *accoucheur* voluntário. Continuava:

> O movimento francês deve ser visto como muito mais sofisticado que seu equivalente em outros lugares; mais profundamente embasado em princípios filosóficos e mais adulto em sua compreensão da estratégia e da tática da ação política. Nas salas de aula lotadas e nos corredores da Faculdade de Letras, todo tópico concebível é examinado: formas de ação revolucionária, controle de natalidade, a natureza do Estado, Vietnã, o papel dos pais, a natureza da universidade.

Em suma, uma revolução cultural. Há muitas ironias em todo esse ditirambo, porque muito do que aqui é louvado é precisamente aquilo de que Johnson logo mais criticaria. Para ficar em um exemplo, há admiração pelos intelectuais da revolta de Paris, que é retratada não só como uma explosão de exasperação juvenil, da exuberância de jovens mimados que queriam a liberdade da autoindulgência, mas como algo profundo, inteligente, e acima de tudo *teórico*. Johnson terminou dizendo:

> Uma vez mais, os franceses deram à luz um espírito novo revolucionário, que vai finalmente enriquecer a vida de nós todos. Eu espero, sem muita esperança, que a Inglaterra tenha alguma contribuição a dar.

Em alguns anos, contudo, Johnson voltaria sua ira a tais formas de intelecção e àqueles que delas usam. Em sua visão – e é agora uma de suas ideias principais – um intelectual é alguém mais interessado em ideias, isto é, em abstrações, do que em pessoas reais. A indiferença pragmática dos britânicos à teoria, em comparação ao cartesianismo político dos franceses, com seu culto dos primeiros princípios e desprezo pelas realidades bagunçadas, tornou-se para ele uma grande virtude, e mais de uma vez citou seu xará, o Dr. Johnson, ao dizer que "Um francês tem que estar sempre falando, saiba ou não algo sobre o assunto; um inglês se contenta em ficar quieto quando não tem nada a dizer".

De fato, *Intellectuals* disparou contra pessoas que de alguma forma lembravam os líderes da rebelião de 1968 em Paris. Esse livro, que só não agradará a quem não tiver interesse nenhum por seres humanos, ou a quem deteste ou finja detestar todo tipo de fofoca, foi muito criticado por seu método, e de fato não seria aceitável de um ponto de vista escrupulosamente científico. É uma série de ensaios ou esquetes biográficos, como que um Macaulay (cujos ensaios eram devastadores de uma maneira mais contida e cavalheira) salaz, de pessoas que Johnson considera típicos exemplos da classe intelectual, mostrando não apenas que tinham pés de barro, mas que eram integralmente de barro e nada mais que barro dos pés à cabeça. Uma diversão só.

Quais são as características dos intelectuais que Johnson deplora? Em sua visão, eles não têm autoconhecimento e se enganam facilmente; acreditam em sua própria importância providencial, e que, dotados de um *insight* especial de como se desenrola o mundo – sempre, é claro, para pior –, têm o dever e o direito de mudá-lo, e um dos modos de fazê-lo é mudar a mente daqueles a seu redor, colocando nelas ideias corretas; são arrogantes, têm crença enorme em si mesmos e no poder de suas mentes para captar a essência de tudo; tratam as pessoas a seu redor, especialmente – se forem homens, como quase sempre são – as mulheres, muito mal, na melhor das hipóteses com negligência e, na pior, com crueldade. São briguentos, rompendo relações constantemente por discordâncias em questões de princípios, pois para eles questões de princípio são mais importantes que relações pessoais, e acham que se os outros discordam deles deve ser ou por estupidez ou por uma falha de caráter, porque são tolos ou retardados; são totalitaristas naturais por essa razão. E ao mesmo tempo em que têm tamanha dificuldade em formar amizades duradouras ou relações afetuosas com os outros, reclamam para si os princípios mais elevados e proclamam o amor por abstrações como a "humanidade". São o tipo de pessoa que não entenderia o famoso aforismo de De Maistre:

> Em minha vida vi franceses, italianos, russos etc.; graças a Montesquieu, sei que é possível ser até mesmo persa. Mas quanto ao homem, declaro nunca tê-lo encontrado; se existe, desconheço-o.

Ao contrário, intelectuais são o tipo de pessoa que ouviu falar do indivíduo mas nunca o conheceu, pois falta-lhes o interesse no que os indivíduos têm a dizer, e assim nem sequer percebem que são indivíduos; o mundo social para eles é um diagrama euclidiano; são como o filósofo Peter Singer, um utilitarista estrito que apenas com a maior das relutâncias cede a considerações pessoais – por exemplo, ser um pai, vizinho ou amigo – na quantidade de preocupação moral que se deve ter por uma pessoa; que, já que uma criança na Mongólia é tão valiosa, eticamente falando, quanto uma criança em nosso berçário, afirma que devemos estar tão preocupados com o primeiro quanto com o segundo.

Como leitor de considerável literatura médica e psiquiátrica, posso ver as deficiências ou defeitos na abordagem de Johnson. Ele não selecionou uma amostra aleatória de intelectuais que se encaixem em uma definição neutra, puramente descritiva, como por exemplo a do *Oxford English Dictionary*: "Um ser intelectual; uma pessoa de intelecto superior ou supostamente superior; uma pessoa muito inteligente que persegue interesses acadêmicos; uma pessoa que cultiva a mente ou as capacidades mentais e persegue o aprendizado e inte-

resses culturais"; e daí ter verificado se sua amostra aleatória de membros dessa definição tem características em comum, boas ou más. Ao invés disso, ele pegou uma lista de pessoas por ele desprezadas – por exemplo Karl Marx, Percy Bysshe Shelley, Leo Tolstói, Jean-Jacques Rousseau, Jean-Paul Sartre – a quem afixou o rótulo de intelectuais e, então, constatou serem desprezíveis. Disso, ele conclui que os intelectuais como um grupo são desprezíveis. É um exemplo do dito bíblico "Procure, e encontrarás"; embora nesse caso pudesse ser "Encontre, e procurarás".

Não se pode dizer em sua defesa que Johnson seja ignorante em questões metodológicas, já que ele é muito eloquente em sua admiração pelo trabalho de Sir Karl Popper, que teria castigado o método de *Intellectuals* como sendo de um dogmatismo autojustificável, ou seja, uma teoria protegida de qualquer possibilidade de refutação. Se você define um intelectual como uma pessoa que é mais interessada em ideias do que em pessoas, não é um grande achado empírico observar que seus relacionamentos eram insatisfatórios, ou mesmo que, quando suas ideias são colocadas em prática, têm graves deficiências no quesito humano.

Entretanto, isso não significa que o livro não seja brilhante, interessante, bem escrito ou sagaz; pois, em última instância, ninguém pode dizer que Johnson não faça um ponto importante (e compulsivamente legível): que muitos daqueles que posaram como redentores seculares da humanidade foram seres humanos com mais falhas do que a média, motivados por muito mais (ou menos) do que o desejo de justiça e felicidade universais. Só o título do capítulo sobre Tolstói – *God's Elder Brother* – já é um *aperçu* brilhante, pois sugere o que outros suspeitaram, mas que ninguém ousava mencionar dada a reputação de Tolstói como guru pacifista, que seu real objeto de culto não era Deus mas a si próprio; em outras palavras, que longe de ser uma figura religiosa, ele era na verdade um precursor do egotismo secular.

Dada a admiração juvenil de Johnson pela suposta sofisticação teórica dos que lideraram a rebelião de 68 em Paris, a veemência de seu ataque aos intelectuais de sua escolha pode ser lida como um repúdio de algo em si próprio que tinha alguma vez admirado ou desejado possuir. O que foi que o levou do socialismo ao conservadorismo? Primeiro, é preciso ser dito que ele nunca foi da extrema esquerda; fora sempre anticomunista e pró-americano, por exemplo. Ainda assim, um homem que via nos eventos de Paris uma nova aurora para a humanidade, ou para parte da humanidade, é muito diferente de um outro que, hoje, se os eventos se repetissem (se os eventos históricos pudessem se repetir), não teria nada além de desprezo.

Johnson deixou a editoria da *New Statesman* em 1970 para se tornar um escritor *freelance*, um dos mais bem-sucedidos do mundo, por sinal. Mas para a Inglaterra, os anos 1970, a primeira década de sua nova carreira, foram bastante lúgubres. Uma sucessão de governos fracos bulidos ou rendidos a sindicatos fortes deu à economia britânica a aparência de um jogo de soma zero, no qual era mais importante brigar pelo tamanho da fatia de cada um do que se preocupar

com o tamanho do bolo. A Inglaterra era o doente da Europa (um título ao qual ela ainda pode aspirar, apesar do grande número de novos aspirantes); e Johnson percebeu que a esquerda não tinha respostas para os problemas em cuja criação tinha sido instrumental.

Foi nessa década também que seus temas subsequentes apareceram. Em 1977 ele publicou *Enemies of Society*, com uma epígrafe reveladora de Thomas Hobbes: *"Hell is truth seen too late"*. Nesse livro, Johnson tenta ver as coisas antes que seja tarde; e ele é quase profético ao notar o papel que a manipulação linguística deliberada teria em minar a cultura (especialmente do mundo anglófono).

> Um dos meios principais pelo qual nossa civilização é deixada vulnerável aos ataques de seus inimigos (e falsos amigos) é o enfraquecimento da verdade linguística… Palavras podem ser prostituídas e pervertidas, danificadas pelo uso, mau uso ou intenção, tornadas falsas ou traiçoeiras, desvalorizadas ou engrandecidas, colocadas de ponta-cabeça ou viradas do avesso.

Claro que a corrupção da linguagem em países totalitários já tinha sido notada; mas Johnson percebera algo que era, a seu modo, ainda mais sinistro, pois menos óbvio e portanto mais difícil de se resistir: a corrupção da linguagem nas sociedades livres e democráticas, frequentemente sob o comando do exato tipo de reformador que Johnson achara tão atraente apenas nove anos antes. Johnson previu o politicamente correto antes que qualquer um o chamasse assim, tanto o fenômeno em si quanto os perigos que ele apresentava. Esse foi um feito de perspicácia imaginativa, ainda que alguns dos exemplos dados estejam errados. Ele aponta corretamente o uso crescente do eufemismo, tanto pelos meios oficiais quanto pelos intelectuais, mas aí completa:

> Os homens temem um infarto coronariano tanto quanto temiam um ataque cardíaco, a artrite reumatoide não é menos odiosa que a gota, e garganta e olhos inflamados causam tanto desconforto quanto laringite e conjuntivite.

A imprecisão aqui é surpreendente; artrite reumatoide e gota são doenças completamente diferentes, e na verdade a distinção de diferentes doenças das juntas representa um aumento, e não uma diminuição, da precisão, o que indica um ponto precisamente oposto ao que Johnson queria fazer. E nem a conjuntivite é um mero eufemismo para olhos inflamados ou laringite para garganta inflamada, mas condições inflamatórias específicas.

O ponto subjacente, contudo, não é afetado. Qualquer um que escreva tanto quanto Johnson cometerá erros; e já que sua escrita da história é tanto sobre o presente visto à luz do passado quanto sobre o passado propriamente dito, a imagem maior é mais importante que alguns erros. Apenas um pedante sem imaginação diria que ele errou em sua percepção do uso crescente do eufemismo em países anglófonos só porque tomou alguns termos precisos como sendo eufemísticos. Por exemplo, outro dia o British National Institute for Clinical Excellence (seu nome já uma manifestação do fenômeno que Johnson aponta) decretou que os médicos não deveriam se referir aos pacientes como "obesos" porque a palavra é ofensiva – ainda que ela tenha substituído "gordo" a não muito tempo atrás justamente porque "gordo" era tido por ofensivo e "obeso" como neutro e puramente descritivo.

O fenômeno se relaciona com dois outros temas principais de sua obra: as consequências do relativismo moral e o declínio da religião. O eufemismo é crescentemente usado para descrever fenômenos que manifestem a intratabilidade e imperfectibilidade da existência humana. É um sinal de impaciência: você não pode alterar a coisa, mas pode alterar seu nome, dando-lhe a ilusão de poder e atividade. É um tipo de pensamento mágico. O eufemismo é usado para acalmar o *amour propre* de algum setor, comunidade ou grupo na sociedade – como os gordos – que seja de algum modo fraco, ou objeto de desdém ou preconceito. Funciona como psicoterapia e justiça restaurativa em um só pacote. O único problema é que alterar os nomes das coisas não altera as coisas em si. O que *é* alterada é a probidade do usuário do eufemismo; que é precisamente porque Confúcio, muito tempo atrás, disse – no capítulo III do livro XIII dos *Analectos* – que a primeira coisa que ele faria se assumisse as rédeas do governo seria "a correção dos termos":

> Se os termos forem incorretos, então as afirmações não concordarão com os fatos; e quando não há acordo entre afirmações e fatos, os negócios não são bem executados; quando os negócios não são bem executados, a ordem e a harmonia não florescem; quando ordem e harmonia não florescem, então a justiça fica arbitrária; e quando a justiça torna-se arbitrária, as pessoas não

sabem mais como mexer a mão ou o pé. Assim, o homem sábio sempre sabe definir aquilo que ele diz; e o que ele define, ele sempre pode colocar em prática; pois o sábio jamais permitirá desleixo em suas definições.

A impaciência com a intratabilidade dos problemas da existência tende a ocorrer particularmente entre secularistas para quem a vida não tem significado ou propósito transcendente. Para eles, a perfeição almejada na existência terrena substitui a religião e, irritados pela dificuldade em se alterar a realidade, procuram um substituto ou equivalente na descrição da realidade. Conforme a sociedade fica mais próspera, a imperfectibilidade da vida humana fica mais evidente, e a necessidade desse substituto fica mais aguda; o ritmo da reforma linguística aumenta. Novos vocabulários são inventados por burocratas, sem que haja qualquer necessidade técnica, para criar a ilusão de progresso, que é a salvação do secularista.

Ademais, a linguagem eufemística deve aparentar uma objetividade espúria para esvaziar-se das conotações morais dos termos comuns. Todo mundo sabe que os gordos são gordos porque comem demais e não exercitam seu autocontrole; obesidade soa como uma doença. Infelizmente, a conotação alcança a nova palavra – obesidade –, e então outro circunlóquio tem que ser achado. Uma vez começada, a reforma ideológica da linguagem nunca para.

Esvaziar o mundo de significado moral, e a introdução do relativismo moral, tem sido o programa de muitos intelectuais seculares por pelo menos alguns

séculos. Essa é a ideia-guia do livro mais importante de Johnson, *Modern Times* (não, contudo, seu favorito, que é *History of the American People*): o século XX foi um século de desastres produzidos pelo relativismo moral, cujos santos padroeiros, se podemos falar assim de racionalistas seculares, foram Karl Marx, Charles Darwin e Sigmund Freud. Ver a história do século XX pelas lentes do relativismo moral mostrou-se um brilhante estratagema heurístico, fortalecido pela prosa da mais alta qualidade. Até aqueles que dele discordavam profundamente elogiaram o *brio* de sua escrita. Quem pode resistir a um livro que inicia com:

> O mundo moderno começou em 29 de maio de 1919 quando fotografias de um eclipse solar, tiradas na ilha de Príncipe na África ocidental e em Sobral no Brasil, confirmaram a verdade de uma nova teoria do universo...?

Embora fossem eles próprios racionalistas, o efeito dos três santos padroeiros do relativismo moral foi promover o irracionalismo, e por meio dele uma enorme brutalidade, aliás alguns dos maiores exemplos de brutalidade da história (que nunca esteve exatamente livre dela). Ao fundar o estado bolchevique, Lenin se apropriou da epistemologia e sociologia da moral marxistas, de modo que qualquer coisa era moralmente boa, mesmo o massacre de milhões, se supostamente conduzisse ao desfecho político da história, a sociedade sem classes – uma visão partilhada e, aliás, nunca repudiada, por Eric Hobsbawm, que ainda acredita que a morte de dezenas de milhões na Rússia teria sido justificada se o milênio tivesse se concretizado. Darwin ensinou, ou assim pensavam seus seguidores, que a vida era uma luta implacável e impiedosa pela existência, na qual o fraco era descartado, e com razão, pois isso melhorava a qualidade da raça. E Freud ensinou que a ação humana é motivada por forças psíquicas ocultas, fora do alcance dos indivíduos, exceto daqueles que fossem psicanalisados, sendo a consciência nada mais que um epifenômeno, e quase todos os pensamentos e ações humanos uma cortina de fumaça para algo escondido e vergonhoso. Isso por sua vez promoveu uma visão terapêutica do mau comportamento, segundo a qual ele é a manifestação de forças inconscientes, e não de motivos desonrosos como ganância, luxúria etc., que eram o objeto da condenação moral e opróbrio anterior. Assim, criminosos viraram a principal vítima de seus próprios atos.

Um modo brilhante, em suma, de organizar uma quantidade imensa de informação sobre nosso passado recente e dar-lhe coerência e significado. Persuade-nos, ainda que não aceitemos integralmente a interpretação, de que a história não é apenas uma coisa depois da outra, que os indivíduos e seus pensamentos importam, que as ideias de fato governam o mundo, para o bem e (talvez especialmente) para o mau. Viktor Frankl – citado por Johnson – diz:

> Estou absolutamente convencido de que as câmaras de gás de Auschwitz, Treblinka e Maidanek foram preparadas, em última instância, não em algum ministério em Berlim, mas nas escrivaninhas e salas de aula de cientistas e filósofos niilistas.

A obra histórica de Johnson é dedicada à proposição de que nosso pensamento importa, e ele tenta mostrá-lo em uma escala à qual a maioria dos historiadores não tem coragem de chegar.

* * *

Encontrar-se com Paul Johnson é uma experiência algo intimidadora, apesar de seu cabelo ser agora branco, e não vermelho, e de o branco ser associado à serenidade. Ele não é sereno; pelo contrário, é ainda forte e enfaticamente aguerrido à sua visão de mundo e preparado para lutar por ela. Ele não aturaria tolos, e nem contradições, pacientemente. Pode ter mudado de opiniões ao longo da vida, mas não mudou o vigor, ou mesmo a certeza, com que as expressa. O sentido de autoridade com o qual fala é como o sorriso do Gato de Cheshire em *Alice no País das Maravilhas*: é o que permanece quando tudo o mais desapareceu. É só lhe fazer uma pergunta para receber de volta um ensaio oral perfeito, articulando um escopo enorme de referências. É um homem, enfim, que conheceu todos os grandes do mundo, Nixon, Nehru, De Gaulle. Ensinou a Mrs. Thatcher como falar, pelo que, é claro, nem todos os seus conterrâneos lhe são gratos. Você se sente tendo vivido em uma escala pequena, insignificante, em comparação a ele.

Você sempre recebe um julgamento claro, sem meias palavras. Estava numa viagem de navio com ele certa vez e ouvi um jornalista perguntar (Johnson tinha acabado de publicar seu *Art: A New History*) se Van Gogh fora um bom pintor.

"Nem um pouco", respondeu Johnson, e havia certa magnificência na perversidade desse julgamento que vai contra o que tantos (inclusive eu) acreditam. E embora o julgamento parecesse perverso, tenho certeza de que, ousasse o jornalista levar a questão adiante, Johnson teria dado um lúcido excurso para embasá-lo. A lucidez, é claro, não o tornaria correto, mas mostraria que ele não era apressado.

Perguntei a ele sobre o mundo moderno. Ele estava surpreendentemente positivo, e disse que nunca fora um pessimista. Seguiu enumerando as razões para o otimismo, para crer que as coisas estavam melhorando. Uma das principais era que os pessimistas têm sido recorrentemente refutados. Por exemplo, nos anos 1960 acreditava-se que a população do mundo expandia-se tão rapidamente que a fome geral era inevitável. Pelo contrário, a absorção calórica diária média no mundo subiu de 2000 para 2650 *per capita*. A fome é fenômeno local, e não global, e deve-se mais a problemas de distribuição do que a insuficiência de produção.

Nos anos 1970, a preocupação era com a mudança climática global, mas naqueles dias o pânico era com o esfriamento, e não aquecimento, e o grande medo era uma nova era do gelo. Isso sugeria que havia algum desejo escondido naqueles que entravam em pânico quanto à mudança climática; mas a história futura sugeriria que não há motivos para se preocupar.

A terceira razão para o otimismo era que não houvera nenhuma grande guerra – isto é, uma guerra que escalasse além de seu campo de batalha principal, e envolvesse vários países – desde 1945. A razão disso eram os armamentos nucleares: os homens podiam ser loucos, mas não a ponto de travar uma guerra atômica.

Essas razões eram surpreendentemente indutivistas para um homem que era acólito de Sir Karl Popper. Afinal, uma catástrofe ainda não ter ocorrido não é um bom motivo para concluir que ela não ocorrerá. E suas razões para ser otimista eram estranhamente materialistas, reminiscentes dos gráficos de propaganda soviética que sugeriam que a vida estava melhorando porque a produção de carvão e ferro-gusa (o quer que isso seja) estava aumentando rapidamente. Perguntei se, apesar do progresso, havia coisas de que ele não gostava, ou deplorava, no mundo moderno, e ele respondeu que pensava haver um declínio na apreciação e nos padrões estéticos, algo que ele ligava ao declínio do Cristianismo, especialmente na Europa ocidental. Ligado a isso, mencionei a Irlanda, onde o Catolicismo praticamente colapsou, em Dublin certamente.

"A Irlanda é uma tragédia", ele disse, e então citou o Evangelho: "De que adiante o homem ganhar o mundo e perder sua alma?".

Aqui, certamente, havia uma contradição considerável: pois se há um país que teve rápido progresso material do tipo que ele elogiou é a Irlanda. Cinquenta, mesmo quarenta anos atrás, a pobreza de grande parte da população era amarga, inexorável e imemorial, sem sequer a consolação de um clima decente. Nos últimos anos, tinha passado os EUA em PIB *per capita* (talvez a crise tenha mudado isso). A população estava melhor educada, chegando a ser das mais educadas do mundo; e o problema da comida era agora a superabundância e não a escassez. E no entanto era uma tragédia, um país que perdera sua alma! (Certamente, passeando pelo interior irlandês, vê-se que não há nada como a prosperidade repentina para promover o mau gosto arquitetônico). Para um homem religioso como Johnson, a perda da alma certamente não é compensada por uma casa de veraneio na Espanha ou na Bulgária.

Além disso, seu livro de memórias da infância, *The Vanished Landscape: A 1930s Childhood in the Potteries* (o meu favorito), é permeado de nostalgia por um mundo que era mais pobre e menos confortável materialmente se comparado ao atual, mas que era muito mais caloroso e interessante do ponto de vista humano, e onde a individualidade era muito mais forte que o individualismo.

Encontrei outras inconsistências também. Ao discutir nosso país, a Inglaterra, ele defendeu que ela seria resgatada do colapso e da dissolução pelos seus laços com a monarquia, pois quando as coisas grandes vão-se embora, todos se agarram às pequenas com mais firmeza. Quando apontei que havia críticas crescentes à monarquia como instituição na imprensa liberal, um crescente republicanismo (pois os reformadores também têm que se agarrar a coisas pequenas quando lhes escapam as grandes), ele as tomou como pouco importantes porque ninguém ligava para elas. Isso soou estranho, vindo do homem que escrevera *Intellectuals*; e me pareceu uma falha em sua compreensão intuitiva sobre como se dão as mudanças.

Pensei, por exemplo, na abolição da pena de morte na Inglaterra, medida à qual noventa por cento da população era contrária. Independentemente dos méritos da questão (eu sou pessoalmente contrário à pena de morte porque em todas as jurisdições acontecem erros, e o Estado executar uma pessoa inocente mina sua legitimidade), a abolição se deu por pouco mais do que uma agitação da *intelligentsia* liberal, incluídos, especialmente, os órgãos de imprensa. Além do quê, essa *intelligentsia* não costuma parar até que consiga aquilo que quer, e só depois passa à próxima causa: ela aplica uma espécie de tortura chinesa da propaganda até conseguir ou a concordância ou a rendição pelo cansaço. O que foi verdadeiro com a pena de morte é verdadeiro com o casamento homossexual: uma ideia que vinte anos atrás pareceria meramente absurda, a cria de um satirista, de um Jonathan Swift, tornou-se, pela agitação da mídia, sem nenhum apoio popular ou qualquer tipo de demanda, uma instituição que é quase impossível de ser questionada por pessoas decentes.

Mas as inconsistências são detalhes. A obra de Johnson, brilhante, lúcida, de uma erudição formidável, de espectro amplo e corajosa em sua recusa de evitar juízos necessários, ainda que duros, tem certos princípios que a guiam e que dela emergem. Sociedades livres são mais fortes, mais criativas, mais felizes, mais adaptáveis que sociedades não-livres; a perda da fé religiosa e o relativismo moral resultante são desastrosos e levam ao colapso social; a civilização é importante e digna de se defender, e é mantida por uma hierarquia de realizações, com ciência e arte em seu topo; indivíduos, e não forças abstratas, fazem a história, e portanto ideias importam. A consciência e a racionalidade não são relegadas à condição de figurantes no palco da história.

Anthony Daniels é ensaísta e psiquiatra. Publicou, sob o pseudônimo de Theodore Dalrymple, *Our Culture: What's Left of it* (2007) e *Not with a Bang, but a Whimper* (2008), entre outras obras. Traduzido por **Joel Pinheiro da Fonseca**.

■ FELIZ NOVA DIETA

SHOW, DON'T TELL. A seriedade de um pensador é inversamente – repito, inversamente! – proporcional ao peso moral que ele, inutilmente, procura dar a seus discursos e escritos. Meu avô costumava pescar com um japonês lendário – daqueles calados e misteriosos. Às vezes ele nem sequer colocava a vara n'água. Só ficava observando sem se mover. Mas era sempre o melhor, e todos sabiam disso. E penso que a filosofia é uma coisa semelhante a esse japonês. O velho adágio "não diga, mostre" nunca perderá sua importância. A virtude de um pensador é ficar quieto e fazer o seu trabalho – como o japonês, que agora se levantou, jogou a vara n'água e dali tirou fabulosa *Hoplias lacerdae*. No mais, a substância moral desaparece quando invocada – assim como Mxyzptlk, famoso inimigo do Super-Homem, some quando dizemos o seu nome ao contrário.

CONTRADICTA. Um treino aparentemente não relacionado é tentar resolver problemas bem delineados. Penso em problemas semelhantes aos exercícios que eram passados aos alunos na Idade das Trevas. Por exemplo, fazer com que atravessem um rio um lobo, um carneiro e um monte de feno com o uso de um barquinho, sabendo que o lobo não pode ficar sozinho com o carneiro, nem o carneiro com o monte de feno. O problema das Humanidades é que, habitualmente, o lobo fica com o carneiro sozinho e nada acontece, porque o lobo é vegetariano, ou acontecem coisas demais, porque o lobo é gay; ou no meio do caminho se descobre que o feno é alucinógeno e o carneiro fica doidão; ou o feno come o lobo e vomita um carneiro. No fim, o problema se desfigurou completamente e ninguém resolve porcaria nenhuma. As Humanidades precisam se acostumar a resolver problemas com coragem, sem alegar que o adversário é um canalha ou que não entende nada de astrologia. O adversário é mesmo um canalha? Como ele resolveu o problema do lobo, do carneiro e do feno? A acusação de desonestidade não muda a sua competência para resolver o problema. Se você diz que seu adversário intelectual é um canalha e ele se defende dizendo que você foi astrólogo, algum problema foi resolvido? Nenhum. Nesse meio-tempo veio uma tempestade, passou a arca de Noé e o mundo acabou cinquenta e três vezes; não sobrou vivalma. Mas o lobo, o carneiro e o monte de feno são imortais. Nenhum desses personagens fez qualquer observação irônica enquanto você praguejava por não conseguir entender o maldito problema e Noé assobiava uma antiga canção de jazz. Aprendamos com eles.

MXYZPTLK. Algum dia resolveremos o problema do livre-arbítrio? Eu creio que não. Se é razoável ser determinista, também o é duvidar dele. Você pode passar a vida inteira convencido de que ele é um fato e mudar de ideia nos últimos segundos: suas últimas palavras, no leito de morte, poderão ser as de um amante iludido da liberdade. Pois suponha dois mundos iguais em tudo, desde o Big Bang até agora: a mesma distribuição dos objetos no espaço-tempo, a mesma história, as mesmas partículas, tudo, tudo – inclusive processos de pensamento. Suponha que você tem uma cópia idêntica de si no outro mundo (e que ao mesmo tempo você é uma cópia idêntica dele). Como não há contato algum entre ambos os mundos, não há influência de um sobre o outro. Mas isolemos o momento atual na história desses dois mundos. Você e sua contraparte estão sentados agora a uma mesa (e contramesa), cada um em seu mundo. A sua namorada lhe pede (e a namorada da sua contraparte faz o mesmo): "Me diz um número qualquer de zero a dez." Você pensa que sempre foi um bom aluno, pensa em dizer dez, mas escuta um pássaro canoro, pensa no amarelo, associa ao amarelo o número três, mas finalmente diz: "Dois." O que fez a sua contraparte? Se existe livre-arbítrio, a sua contraparte *pode ter* dito dez, ou três, ou mesmo dois; se não existe livre-arbítrio, ela *necessariamente* disse "dois". Ora: se as histórias de ambos os mundos são exatamente iguais até esse momento, você terá experimentado o mesmo processo mental que a sua contraparte. Logo, a resposta da sua contraparte é, com toda segurança, dois. Para refutar essa tese, poderei aduzir uma centena de argumentos. Para cada argumento o determinista poderá formular uma centena de contra-argumentos, e assim por diante. A questão, penso, nunca será solucionada. Mas então a verdade é relativa? Tudo é opinião? Nesse caso, o problema está numa zona cinzenta; embora alguns, com Leibniz, tenham pensado que um dia inventaríamos uma máquina – ou um método de inquirição – capaz de resolver, pelo cálculo, qualquer disputa, esse argumento sempre tropeçou em sérios obstáculos. A maioria deles foi descoberta no século XX por matemáticos (Ackermann, Gödel, Church, Turing); graças a eles, não precisamos mais perder tempo apostando todas as nossas fichas num infalível *calculus ratiocinator*. Por isso o imponderável permanece como tal. Então qual o papel dos pensadores? Se nunca resolveremos o impasse realismo *versus* idealismo, para que servem eles? Não é difícil concluir que a sua função é retirar as consequências de cada tese e mostrar-nos o custo de cada uma delas. Qual o custo de tomar como pressuposto o pandeterminismo? Se os custos são esse e aquele ("cacete do Pe. Inácio!", você dirá depois de vê-los listados), você ainda está disposto a manter a sua posição? Não se trata de aplicar o utilitarismo ou o consequencialismo à especulação; não falo a partir de nenhuma escola filosófica. Trata-se de fazer o que sempre fizeram os que pensaram antes de nós: ir de raciocínio em raciocínio e mostrar até onde vai uma tese. E isso é procurar a verdade. Não nos esqueçamos disso: se dizemos "Deus não existe", ou "o determinismo é balela", pretendemos dizer algo sobre a realidade. Por isso, nossas afirmações, comparadas com *o que de fato as coisas são*, podem ser verdadeiras ou falsas. A impossibilidade de certeza não afasta, nem por um segundo, a objetividade dos fatos.

VOCÊ É KOSHER? Há aquela clássica passagem do venerável Facebook, que não sei se é verdadeira, em que uma mocinha posta uma foto de si com um monumento arquitetônico ao fundo. Repare nos dois *elementa facti*: a mocinha (eventualmente *non-kosher*) e o monumento. O tiozão faz um comentário ambíguo: "Uau!" A mocinha comenta embaixo: "A que você se refere?" O tiozão comenta: "Depende. Quantos anos você tem?"

Julio Lemos não é escritor.

FILOSOFIA

TEORIA PURA E IMPURA DO DIREITO:

KELSEN, SCHMITT E VOEGELIN

Eduardo Schmidt Passos

O turbilhão político que emergiu dos escombros da Primeira Guerra Mundial propiciou um terreno fértil para a investigação da ordem social. Estremecida pelas mudanças no equilíbrio de poder e pela ascensão de movimentos totalitários, a cambaleante República de Weimar serviu não apenas como um campo de batalha político mas também como arena de debates filosóficos. Em nada surpreende o fato de algumas das principais contribuições para a ideia do direito e do Estado terem surgido durante o *Interbellum*. Nesse contexto, deve-se ressaltar a polêmica entre o jurista alemão Carl Schmitt e o austríaco Hans Kelsen sobre a justiça constitucional, debate que ainda encontra eco em grande parte das academias do mundo.

Já no século XIX, o jurista britânico John Austin desenvolveu uma teoria jurídica positivista em que separava a lei positiva das normas morais. Deste modo, a realidade da lei era separada do seu mérito. George Jellinek, cujos seminários Kelsen frequentara, refere-se pela primeira vez à elaboração de uma ciência pura do direito em que se distinguiria uma abordagem social e uma abordagem jurídica para o Estado. Kelsen, no entanto, foi mais longe no estabelecimento de uma teoria jurídica em que o estudo da norma não se mistura com considerações sociológicas ou políticas, procurando superar o antigo dualismo entre direito e Estado. Sua grande inovação foi absorver as premissas metodológicas da filosofia de Kant, com a oposição entre "ser" e "dever ser", e a teoria do conhecimento do neokantiano Hermann Cohen.

Desta forma, obteve os instrumentos necessários para isolar a ciência do direito de qualquer elemento empírico.

O decisionismo de Carl Schmitt, por outro lado, busca inspiração nas ideias do filósofo francês Jean Bodin e dos contrarrevolucionários Joseph de Maistre e Donoso Cortés. Contudo, a expressão clássica deste pensamento encontra-se no *Leviatã* de Thomas Hobbes. Sua fórmula *"auctoritas, non veritas, facit legem"* ["a autoridade, e não a verdade, faz as leis"] revela nitidamente a estrutura lógica do decisionismo. A autoridade é que, ao decidir se determinada ordem jurídica é válida ou não, constitui o fundamento do direito.

A polêmica entre esses dois autores, longe de significar um esgotamento das questões, revela que boa parte do desacordo continua em aberto. Isso ocorre porque tanto as teses de Kelsen quanto os argumentos de Schmitt não abarcam plenamente a natureza do direito e do Estado. Antigo aluno de Kelsen, o filósofo Eric Voegelin testemunhou a insuficiência de ambas as posições e buscou superá-las.

Como afirma Olivier Beaud, a controvérsia entre Kelsen e Schmitt representa um exemplo perfeito de "diálogo entre surdos". Ambos não falam da mesma coisa e suas concepções do direito e da política são radicalmente opostas. Essa discordância resulta de duas visões irreconciliáveis sobre a natureza humana e a relação do homem com a comunidade política. Diante dessas dificuldades, Voegelin percebeu cedo que os problemas políticos e jurídicos não podem ser reduzidos apenas às questões legais e institucionais, devendo-se antes analisar a estrutura da realidade tal como ela é experienciada pelo homem. Ou seja, qualquer filosofia do direito ou da política que pretenda penetrar no campo dos princípios deve ser amparada por uma antropologia filosófica. Por esta razão, para se compreender os fundamentos do direito e da ordem política é primordial que se iluminem os fundamentos do homem. Apesar da polêmica entre Kelsen e Schmitt ter sido amplamente discutida e estudada, a contribuição de Voegelin tem sido negligenciada. Para fazer-lhe justiça, contudo, é necessário levar o debate para além da ciência jurídica e da teoria política.

O normativismo de Kelsen, pela sua elegância formal e sua precisão técnica, obtive um inigualável êxito nos círculos intelectuais da época e continua a influenciar muitas escolas do direito. Fiel à metodologia neokantiana da Escola de Marburgo, ele opera uma radical ruptura entre o reino do "dever ser" e o reino do "ser", que resulta na subordinação do Estado a uma entidade sem existência concreta – a norma, ou seja, o "dever ser". Neste sentido, como ele próprio reconhece, "o Direito pode ser entendido como uma ideologia [...] – isto é, como um complexo sistemático diferente da natureza".[1] Dentro do seu sistema, em última instância, não existiriam mais problemas ontológicos, mas apenas metodológicos. Esta premissa é um dos grandes perigos do positivismo jurídico de Kelsen, pois subordina a pertinência da análise à

aplicação correta do método, criando uma imagem limitada do homem e da realidade.

O sucesso do positivismo jurídico em busca da pureza e do rigor metodológico evidencia seus limites e suas debilidades na análise da realidade política. Para defender o carácter impessoal do direito, Kelsen subsumiu o Estado à norma legal. O normativismo, deste modo, pressupõe que o Estado, como ordem social, deve ser idêntico ao direito. Além disso, toda a ordem jurídica deve ser criada dentro da lógica do sistema normativo. Como Kelsen tem de resolver o problema do fundamento da ordem jurídica e da ordem política utilizando exclusivamente o objeto "direito", ele só pode fundar a validade da lei baseando-se em outra norma. Para superar esta dificuldade, o jurista austríaco desenvolve a doutrina da norma fundamental [*Grundnorm*] que, para não ser alicerçada em nenhum dado empírico, deve ser metodologicamente pressuposta. "Como a norma mais elevada, ela tem de ser pressuposta, visto que não pode ser posta por uma autoridade – cuja competência teria de se fundar numa norma ainda mais elevada."[2]

Ao proceder deste modo, Kelsen desconsidera a relevância de todos os aspectos filosóficos, psicológicos, religiosos e culturais para a determinação da ordem legal e, consequentemente, para a ordem política. Para ele, é irrelevante se a "norma fundamental" tem as suas origens em tempos imemoriais, ou se foi imposta por uma potência invasora, ou se se fundamenta em alguma

---

[1] KELSEN, Hans. *Teoria Pura do Direito*, p. 124.

[2] KELSEN, Hans. *Teoria Pura do Direito*, p. 216.

crença de carácter religioso, ou ainda se surgiu da acomodação dos diferentes interesses dentro da sociedade. Segundo sua teoria, o único dado relevante é que a norma fundamental deve ser pressuposta como fundamento último do direito e do Estado. Por conseguinte, o próprio direito como uma realidade anterior à sua ciência jurídica é encoberto e todas as consequências que a gênese da *Grundnorm* tem para a realidade política são consideradas "elementos estranhos" à teoria do Estado.

Do ponto de vista metodológico, a criação de Kelsen é rigorosa. No entanto, a preponderância da metodologia sobre a ontologia conduz a um empobrecimento da realidade a ser investigada, criando sérias lacunas para a sua interpretação da ordem política. Por exemplo, todos os aspectos que forjaram o carácter de um povo e as fronteiras de uma nação são metodologicamente excluídos da teoria kelseniana do Estado. Ademais, Kelsen qualifica de cientificamente ilegítimos todos os esforços realizados para se compreender o fenômeno do Estado, eliminando, assim, toda a realidade do Estado da sua teoria.

Tanto Carl Schmitt quanto Eric Voegelin criticaram essas deficiências da *Teoria Pura do Direito* kelseniana, alegando que os pressupostos neokantianos adotados pelo positivismo jurídico realizam uma fissura entre a ciência política e a realidade do Estado. Além disso, argumentam que a forma constitucional retira o seu conteúdo do con-

COMO CONTRAPONTO A ESTA CONCEPÇÃO DE CIÊNCIA QUE BUSCA EMOLDURAR A REALIDADE, VOEGELIN RESGATA A ANTIGA COMPREENSÃO ARISTOTÉLICA DE CIÊNCIA COMO UM RELATO VERDADEIRO DA ESTRUTURA DA REALIDADE.

texto social e político que a originou. Como defende Voegelin em sua crítica a Kelsen em *O Estado Autoritário,* a ordem jurídica por si só é incapaz de ser o único elemento de coesão da comunidade política. Posteriormente, ele sustentará que a norma só conseguirá desempenhar a sua função de ordenadora da sociedade onde a concepção de ordem dos cidadãos seja estável e em sintonia com a ordem do ser. A Constituição será apenas um pedaço de papel sem qualquer significado real se as experiências de ordem dos diferentes campos sociais da comunidade forem antagônicas.

Carl Schmitt rejeita a construção kelseniana de uma teoria política e jurídica impessoal e desprovida de qualquer interferência extranormativa. Para ele, a Constituição por si só é incapaz de servir como o derradeiro fundamento da ordem legal. Em sua obra *Teologia Política* de 1922, Schmitt acusa Kelsen de excluir como impuro tudo aquilo que se opõe à sua sistemática, e de desconsiderar fenômenos jurídicos fundamentais para a ordem legal como o estado de exceção – ou seja, o caso no qual o direito suspende a si mesmo. Para reconhecer a importância do caso excepcional, contudo, é preciso reconhecer que a suspensão do ordenamento jurídico vigente não corresponde a um estado de anarquia ou de caos. Para Schmitt, no estado de exceção há a vigência de uma ordem, mesmo que não seja uma ordem jurídica. Deste modo, a existência

85

do Estado apresenta uma supremacia indubitável sobre a validade da norma jurídica. Este arcabouço teórico serviria de base para a sua defesa da autoridade do Presidente do Reich contra a concepção kelseniana de um tribunal independente criado exclusivamente para salvaguardar a Constituição. Segundo Schmitt, a existência de um tribunal constitucional não eliminaria completamente os elementos de dúvida e de incerteza da ordem jurídica, havendo ainda "um elemento de pura decisão que não pode ser derivado do conteúdo da norma".[3] A este elemento ele chamou "decisionismo".

Na compreensão de Schmitt, a arena política requer uma entidade cujo comando seja absoluto, não cabendo nenhuma contestação legal. Fiel à herança hobbesiana, defende que a derradeira fonte da coesão social e do direito deve ser um ator capaz de suspender a ordem jurídica através da decretação do estado de exceção. Este ator é o soberano. O soberano, assim, torna-se o fundamento da ordem legal. Ele possui a função de decidir qual é a situação normal, cuja regra apenas posteriormente será aplicada. A premissa essencial para a existência da norma é a existência de uma ordem, pois não existe nenhuma regra jurídica que seja aplicada ao caos.

Cabe observar que na construção kelseniana também há um elemento de arbitrariedade, pois Kelsen considera que a norma

jurídica é formada pelo material utilizado pelos dogmáticos do direito. Ele justifica que a possibilidade e a necessidade do direito são comprovadas apenas pela sua existência milenar que, "como jurisprudência dogmática, e enquanto houver Direito, servirá as necessidades intelectuais dos que deste se ocupam".[4] Dentro do sistema positivista, o dogmático do direito adquire um estatuto especial, pois seus julgamentos seriam isentos de interferências ideológicas. Assim, a norma fundamental apenas elevaria "ao nível da consciência o que todos os juristas fazem, mesmo inconscientemente, quando, na compreensão da sua matéria, rejeitam o direito natural (i.e., limitam-se ao direito positivo) e, assim, consideram os dados da sua cognição não como meros fatos de poder, mas como leis, como normas".[5] Kelsen, contudo, não apresenta nenhuma justificativa racional para fundamentar sua crença na pureza intelectual dos dogmáticos do direito, da qual depende a ciência jurídica.

Em certa medida, Schmitt e Kelsen realizam opções metodológicas semelhantes, mas, a partir delas, seguem caminhos distintos. Assim como Kelsen desenvolve uma ciência purificada de qualquer elemento estranho à norma jurídica e para isso subordina a política ao ordenamento jurídico, Schmitt também busca purificar a sua concepção do político. Na sua obra *O Conceito do Político*, ele reduz toda a ação e a motivação política à

---

[3] SCHMITT, Carl. El Defensor de la Constituición. *In:* KELSEN, Hans; SCHMITT, Carl. *La Polémica Schmitt / Kelsen sobre la justicia constitucional: El defensor de la Constitución versus ¿Quién debe ser el defensor de la Constituición?*, p. 82-3.

---

[4] KELSEN, Hans. *Teoria Pura do Direito*, p. 124.

[5] KELSEN, Hans. *Teoria Geral do Direito e do Estado*, p. 563.

distinção entre "amigo" e "inimigo". Postula também a tese do pessimismo antropológico segundo a qual toda a teoria política genuína deveria pressupor que o homem é mau, um ser perigoso e dinâmico. Ou seja, sua concepção de teoria política verdadeira é aquela em que a noção de Bem está ausente.

Nesse sentido, tanto a política de Schmitt quanto a ordem jurídica de Kelsen pressupõem que o homem seja desprovido de qualquer relação com o fundamento último da realidade. Questões sobre a ordem humana justa ou o bem comum são excluídas do debate. Voegelin, contudo, considera que essas abordagens pervertem e amputam a ciência, uma vez que esta deveria buscar a verdade nos diversos domínios da existência. Ambos os pensadores esquecem que, tanto no ato da percepção da norma jurídica quanto no momento da ação política, a consciência humana possui o horizonte aberto à totalidade do ser, tendo presentes, de forma mais ou menos estruturada, todas as características de seu ser – sejam elas inorgânicas, físicas, corporais, mentais, sociais, espirituais ou religiosas. Como contraponto a esta concepção de ciência que busca emoldurar a realidade, Voegelin resgata a antiga compreensão aristotélica de ciência como um relato verdadeiro da estrutura da realidade.

Em uma carta de agosto de 1959 a seu colega e amigo Robert B. Heilman, Voegelin contrapõe o conceito do político de Schmitt à concepção aristotélica. Segundo ele, Aristóteles compreendia que a "essência do político é a *philia politike*, a amizade que institui uma comunidade cooperativa entre os homens, e que a amizade é possível entre os ho-

mens na medida que eles participam através do espírito, ou da mente, num *nous* comum".[6] Em *As Religiões Políticas*, de 1938, já atacava teologias políticas de cariz hobbesiano que, ao negarem qualquer papel do *Summo Bonnum* na ordem política, abandonam o ser humano à *libido dominandi* – desejo de domínio. Para contrapor esta concepção, compreende que a ordem política é um reflexo da experiência humana de participação no seu próprio fundamento. O homem pode fechar-se ou abrir-se para a realidade transcendente, mas as suas escolhas terão um efeito decisivo na ordem da sociedade.

Apesar de Voegelin e Schmitt concordarem em pontos importantes nas suas críticas ao positivismo, suas discordâncias são muito mais profundas e ilustram visões incompatíveis sobre o homem e a ordem política. Por exemplo, ambos concordam que a norma retira seu conteúdo das circunstâncias políticas e sociais. Ademais, ambos compreendem que a lei positiva é baseada na vontade humana. No entanto, a compreensão que fazem da vontade humana é antagônica. Enquanto Schmitt compreende a vontade humana como uma decisão *ex nihilo*, Voegelin a compreende como um desejo racional engajado num processo de conversão para a verdadeira fonte da ordem. O modelo defendido por Schmitt é o niilismo político e o seu tipo humano por excelência é o ditador. Em contraposição, o paradigma voegeliniano é o "homem maduro" aristotélico – o *spoudaios*.

---

[6] HEILMAN, Robert B.; VOEGELIN, Eric. *A Friendship in Letters: 1944-1984*, p. 194.

Para Voegelin, a ciência política não é nem ciência normativa, nem ciência causal e muito menos uma ciência que busque estabelecer "valores absolutos" através de dogmas teológico-metafísicos, como Kelsen, em sua recensão crítica à *Nova Ciência da Política*, o havia acusado. A redução dos problemas da ordem social aos fenômenos normativos lhe é inadmissível. Ele também considera um erro isolar o homem e a comunidade política da relação com a ordem superior que os abarca. Por isso, defende que a ordem legal necessita de fundamentação "metajurídica". O positivismo kelseniano, ao "pressupor" a norma fundamental, divorciou a ciência jurídica de qualquer fundamentação ontológica, excluindo, com isso, toda a tentativa de compreender o significado substantivo das normas.

Numa carta dirigida a Kelsen, de março de 1954, Voegelin explicita sua compreensão sobre a ordem humana justa: "a Justiça não pode ser positivamente determinada, mas apenas abordada negativamente, ao averiguar-se o que é concretamente injusto e as razões para isso ser injusto [...]. O instrumento desta investigação é a alma de quem investiga".[7] A busca da ordem justa não opera no reino dos princípios normativos, nem diz respeito a "pseudoproblemas", sendo a sua existência empiricamente verificável quando ela se manifesta na "[...] alma dos grandes profetas, legisladores, filósofos e santos". À luz dos desenvolvimentos da sua obra magna, *Ordem e História*, Voegelin encontra na experiência da realidade, que se articula através de símbolos, o fundamento "metajurídico" para as regras do direito. "O dever não é, assim, em si um 'postulado' ou uma 'norma', mas a tensão experienciada entre a ordem do ser e a conduta do homem."[8] Uma filosofia do direito aberta a critérios ontológicos deveria resgatar a experiência de consubstancialidade entre o homem e o seu fundamento. Experiência que estava presente na filosofia clássica e nas grandes autoridades espirituais da humanidade, mas paulatinamente foi-se obscurecendo com o avanço da modernidade. Assim, o direito deixa de ser apenas uma ordem coercitiva da conduta humana e passa a refletir o esforço humano de se criar na sociedade aquilo que considera ser uma ordem justa. Quando uma população não se sentir representada pela sua ordem jurídica e não considerar as suas leis justas, o simples apego aos procedimentos jurídicos se mostrará insuficiente para a manutenção do Estado de direito e da ordem social.

....

Eduardo Schmidt Passos é mestre em Ciência Política pelo Instituto de Estudos Políticos da Universidade Católica Portuguesa. Lançará em breve pela editora É Realizações a sua dissertação de mestrado sobre a Filosofia do Direito de Eric Voegelin. A versão integral deste texto com todas as referências bibliográficas será futuramente publicada on-line em www.dicta.com.br.

---

[7] VOEGELIN, Eric. *Selected Correspondence, 1950-1984*, (CW 30:216).

[8] VOEGELIN, Eric. *A Natureza do Direito e Outros Textos Jurídicos*, p. 94.

FILOSOFIA

NIETZSCHE
PARA
IDIOTAS

Luiz Felipe Pondé

É possível um Nietzsche para idiotas? O caro leitor pode ficar um tanto assustado ao se deparar com uma pergunta como esta num ensaio filosófico, numa revista decente como esta. Mas não, eu insisto que "idiota" aqui é conceito e tudo que é conceito merece respeito na filosofia.

Minha questão "se é possível um Nietzsche para idiotas?" toca profundamente o que o próprio Nietzsche pensava do mundo (a maioria da humanidade é composta de idiotas, ainda que ele fizesse uso de outras expressões, como veremos), e estou seguro que se existisse alma imortal ele nos visitaria em algum terreiro só para dizer que nem tudo é permitido. Por exemplo, coisas como falar que nosso profeta da tragédia em meio à modernidade era um "amante" da democracia não é permitido. Seria mais ou menos a mesma coisa que dizer que o lugar da "*virtù*" (virtude), descrita no livro *O Príncipe* de Maquiavel (lido por Nietzsche), poderia ser o "povo" e não o solitário príncipe, assolado pela fortuna e pelo imperativo de jamais se autoiludir – um "direito" de todo cidadão banal.

Outra forma de perguntar a mesma coisa, a saber, se seria possível um Nietzsche para idiotas, é perguntar se Nietzsche poderia ser um ideólogo da esquerda, como quis gente como o narcisista Foucault. Tampouco seria possível um Nietzsche ideólogo da direita fascista (como quiseram alguns no passado) pelo simples fato de que, para Nietzsche, ideologias de massa, como esquerda e direita, são feitas para idiotas e ele não gostava de idiotas.

A tragédia: a hostilidade primitiva do mundo

A resposta mais profunda a esta questão é: não, não é possível um Nietzsche para idiotas porque Nietzsche é um autor trágico. Idiotas não suportam a visão trágica grega. Idiotas preferem autoajuda como energias cósmicas (autoajuda brega), espírito absoluto hegeliano (autoajuda chique), sentido dialético histórico marxista (autoajuda chique), espírito santo pentecostal (autoajuda brega), democracia como dogma (autoajuda na fronteira entre o chique e o brega), enfim, alguma forma de "otimismo" filosófico que sirva como aconchego para a solidão trágica e que o faça sentir-se parte de um "rebanho de significado" ou experimentar um "narcisismo de significado".

"Aconchego" aqui é o contrário do que Albert Camus, leitor de Nietzsche, chamava de "a hostilidade primitiva do mundo". A visão trágica de mundo nega qualquer "sentido maior" para a vida. Esta falta de sentido é a hostilidade primitiva inscrita no silêncio das pedras. É a loucura dos deuses gregos nos fazendo de brinquedos. Nosso destino tecido pelas (quase) cegas moiras simbolizam esta falta de sentido: a vida não vai para lugar algum, seu percurso é cego, não há recompensa, não há, portanto, nenhuma moral de retribuição, como fala a teologia cristã. Toda ideologia idiota se alimenta desta moral ou política de retribuição, prometendo a felicidade individual ou a transformação do mundo em algo melhor do que é.

Mas olhemos de perto esse idiota.

O idiota olhado de perto

Quem é esse idiota, afinal?

A expressão de que faço uso aqui é rodrigueana. O grande ensaísta Nelson Rodrigues usava esta expressão para descrever a maior desgraça da democracia: a revelação da força numérica dos idiotas, isto é, o fato de que a democracia despertou a maioria da humanidade – os idiotas – de sua letargia ancestral para a consciência de sua força numérica de maioria. Acrescentava nosso filósofo da Aldeia Campista que antes (da democracia) o idiota nascia, crescia, reproduzia e babava na gravata. Jamais imaginou que pudesse um dia "pensar e decidir" coisas sobre o mundo. Uma vez desperto do sonambulismo (o marxismo piorou a situação fazendo o idiota se achar a força redentora de uma História que na realidade não existe), o idiota foi para a praça pública exigir que o mundo ficasse idiota como ele. É neste mundo que todos os dias acordo e no qual sou obrigado a ouvir sua música, conviver com seus "valores", amar seus ídolos, enfim, fingir que sou um deles, porque os idiotas, assim como os ressentidos de Nietzsche, não perdoam os "estrangeiros" (expressão de Camus para seu homem trágico ou absurdo quando encarnado na vida real, e também título de seu romance mais conhecido, *O Estrangeiro*).

Não estou dizendo que Nelson Rodrigues era nietzschiano, claro, e como você, caro leitor, não é um desses idiotas, sabe que estou apenas pondo em diálogo dois gigantes que, apesar de suas enormes diferenças, se encontram no fato de escreverem

para manter o mundo insone. Nelson era um jansenista, como dizia Sábato Magaldi, portanto, um cristão agostiniano obcecado pela miséria da natureza humana, ao passo que Nietzsche era um apaixonado pela religião trágica grega. Mas a diferença assim apontada pode ser mais semelhança do que imaginamos. O maior de todos os jansenistas, Blaise Pascal, era uma paixão de Nietzsche justamente porque dissecava a natureza humana e apontava para os espaços indiferentes de escuridão que nos encerram numa hostilidade primitiva do universo. Ao final, Nelson e Nietzsche se encontram na tragédia, fato largamente sabido pela fortuna crítica rodrigueana: Nelson era um trágico.

A crítica de Nietzsche ao ressentimento

Os idiotas, portanto, são os ressentidos, os que morrem de medo desta hostilidade primitiva do universo e, portanto, inventam a metafísica, a moral e o cristianismo (como símbolo de toda religião ressentida) como forma de negação do trágico.

O esquema crítico de Nietzsche é conhecido: quando o asceta vai ao deserto buscar a resposta do porquê do sofrimento, ele volta dizendo que a razão do sofrimento (a hostilidade primitiva da qual fala Camus) é a evolução do espírito para uma outra vida. Portanto, há uma pedagogia e uma recompensa no sofrimento. Para Nietzsche, porém, não há razão para o sofrimento, ele simplesmente é.

A metafísica platônica é um esquema de fuga do ressentimento para gente chique e inteligente. O cristianismo, por sua vez, é um platonismo para pobres e ignorantes. Hoje seria uma criação de workshops motivacionais. Quando o cristão começa a perder a fé ele cai no niilismo cristão, que nada mais é do que o desespero causado pela perda do mecanismo criado pelos ascetas, por Platão e pelo cristianismo: a insônia que a hostilidade primitiva do mundo causa quando esta começa a aparecer para a consciência em agonia.

O ressentimento criou a moral conhecida. Esta moral, segundo Nietzsche, nega a verdadeira virtude (a força de enfrentamento do vazio de significado da vida, a solidão trágica, logo, a virtude dos mais fortes e corajosos) em favor de uma vida em rebanho dominada pelos "valores" que estão a serviço da negação da vida como ela é (expressão também rodrigueana).

"Vida como ela é", "hostilidade primitiva do mundo", "tragédia" são sinônimos. Todas elas remetem à capacidade moral e cognitiva de enfrentar a realidade em sua nudez.

Portanto, a crítica moral de Nietzsche encerra uma crítica epistemológica e cognitiva: o ressentimento não apenas é coisa de covarde moral, mas também de gente burra (e idiota) que não aguenta ver o mundo como ele é e prefere contos de fadas (sejam eles escritos pela avó, pelos irmãos Grimm, por Platão, por Paulo, por Hegel ou por Marx) à aparente miséria da realidade.

A recompensa do ressentido é crer que este mundo é falso e que o verdadeiro é perfeito e que se ele seguir as regras metafísicas de negação deste mundo ("Jesus", "dialética histórica", "supressão dos aparelhos de repressão") ele assegurará uma vida eterna plena de felicidades. Para um olhar agudo, já fica claro aqui a impossibilidade de existir um Nietzsche para idiotas, porque idiotas são ressentidos: a idiotice aqui é a dimensão epistemológica e cognitiva do ressentimento moral, como dissemos acima.

A questão aqui é: por que alguns desses idiotas contemporâneos não se reconhecem como idiotas? – o que deve causar em Nietzsche, em seu repouso eterno, crises agudas de gargalhadas –; por que acham que platônicos e cristãos são ressentidos, mas hegelianos, marxistas e foucaultianos não? A chave é lembrar que a utopia da esquerda nada mais é do que a metafísica que sai do mundo da eternidade e das ideias para se alojar na "História", na "Dialética", na "Liberdade, Igualdade e Fraternidade", no "Amor". Resumindo: o "mundo como ideia", como diria o poeta Bruno Tolentino, em lugar do mundo como fato.

O problema é que a "política" de Nietzsche é um niilismo ativo, aristocrático, muito distante das utopias de rebanho que marcam a filosofia política desde o filósofo da vaidade, Rousseau. Antes de qualquer coisa, há que se transformar num niilista ativo (o super-homem nietzschiano). A aristocracia trágica é a política de Nietzsche, e ela não comporta soluções democráticas e coletivas. Ela é indiferente aos que têm medo da vida como ela é e por isso sonham como um mundo melhor ou um eu melhor.

A aristocracia trágica: transvaloração e o Eros

Para Nietzsche, a tragédia como visão de mundo não implica pessimismo schopenhauriano. É aqui que os idiotas se enganam, mais uma vez. Assumem que o coração da crítica de Nietzsche ao ressentimento e ao niilismo cristão é apenas seu horror ao pessimismo "imobilizante" que acomete estes covardes. Para os idiotas contemporâneos, esta "alienação" do ressentimento se resolve quando nos lançamos à "transformação do mundo", nos libertando dos esquemas de alienação dos quais fala Marx. Confundem Nietzsche com esse príncipe da teoria da alienação por causas sociais, políticas e econômicas, e assumem que Nietzsche acredita num mundo melhor se dermos as mãos contra a desesperança chique do pessimismo burguês. O pessimismo seria um modo de a elite manter sua dominação, impedindo os oprimidos de acreditarem na sua força de transformação histórica. Erram logo, porque para Nietzsche não há História, só a repetição do eterno retorno. Erram também ao pensarem que Nietzsche é apenas mais um anticristão a favor da "libertação" dos ressentidos, quando na verdade Nietzsche é um trágico e não imagina um mundo que passe a fazer sentido só porque rompemos com a "repressão" e a alienação das forças produtivas. O que Nietzsche na verdade diz é que a maioria não consegue viver sem o ressentimento, porque a visão nietzschiana pressupõe a inexorável hostilidade primitiva do mundo, que não tem cura em nenhuma engenharia político-social ou terapia de "descarga sexual violenta" ou reafirmação "*teen*" do eu. A vida *nunca* terá sentido para além da aceitação da tragédia, que em si nega qualquer pedagogia. É coisa para heróis solitários, aristocratas de espírito – niilistas ativos. Idiotas são incapazes de ascenderem a esta condição porque não a entendem e porque sentem medo. Portanto, permanecem no campo da moral de rebanho ou do culto de si mesmos como suposto espécime especial.

Mas por que Nietzsche não é Schopenhauer? Porque seu antigo mestre é um trágico depressivo que no fundo recusa a condição trágica porque a considera "má". Schopenhauer é apenas um ressentido em desespero. Alguém que afirma a tragédia, mas nega seu heroísmo (o aristocrata solitário).

Para Nietzsche, o ressentimento cobra um preço: o adoecimento do *Eros* (o "*amor fati*"), o amor pela vida como ela é. O *Eros* é comprometido em favor do mundo melhor. Este comprometimento implica a recusa deste mundo e de seu horror primitivo inscrito nas pedras. O herói é aquele que enfrenta a derrota inevitável porque é de sua natureza enfrentá-lo e não porque está construindo um mundo melhor. Além do mais, poucos são capazes desse movimento, que implica a *transvaloração*, ou seja, a percepção de que na verdade não existem valores morais (todos são relativos e servem ao medo) a não ser a pura e simples força que percorre o universo (a vontade de potência) que cria e destrói cegamente. O herói deve olhar no olho do Nada (de valor) que tanto apavora o idiota ressentido em crise, e reafirmá-lo como realidade última do "Ser". Há uma "axiologia niilista" em Nietzsche que ri da esperan-

ça de um mundo melhor. O transvalorado, fonte de valor para si mesmo, é este alguém que caminha pelo vazio de valor dispondo apenas de seu "temperamento", que o torna capaz de sobreviver ali onde a maioria geme de medo. Este seu temperamento é o lugar da "psicologia" na vontade de potência.

O acesso a este *Eros* são se dá apenas pelo atravessamento deste Nada que mata a esperança. O aristocrata de Nietzsche é livre porque não espera nada do mundo nem de si mesmo (a esperança em si mesma é uma das formas mais bregas de fé que existe). Goza porque se sabe perdido. Ama assim como quem respira mesmo sabendo que a falta de ar é a condição inevitável de um mundo primitivamente ("essencialmente") hostil.

Berdiaev, leitor de Nietzsche: os três estágios de vida espiritual

O conde russo Nicolau Berdiaev, autor de cepa dostoievskiana, compreendeu bem a política aristocrática ou "espiritual" de Nietzsche. Em seu esquema de três níveis de vida espiritual, ele descreve com precisão a distância entre o aristocrata nietzschiano, o indivíduo narcísico e o rebanho. Uma das características marcantes do homem de rebanho é justamente supor que existe um mundo melhor; a do narcísico é de que este mundo melhor tem a sua cara.

Para Berdiaev, existem três tipos de vida espiritual. Estes três tipos são inspirados, por um lado, na crítica nietzschiana ao ressentimento, ao individualismo burguês

narcísico e às soluções utópicas sociais, e, por outro, na definição de transvaloração. O conde Berdiaev foi ele mesmo um revolucionário bolchevique que rompeu com a revolução ao perceber que ela era apenas mais uma forma de ressentimento.

A primeira forma de vida espiritual é a *social* ou *coletiva*, que dá aos seus integrantes o sentimento de pertença por "herança patrimonial", ou seja, pela inércia de uma "comunidade de almas que se crê constituída de semelhantes" e que dividem um conjunto normativo que define a noção de Bem (o patrimônio moral em si ou a herança espiritual). Não há transvaloração possível para quem vive nesse estágio. Os movimentos revolucionários, como o russo, que ele conheceu por dentro, permanecem neste estágio, "recriando" a herança patrimonial.

A segunda forma de vida espiritual é a *psíquica*, marcada pelo indivíduo burguês que assume seus dramas pessoais diante do sentido da vida como sendo ferramenta essencial para decifrar o problema espiritual da humanidade. Privatiza assim aquilo que o primeiro estágio toma como sendo coletivo. Trata-se aqui do ressentido que pensa que se Deus e a tradição estão mortos, ele se salva "sendo ele mesmo", nos limites de sua ferida narcísica. Ele deduz o modo como o mundo melhor deve ser a partir de suas manias, como sua alimentação, sua fé na natureza, seus hábitos no *twitter*. É um ressentido solitário que leva a sério as paredes de seu quarto como limite do mundo, assim como o estilo de música e de roupa que usa em suas baladas. Há algo de intrinsecamente adolescente neste estágio.

O terceiro estágio, denominado por Berdiaev como *gnóstico, aristocrático, niilista*, é aquele transvalorado. O apóstata que é livre porque sabe que nada tem valor. É condenado a esta consciência porque tem um "temperamento", ou talvez, melhor ainda, um "caráter" do qual não pode escapar. Sofre mais do que os outros justamente pelo trágico que é viver sem autoengano ou sem herança patrimonial. O aristocrata espiritual, como diz Berdiaev, não o é por desejo, mas sim por destino. Ele não tem esperança em nenhuma herança moral, espiritual ou pessoal. Sabe-se só, mas sabe que carrega sobre seus ombros o peso da humanidade covarde que dele depende como princípio criador de vida, mas que o nega por pura inveja ressentida.

valora quem não tem jeito. O melhor é ser idiota e feliz. Não existe um Nietzsche para idiotas e ressentidos porque estes querem ser felizes, e a filosofia nietzschiana é uma filosofia sobre caráter diante da tragédia, da hostilidade primitiva do mundo.

....

Luiz Felipe Pondé é filósofo, professor de Filosofia na FAAP e de Ciências da Religião na PUC-SP, articulista da *Folha de S. Paulo* e autor de diversos livros, dos quais o mais recente é *Contra um mundo melhor e Guia politicamente incorreto da filosofia*.

De volta à questão: "Seria possível um Nietzsche para idiotas?"

Não. A ironia maior é que muitos daqueles que Nietzsche desprezava, hoje usam sua filosofia como sendo deles. Nietzsche jamais supôs que reafirmar o "seu eu" (seja ele "pessoal" ou "aborígene") seria uma forma de transvaloração, porque o "eu" é ainda o resultado de uma metafísica que busca sustentar a identidade à custa de uma "coerência de si mesmo". Mas o erro maior está no fato de que, para Nietzsche, ser transvalorado é para poucos, porque é simplesmente insuportável. O *Eros* recuperado de Nietzsche é o *Eros* de Aquiles, aquele que sabe que toda glória é acompanhada de sua maldição. Só trans-

FILOSOFIA

O FASCÍNIO DE NIETZSCHE

Oswaldo Giacóia Júnior

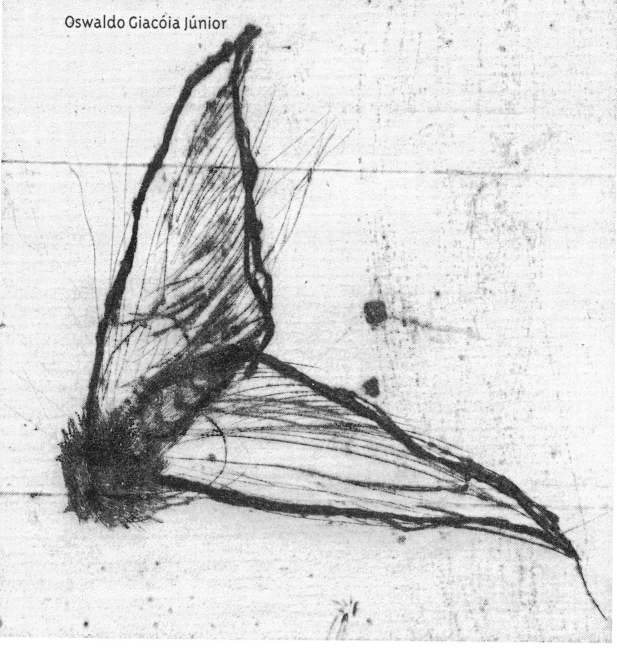

Nietzsche fascina aqueles que ataca pela mesma razão que Sócrates fascinava os atenienses de seu tempo. Sócrates "enxergou *por trás* de seus nobres atenienses; entendeu que seu próprio caso já não era exceção. A mesma espécie de degenerescência já se preparava silenciosamente em toda parte: a velha Atenas caminhava para o fim. – E Sócrates entendeu que o mundo inteiro dele *necessitava* – de seu remédio, seu tratamento, seu artifício pessoal de autopreservação. Seu caso era, no fundo, apenas o caso extremo, o que mais saltava aos olhos, daquilo que então começava a se tornar miséria geral: que ninguém mais era senhor de si, que os instintos se voltavam uns *contra* os outros. Ele fascinou por ser esse caso extremo – sua amedrontadora feiura o distinguia para todos os olhos; ele fascinou ainda mais intensamente, está claro, como resposta, como solução, como aparência de *cura* para esse caso".[1]

Ao revirar pelo avesso o platonismo, Nietzsche leva às últimas consequências seu envolvimento pessoal com a filosofia de Sócrates e de Platão: *por que* Sócrates fascinava? O que havia nele que era, ao mesmo tempo, repugnante e irresistível? A mesma pergunta pode ser formulada relativamente à repulsa e à atração exercidos pelo próprio Nietzsche. Se Sócrates enfeitiçava a imaginação dos atenienses porque era um signo tanto da doença quanto da cura; se Sócrates era um sintoma enigmático e superlativamente performático da decadência helênica; Nietzsche, por sua vez, é o decadente consumado da cultura europeia do final do século XIX. Nietzsche considerava-se tanto um decadente como o primeiro niilista completo da Europa. Para manter o paralelo, tal como Sócrates, Nietzsche era também um signo e um sismógrafo, que pensava antecipar a história dos próximos dois séculos, justamente por ser o primeiro niilista consumado, que, porém, "já viveu em si o niilismo até o fim, que o tem atrás de si, abaixo de si, fora de si".[2]

Desse ponto de vista, Nietzsche *realiza* a *Aufklärung*, ao trazer à tona a vontade de poder como figura do mundo contemporâneo. Se Sócrates representava a culminância de uma cosmovisão centrada na significação ética da existência, o martelo de Nietzsche destrói essa tese da ordenação moral do universo. Sócrates não teria levado a decadência até sua mais extrema consequência, por isso sua *terapêutica* proporcionava apenas uma aparência de cura, um tratamento que ape-

> **SE SÓCRATES REPRESENTAVA A CULMINÂNCIA DE UMA COSMOVISÃO CENTRADA NA SIGNIFICAÇÃO ÉTICA DA EXISTÊNCIA, O MARTELO DE NIETZSCHE DESTRÓI ESSA TESE DA ORDENAÇÃO MORAL DO UNIVERSO.**

---

[1] Nietzsche, F. *Crepúsculo dos Ídolos*. "O Problema de Sócrates", 9. Companhia das Letras, 2006, p. 21.

[2] Nietzsche, F. Fragmento Póstumo de novembro de 1887 – março de 1888, n. 11 [119]. In: *Sämtliche Werke*. Kritische Studienausgabe (KSA). Ed. G. Colli und M. Montinari. de Gruter, DTB. 1980 vol. 13, p. 56s.

nas aprofundava as raízes da enfermidade. Também Nietzsche fascina – como doente consumado e como médico. A diferença em relação a Sócrates reside apenas na terapia, na natureza do diagnóstico e nos fins da medicação. Nietzsche conhece, de uma perspectiva interior, a enfermidade da qual todos partilhamos. Em razão disso, fala uma linguagem que nos é acessível, embora talvez não o tenha sido sempre. Quem sabe tenhamos nos tornado mais capazes de entendê-la, dois séculos depois de sua morte?

Fascínio e repulsão se complementam: as palavras de Nietzsche revelam o segredo oculto do nosso orgulho mimado: "'Aí estão eles e riem', falou para seu coração, 'não me compreendem, não sou a boca para esses ouvidos. Será preciso antes partir-lhes as orelhas para que aprendam a ouvir com os olhos? Será preciso estrondear como os timbales e os pregadores da penitência? Ou acreditarão apenas num homem que balbucia? Eles possuem algo de que se orgulham. Como chamam mesmo o que os faz orgulhosos? Chamam de cultura (*Bildung*), é o que os distingue dos pastores de cabras. Por isso não gostam de ouvir a palavra 'desprezo' quando se fala deles. Então falarei ao seu orgulho. Então lhes falarei do que é mais desprezível: ou seja, do *último homem*".[3]

A personagem ao mesmo tempo repulsiva e sedutora do último homem explica a sedução irresistível que Nietzsche exerce sobre nós – os lídimos descendentes dos últimos homens. Nossa cultura (formação) nutre-se desse orgulho brotado da autocompreensão ética e política de nós mesmos, como "*telos*" da história universal, como a meta para a qual converge o progresso do gênero humano. É nesse orgulho que se fortalece a convicção escatológica que nos coloca na perspectiva do juízo final; que coloca a modernidade como fim dos tempos, como advento do *último homem*.

Porque conhece a gênese desse valor e o valor dessa gênese, Nietzsche denuncia a má-fé que ela engendra. O mesmo elemento que nos distingue de pastores de cabra, transforma-nos também no coletivo anônimo de um rebanho global, sem nenhum pastor, na absolutização do coletivo que se governa a si mesmo, na unânime celebração pacífica das verdes pastagens como anódino ideal de felicidade humana barateada. Nietzsche conhecia a fundo as duas faces da medalha; por causa disso, correspondia-se com os dois partidos da ambivalência viva que constitui nossa identidade. Por causa disso também, é capaz de penetrar e desfazer o ardil, de acessar o âmago do aliciamento subliminar com que os últimos homens compactuam, na mendacidade de sua autocomplacência impotente.

"Vede! Eu vos mostro o *último homem*. 'Que é amor? Que é criação? Que é anseio? Que é estrela?' – assim pergunta o último homem, e pisca o olho. A terra se tornou pequena, então, e nela saltita o último homem, que tudo apequena. Sua espécie é inextinguível como o pulgão; o último homem é o que tem vida mais longa. 'Nós inventamos a felicidade' – dizem os últimos homens, e piscam o olho. Um pouco de veneno de

---

[3] Nietzsche, F. *Assim Falou Zaratustra*, Prólogo, 5. Companhia das Letras, 2011, p. 17s.

quando em quando: isso gera sonhos agradáveis. E muito veneno por fim, para um agradável morrer. Ainda se trabalha, pois trabalho é distração. Mas cuida-se para que a distração não canse. Ninguém mais se torna rico ou pobre: ambas as coisas são árduas. Quem deseja ainda governar? Quem deseja ainda obedecer? Ambas as coisas são árduas. Nenhum pastor e um só rebanho! Cada um quer o mesmo, cada um é igual: quem sente de outro modo vai voluntariamente para o hospício. 'Outrora o mundo inteiro era doido' – dizem os mais refinados, e piscam o olho. São inteligentes e sabem tudo o que ocorreu: então sua zombaria não tem fim. Ainda brigam, mas logo se reconciliam – de outro modo, estraga-se o estômago. Têm seu pequeno prazer do dia e seu pequeno prazer da noite; mas respeitam a saúde. 'Nós inventamos a felicidade' – dizem os últimos homens, e piscam o olho."

A fascinação irresistível do proibido é a raiz do paradoxo. Nietzsche nos atrai porque diz a dura verdade sobre nós, porém numa linguagem e num estilo que, se entendemos e apreciamos, *teríamos preferido não ouvir.* Por isso *Zaratustra* é um livro para todos e, ao mesmo tempo, para ninguém. Nele, é como se Nietzsche dissesse: eu conheço vocês até o fundo, *porque sou um de vocês*; conheço o sentido de sua piscadela cúmplice, e sei o que estamos fazendo de nós mesmos. Com uma diferença, porém: eu sou um daqueles que *foi até o fundo.* Nessa profundidade, a vivência é outra, nela se forma o pressuposto para a inteligibilidade (audição) de Nietzsche – também a condição mais elementar de sua terapia. *Erlebnis* (vivência) diferencia-se de *Erfahrung*

(experiência), como a vivência imediata, singular, difere da experiência enquanto processo de elaboração objetiva do vivido.

É nesse sentido que Nietzsche escreve: "uma coisa sou eu, outra são meus escritos. — Antes de falar sobre eles próprios, será tocada a questão de serem ou não compreendidos esses escritos. Eu o faço do modo tão descontraído como é, de alguma maneira, conveniente: pois essa pergunta não está ainda, de modo algum, no tempo certo, eu mesmo não o estou, alguns nascem póstumos".[4] Essa vivência nietzschiana é também uma autocrítica da consciência filosófica ocidental, que precipita sua própria crise. E, por essa razão, há ainda muita coisa em Nietzsche que permanece inaudível, precisamente o Nietzsche médico da modernidade política, cuja amarga terapia acena para além de nosso humanismo mendaz; porque esse – como bem viu Peter Sloterdijk, em sua tentativa de resposta à Carta de Heidegger sobre o humanismo – é a incubadora dos que banalizaram a felicidade, o bem supremo da ética. Banalização que vem à tona na arquitetura das cidades modernas –, a tal ponto que Zaratustra, ao confrontá-las exclama admirado: que significam as casas das modernas cidades? Qual a estatura dos homens que as habitam?

"Em verdade, nenhuma grande alma as pôs ali como símbolos de si própria. Uma criança idiota as tirou de sua caixa de brinquedos? Então, que outra criança as pusesse

---

[4] Nietzsche, F. *EH: Warum ich so gute Bücher schreibe*, 1. In: *KSA*, vol. 6, p. 298.

de volta na caixa! E esses aposentos e câmaras: será que *homens* podem entrar e sair deles? Parecem-me feitos para bonecas de seda; ou para gatos gulosos que também se deixam degustar. E Zaratustra permaneceu parado e refletiu. Por fim disse, com tristeza: 'Tudo ficou menor'. Em toda parte vejo portões baixos: quem é de *minha* espécie ainda passa por eles, mas – tem de se abaixar!"[5]

Sloterdijk percebeu com acribia o sentido profundo do desassossego de Zaratustra, de sua preocupação em saber se o homem moderno tornara-se maior ou menor: "Onde se erguem casas, aí tem que ser decidido o que deve ser dos homens que as habitam; decide-se de fato e pelo fato que espécies de construtores de casas chegam ao predomínio. Na clareira se demonstra por quais empenhos os homens combatem, tão logo surgem como seres que constroem cidades e impérios".[6] Nietzsche apreendeu a modernidade como configuração coletiva de uma anônima vontade de poder, capaz de transformar os inventores da felicidade em animais domésticos, em instrumentos úteis e dóceis, impessoais, uniformes, comprazendo-se no próprio rebaixamento e mediocridade.

Como o apóstolo Paulo e Charles Darwin, Nietzsche intuiu, por detrás do bucólico e sedentário horizonte escolar de formação (*Bildung*), um cenário mais sombrio.

---

[5] Nietzsche, F. *Assim Falou Zaratustra*, III. *Da Virtude que Apequena*, 1. Tradução Paulo César de Souza. Companhia das Letras, 2011, p. 159.

[6] Sloterdijk, P. *Regel für den Menschenpark. Ein Antwortschreiben zum Brief über den Humanismus.* Suhrkamp Verlag, 1999, p. 11s.

Nietzsche "fareja um espaço no qual terão início inevitáveis combates a respeito das direções da seleção humana. Quando Zaratustra caminha pela cidade na qual tudo se tornou menor, ele observa o resultado de uma política de seleção até então exitosa e indisputada: com auxílio de uma adequada ligação entre ética e genética, os homens conseguiram – assim parece a ele – tornar-se menores, por seleção. Eles se submeteram à domesticação e, para si mesmos, puseram em marcha uma escolha seletiva voltada para modalidades de convivência entre animais domésticos. A partir desse discernimento, a crítica ao humanismo, própria de Zaratustra, surge como refutação da falsa inocuidade, com a qual se envolve o bom homem moderno".

A denúncia intolerável de Nietzsche é, portanto, a da (auto)mistificação que nos impingimos, quando, assustados, recuamos perante as consequências extremas de nossa própria (pretensa) autodeterminação. A almejada emancipação intelectual dos herdeiros do *Esclarecimento* parece não ter-se convertido, *eo ipso*, em promoção moral do humano. Ao contrário – se os progressos alcançados no campo da física quântica, da biologia molecular, da genética, da medicina, da informática e das ciências cognitivas nos habilitam a tomar conscientemente em nossas mãos o destino do humano, eles também nos confrontam com uma tarefa que pode culminar tanto na elevação do "tipo homem" como na perpetuação técnico-industrial da mediocrização própria dos últimos homens.

Ainda Sloterdijk: "É a marca da era tecnológica e antropológica que os homens são mais e mais colocados no lado ativo e subjetivo da seleção, mesmo sem que tivessem voluntariamente se imiscuído no papel do selecionador. Temos de constatar: existe um mal-estar no poder da seleção; e logo será uma questão de opção pela inocência, se os homens explicitamente se recusarem a exercer o poder de seleção que eles, de fato, alcançaram. Porém, tão logo quanto, num certo campo, são desenvolvidos poderes de conhecimento, os homens fazem má figura se – como em tempos de uma antiga impotência – querem deixar agir em seu lugar um poder superior, seja ele Deus, ou o acaso, ou os outros".

Tais ideias fazem parte da filosofia de Nietzsche; em primeiro lugar, sob o ponto de vista da autodeterminação: também para Nietzsche, a moderna consciência científica não pode demitir-se da responsabilidade inerente ao demiúrgico poder que ela própria liberou. Se, depois da "morte de Deus", não é mais lícito acreditar nem numa legalidade na natureza, nem numa ordenação moral do mundo – universalmente gravada nas tábuas de carne dos corações humanos –, então os "espíritos livres, muito livres", os legítimos e cumulados herdeiros da emancipação iluminista, terão de tomar em suas próprias mãos a instituição de novas tábuas de valor, que servirão de base para a legislação dos próximos milênios.

Portanto, o que Nietzsche nos diz é que não temos mais escolha: é impossível recuar dos limiares de autodeterminação defini-

NAS REFLEXÕES DE NIETZSCHE, O EMBLEMA ALÉM-DO-HOMEM NÃO SE REMETE AO SONHO DE UMA VELOZ DESINIBIÇÃO, OU DE UMA EVASÃO PARA O BESTIAL – COMO SUPUNHAM OS MAUS LEITORES DE NIETZSCHE DOS ANOS 30, QUE CALÇAVAM COTURNOS.

tivamente conquistados por nós mesmos; o caminho é para a frente e ascendente: o "último homem" deve ser superado, o homem deve superar a si mesmo, dando lugar ao Além-do-Homem. No capítulo de *Assim Falou Zaratustra* intitulado "Da Autossuperação", lemos o seguinte: "Onde encontrei viventes, lá ouvi também o discurso sobre obediência. Todo vivente é alguém que obedece. E o segundo é isso: manda-se naquele que não pode obedecer a si próprio".[7]

A outra face da medalha remete à inevitabilidade das relações de poder: em nosso caso específico, ao ter de assumir a tarefa do domesticador ou do selecionador; ou ainda do criador seletivo por amansamento e domesticação. A esse respeito, convém citar mais um trecho da provocação de Sloterdijk: "Esse é o conflito fundamental de todo futuro, postulado por Nietzsche: o combate entre os cultivadores seletivos do homem para o pequeno e para o grande – poder-se-ia também dizer entre humanistas e transumanistas, filantropos e transfilantropos. Nas reflexões de Nietzsche, o emblema Além-do-Homem não se remete ao sonho de uma veloz desinibição, ou de uma evasão para o bestial – como supunham os maus leitores de Nietzsche dos

---

[7] Nietzsche, F. *Also Sprach Zarathustra* II. *Von der Selbst-Ueberwindung.* In: *Sämtliche Werke.* Ed. G. Colli und M. Montinari. De Gruyter/DTV. 1980, vol. 4. p. 147.

anos 1930, que calçavam coturnos. A expressão também não se coloca para a ideia de uma seleção que faz retroagir o homem ao status do tempo de animal pré-doméstico e pré-eclesiástico. Quando Nietzsche fala do Além-do-Homem, ele pensa então em uma era do mundo profundamente para além do presente. Ele toma medida nos milenares processos subjacentes às nossas costas, nos quais, até agora, foi empreendida a produção de homens – num empreendimento que soube, em grande medida, fazer-se invisível, e que sob a máscara da escola tinha por objeto o projeto de domesticação".

Esses termos mostram outra faceta tanto do poder sedutor de Nietzsche como também do que nele há de repulsivo: Nietzsche percebeu que é chegada a hora em que o biopoder – invocando a prerrogativa do direito fundamental à liberdade de pesquisa – pode compreender-se como estando legitimado para empreender uma intervenção eugênica sem precedentes no patrimônio genético da espécie – colocando em novo patamar de autodeterminação a antiga e tensa alternativa biopolítica entre seleção e domestificação. As tecnologias atuais empregadas nas pesquisas com embriões e com o genoma preconizam a possibilidade dessa intervenção positiva, no sentido de uma produção tecnológica da vida, para além dos limites restritivos, determinados pelo interesse terapêutico de identificar, prevenir ou tratar enfermidades geneticamente causadas, em indivíduos e populações.

É justamente nessa encruzilhada que a terapia de Nietzsche aparta-se da de Sócrates. Atravessar o niilismo, esgotar a lógica da decadência, implica, para Nietzsche, realizar um doloroso processo de autorreflexão, que ele interpreta como tendo se tornado carne e sangue em sua própria pessoa. Isso implica vivenciar dois sentimentos extremos, que podem conduzir o humano *para além de si mesmo, acima de si mesmo* – não para baixo, não no sentido da degradação de sua natureza: a profunda *compaixão* pelo homem, ao lado do asco e do *fastio e do nojo* pelo que o homem se tornou. "Os escritores sombrios da burguesia não cogitaram, como seus apologetas, em contornar as consequências do Esclarecimento, recorrendo a doutrinas harmonizadoras. Eles não pretenderam fingir que a razão formalista se coloca em conexão mais estreita com a moral do que com a não moral. Enquanto os escritores luminosos protegeram, por denegação, o indissolúvel ligamento entre razão e crime, entre sociedade burguesa e dominação, os escritores sombrios exprimiram, sem rebuços, a verdade chocante."[8]

Talvez resida nessa percepção, de desconcertante lucidez, as razões do fascínio e da repugnância que a filosofia de Nietzsche continua a provocar em nós.

....

Oswaldo Giacóia Junior é filósofo e professor livre-docente da Unicamp. Publicou, entre outras obras, *Nietzsche como Psicólogo* (Unisinos, 2004) e *Sonhos e Pesadelos da Razão Esclarecida: Nietzsche e a Modernidade.*

---

[8] Horkheimer, M. Adorno, T. *Dialektik der Aufklärung.* Fischer Verlag, p. 141.

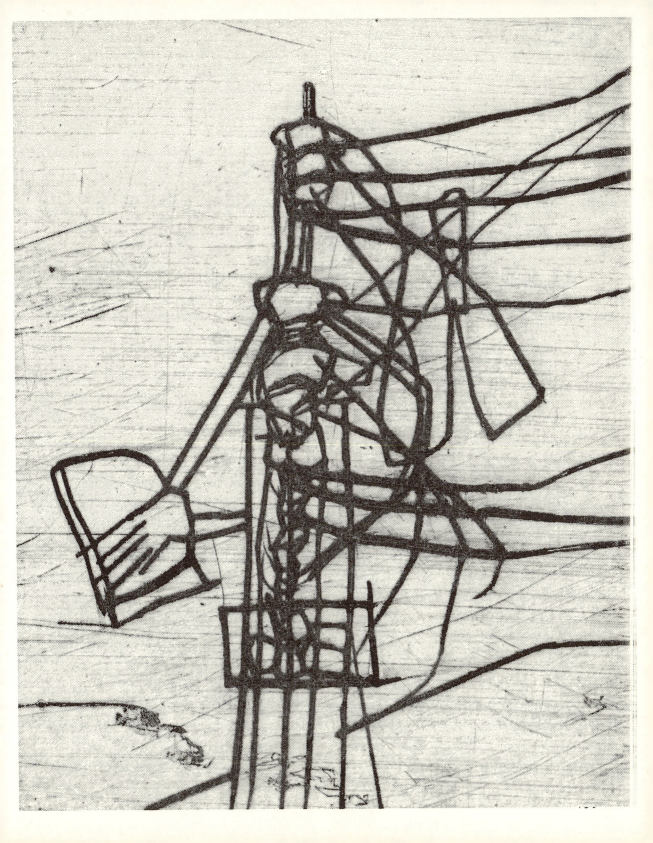

GENESIS

A DANÇA SOBRE O ABISMO

Stefan Zweig

Se olhares muito tempo para o fundo do abismo, também o abismo olhará para dentro de ti.

Os cinco meses do outono de 1888, último período produtivo de Nietzsche, são únicos nos anais da criatividade original. É possível que jamais em um intervalo de tempo tão curto um só gênio tenha pensado tanto, de maneira tão intensa, contínua, hiperbólica e radical; jamais um intelecto humano foi invadido por tantas ideias, cruzado por tantas imagens e inundado por tanta música como o de Nietzsche, embora já marcado pelo destino. A história intelectual de todos os tempos, apesar de sua imensidão, não conhece outro exemplo de tal abundância de êxtase em efusões embriagadas, de tal furor fanático de criação.

Somente no ano seguinte, ou talvez ainda naquele mesmo, sob os mesmos céus, um pintor "sofre" uma produtividade igualmente frenética, já às margens da loucura: no jardim de Arles e no asilo de loucos, Van Gogh pinta com a mesma rapidez, com a mesma obsessão extática pela luz, com a mesma exuberância maníaca de criação. Tão logo completa um de seus quadros ardentes, já seu traço impecável corre sobre uma nova tela; não há ali mais hesitação, plano, reflexão nenhuma. Cria como se fosse comandado, com lucidez e rapidez demoníacas do olhar, numa continuidade incessante de visões.

Alguns amigos que tinham deixado Van Gogh ao seu cavalete maravilham-se ao voltar, uma hora depois, e ver que ele acaba de terminar um segundo quadro e que, sem interrupção, com o pincel úmido e os olhos exaltados, já começa um terceiro: o demônio que se encontra agarrado ao seu pescoço não lhe permite respirar um só momento, sem se preocupar, cavaleiro vertiginoso, com o colapso iminente do corpo ofegante e ardente que tem debaixo de si. É exatamente assim que Nietzsche cria obra após obra, sem pausa, sem alento, com a mesma clarividência e velocidade sem par. Dez dias, quinze, três semanas, é a duração de suas derradeiras obras: concepção, gestação, acolhimento, apresentação e elaboração definitiva, tudo isso se funde num espasmo que tem a velocidade de um tiro.

Já não há mais período de incubação, momentos de repouso, buscas, apalpadelas, modificações e correções; tudo é instantaneamente perfeito, definitivo, imutável, a um só tempo ardente e já esfriado. Jamais um cérebro levou uma alta tensão tão duradoura até a última vibração da palavra; jamais as associações se formaram com velocidade tão mágica; a visão torna-se ao mesmo tempo palavra, a ideia, clareza perfeita e, malgrado esta plenitude gigantesca, não se percebe qualquer vestígio de esforço ou fadiga: há tempos a criação deixou de ser ali um fazer, um trabalho; ela é simplesmente um *laisser-faire*, um deixar que atuem potências superiores.

Aquele em quem vibra o espírito só precisa erguer os olhos, esses olhos que veem longe e "pensam longe", para abranger (como Hölderlin em seu derradeiro impulso rumo à contemplação mítica) enormes vastidões de tempo no passado e no futuro: mas Nietzsche, que possui o demônio da clareza, enxerga-os como se estivessem ao seu alcance, com clareza demoníaca. Só precisa estender a mão, sua mão quente e rápida, para alcançá-los; e tão logo os toca, já estão inchados de imagens, vibrantes de música, vivos e animados.

Esse afluxo de ideias e de imagens não se interrompe um segundo sequer durante estas jornadas verdadeiramente napoleônicas. O espírito aqui é inundado, sofre violência, uma violência elementar. "O *Zaratustra* me assaltou": sempre descreve esse estado como um ser assaltado, um ver-se impotente diante de alguém infinitamente mais forte, como se em alguma parte de seu espírito um dique secreto da razão e das defesas orgânicas se tivesse rompido e a torrente agora se precipitasse sobre este ser inerme e maravilhosamente desprovido de toda a vontade.

"É possível que nunca antes uma coisa tenha sido produzida por tamanho excesso de forças", diz Nietzsche extaticamente, falando dessas suas últimas obras; mas em nenhum momento ousa dizer que são suas próprias forças que o enchem de dons e ao mesmo tempo o destroem. Ao contrário, ele se sente como embriagado, sente piedosamente que não passa do "porta-voz de potências superiores" e que está santamente possuído por um elemento ulterior e demoníaco.

Mas quem ousará descrever este milagre de inspiração, as agonias e tremores desta tempestade de produção desencadeada por cinco meses sem nenhuma interrupção, de-

107

pois que ele mesmo, nos transportes de sua gratidão, descreveu a sua experiência com a força iluminadora de quem acaba de vivê-la da maneira mais direta e pessoal? Só resta copiar esta página de prosa martelada por relâmpagos tal como ele a escreveu:

Acaso alguém, no fim do século XIX, tem uma ideia clara daquilo que os poetas de eras mais vigorosas chamaram inspiração? Se não, eu direi o que é. Quem tivesse ainda o resto mais ínfimo de superstição seria praticamente incapaz de afastar a crença de ser uma mera encarnação, um porta-voz, um meio para a manifestação de potências superiores. O conceito de "revelação" descreve claramente o fato: de repente, com uma certeza e fineza indizíveis, algo se torna perfeitamente visível, audível, algo que nos estremece e convulsiona no mais fundo de nós. Ouvimos sem buscar ouvir; recebemos sem nos perguntarmos quem nos dá; um pensamento surge fulgurante como um relâmpago, necessariamente, sem nenhuma hesitação na forma – eu nunca tive escolha. É um arrebatamento cuja tensão formidável se resolve por vezes numa torrente de lágrimas; torna o passo ora precipitado, ora lento; é um estar inteiramente fora de si, com a consciência nítida de uma infinidade de pequenos calafrios e emoções que nos percorrem até os dedos dos pés; é uma felicidade profunda, na qual as coisas mais dolorosas e as mais sombrias não produzem um efeito de contraste, mas parecem condicionadas, exigidas, como uma cor necessária no meio dessa abundância de luz; é um instinto de relações rítmicas que abrangem vastos espaços de formas – a vastidão, a necessidade de um ritmo vastamente concebido é quase a medida da força da inspiração, uma espécie de contrapeso para a pressão e tensão que exerce… Tudo se passa de maneira maximamente condicionada, mas como num clímax do sentimento de liberdade, de incondicionalidade, de poder, de divindade… O mais curioso é a necessidade absoluta da imagem, da metáfora; já não se distingue mais o que é imagem, o que metáfora, tudo se apresenta como a expressão mais imediata,

mais justa, mais simples. Chega mesmo a parecer, para lembrar uma palavra do Zaratustra, que os próprios objetos vêm oferecer-se para servir de metáfora. ("…aqui acorrem todas as coisas acariciadoramente ao teu discurso e te bajulam, pois querem cavalgar sobre as tuas costas. Aqui cavalgas todas as parábolas rumo a todas as verdades. Aqui se te abrem todas as palavras do ser e todos os enigmas da palavra; aqui todo o ser quer se tornar palavra, todo o 'devir' quer aprender de ti a falar"). Essa é a minha experiência de inspiração; não duvido que seja preciso voltar milênios inteiros até encontrar alguém que tenha o direito de me dizer: "Essa é também a minha".

Neste tom de júbilo cambaleante, neste tipo de hino a si mesmo, os médicos de hoje, bem sei, reconhecem a euforia, o derradeiro sentimento de volúpia daquele que está a ponto de perecer e o estigma da megalomania, essa autoexaltação típica dos psicopatas. Mesmo assim, pergunto se alguma vez o esplendor da embriaguez criadora foi "esculpido" assim para a eternidade com tal clareza adamantina? Pois este é o milagre particular e inaudito das derradeiras obras de Nietzsche: um grau supremo de clareza acompanha sonambulicamente o grau supremo da embriaguez, e eles são prudentes como as serpentes em meio às suas convoluções quase bestiais de bacanal.

Habitualmente os exaltados, aqueles cuja alma foi intoxicada por Dioniso, têm o lábio espesso e a sua palavra é obscura. Falam como em sonhos, com expressões proféticas e confusas; todo aquele que olhou para o fundo do abismo tem o sotaque órfico, pítico e primevamente misterioso de uma língua do além, da qual nossos sentidos retêm apenas um pressentimento atemorizado, enquanto nosso espírito não mais a compreende inteiramente. Nietzsche, porém, Nietzsche é de uma clareza de brilhante no meio da sua exaltação, e sua palavra permanece incorruptivelmente dura e cortante em meio a todos os fogos da embriaguez. É possível que nunca um homem vivo se tenha se inclinado sobre o despenhadeiro da loucura com tanto sangue-frio e clareza, com tanta temeridade e tanta calma: a expressão de Nietzsche não é (como a de Hölderlin, como a dos místicos e dos píticos) colorida e obscurecida pelo mistério; ao contrário, ele nunca foi tão claro e verdadeiro quanto nestes derradeiros segundos em que, poder-se-ia mesmo dizer, foi *iluminado* pelo mistério.

> **A ANIQUILAÇÃO DE NIETZSCHE É UMA ESPÉCIE DE MORTE PELA LUZ, UMA CARBONIZAÇÃO DO ESPÍRITO POR SUA PRÓPRIA CHAMA.**

Verdade: é perigosa a luz que brilha aqui; ela tem o lume fantástico e doentio de um sol da meia-noite que se eleva, rubro fogo, acima dos icebergs; é uma aurora boreal da alma que, na sua grandiosidade passageira, desperta calafrios. Ela não aquece e apavora: não deslumbra, mata. Nietzsche não é conduzido ao abismo pelo ritmo obscuro do sentimento, como Hölderlin, nem pelas vagas da melancolia: ele é consumido por sua própria luz, por uma espécie de insolação em grau máximo, um sol supremamente ardente e luminoso, de uma alegria flamejante e intolerável. A aniquilação de Nietzsche é uma espécie de morte pela luz, uma carbonização do espírito por sua própria chama.

Já há muito tempo estas claridades demasiado fortes fazem arder e palpitar a sua alma; ele mesmo, em sua presciência mágica, se assusta frequentemente com essa abundância de luz vinda do alto e com as selvagens jubilações de sua alma. "As intensidades de meus sentimentos me fazem estremecer e rir." Mas agora já não há mais comportas capazes de conter esta corrente extática, este fluxo de pensamentos que despenca do céu como falcões, fazendo estardalhaço ao seu redor, sonoros e tilintantes, dia e noite, noite e dia, hora a hora, até que o sangue quase lhe rebente as têmporas. Durante a noite o cloral o alivia, edificando um frágil sono como teto protetor contra a invasão tumultuosa de visões. Mas os seus nervos ardem como fios ao rubro: todo seu ser se faz eletricidade e luz vibrante, flamejante, plena de fulgurações.

Será então de espantar que neste turbilhão de inspirações assim velozes, neste refluxo incessante de pensamentos vertiginosos, ele perca o contato da terra firme? Que Nietzsche, rasgado por todos os demônios do espírito, não saiba mais quem ele é? Que ele, o ilimitado, já não reconheça seus limites? Há tempo já – desde que se sente obedecer ao comando de potências superiores e não mais ao seu eu – que a sua mão evita assinar as suas cartas com o seu nome próprio, Friedrich Nietzsche. Pois o pequeno neto do pastor protestante de Naumburg deve sentir obscuramente que há muito tempo não é ele quem vive coisas tão extraordinárias, mas sim um ser ainda sem nome, uma potência desconhecida, um novo mártir da humanidade. Por isso, desde que se sente uma só coisa com forças superiores a este mundo e se considera a si mesmo não mais um homem, mas uma potência e uma missão, só assina as suas derradeiras mensagens com nomes simbólicos – "O Monstro", "O Crucificado", "O Anticristo", "Dioniso".

"Não sou um homem, sou uma dinamite." "Sou um acontecimento da história universal, que corta em dois a história da humanidade", lança ele ao silêncio atroz, arrebatado por um acesso supremo de *hybris*. Exatamente como Napoleão na Moscou em chamas, tendo à sua frente o inverno sem fim da Rússia e ao seu redor os miseráveis retalhos do mais poderoso dos exércitos, publica ainda as proclamações mais ameaçadoras e mais grandiosas – grandiosas a ponto de se tornarem ridículas –, Nietzsche, no Kremlin em fogo de seu cérebro, lança os panfletos mais terríveis: ordena ao Imperador da Alemanha que venha a Roma para ser fuzilado; convida as potências europeias a uma ação militar contra a Alemanha, a fim de encerrá-la em uma camisa de força de ferro. Jamais um furor tão apocalíptico vociferou com tanta selvageria no vazio, jamais uma *hybris* tão magnífica impulsionou assim um espírito além de todas as coisas terrestres. As suas palavras retumbam como marteladas contra todo o edifício mundial: exige que o calendário seja modificado e que parta, não mais do nascimento de Cristo, mas da aparição de seu *Anticristo*; ergue sua imagem acima de todas as figuras de todos os tempos. Até o delírio doentio de Nietzsche é ainda maior do que o de todos os outros cujo espírito foi cegado; aqui também, como em todo o resto, reina nele o mais letal excesso.

Jamais criador algum foi assaltado por tal enchente de inspirações como a que se precipitou sobre Nietzsche naquele único outono. "Nunca ninguém fez tal trabalho literário, ninguém sentiu e sofreu tanto: somente um deus, um Dioniso sofre assim": estas palavras que pronuncia ao início de sua loucura são terrivelmente verdadeiras. Pois este quartinho do quarto andar e a gruta de Sils-Maria hospedam, a um só tempo, a presa da doença e do nervosismo que é Friedrich Nietzsche, e os pensamentos mais ousados, as palavras mais magníficas que o século em seu declínio conheceu: o espírito criador se refugiou sob esse teto baixo e queimado de sol e ele expande toda a sua plenitude sobre um pobre homem solitário, sem nome, tímido e perdido – infinitamente mais do que aquilo que um ser humano sozinho é capaz de suportar. E neste estreito espaço, afogado de imensidão, o pobre espírito terrestre, apavorado, vacila e cambaleia sob a potência dos trovões, das iluminações e revelações que o fustigam.

Tal como Hölderlin na sua cegueira espiritual, ele sente que um deus está sobre ele, um deus de fogo cujo olhar é insuportável e cujo sopro consome... A todo momento a pobre criatura trêmula ergue-se para lhe ver o rosto e os pensamentos se lhe escapam com uma precipitação incoerente... Pois acaso aquele que sente, que cria literariamente e que sofre estas coisas inefáveis... acaso não seria ele... não é ele mesmo um deus?... acaso não é um novo deus do universo, após ter assassinado o Outro?... Quem é ele?... O Crucificado?, o Deus morto? ou o Deus vivo?... O Deus de sua juventude?, Dioniso?… ou seria ambos ao mesmo tempo: o Dioniso crucificado?… Seus pensamentos se confundem sempre mais, o fluxo é demasiado escaldante após tanta luz… É luz ainda? Não seria música? O quartinho do quarto andar da Via Alberto começa a reverberar, todas as esferas brilham e vibram, todos os céus são transfigurados… Ah, que música! As lágrimas escorrem por sua barba, quentes, ardentes… Ah, que ternura divina, que alegria esmeraldina!… E agora… que imensa claridade! E lá embaixo, na rua, todas as pessoas lhe sorriem… Como se erguem para saudá-lo! Eis ali a vendedora ambulante buscando em sua cestinha as mais lindas maçãs… Tudo se inclina e se curva ante ele, o assassino de Deus, tudo jubila, jubila… Por quê?… Sim, ele sabe bem, é porque o Anticristo chegou e todos cantam "Hosana! Hosana!"… Tudo reverbera de alegria e música…

E logo, repentinamente, tudo emudece… algo desabou… ai, foi ele mesmo que desabou à frente de sua casa… alguém o leva para cima… Ei-lo agora em seu quarto… Terá dormido muito? Como está escuro… Ali está o piano: música! música!… E de repente homens em seu quarto… Aquele ali não é Overbeck?… Mas ele está na Basileia, e ele, ele está… onde afinal?… já não sabe… Por que o olha desse modo tão estranho, tão inquieto?… Depois, um vagão, um vagão… Os trilhos sussurram, sussurram estranhamente! É como se eles quisessem cantar… Sim… eles cantam seu *Canto do gondoleiro*, e ele canta com eles… canta nas trevas infinitas.

E muito tempo depois, muito longe, num quartinho sempre escuro, sempre sem sol, sempre sem luz, nem dentro nem fora, em algum lugar debaixo dele uns homens ainda falam. Uma mulher (não é a sua irmã? Mas não está ela longe, muito longe, no país das lhamas?) lhe lê livros em voz alta… Livros? Acaso ele não escreveu também seus livros? Alguém lhe responde com doçura. Mas ele não compreende mais aquilo que lhe dizem. Aquele em cuja alma passou tamanho ciclone está definitivamente surdo para todas as palavras humanas. Aquele em cujos olhos o demônio olhou tão profundamente está cego para sempre.

....

Stefan Zweig (1881-1942) foi um escritor austríaco de enorme sucesso nos anos 1920 e 1930. Judeu, exilou-se após a ascensão do nazismo, e durante a guerra passou três longas estadas no Brasil, escrevendo, entre outras obras, o ensaio "Brasil, País do Futuro". "A dança sobre o abismo" ("Der Tanz über dem Abgrund") é o penúltimo capítulo do ensaio sobre Nietzsche em *A luta contra o demônio* (Der Kampf mit dem Dämon. Hölderlin, Kleist, Nietzsche) de 1925. Essa tradução foi realizada com base na edição de 1983 da Fischer Taschenbuch, Frankfurt. Traduzido por **Marcelo Consentino** e **Henrique Elfes**.

`RELIGIÃO`

OS BUDISTAS ACREDITAM EM REENCARNAÇÃO?

André Otávio Assis Muniz

Reencarnação

Quase todo mundo já ouviu falar em reencarnação, especialmente morando no Brasil, o maior país espírita do mundo. A ideia é bem simples de entender. Todos nós temos, supostamente, uma alma imortal. Essa alma não surgiu quando fomos fisicamente formados no ventre de nossas mães. Ela já existia em outros corpos e já viveu outras vidas. Quando este corpo morrer, sairá e se encarnará em outro corpo, vivendo uma nova vida. As condições da próxima encarnação serão determinadas por nossas atitudes nesta. A esse tipo de "economia espiritual" os espíritas e os que acreditam em reencarnação denominam karma.

É comum ouvirmos que a reencarnação é uma crença antiga, partilhada por hindus, budistas e por grande parte dos filósofos da Antiguidade Clássica como Platão. Aliás, o uso do termo "karma", de origem sânscrita e usado no Budismo e no Hinduísmo, parece confirmar essa ideia. Entretanto, ao contrário do que, em geral, se pensa, a ideia de reencarnação nem é antiga, nem é oriental. Nenhum dos filósofos da Antiguidade Clássica ou dos primeiros séculos da Era Cristã falou em reencarnação ou em qualquer conceito semelhante. Da mesma forma, nem os budistas nem os hindus tradicionais acreditam em reencarnação. Você deve estar se perguntando como posso afirmar isso, se você já ouviu o contrário tantas e tantas vezes. É o que pretendo explicar.

A cultura indo-europeia

Para entendermos como funcionava a mentalidade em que se desenvolveu a ideia de renascimento, é importante fazer algumas observações históricas que poderão esclarecer uma série de possíveis equívocos para leitores e leitoras do século XXI. A primeira coisa a se levar em conta é que a mentalidade geral era completamente diferente da nossa. As referências eram outras. Budistas e filósofos antigos tinham um pano de fundo comum de ideias que não lembravam, nem de longe, os conceitos de nossa civilização pós-moderna. Esse pano de fundo é o pensamento indo-europeu.

Buda nasceu na região de Magadha, na Índia. Falava um dialeto, o "magadhan" ou "maghadi" – muito próximo do sânscrito –, cuja origem é a mesma de línguas indo-europeias como o grego. Isso não se deu por acaso, mas pelo fato de que tanto a cultura indiana antiga quanto a cultura europeia clássica (pré-cristã) foram frutos de uma longa miscigenação de culturas locais com uma cultura imigratória vinda do norte chamada de "cultura ariana" (como era chamada na Índia) ou dos povos hiperbóreos (na linguagem utilizada por Platão).

Encontram-se vestígios dessa cultura em muitos locais diferentes. A Síria, por exemplo, deve seu nome ao deus solar Surya, um deus dos povos arianos. No atual Irã (palavra vinda de "Aryan"), os zoroastristas têm seu culto centrado no fogo sagrado e no deus Ahura. Na Índia, há também o ritual do fogo sagrado (homa), e "Ahura" aparece na mitolo-

113

gia védica como "Asura". Na Roma Antiga o principal rito era focado no fogo sagrado. As cidades eram fundadas com o fogo sagrado que era trazido da cidade de seus fundadores. O altar dos lares (daí o termo "lareira") estava constantemente aceso e, assim como na Índia, se lançavam cereais aos manes e aos lares. As palavras "ariston" e "aristocracia", utilizadas por Platão para descrever os melhores na sociedade, têm a mesma raiz de "arya" em sânscrito, que quer dizer "ser nobre".

O Budismo permaneceu, durante muitos séculos, em contato exclusivo com povos de mesma origem cultural. Em pleno século V da Era Cristã, ele florescia em meio à cultura helênica da Ásia Central, nas regiões hoje conhecidas como Afeganistão e Paquistão. Os grandes Budas destruídos pelo Taliban eram uma lembrança dessa época. Nesse período desenvolveu-se o "Greco-Budismo", uma bem-sucedida mescla do pensamento ariano que fundia elementos da cultura clássica ocidental e doutrina budista. Desse tempo ainda pode-se ver, em alguns museus, estátuas de Buda no melhor estilo helênico e até uma estátua em que Buda é protegido por Hércules. Tendo isso em vista, fica mais fácil compreender por qual razão não podemos nos restringir apenas ao Budismo nesse artigo; é preciso entender seu entorno.

Budistas e filósofos antigos: No que acreditavam?

Frequentemente o termo "metempsicose", que aparece nas obras de Platão, Plotino e na filosofia pitagórica, e "punar-bhava", que aparece nas escrituras budistas, é traduzido como "reencarnação", o que gera uma confusão gigantesca. Para compreendermos o conceito de metempsicose dos antigos filósofos platônicos e o conceito de "punarbhava" é necessário, primeiro, compreendermos as ideias que eles tinham sobre "psichí/manah" (psiché, na leitura erasmiana do grego) ou "princípio vital", "pnevma/citta-buddhi" (pneuma) ou "espírito" e "idiótis/pudgala" (idiótes) ou "personalidade" e seus equivalentes na Índia. Esses três termos são essenciais.

Psichí (equivalente sânscrito: manah) é o conjunto de forças que: dá vida à matéria; dá à matéria a capacidade de comunicar-se com o mundo que a cerca; confere inteligência e capacidade de sobrevivência; nos seres humanos controla os instintos, percebe coisas e as classifica (como boas, más ou neutras); guia as ações de acordo com aquilo que é classificado e de acordo com as experiências prévias armazenadas na memória; faz parte, e comunica-se com, o "soma", o corpo, e a ele transmite influências que podem ser benéficas ou maléficas.

Pnevma é aquilo que não pertence às classificações possíveis, ou seja, é parte do Absoluto, é a parcela que possui as "reminiscências da Verdade" e que faz com que Psichí identifique no mundo sensível aquilo que existe no Mundo das Ideias (lembrando da distinção platônica entre Mundo dos Sentidos e Mundo das Ideias). Pnevma é emanação do Todo, faz parte do Todo, é indissociável do Todo. Os antigos filósofos cristãos compreenderam muito bem isso quando aplicaram o termo

"Pnevma" para a hipóstase mais abstrata da Trindade, ou seja, o Espírito Santo.

Idiótis é aquilo que chamamos de "personalidade" e que o filósofo budista Vasubhandu denominava "pudgala". É apenas um agregado de características que temos devido a uma série de causas e condições que, individualmente, são vazias de substância real. Habitualmente chamamos os traços de nossa personalidade de "eu" ou "meu", mas isso é justamente o que não é real; o que não é o eu (anatma).

Os tradutores latinos de Platão, até por uma questão linguística, convencionaram chamar às três definições de Platão de "três almas", ou seja, uma alma racional, uma alma irascível e uma alma concupiscível. Os tradutores do sânscrito não se preocuparam muito em dar uma uniformidade aos termos, o que conduz a uma verdadeira selva de possíveis traduções.

A alma irascível é a parte superior da psichí. Ela controla os instintos, dá o senso de bom, belo e verdadeiro ao homem e o faz buscar a Verdade. A alma concupiscível é a parte inferior da psichí, ou seja, é o ponto onde as noções da psichí superior são submersas pelos instintos, pelas necessidades físicas, pelos desejos, pelos vícios etc. Ambas as almas (concupiscível e irascível) formam a personalidade – idiótis –, ambas são mortais, transitórias, efêmeras e ilusórias.

Há uma terceira alma, a alma racional. Esse "racional" não deve ser confundido com a noção moderna que temos de racionalidade (cartesiano-iluminista); refere-se, no caso, à potências superiores presentes no ser humano, à capacidade de conhecer a Verdade além das definições e palavras, pela reminiscência, ou seja, pela lembrança da estada dessa alma racional no hiperurânio, ou Mundo das Ideias. A alma racional é justamente Pnevma, emanação do Absoluto, que dele veio e para ele vai. Não é nossa personalidade, não tem nossas características, e não tem personalidade diferenciada ou individualidade. É parte do Absoluto e, portanto, é indefinível. O que transmigra é Pnevma, indestrutível e eterno.

Quando morremos, nossos agregados, aquilo que forma nossa personalidade, isso a que denominamos "eu", acaba. Nosso cérebro seca, nossos órgãos se desfazem e cada um dos elementos retorna para outras formas de vida. No entanto, aquilo que se manifestou em nós como Verdadeira Natureza (Tathagatagarbha no Budismo) não morre; simplesmente retorna ao Absoluto. Esse processo de manifestação do Absoluto através de uma individualidade ou de um ente é chamado de "emanação" e é central para compreendermos a filosofia platônica e também o Budismo.

Quando Platão fala de metempsicose está se referindo justamente a esse processo de emanação. Quando uma vida se manifesta de acordo com seu nível de consciência, traz a reminiscência, ou seja, a lembrança do

> **NÃO É DE SE ESTRANHAR QUE UM CONCEITO MODERNO E OCIDENTAL, INEXISTENTE NO BUDISMO ANTIGO, SEJA TRAZIDO POR MISSIONÁRIOS JAPONESES, CHINESES, COREANOS E TIBETANOS COMO A MAIS CONFIÁVEL DAS DOUTRINAS BUDISTAS.**

ponto de partida. A lembrança é processada pela psiquí, daí o termo "metempsicose" (passar através das psiquís – desculpem o plural aportuguesado...). Como fica claro, isso nada tem a ver com reencarnar, com um espírito que vai trocando de corpos, com lembrança de vidas passadas ou coisa que o valha. Não há uma "pessoa espiritual" que acumule experiências e evolua através das vidas. Aquilo que chamamos de "pessoa" ou "personalidade", na verdade, é manifestação do todo; acaba com a morte. O que permanece é aquilo que nunca surgiu e nunca se extinguirá, ou seja, a vida como um todo que se manifesta. A doutrina budista de "Verdadeira Natureza" e de "Iluminação Original" é a mesma doutrina exposta com uma terminologia técnica um pouco diferente.

Trechos complicados

Alguns textos dos filósofos antigos parecem confirmar que eles acreditavam em reencarnação, mas, como veremos na sequência, as aparências enganam. Platão, por exemplo, em seus diálogos, afirma que as almas julgadas, após um período de mil anos, são defrontadas pelo "hierofante" com numerosíssimas possibilidades de vida, escolhem quais vidas querem tomar para si, bebem de um rio (Letes) que causa o esquecimento, e voltam para o mundo sensível.

Filostrato, na Vida de Apolônio, fala sobre suas vidas passadas como um pirata, um rei etc. Platão fala em "apego ao corpóreo" e, numa linguagem dirigida aos iniciados (a maior parte das instruções de Platão não foram escritas; o que restou de suas explicações orais encontra-se em Plotino, que as recebeu de seu mestre Amônio), diz que a alma concupiscível, vitimada pelo seu apego (vide o Fédon), está sempre rondando o cemitério das coisas materiais.

O termo "koimétérion" (cemitério) pode ser traduzido também como "dormitório", local onde estão os dormentes. Dormentes, na linguagem iniciática, eram todos os que não tinham despertado para a verdade de que para se conseguir a felicidade é necessário renunciar aos prazeres e às riquezas e dedicar-se à prática da virtude. A virtude é o verdadeiro conhecimento. O homem escravizado pelo "cavalo feio e mau" (a alma concupiscível) se torna um animal. Por quê? Porque Platão representa o homem como uma carruagem. O cocheiro é a alma racional. O cavalo bom e belo é a alma irascível. Se o cocheiro perde o domínio da carruagem, o ser é guiado por um pnevma animalesco, a alma concupiscível.

Tanto a alma irascível quanto a alma concupiscível são destruídas pela morte física. A alma racional é imortal, mas não é a personalidade (idiótis). É parte do hiperurânio, para onde retorna após a destruição do corpo físico para a pura contemplação das ideias. Não é uma "unidade", mas parte da unidade absoluta da realidade, de onde tudo é emanado (daí o sentido de que, em Platão, todas as coisas do mundo sensível só "são" à medida que participam da realidade inteligível de onde foram emanadas).

O "hierofante" é o iniciador. É o sacerdote que explica os mistérios e também aquele que inicia os profanos neles. Mil anos é um tempo simbólico: é o símbolo de completude e de renovação. Ele não aparece só em Platão, mas até em escritos bem mais populares como a Bíblia, e com o mesmo significado. A iniciação é tomada como uma "morte", em que o iniciado é submerso pelas trevas do esquecimento de sua vida anterior como profano. Na alquimia é a fase de "putrefação"; na Maçonaria é quando o candidato é encerrado na câmara de reflexão ou mergulhado nas trevas por meio da venda. No Budismo Esotérico o candidato também viaja nas trevas, vendado, guiado pelo iniciador, até que seus olhos se "abram" (como se ele saísse do ventre) e ele possa ver as mandalas. Só então o hierofante lhe explicará os mistérios. Enfim, é necessário que o tempo de vida profana se complete (1.000 anos), para que o candidato esteja pronto para beber as águas do Letes e ser colocado defronte ao hierofante.

Em Filostrato, as vidas como rei ou como pirata são parte de uma linguagem simbólica bastante elaborada. Cada momento da vida é representado como uma vida específica e separada. Os personagens centrais dessas vidas são tipos simbólicos, e podem aparecer em histórias recheadas de feitos espetaculares que representam estados mentais ou ações dimensionadas de acordo com um critério subjetivo. Em nossa linguagem habitual, algo desse tipo de discurso foi conservado. Às vezes dizemos que comemos como um rei, que determinada pessoa é uma raposa, que tal mulher é uma loba, que me senti um rato, que fulano era um leão mas agora se transformou em cordeiro, que beltrano era o rei das mulheres quando jovem e outras coisas do gênero.

Na tradição budista essa mesma linguagem aparece nos contos conhecidos como "Jataka". Nestes, Buda aparece como uma lebre que tinha vida social, como um elefante que fala, como um rei, como príncipe, como monge, como sacerdote e outras coisas do gênero. Seria muita ingenuidade de nossa parte pensar que os antigos filósofos indianos acreditavam em lebres e elefantes falantes.

Em diversos textos sagrados budistas (sutras) aparece a ideia de renascimento e a busca pela cessação dos renascimentos sem fim. Isso pode conduzir o leigo a acreditar que se trata de alguma modalidade de reencarnação, mas, como veremos na sequência, nada é mais distante da realidade.

As fontes primárias do Budismo

A fonte mais confiável de conhecimento sobre a doutrina budista está no cânone de escrituras sagradas, denominado de "Tripitaka" (os três cestos). A história budista oficial diz que os discípulos de Buda se reuniram no ano de sua morte em Rajagrha para estabelecer o Sutta-Pitaka (cesto dos discursos) e o Vinaya-Pitaka (cesto da disciplina), que teriam sido recitados por Ananda e Upali (discípulos famosos de Buda). Pesquisas modernas colocam em dúvida a existência de tal "concílio". Partindo-se de evidências internas do cânone e da história budista, chegou-se à conclusão de que o cânone só foi fixado muitos anos depois da morte de Buda.

O mais confiável é que o cânone só tenha sido estabelecido na época de Asoka

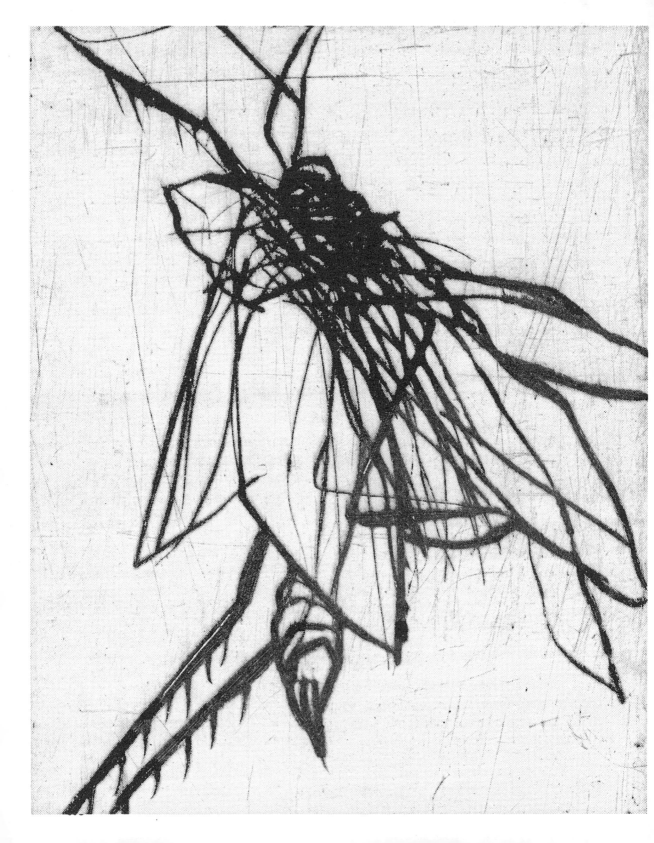

(século II antes da Era Comum, portanto, mais de duzentos anos após a morte de Buda, se tomarmos como data de referência o ano 480 a.C. como data de falecimento do Buda histórico) e que, durante séculos, tenha sido acrescido de mais e mais textos que refletiam as necessidades da comunidade budista da época. O cânone budista foi composto ao longo de alguns séculos e por centenas de autores. Ao contrário do que estamos habituados no Ocidente, não se resume a um único livro ou conjunto fixo de livros, como é o caso da Bíblia e do Alcorão.

As três principais versões editadas do cânone nos dias de hoje são: a versão páli, que contém apenas uma parte das escrituras (a menor coleção, utilizada atualmente apenas pela Escola Theravada, do Sudeste asiático), a versão chinesa (56 volumes com 2.371 textos) e a versão sino-japonesa (100 volumes – aos 56 volumes chineses foram acrescentados 44 volumes com comentários japoneses, manuais de escrita sânscrita siddham, ilustrações e mais quatro volumes de índices de literatura japonesa, perfazendo 2.920 textos, mais ilustrações e índices). De forma bastante resumida, se diz que o cânone tem 3 grandes divisões , o Sutra-Pitaka (Discursos), o Abhidharma-Pitaka (Filosofia) e o Vinaya-Pitaka (Disciplina). Como se pode ver, estudar esse imenso volume de material não é tarefa para amadores ou diletantes. Há que se levar em consideração também que esse material está em chinês clássico (fora algumas coleções de sutras que sobreviveram em sânscrito, o que possibilita comparar as versões).

O que diz o cânone sobre renascimento?

Para se ter certeza de que um ensinamento é verdadeiramente budista é necessário que se tenha ao menos uma fonte escriturística para sustentar tal doutrina. A reencarnação não encontra nenhuma base no cânone e se tornou conhecida por um acúmulo de equívocos e traduções malfeitas.

O capítulo VII do Sutra do Lótus (a mais importante das escrituras budistas para algumas tradições do Budismo Mahayana), por exemplo, conta a história da Iluminação de alguns príncipes. O termo "nasceu" é usado para mostrar que alguém se iluminou e não para dizer que saiu da barriga da mãe.

> *"Como uma premonição de que se vê hoje, ó amigos, que todas as carruagens estejam brilhando extraordinariamente esplendorosas? Ou um deus agora, rico em méritos, por cujo poder todas essas carruagens foram engalanadas, veio até aqui. Ou então um Buda, o Melhor dos Homens, por cujo poder agora estão assim essas carruagens, nesse mundo nasceu."*

No mesmo capítulo e com o mesmo sentido:

> *"És admirável! Finalmente, depois de um longo tempo, ó Senhor, Nasceste agora no mundo!"*

Outros capítulos do mesmo sutra, como o XVIII, o XIX e o XXIII, trazem o mesmo sentido e demonstram, de forma clara, que "nascer" em mundos diferentes é, justamente, a modificação contínua dos estados mentais.

Além dos sutras, vários escritos de monges budistas famosos deixam clara a ideia de que "renascimento" é a passagem da mente pelos vários mundos que, na realidade, são estados psíquicos. O ilustre filósofo budista Vasubandhu (4º século d.C.), em seu tratado Abhidharmakosabhasyam (Comentário do Tesouro do Abidharma), dedicou um capítulo inteiro, o "astamakosasthanasambaddhah pudgalaviniscayah" ("comentário investigativo sobre a pessoa ou personalidade"), à refutação da ideia de continuidade de uma personalidade, o que, obviamente, impossibilita qualquer referência à reencarnação. Traduzi a íntegra desse texto do sânscrito, e trata-se de um diálogo entre Vasubandhu e um partidário da escola dos Vatsiputriya que defendia a realidade da personalidade. Vasubandhu compara a manifestação da vida à manifestação do fogo e o corpo aos elementos comburentes. Sem os elementos comburentes não pode haver fogo. Se houver elementos comburentes mas não houver condições para que o fogo acenda, não há fogo. Se houver elementos comburentes e condições mas as causas não surgirem (como a fricção para a produção da faísca), também não haverá fogo. O fogo só se manifesta com todas as causas e condições presentes. Cada vez que se acende um fogo, esse fogo é fruto de causas e condições presentes. Não é o mesmo fogo que acendemos ontem, mas também não é essencialmente diferente.

Um dos mais influentes filósofos de toda a história do Budismo foi o mestre chinês Zhi-yi (538-597 d.C.), que escreveu tratados de interpretação dos sutras, especialmente devotado ao estudo do Sutra do Lótus. O Mestre Zhi-yi formulou, em sua magistral obra *Maka Shikan*, o conceito de "Ichinen Sanzen", que quer dizer "três mil mundos em um único pensamento". De acordo com esse conceito, cada instante de vida está dotado de dez estados mentais: inferno, fantasmas famintos, animais, humanos, seres belicosos, deuses, ouvintes, realizadores solitários, bodhisattvas e Budas. Cada um desses estados, por sua vez, contém todos os outros dez estados; ou seja, um ser vivo possui cem mundos.

Além disso, há três domínios de individualização: 1) cinco skandhas (agregados): forma, percepção, concepção, vontade e consciência; 2) ambiente interdependente: todos os seres só existem em função de causas e condições interdependentes, ou seja, a existência individual é ilusória; 3) ambiente natural: são as causas e condições naturais para que a vida se manifeste em um determinado ser. Cada um desses três domínios está presente nos dez estados, então temos trinta domínios.

Se fizermos a conta, então, temos 30 domínios (tendo em vista que os dez mundos se interpenetram) multiplicados pelos 100 mundos, isto é, 3.000 mundos diferentes em um único pensamento. Se todos os mundos estão presentes no aqui e agora, posso renascer neles imediatamente, sem necessidade de morrer biologicamente.

Outro monge bastante conhecido e, talvez, o mais venerado no Ocidente devido ao expansionismo proselitista das escolas que dizem segui-lo, é Nichiren (1222-1282 d.C.).

Em sua carta Kanjin no Honzon Sho, escreve: "Quando observamos uma pessoa, vemo-la alegre em um instante e irada no instante seguinte, calma em uma ocasião e avara na outra, tola às vezes e perversa noutras vezes. Estar sofrendo é inferno, estar avaro é fome, ser um tolo é animalidade, ser perverso é ira, estar contente é o reino dos deuses. Estes seis mundo são claros em sua aparência" (ele omite menção ao mundo propriamente humano, implicitamente adicionado na contagem).

Poderíamos citar mais centenas de sutras e obras que provam nossa alegação, mas não seria conveniente dado nosso espaço limitado. Sinto-me na obrigação, contudo, de responder a uma dúvida muito cabível. De onde veio a ideia de reencarnação e como se espalhou pelo mundo?

Espiritismo e Teosofia

A ideia de reencarnação surge de forma significativa entre 1830 e 1848 em ambientes socialistas franceses. Os nomes de Pierre Leroux e Fourier aparecem como os primeiros a enunciarem tal ideia na França. Antes deles, na segunda metade do século XVIII, Lessing na Alemanha parece ter formulado as linhas gerais do que se tornaria a doutrina reencarnacionista. Mas a grande explosão da ideia se deu pela obra de H. Leon Denizard Rivail (1804-1869), conhecido por seus seguidores como "Allan Kardec", que, tendo ouvido relatos sobre certos fatos ocorridos nos Estados Unidos e na Europa, dedicou-se a pesquisar tais fenômenos. Essa pesquisa deu origem a alguns livros e ao movimento espírita, que se tornou febre entre homens e mulheres sedentos de misticismo e de respostas a seus anseios pessoais, em uma época de desgaste do racionalismo e do cientificismo.

A base fundamental da doutrina espírita é um universo em que seres desprovidos de corpos físicos evoluem por um sistema de "pecado-retribuição", vindo a se "encarnar" na Terra ou para se purificar ou para desempenhar uma missão. Esses seres desencarnados se comunicam com os encarnados através de médiuns de diversas classes. O corpo é apenas um invólucro inferior, que ao ser descartado na morte libera o perispírito (corpo semimaterial) e a alma, que juntos constituem o espírito. Só isso, segundo Rivail, poderia explicar a origem das desigualdades de nascimento, os defeitos genéticos, os sofrimentos da vida e tudo o mais. Os escravos, por exemplo, vieram expiar dívidas de vidas passadas.

Paralelamente, pouco tempo depois da morte de Allan Kardec, Henry Steel Olcott e Helena Petrovna Blavatsky iniciam suas reuniões em Manhattan, onde ideias espíritas, herméticas e cabalísticas se misturam em uma estranha síntese. A "grande história" de Blavatsky, ou seja, aquela que serviu de base para todo o desenvolvimento posterior de sua doutrina, foi sua suposta viagem a um vale oculto do Himalaia tibetano, em uma comunidade de "avatares", supersábios que haviam atrasado o próprio ingresso no nirvana para ajudar a humanidade.

Em dezembro de 1878 Blavatsky e Olcott partem para a Índia e lá estabelecem a matriz da Sociedade Teosófica. Sem conhecer sânscrito, páli ou qualquer outra língua clássica ou literária da Índia Antiga, grande parte daquilo que entendiam lhes era passado por intérpretes de proficiência duvidosa e por sua imaginação, que agregava ensinamentos trazidos da Europa, da América e do "Mundo Astral". Quando ouvem falar de "renascimento" (punarbhava) e leem as traduções inglesas de alguns livros religiosos indianos, juntam a doutrina espírita de reencarnação àquilo que julgavam ser a doutrina de hindus e budistas. Assim, utilizando-se do nome de vários filósofos ocidentais, bem como de citações inexistentes (atribuindo obras a quem nunca deixou uma linha escrita como Amônio Saccas e citando sem qualquer referência nomes como "Pitágoras", "Plotino", "Platão"), e de seu conhecimento inventado do sânscrito, Blavatsky deliberadamente cria uma doutrina nova.

Tais equívocos e deformações ocasionaram um efeito rebote. Vários nativos da Índia e da Ásia, muitos budistas e hindus de nascimento que pouco ou nada compreendiam de suas próprias religiões – que, afinal, têm doutrinas filosóficas altamente abstratas e obras pouco acessíveis ao leitor não especialista – passaram a entendê-las pelas palestras proferidas por membros da Sociedade Teosófica, que empregavam uma linguagem muito mais fácil. Aliás, em uma colônia inglesa como era o caso da Índia, a palavra de ocidentais supostamente cultos eram tomadas em grande consideração. A conversão de Olcott e Blavatsky ao Budismo Theravada no Ceilão só reforçou sua autoridade. Suas interpretações espalharam-se como rastilho de pólvora por toda a Ásia, contaminando praticamente todas as seitas budistas conhecidas de então. Assim, não é de estranhar que um conceito moderno e ocidental, inexistente no Budismo Antigo, seja trazido por missionários japoneses, chineses, coreanos e tibetanos como a mais confiável das doutrinas budistas.

Pós-Morte no Budismo

Se o Budismo não ensina a reencarnação, o que ele tem a dizer sobre pós-morte? Para respondermos à questão de forma plena, seria necessário um estudo mais ou menos prolongado das fontes canônicas; creio, contudo, ser possível dar um resumo instrutivo.

A ideia geral é que todos os seres são manifestações da grande vida do Universo. Tudo o que existe manifesta a vida. Nós, seres humanos, não somos diferentes. Este nosso corpo é uma manifestação da vida que surgiu devido a relações causais e que se mantém graças a certas condições. Aquilo que chamamos de "eu", na realidade, é o acúmulo das percepções e experiências pelas quais passamos e através das quais interpretamos a realidade que nos cerca. O "eu" não tem existência real, essencial; é uma ilusão.

A morte é causada pelo desaparecimento das condições que fazem com que o corpo viva. Quando morremos, esses elementos se desagregam e o "eu" desaparece. No entanto, a vida do universo não diminui. Ela apenas se manifestará em formas diferentes, assim como os componentes de nosso corpo se agregarão a outras manifestações de vida. Os efeitos de nosso karma poderão ecoar por um longo período de tempo. O karma (ação) dos pais repercute nos filhos, o dos filhos nos pais. Cada ação que fizermos durante nossa vida produzirá um efeito cujas extensão e importância ao longo do tempo desconhecemos.

Se alguém planta uma árvore e existem causas e condições favoráveis, aquela árvore poderá viver 200 anos. Isso é o efeito kármico. Se uma criança é traumatizada pelos pais, o karma gerado pelos pais poderá acompanhá-la até a velhice, muitas décadas depois da morte de quem o gerou. Da mesma maneira, um bom exemplo e um bom ensinamento podem durar séculos e até milênios.

Dessa maneira, a busca do Budismo não é por algo no pós-morte, mas sim pela realização dessa integração total ao Universo no aqui e no agora. Somos como gotas d'água que vieram do oceano. Em essência, o oceano e as gotas são a mesma coisa, têm a mesma natureza. Quando separadas do oceano são "gotas", quando caem de volta no oceano, se tornam o próprio oceano. Um Buda é uma gota que percebeu que, na verdade, a diferença entre a gota e o oceano é uma ilusão.

....

André Otávio Assis Muniz, cujo nome religioso é Dharmananda (Alegria do Dharma), é Arcebispo Presidente da Organização Religiosa Budista Tendai Hokke Ichijô Ryu do Brasil e prior do templo budista Kongozan Ichijôji. Dirige o núcleo de estudos budistas Manjusri onde ministra aulas de língua sânscrita e dá cursos sobre Budismo. **Contato:** aryasattva@gmail.com

SOCIEDADE

UMA APOSTA PARA LEONARDO BOFF

Diogo Costa

A história do marxismo é a história de previsões não realizadas. Karl Popper acusava-o de ser pseudocientífico, pois cada vez que uma lei inexorável da história falhava os marxistas construíam hipóteses *ad hoc* para tornar novos fatos compatíveis com velhas teorias. Não há ciência sem a possibilidade de falsificação, e não há marxismo que se permita ser falsificado. Recentemente, ofereci a Leonardo Boff uma oportunidade de tentar refutar a crítica de Popper. Boff escreveu para *Carta Maior* que "a crise atual do capitalismo é mais que conjuntural e estrutural. É terminal". O canudo da "superexploração" capitalista já não tem mais o que sugar. Os trabalhadores não conseguem atender ao clamor burguês por "mais e mais eficiência" e o planeta não consegue mais "repor o que lhe foi sequestrado". Achei o prognóstico de Boff audaz, apocalíptico e, para ser sincero, totalmente furado. Decidi fazer uma proposta: daria a ele 500 dólares se a previsão de que o capitalismo está em fase terminal se provasse verdadeira. Do contrário, ele me pagaria o dinheiro. Boff recusou, mas a oferta ainda está de pé.

Minha inspiração foi a famosa aposta entre dois economistas americanos, Paul Ehrlich e Julian Simon. Nos anos 1960 e 1970, Ehrlich anunciava um futuro de crescimento populacional exagerado em que recursos naturais ficariam muito mais escassos. Simon, por outro lado, confiava na capacidade humana de inovação e adaptação, o que ele chamava de *ultimate resource*. Em 1980, Simon se propôs a resolver essa divergência. Convidou Ehrlich a escolher cinco *commodities* minerais de

sua preferência. Se em dez anos os metais ficassem mais caros e escassos, Ehrlich ganharia a aposta. Se ficassem mais baratos e abundantes, Simon venceria.

Ehrlich aceitou. Escolheu cobre, crômio, níquel, estanho e tungstênio. Em 1990, passados os dez anos, todos os cinco metais da lista haviam ficado mais baratos. O preço do estanho, por exemplo, caíra pela metade. Ehrlich teve que conviver com essa manchinha na sua biografia: perdeu a aposta para seu oponente intelectual.

Quando diz que o planeta não consegue mais "repor o que lhe foi sequestrado", Boff comete o mesmo erro de Ehrlich. Ambos esquecem que quantificar os recursos naturais à disposição da humanidade não é uma tarefa física, mas uma empreitada econômica. Quanto mais inovador e eficiente é o nosso consumo de energia, mais recursos são criados e disponibilizados para nossa utilização. O desafio de qualquer geração não é consumir menos energia, mas consumir energia com mais eficiência. Um sistema de preços em livre funcionamento é indispensável para essa tarefa. Maior escassez de recursos significa maior preço e, consequentemente, maior incentivo para a eficiência tecnológica. Dessa forma, sobram mais, *não menos*, recursos para gerações futuras. Se nossos antepassados houvessem se recusado a utilizar recursos naturais como gás e petróleo, não teriam realizado o progresso tecnológico e industrial que hoje nos permite discutir a alimentação do progresso vindouro.

Diferentemente de Ehrlich, o apocalipse de Boff é mais marxista que malthusiano. Se o meio ambiente está segurando a arma no rosto do capitalismo, é a economia que puxará o gatilho. Boff diz que o desemprego crescerá nos países que deixarem o capitalismo levar adiante suas inovações tecnológicas. Pessoas continuarão a ser substituídas por máquinas e "milhões nunca mais vão ingressar no mundo do trabalho, sequer no exército de reserva".

Quem nasceu depois do século XVIII já ouviu alguma versão dessa profecia. Ela começou com os ludditas – também conhecidos como "os quebradores de máquinas" – na Grã-Bretanha de 1811. Os ludditas acreditavam que os teares, mais eficientes que os artesãos, causariam miséria e desemprego permanente entre os trabalhadores. Não foi o que ocorreu. Da revolução industrial aos nossos dias, a renda per capita britânica passou de 1.700 para mais de 35.000 dólares ao ano. As contínuas reestruturações provocadas por mudanças tecnológicas deixaram o trabalho humano cada vez mais produtivo. Mas nem duzentos anos de progresso sem o caos do pleno desemprego parecem convencer os neoludditas.

As crises enxergadas por Boff como tumores capitalistas não estão sendo causadas por inovação tecnológica ou liberdade econômica. A "culpa" do livre mercado foi permitir que as sociedades ocidentais enriquecessem a ponto de fazer do Estado uma igreja de luxo, com a missão de socializar as bênçãos materiais por vias políticas e de lançar o progresso tecnológico num lago de enxofre regulatório.

Sou otimista no longo prazo, não no curto. O modelo contemporâneo de *welfare state* precisa ser reformado para que o capitalismo fique mais robusto contra crises. Reformas levam tempo e exigem sacrifícios. Os gregos terão que se aposentar mais tarde, os americanos terão que adiar o sonho da casa própria. Bancos centrais de todo o mundo terão que repensar as regulamentações do sistema financeiro internacional. E governos terão que criar alternativas ao financiamento deficitário de projetos públicos. Até isso acontecer, haverá muito ranger de dentes.

A preocupação com o uso dos recursos naturais também se justifica, mas *por causa* – e não *apesar de* – de discursos como o de Boff, determinado a atrasar o progresso tecnológico. Um exemplo: desde pelo menos 1800, cada novo século chegava com a promessa de continuar acelerando a velocidade com que o ser humano se deslocava sobre o planeta. O século XXI começou em claro retrocesso, com a aposentadoria do Concorde em 2003. Culpa-se o preço da energia, mas raramente se culpam as políticas que encarecem a energia. O aumento de preço dos recursos naturais acompanha as ineficiências exigidas por um público preocupado com o uso desses recursos. Se Simon, falecido em 1998, houvesse feito a mesma aposta dez anos atrás, a vitória ficaria com seu oponente. O *ultimate resource* de que Simon falava encontra-se perdido num labirinto de patentes, regulamentações e deseducação pública. Por isso que liberais como o empreendedor Peter Thiel e o economista Tyler Cowen apostam na estagnação econômica.

É por isso, também, que minhas previsões são condicionais. Uma sociedade apenas prosperará *se* houver significativo grau de políticas econômicas liberais: igualdade perante a lei, estabilidade monetária, segurança à propriedade privada, abertura comercial e uma combinação de impostos e burocracia mínimos. Basicamente as instituições que, segundo Boff, fazem uma economia colapsar com o peso das próprias contradições.

Creio que as narrativas recentes de sucesso econômico fortaleçam a posição liberal. A porcentagem de pessoas vivendo abaixo da linha da pobreza em todo o mundo caiu pela metade de 1990 a 2010. Esse fato extraordinário, mais significante que crises em países ricos, ocorreu por causa da melhora na qualidade de decisões políticas. Recomendações socialistas não são levadas tão a sério quanto eram em meados do século XX. Se estou certo sobre os problemas econômicos do nosso tempo, a erradicação da miséria depende de soluções liberais. Se a verdade estiver com o lado oposto, as soluções devem ser socializantes. De uma maneira ou de outra, a prosperidade dos habitantes mais pobres de nosso planeta depende de que decisões políticas não sejam tomadas com base em previsões furadas. Daí a relevância desse tipo de aposta.

Se, como analisa Boff, o capitalismo tecnológico leva à exploração crescente dos trabalhadores e à estagnação econômica, podemos supor que a liberalização econômica de uma sociedade inevitavelmente diminuiria a renda dos trabalhadores mais pobres. Sugeri, portanto, usarmos os dados do *Relatório de Liberdade Econômica*, publicação anual do Instituto Fraser do Canadá, para detectar os dez países que mais liberalizarem suas economias nos próximos dez anos. Depois coletaríamos os dados do Banco Mundial para compararmos a renda per capita de 2011 com a de 2021. Como nossa preocupação é com os menos favorecidos, olharíamos apenas para os 10% mais pobres dessas sociedades. Se, em 2021, a população pobre houver ficado ainda mais pobre, Boff leva a aposta. Se ficar mais rica, levo eu.

Boff não gostou da sugestão. Respondeu-me o seguinte: "Fazer aposta com dinheiro é coisa de capitalista que rejeito. A questão é de ideias, não de moedas. Precisamos pensar e não jogar". Tudo bem, não quero constrangê-lo a fazer uma transação financeira. Para um marxista convicto, seria fazer jardinagem com a raiz de todo o mal. Sugeri, então, que substituíssemos os 500 dólares por um pedido de desculpas público – sabendo que a reputação de um intelectual vale muito mais que isso.

Não espero convencer Boff do erro de seus caminhos. Mas o propósito da aposta não é a conversão dos apostadores. É colocar um custo na propagação de ideias falsas. Marxistas não são os únicos que erram suas profecias. Um chimpanzé jogando dardos tem maior chance de acertar um alvo do que um intelectual fazendo uma previsão tem de acertar o futuro, concluiu o psicólogo Philip Tetlock em seu livro *Expert Political Judgment*. Depois de acompanhar as opiniões de 300 analistas políticos por 20 anos, Tetlock descobriu que os mais otimistas conferiram 65% de probabilidade para cenários que se concretizaram apenas 15% das vezes. Os pessimistas se saíram ainda pior: conferiram 70% de probabilidade a cenários que se concretizaram apenas 12% das vezes.

Tetlock não é um completo pessimista quanto à capacidade humana de previsão. Em ensaio para o Cato Institute, ele e seu coautor Dan Gardner distinguem os especialistas que confiam em uma única ferramenta analítica daqueles que mais humildemente preferem diversificar seus métodos e buscam variedade de fontes para se informar. Esses últimos têm menos segurança em suas previsões, mas acertam com mais frequência que os exclusivistas. Entretanto, empresas, universidades, jornais e governos não priorizam contratar e se associar com especialistas mais ecléticos e com melhor histórico em seus prognósticos. "Gasta-se pouco ou nada na avaliação de quão precisas são as previsões e não muito mais na pesquisa para se desenvolver e comparar métodos de previsão", dizem os autores.

Respondendo à reclamação de Tetlock e Gardner, o economista Robin Hanson avalia que analistas imprecisos se beneficiam de um equilíbrio social em que não se mantenha um histórico de avaliações erradas nem haja uma punição moral para previsões equivocadas. "Hoje, a maneira mais simples de criarmos registros para previsões que consigam atenção e respeito é fazendo apostas", diz Hanson no artigo *Who Cares About Forecast Accuracy?*. "Em uma aposta, as partes definem o assunto em disputa de forma clara o suficiente para resolvê-lo depois. E o pagamento da aposta cria um histórico evidente de quem estava certo e quem estava errado." A aposta entre Simon e Ehrlich foi um dos poucos momentos da história intelectual recente em que não há dúvidas sobre quem estava certo e quem estava errado. Por mais que Ehrlich e seus colegas tenham criado explicações posteriores justificando seu erro, o fato é que o erro ocorreu.

Apostas podem limitar o excesso de confiança e diminuir a taxa de previsões erradas. Elas responsabilizam nossa expressão sem censurar nossa liberdade. Quando dois especialistas apostam, eles estão mutuamente exigindo que suas palavras arquem com o custo de suas ações. Você confiaria em um consultor que lhe dissesse para comprar ações enquanto vende as dele para investir no mercado imobiliário? Quem não age conforme suas previsões não demonstra confiança na própria língua. Se mais intelectuais se duelassem em apostas sobre suas ideias, menos pessoas seriam iludidas por arranjos retóricos disfarçados de conhecimento. Como disse Bryan Caplan, economista e apostador intelectual, apostas sobre previsões funcionam como "impostos sobre a hipocrisia".

Leonardo Boff se recusa a apostar dinheiro, mas passou a vida apostando ideias. O desconforto que 500 dólares mal aplicados podem trazer ao investidor é incomparavelmente inferior ao dano que 500 páginas de ideias mal pensadas podem trazer a toda uma sociedade. Espero, portanto, que Leonardo Boff reconsidere sua decisão e aceite esta aposta, seja em dinheiro ou em pedido formal de desculpas. Tenho certeza de que o lucro (ou a mais-valia) irá para a sociedade.

....

Diogo Costa é professor de Ciência Política no Ibmec e coordenador do programa *Ordem Livre*.

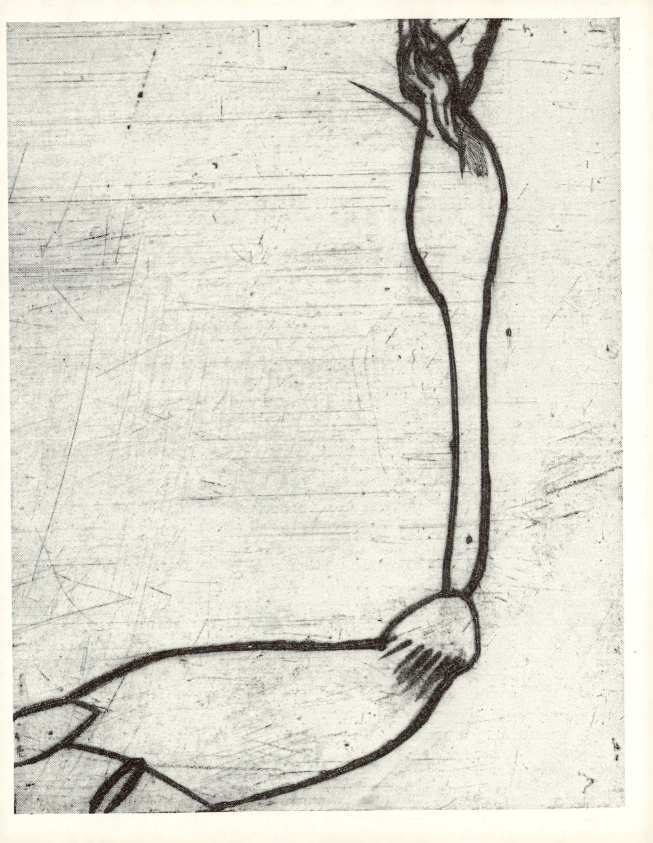

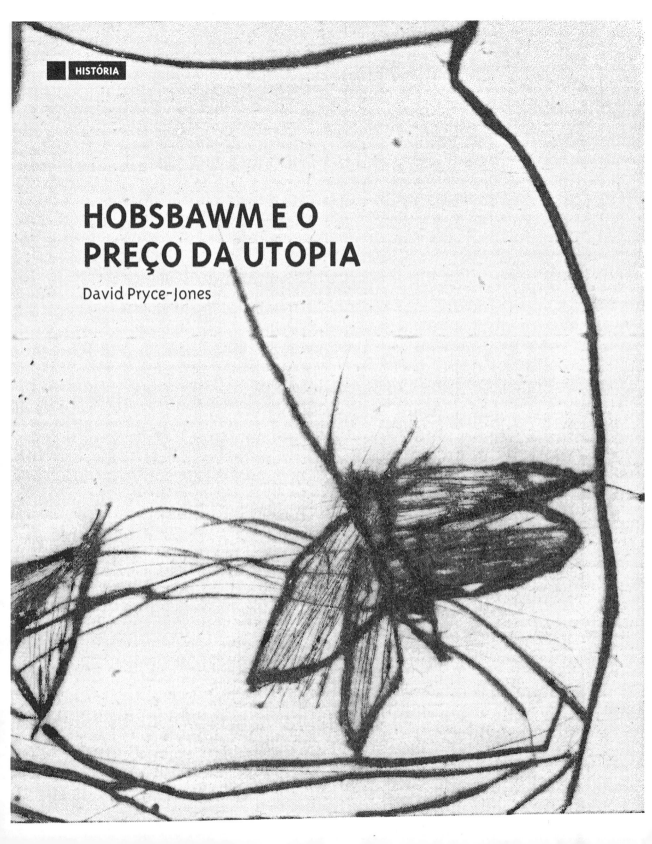

HISTÓRIA

HOBSBAWM E O PREÇO DA UTOPIA

David Pryce-Jones

Eric Hobsbawm tem passado sua carreira de pelo menos sessenta anos ora justificando a existência da União Soviética, ora lamentando sua derrocada. Ninguém no Reino Unido poderia igualar semelhante recorde; aliás, nem na Rússia de hoje há alguém com uma carreira comparável. A culpa dos males do mundo é, argumenta Hobsbawm invariavelmente, do capitalismo e dos capitalistas. Ele gosta de se definir como um historiador profissional, mas isso não passa de rematada autoindulgência da parte de um apologista denodado da ideologia marxista-leninista. Hobsbawm não tem qualquer interesse pelas normas habituais da historiografia, que é contar o mais objetivamente possível a verdade dos acontecimentos. No entanto, quanto mais distorcidas e perversas são as suas ideias, maior a reputação que angaria. Reitor do Birkbeck College, em Londres, professor universitário, membro da British Academy e da American Academy of Arts and Sciences, coleciona prêmios, títulos honoríficos e louvores muitas vezes negados a acadêmicos de verdade. É extraordinário que a defesa do totalitarismo e o desprezo pelas sociedades livres sejam recebidos com a aprovação de multidões.

Sir Keith Thomas, autoridade em temas da cultura britânica, por exemplo, chegou a dizer que Hobsbawm "é inigualável na sua profissão". Numa resenha para o *New York Review of Books*, Tony Judt considerou-o "o mais conhecido historiador do mundo [...] um herói lendário da cultura. Sua fama é bem merecida. Ele controla vastos continentes de informação". Um comenta-

rista conservador, Niall Ferguson, criticou o comunismo de Hobsbawm, mas julgou inegável o fato de ele ser "um dos grandes historiadores desta geração". Tampouco o *New York Times* viu algo de contraditório ou estranho em descrevê-lo como "um dos grandes historiadores britânicos da sua geração, comunista ferrenho e homem culto, cujas obras de história, escritas com erudição e estilo elegante, continuam a ser lidas nas escolas daqui e do exterior". A revista *The Nation* foi muito além disso, elevando-o a nada menos que a categoria de "um dos 'homens virtuosos' de Aristóteles". O ex-primeiro-ministro Blair o elevou a membro da Ordem dos Companheiros de Honra, distinção rara que serviu para confirmar sua reputação. Um entrevistador da BBC, célebre por desbaratar pretensões, convidou-o para um dos principais programas de entrevista e, de repente, entregou-se à bajulação, chamando Hobsbawm de o maior historiador do século XX.

A experiência comunista – trata-se de uma opinião já amplamente aceita – é responsável por cem milhões de mortes, e impôs ao século XX o estigma de uma das épocas mais assassinas da história. Já se descobriu que o marxismo-leninismo é, na melhor das hipóteses, um devaneio acadêmico e um eufemismo para engenharia social; na pior, uma máquina infalível de guerra, conflitos e genocídios. Os condenados a aturar o comunismo livraram-se agradecidamente dele assim que tiveram chance. Antigos fiéis da primeira hora – de Andrei Sakharov e Leszek Kolakowski a François Furet – viriam a explicar detalhadamente como pessoas inteligentes como eles próprios puderam estar tão enganados. Humanidade, liberdade, a simples compaixão pelo próximo: nada disso preocupa Hobsbawm. Para ele, a União Soviética caiu porque, infelizmente, não aplicou os métodos adequados para o verdadeiro comunismo. Todo o experimento deveria ser repetido a partir das diretrizes deixadas por Marx e Lenin, embora essa nova tentativa também suponha o uso da força e um grande número de mortos. Em 1994, Michael Ignatieff – então jornalista político, mas depois presidente do Partido Liberal do Canadá – entrevistou Hobsbawm para a BBC. Segundo o historiador, o Grande Terror de Stalin teria valido a pena caso tivesse resultado na revolução mundial. Ignatieff replicou essa afirmação com a seguinte pergunta: "Então a morte de 15, 20 milhões de pessoas estaria justificada caso fizesse nascer o amanhã radiante?" Hobsbawm respondeu com uma só palavra: "Sim".

Certa vez, encontrei Hobsbawm na casa de um amigo em comum. Conversamos sobre a Guerra Fria, em pleno vapor à época. Para ele, o certo seria jogar uma bomba atômica em Israel. Era uma simples questão de matemática: melhor matar cinco milhões de judeus do que ver uma superpotência nuclear matar duzentos milhões de pessoas. "Goebbels foi a última pessoa a falar assim", eu disse. Ele se levantou da mesa e foi embora.

É difícil e doloroso simpatizar com alguém tão disposto a ver o assassinato em massa como prelúdio da Utopia. É ainda mais difícil fazer-lhe justiça. Hobsbawm pertence a um tipo de gente retratado numa memorável passagem de Ferdinand Peroutka, ex-aliado de Tomas Masaryk, o primeiro presidente da Tchecoslováquia. Os nazistas o prenderam e os comunistas o exilaram.

> O tirano dos dias de hoje sempre envia dois tipos de emissários: homens armados e falsificadores de ideias; sujeitos robustos e homens magrelas de óculos e rosto chupado; capangas que espancam a nação e outros capangas que agradecem o espancamento em nome da nação. O policial é seguido – e às vezes precedido – pelo mentiroso.

Capangas e brutos estão presentes em todas as sociedades. Despertam pouco ou nenhum interesse, com a possível exceção da polícia. A revolução marxista-leninista ou qualquer outro colapso social dá a tais homens a licença de pôr em prática a brutalidade que é sua segunda natureza. Obedecerão a qualquer um que lhes mandar servir de guarda em um campo de concentração ou atirar na nuca de alguém. Os falsificadores de ideias e mentirosos são muito mais sinistros. Em busca de poder, distorcem a verdade e transformam crime em justiça. Por trás dos escritos de Hobsbawm, está a sombria silhueta de um comissário assinando penas de morte com a consciência limpa. Como pôde ter se tornado um dos magrelas de óculos e rosto chupado, um profissional da falsificação e da mentira de que nos fala Peroutka?

O primeiro lugar onde procurar a resposta é em *Tempos interessantes*, sua autobiografia. Ele nasceu em 1917, e eu um pouco depois, em 1936. Por coincidência, ambos temos raízes judaicas e vienenses. Sua mãe, escreve, dizia-lhe para nunca fazer algo que pudesse sugerir certa vergonha de ser judeu. Uma ou duas gerações atrás, muitos judeus abraçaram o comunismo, que parecia oferecer-lhes assimilação, a libertação completa de uma identidade que talvez lhes envergonhasse ou – pior ainda – desse margem a situações vergonhosas. O internacionalismo teórico do comunismo oferecia a libertação das exigências da identidade judaica, uma escapatória, uma promessa de igualdade com os gentios. Essa resposta a tantas aspirações foi forte o bastante para seduzir muitos judeus a se tornarem revolucionários marxistas. Hobsbawm foi um deles.

Perseguidos tanto por Hitler como por Stalin, o destino dos marxistas judeus não foi senão trágico. Sua identidade revolucionária adotiva só convencia a eles próprios. O sionismo, ou seja, o nacionalismo judaico, era outra escapatória possível, uma retirada, uma afirmação de alteridade, uma espécie de tribalismo até – também com seu elemento trágico. Sendo um judeu marxista revolucionário, Hobsbawm vê em Israel uma nação "imperialista", e por isso negou-se certa vez a tomar um voo que fazia escala em Tel-Aviv. Na sua autobiografia, despreza Israel, chamando-o de "o pequeno Estado-nação militarista, frustrante na sua cultura e agressivo na

SENDO UM JUDEU MARXISTA REVOLUCIONÁRIO, HOBSBAWM VÊ EM ISRAEL UMA NAÇÃO "IMPERIALISTA", E POR ISSO NEGOU-SE CERTA VEZ A TOMAR UM VOO QUE FAZIA ESCALA EM TEL AVIV.

sua política, que pede a minha solidariedade em termos raciais". Noutra ocasião, visitou a Universidade Bir Zeit, na Cisjordânia, para dar seu apoio aos palestinos. Ficamos sem saber por que o nacionalismo palestino é válido, mas o judaico não. A proposta que uma vez o ouvi fazer – cinco milhões de sionistas deveriam ser mortos – representa a ideologia marxista judaica levada ao ponto de transformar a revolução em reação.

Depois de crescer em Viena e Berlim, Hobsbawm chegou à Inglaterra em 1933 e entrou em Cambridge três anos mais tarde. Naquela época, a cultura britânica era provinciana. Com o intuito de provocar uma mudança no público, formadores de opinião como H.G. Wells, Bernard Shaw, o casal Webb, Victor Gollancz – editor e iniciador do sucesso comercial Left Book Club – divulgavam o comunismo a pessoas que não tinham contato com o Partido nem com o movimento trabalhista. Acadêmicos, donos de terras, advogados, poetas e jornalistas, futuros ministros, clérigos, *socialites*, celebridades: todos se declaravam comunistas. Ano após ano, a Intourist levava milhares de visitantes ansiosos à União Soviética para passeios cuidadosamente escolhidos e supervisionados dos quais voltavam para casa empolgados, repassando desinformações sobre o país. Uma Grã-Bretanha Soviética estava se formando, os acontecimentos mundiais talvez a fizessem surgir, assim como o regime colaboracionista de Vichy emergiu do *blitzkrieg* nazista de 1940.

Faltava uma cabeça cosmopolita no centro da batalha política do continente, seja nas barricadas, seja nas conferências; era preciso uma versão local de Malraux, Aragon ou Togliatti. Tipos como Arthur Koestler e Malcolm Muggeridge poderiam ter servido, mas disseram a verdade sobre o que viram e logo se tornaram inimigos do povo. É aí que entra Hobsbawm. Falante de alemão, podia ser admirado por ter visto as tropas de choque de Hitler. O fato de ser judeu e marxista aumentou a sua credibilidade. Em Cambridge, era rodeado de amigos e conspiradores como Kim Philby e Guy Burgess, ambos já agentes soviéticos. Outro membro desse círculo era Noel Annan, que me disse certa vez que Hobsbawm tinha tanto talento para a persuasão que espalhou o comunismo entre seus contemporâneos. Também estava com eles James Klugmann, futuro membro do Comitê Central do Partido e um dos pivôs no processo de manipulação a levar Tito ao poder na Iugoslávia. Quando Tito se revelou nacionalista, Stalin retirou seu apoio e ordenou Klugmann a iniciar uma polêmica contra o próprio homem que ele secretamente ajudara a chegar ao poder. Um pequeno episódio de *Tempos interessantes* mostra-se especialmente revelador. Durante um dos ataques aéreos, uma mulher descrita como camarada Freddie ficou presa sob os escombros. Certa de que morreria, gritou: "Vida longa ao Partido, vida longa a Stalin". A

conclusão de Hobsbawm para essa tragicomédia foi: "O Partido era a nossa vida".

Hobsbawm é sem dúvida inteligente e engenhoso; é capaz de manusear com facilidade as ferramentas de trabalho do historiador: pesquisar arquivos e fontes primárias e ser o mais objetivo possível no tema que tem às mãos. Um historiador marxista, porém, não pode seguir tais princípios; deve propor perguntas a respostas já dadas. Seu estudo orienta-se pela obrigação de provar que os dogmas, teorias, especulações, gostos e repulsas de Karl Marx são confirmados em todas as sociedades em todas as épocas. A historiografia marxista nada mais é que um longo juízo de valores *a priori* que elimina necessariamente tudo o que não lhe dê sustentação.

O livro mais conhecido de Hobsbawm, *A era dos extremos*, com suas 627 páginas, alega ser uma síntese do século XX. É um ótimo exemplo de história escrita como um juízo de valores *a priori*, uma completa obra-prima de distorção e omissão. Seriam precisas outras 627 páginas para apontar e esclarecer todas as suas duvidosas generalizações *ex cathedra*. Detenhamo-nos pelo menos em alguns detalhes. Não há qualquer menção ao rearmamento secreto da Alemanha promovido pelos soviéticos durante o entreguerras. O argumento bastante convincente de que Hitler aprendera de Lenin e Stalin a estratégia da violência é descartado de antemão. Nenhuma menção a Beria e à polícia secreta NKVD, nenhuma análise do trabalho escravo nem da grande fome projetada na Ucrânia para roubar e matar camponeses infelizes. A única vítima do *gulag* a ser nomeada é Nikolai Vavilov. E quanto a Mandelstam, Babel, ou os milhões de vítimas que não merecem ser esquecidas no anonimato? Com um desdém particularmente hediondo, Hobsbawm diz que mesmo o anticomunista Soljenitsin teve a carreira de escritor "firmada pelo sistema". As referências ao Terror de Stalin são esparsas e fortuitas. Da *Pequena história do Partido Comunista Soviético*, de Stalin, Hobsbawm diz, como se fosse incapaz de ver o seu erro de lógica: "não obstante as suas mentiras e as suas limitações intelectuais, é um texto pedagógico escrito com maestria".

Muitos abandonaram o Partido diante do pacto firmado entre Hitler e Stalin em agosto de 1939. Hobsbawm não. Para ele, o Pacto marcou "a recusa da URSS em continuar opondo-se a Hitler". O Pacto trouxe consigo imensos ganhos territoriais, mas Hobsbawm acha lógico afirmar que por esse meio Stalin esperava ficar fora da guerra. Na verdade, em 1939 veio a invasão dos países bálticos, e quase metade da sua população foi deportada. Esse processo genocida é desprezado por Hobsbawm com o costumeiro desdém marxista por pequenas nações. Em uma imensa sequência de eufemismos, esses países foram simplesmente "adquiridos" ou "transferidos" por Stalin. Da mesma forma, em 1989 eles "viriam a se separar". Aquilo que para todas as repúblicas aprisionadas pela União Soviética representou uma libertação, para Hobsbawm foi a

criação de um "vácuo internacional entre Trieste e Vladvostok".

O pacto entre Hitler e Stalin permitiu ainda que os soviéticos invadissem a Finlândia. O Partido teve que elaborar uma justificativa especialmente convoluta e mendaz para acobertar esse ato unilateral de agressão contra um país pequeno. Em dezembro de 1939, Hobsbawm e Raymond Williams, outro comunista, cumpriram com seu dever e escreveram um panfleto com a alegação de que Stalin enviara o Exército Vermelho ao país para proteger a Rússia de uma invasão imperial britânica. Ambos os autores viviam na Inglaterra do tempo de guerra e não podiam ignorar que seu país enfrentava uma invasão alemã que podia muito bem acontecer, de modo que os ingleses não estavam em condições de invadir a Rússia. Hobsbawm menciona esse episódio vexaminoso apenas na sua autobiografia e bem de passagem.

Segundo Hobsbawm, Stalin modernizou e industrializou a União Soviética; se assim não fosse, Hitler teria vencido a guerra. Não há menções à contribuição americana, sequer dos equipamentos que forneceu ao Exército Vermelho. Comparado aos salvadores da humanidade Lenin e Stalin, Hitler parece débil. Nada de menções a Treblinka ou Auschwitz. Esses crimes parecem quase secundários. O leitor deve ser poupado de qualquer coisa que possa conduzi-lo à equação bastante aceita dos sistemas totalitários semelhantes.

Tampouco há menções à supressão do Partido Comunista polonês no final da década de 1930, ou ao massacre da elite polonesa em Katyn. A destruição de Varsóvia pelos alemães em 1944 – a que o Exército Vermelho assistiu, imóvel – não foi senão "o castigo pelos levantes urbanos prematuros". Do leste e do centro da Europa ocupada, no qual o Exército Vermelho criaria o bloco soviético, Hobsbawm, em mais um incrível eufemismo, diz-nos se tratavam de "países que romperam com o capitalismo na segunda grande onda mundial de revolução social". Ao fim da guerra, "a URSS não era expansionista – e muito menos agressiva – nem esperava haver qualquer outra expansão da frente comunista". Não há qualquer referência à prisão, deportação e assassinatos frequentes dos democratas e anticomunistas, ou à supressão dos partidos políticos. Tampouco se fala que os comunistas da Alemanha Oriental livravam-se dos opositores pondo-os nos campos de concentração deixados por seus precursores nazistas. A vitória da União Soviética foi "o triunfo do regime ali instalado pela Revolução de Outubro". Hobsbawm afirma muitas vezes que a União Soviética trouxe estabilidade a diversos países, quando na verdade os estava invadindo e subvertendo. A globalização é apresentada como o ápice do mal capitalista e causa da falha do comunismo. E o mundo é quem sai perdendo,

SOB MAO TSÉ-TUNG, NA OPINIÃO DE HOBSBAWM, "O POVO CHINÊS IA BEM", HAVIA MAIS MATRÍCULAS NA ESCOLA PRIMÁRIA E MELHORES ROUPAS. A DESUMANIDADE NUNCA É DESUMANA QUANDO SERVE AO COMUNISMO, MESMO QUE A REALIDADE O ESTIVESSE DESTRUINDO.

uma vez que há um "espaço moral vazio" no centro do liberalismo capitalista. A China mantém a chama acesa. Sob Mao Tsé-Tung, na opinião de Hobsbawm, "o povo chinês ia bem", havia mais matrículas na escola primária e melhores roupas. A desumanidade nunca é desumana quando serve ao comunismo, mesmo que a realidade o estivesse destruindo.

As denúncias de Khruchev contra Stalin no XX Congresso do Partido em 1956 enchem Hobsbawm de horror. Khruchev maculou propositadamente a Revolução de Outubro. Disso podemos depreender que, se ele tivesse ficado quieto, os crimes de Stalin poderiam se repetir indefinidamente. Consequência imediata das declarações de Khruchev foi o levante húngaro daquele mesmo ano. Com sua habitual mescla de duplicidade e força bruta, os soviéticos debelaram o que fingiam ser uma contrarrevolução. Depois de garantir salvo-conduto aos líderes da revolta, prenderam-nos, julgaram-nos num tribunal secreto e os enforcaram. Quase tantas pessoas abandonaram o Partido como quando da invasão da Finlândia pelo Exército Vermelho – inclusive amigos e colegas de Hobsbawm. Hobsbawm por sua vez escreveu uma defesa da carnificina soviética no jornal comunista *Daily Worker*: "Embora aprovemos, com o coração pesado, o que agora ocorre na Hungria, também devemos dizer abertamente que a URSS deveria retirar as suas tropas do país assim que possível".

O caso de Eric Hobsbawm nos permite vislumbrar muita coisa sobre o desejo que os seres humanos têm de ser enganados. Nos vinte anos desde que a União Soviética se deparou com a realidade e desapareceu, ele tem implicado com os Estados Unidos, com as políticas e os aliados americanos, prevendo um desastre que só pode ser evitado por uma renascença marxista. Parece não haver limites para a capacidade da imaginação de crer no que se quer e racionalizar o irracional. A sua óbvia fé em mentiras e ideias falsas aproxima-o mais das superstições dos curandeiros do que dos métodos de um historiador profissional. A condescendência extravagante que recebe da parte de pessoas que deveriam estudar mais é uma prova inequívoca do declínio intelectual e moral dos tempos modernos.

David Pryce-Jones é autor e comentarista conservador inglês. Seu livro mais recente é *Treason of the Heart: from Thomas Paine to Kim Philby* (2011). Traduzido por **Cristian Clemente**.

DO LADO DE LÁ

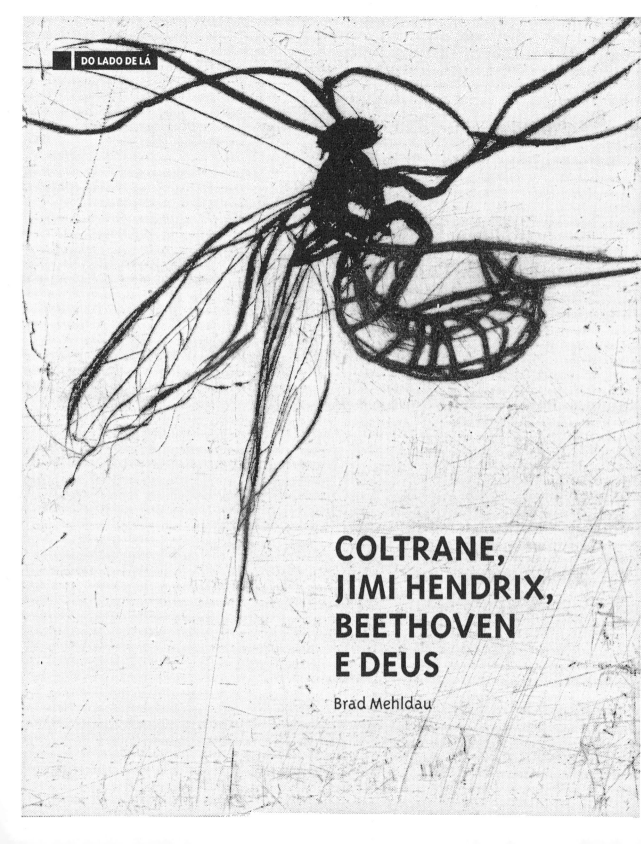

COLTRANE, JIMI HENDRIX, BEETHOVEN E DEUS

Brad Mehldau

Eu frequentei por três verões seguidos um acampamento chamado Merrywood, quando tinha dez, onze e doze anos. Ele ficava nas Montanhas Berkshire, em Lenox, Massachusetts, a menos de uma milha de distância de Tanglewood, o famoso espaço aberto de apresentações onde a Orquestra Sinfônica de Boston se fixa todo verão. Nós chamávamos Merrywood simplesmente de "acampamento musical". Os campistas tinham entre 10 e 18 anos. Nós tocávamos música de câmara, tínhamos aulas particulares, havia uma orquestra e cantávamos em um coral. Também fazíamos coisas de acampamento – cavávamos piscinas naturais, escalávamos, jogávamos vôlei etc. As excursões mais importantes, porém, eram para Tanglewood. Eu tive muita sorte. Vi gente como Leonard Bernstein e George Solti regendo, e ouvi pianistas como Rudolf Serkin. Emanuel Ax e Yo-Yo Ma eram então rapazotes, tocando música de câmara no galpão menor, chacoalhando nosso mundo. Foi uma tremenda experiência.

Durante meu terceiro verão em Merrywood, um dos meus colegas de cabana, que era um ano mais velho do que eu e se chamava Louis, começou a ouvir o John Coltrane Quartet com McCoy Tyner, Jimmy Garrison e Elvin Jones. Ele tinha uma fita cassete daquela banda inigualável tocando "My Favorite Things". Era uma versão ao vivo que durava mais de 20 minutos. (Anos depois eu deduzi que devia se tratar da gravação de um show de 1965, em um clube chamado The Half Note. Era uma transmissão de rádio que circulou por aí por anos como um *bootleg* e foi enfim lançada oficialmente em 2005). Louis era de Nova York e parecia que todos os garotos de Nova York ouviam música alternativa – não tanto música nova, mas música alternativa mais antiga, de antes de qualquer um de nós ter nascido. Eles a herdaram dos seus pais também alternativos, fizeram sua cabeça nela e a traziam em fitas cassete para Merrywood. No subúrbio de onde eu vim, meus amigos ouviam The Police e Van Halen; esses garotos de Nova York ouviam Coltrane.

Meu primeiro contato com a música de Coltrane foi uma iniciação – foi cerimonial, como um ritual de sauna indígena. As cabanas eram quentes durante o dia, e geralmente nós ficávamos do lado de fora durante as horas em que o sol castigava mais, em busca de alguma sombra. Mas nessa ocasião Louis e eu fomos para a cabana, fechamos porta e janelas e ouvimos Coltrane por aproximadamente meia hora na fita cassete. Eu transpirava e pirava; foi muito bom. Eu jamais tinha ouvido música nem remotamente como aquela. Quando emergimos da cabana, eu era outro. Às vezes música faz isso com você. Após aquele momento, elevara-se meu parâmetro para o que a música podia – e devia – ser. A intensidade de Coltrane foi algo que eu busquei depois enquanto ouvinte. Mais adiante, quando me tornei músico de jazz, era meu ideal enquanto eu tocava.

Por intermédio de meu outro colega de cabana, Joe, que como eu era pianista e também um ano mais velho, eu descobri Jimi Hendrix. Nós ouvíamos particularmente o álbum ao vivo da Band of Gypsies, no Fillmore East. Eu nunca ouvira um *riff* tão foda como o de "Who Knows", com Billy Cox e Buddy Miles sustentando o *groove*. Foi "Ma-

139

chine Gun", porém, com o solo de guitarra de Jimi Hendrix, que me transportou a outro lugar do espaço e lá me largou. Eu estava perdido depois daquele solo – aquele solo de guitarra parecia carregar em si a miséria do mundo, e era tão profundo e belo que eu simplesmente desabei diante ele.

Naquele verão, Coltrane e Hendrix ficaram marcados para mim como um prazer, é claro, mas eles eram um novo tipo de prazer. Era desestabilizante. Parecia haver algo perigoso na música deles – de início eu fiquei literalmente com medo daquela música, fiquei trêmulo. Mais tarde eu pude identificar esse medo: era o confronto com o sublime que filósofos como Kant e Schopenhauer haviam mapeado. Você confronta algo que é maior do que você e maior do que aquilo que até então se continha de modo seguro na sua visão de mundo. Essa nova grandiosidade não é familiar e a sua reação inicial é o medo – medo do desconhecido, e também medo de algo que é maior e mais poderoso do que você, algo com poder de aniquilar.

Parece dramático – teria a música tamanho poder? Para mim a resposta é: sim. Música como a de Coltrane inspira medo e maravilhamento em mim, como contemplar uma onda enorme oscilando no oceano, ou a dimensão gigantesca de uma montanha. É evidência de que há algo maior do que nós – o que sugere um sentimento religioso. Quando os autores da Bíblia escreveram sobre "temer" a Deus, eu penso que eles tentavam esboçar a natureza desse confronto com o sublime. As três grandes religiões ocidentais perderam seu caminho e vacilaram, distanciando-se, infelizmente, desse tipo de verdadeira experiência religiosa. O sublime é na verdade cruciante, então, em vez de temer o que é de fato infinito e incognoscível, as pessoas criaram algo que pudessem adorar num contexto mais normativo e regularizado. Elas começaram a reverenciar e temer um fantasma mais humanizado, um Deus patriarcal – nas três religiões monoteístas do Ocidente, ele é variadamente um Deus ciumento, vingativo, conquistador, cruzado. (Mais recentemente ele é um Deus violento e megalomaníaco que manda as pessoas se explodirem em seu nome).

O sublime, manifestado em Coltrane, parecia vir de longe, de algum lugar que eu desconhecia. Aqueles pastores de alguns mil anos atrás estavam lidando com algo não imediatamente tratável. É algo de outro tempo e lugar que não os nossos, e no entanto podemos vê-lo por um momento, de vez em quando, se prestarmos atenção. A religião ocidental estava correta em um sentido: uma certa quantidade de medo é saudável porque ensina a humildade. Antes de se ter mutilado, e tornado o temor em ira e azedume, esse fora um feito um tanto vanguardista da religião. Ouvir boa música para mim é sempre uma lição de humildade, e tentar tocar música é um constante exercício no mesmo sentido. Nosso ego se expande demais e deve ser repetidamente controlado e corrigido. Nós nunca deveríamos perder da habilidade de nos atemorizarmos reverentemente.

Eu sou vagamente gnóstico em minha própria concepção religiosa. Deus é o que confrontamos no sublime e, porque eu sou um músico, acontece de eu encontrá-lo mais frequentemente na música. Um grande atleta vai encontrá-lo nos seus melhores momentos, ou um matemático, ou um jardineiro – a oportunidade para uma experiência sublime está em todo lugar se você estiver aberto a ela. Há um paradoxo no sublime. Embora ele pareça vir de muito longe, quando o confrontamos e não ficamos tímidos diante dele, ele nos habita por um momento. Alguns de nós inclusive têm a habilidade de operar e criar dentro deste domínio, como Coltrane. A ideia gnóstica de que Deus está longe faz sentido para mim – Deus nunca falaria conosco com tamanha proximidade como a figura masculina das religiões ocidentais, tentando assustar-nos. Um Deus não precisa fazer isso, e manifesta-se no sublime.

O Gnosticismo afasta-se tremendamente da crença normativa, sustentando um ponto pessimista e possivelmente derrotista: Deus agora deixou-nos e está longe demais para ser alcançado. Deus não pode nos ouvir e nós não podemos ouvi-lo; a distância é grande demais. Mais ainda, o Deus que fala conosco na Bíblia não é senão um impostor e está enganando uma grande parcela da humanidade com seu jogo de medo. Quando eu penso sobre esse Deus impostor, sempre penso no filme *O Mágico de Oz*: perto do fim, Dorothy e seus amigos descobrem que o grande e assustador mago é uma mera aparição controlada por um pequeno e frágil homem por trás da cortina. A crítica gnóstica da religião normativa implica que o Deus-Pai irado é uma criação humana. Esse Deus foi forjado pelo nosso medo da morte e nosso desejo de segurança – não é algo exterior a nós; é apenas mais de nós mesmos, mais do nosso medo, tudo sintetizado nesse grande e temível homem com uma barba.

Essa visão é equivalente ao ateísmo. Não surpreende que o Gnosticismo clássico – uma vertente herética do Cristianismo em seus primeiros momentos em Alexandria, no Egito – foi rapidamente sufocado. Mas não se trata de uma perspectiva tão bem demarcada. Há um numeroso grupo de pessoas que rejeita a divisão normativa entre Deus e o homem, feita pelas religiões ocidentais – especialmente o modo dessas religiões imaginarem Deus como uma figura patriarcal, humanizada, que fica em algum lugar do céu arremessando trovões em nossa direção e abrindo o mar. Contudo, nós dentre este grupo também não podemos simplesmente desabonar a existência de Deus, porque temos evidência de Deus em todo lugar.

Não me é possível distanciar completamente da imagem do Deus antropomórfico, o Deus-Pai. Pois ele tem também uma outra face, benevolente e amorosa. Ele é um Deus para o qual eu já me voltei e por quem clamei e que me ajudou a enfrentar vários momentos difíceis. A questão realmente se resume a acreditarmos ou não que existe uma força ultimamente boa guiando-nos pelo universo. Se você não acredita, então o problema acabou; o universo é gélido e solitário e nós tiramos dele o que podemos, lutando pelo mínimo possível de dor ao longo do caminho. Mas muitos de nós querem acreditar que, apesar de todas as catástrofes e sofrimentos abundantes no mundo (boa parte dos quais causados pelos homens), há ainda uma força benévola por trás de tudo, a qual eventualmente abrandará esse sofrimento. Há dias em que eu gosto de crer nisso e, quando eu creio, essa força tende a tomar uma forma paternal.

Há outro problema para mim em abandonar o Deus-Pai: eu preciso de algo ou alguém que guie meu compasso moral. Eu fui socialmente determinado a agir de modo a não infligir sofrimento em outros seres sencientes, e expandi essa crença do "viva e deixe viver" para incluir também a própria Terra. Se há outros testemunhando minhas ações, eles são testemunhas de minha correção moral, ou de seu oposto, em um dado momento. Mas, se eu estiver só – e em última instância nós estamos sós com nossos próprios pensamentos, formulando nossas respostas pessoais aos eventos e às ações que os acompanharão –, não há um contexto moral imediato para minhas ações além daquele que eu crio num momento específico. E aí, às vezes, surge a presença paternal.

Eu acho que é porque, no fundo, toda a empreitada moral é algo humano – esse é um mapa que nós desenhamos nós mesmos. Pode ser que o cão de estimação de alguém ou um salmão nadando na corrente do rio também tenham princípios morais, mas nós por enquanto não estamos a par deles. Quando buscamos um árbitro moral, ele em geral toma uma forma humana, porque a própria noção de julgamento é também particularmente humana. As alternativas ao Deus antropomórfico são com frequência vagas: se alguém diz, por exemplo, que ele ou ela responde ao universo, ou ao espírito coletivo, no que concerne a questões morais isto é apenas mais uma imagem: eventualmente conjura-se um julgamento imaginado – um tipo humano de julgamento. Afinal, é difícil sentir-se punido ou assolado por culpa diante de uma má ação quando a força julgadora é uma bola de luz.

Em seguida, há a abordagem metafórica da religião, aquela que mantém cheias as prateleiras de lojas de livros *New Age*. Martinho Lutero precipitou esse processo quando chamou ao confronto direto do crente com a Bíblia, sem a interferência de alguma longínqua Igreja em Roma a qual clamasse absoluta autoridade sobre como adorar e em que acreditar. Um resultado da influência dessa ideia é que há agora uma miríade de modos de se interpretar a Bíblia, e em geral metafóricos. No entanto, se nós entendemos um texto apenas metaforicamente – se a história da ressurreição de Cristo, por exemplo, não deve ser entendida de modo literal, mas sim como uma inspiração para que nós "renasçamos" aqui e agora; se não acreditarmos que Maria recebeu a visita do Espírito Santo e que Jesus foi imaculadamente concebido; se não acreditarmos que Moisés falava com Deus no Monte Horeb e que havia um arbusto de sarça ardente – então nós estamos continuamente lendo esses textos com uma perspectiva irônica. Como consequência, teremos reservas quanto à coisa toda, porque o que se conta, no entanto, sem ironia, é que essas coisas aconteceram de fato, literalmente – que, sim, a Terra foi criada apenas alguns milhares de anos atrás. Nós, porém, nos colocamos acima do próprio texto; não suspendemos nossa descrença nem por um minuto. E ainda assim buscamos a verdade e o absoluto naquele texto. Eis a *mauvaise foi* de Sartre – nós não estamos dispostos a fazer concessões e nos distanciar de nossa lógica. Esse é o problema com as três grandes religiões ocidentais – elas perdem força se não forem engolidas literalmente. E muita gente não consegue aceitar o tipo de coisa que essas religiões professam – gente com a qual eu na maioria das vezes concordo, de todo modo –, mas também não conseguimos nos desvencilhar dos confortos que vêm com elas.

Eu me lembro de um cara mais velho que me disse uma vez algo que nunca vou esquecer. Ele disse: "Se eu pudesse ter qualquer coisa, se eu tivesse um desejo que pudesse se tornar realidade, eu escolheria ter fé incondicional". Eu entendo exatamente o que ele quer dizer. Esses tipos que acreditam que a Terra foi criada seis mil anos atrás, apesar da evidência científica no sentido contrário, ou as Testemunhas de Jeová que fazem as malas para se salvar o quanto antes com seu rebanho, acreditando que o resto da humanidade perecerá – esses são os Últimos Dias, você não sabe? –, todos eles têm fé incondicional. Eles a têm, e então um monte de problemas estão liquidados e resolvidos para eles. Parece confortável, essa certeza – e é atraente, de certo modo. Mas ela não foi feita para mim.

Lembro-me também de umas férias no Marrocos alguns anos atrás. Estávamos num grupo de nove pessoas. Estávamos dirigindo de Tangier até Fez em uma van com um guia, praticamente no meio do nada. Paramos num lugar para comer e fomos objeto de todos os olhares. Eles não nos aprovavam, nossas mulheres vestidas como estavam, com todo o cabelo à mostra, e sua pele. Nós comemos e nos dirigimos à saída. Um homem da vila se aproximou de nós; ele estava com um grupo de homens e parecia ser o líder, ou ao menos era quem falava mais. Ele abordou-nos em francês, perguntando diretamente a um dos caras que estavam conosco: "Você acredita em Alá?" O sujeito que estava conosco respondeu: "Eu não sei se existe um Alá – eu simplesmente não sei". Foi uma resposta honesta e eu o respeitei muito por isso – ele disse ao homem somente a verdade, que ele não tinha uma resposta.

O homem ficou incrédulo. "Mas olhe!", ele disse, e gesticulou apontando com suas mãos os arredores, "Alá está em tudo. Olhe ao seu redor! Ele está no céu, ele está na terra, no ar – está em todo canto!" Nós sorrimos polidamente e fomos embora. Não havia nada que pudéssemos dizer a esse homem que o pudesse dissuadir – não que nós o quiséssemos. Ele tinha aquela certeza. Eu olhei ao redor de nós – havia lixo nas ruas, havia barracos precários, caindo aos pedaços, e um monte de outros homens desocupados, de bobeira, sem fazer nada, com as mulheres separadas deles, em outro canto. Não havia nada grandioso naquela cena. O homem provavelmente não sabia nem ler, mas o que importava? Ele tinha aquela certeza – ele via Alá em todo lugar. Eu tinha meu dinheiro, eu tinha minha crença na separação entre Igreja e Estado; eu tinha minha educação e todos os livros que lera. Nesses livros eu aprendera que meus pontos de vista são relativos. Essa é uma lição muito importante para alguém com uma visão de mundo secular – aprender que suas crenças são contingentes – contingentes em função de onde você vem, de como foi criado etc. Mas isso só traz mais incerteza.

Pessoas seculares devem viver na incerteza – elas não juram pela Bíblia, pela Torá ou pelo Corão. Esses são apenas livros como outros, contendo escritos imaginativos canônicos, escritos por mãos humanas. Tudo é contingente em função de nosso tempo e lugar na história, o que quer dizer que nossas crenças, mesmo aquelas que temos por imutáveis, estão sempre de fato sujeitas à reavaliação. Eu louvo outros humanos e às vezes até os coloco num pedestal por algum tempo, mas eles não precisam ficar lá para sempre. Se alguém vem e rouba o lugar de quem estava no pedestal, então que assim seja. Tudo é fluxo. Somos todos afinal temporários, então não faz sentido tentar apontar um vencedor, não faz sentido tentar imbuir com um caráter permanente e não transitório alguma deidade corcunda que adoremos. Na verdade, de fato, não há sentido em adorar coisa alguma. Essa parece ser uma profunda necessidade do ser humano – aquiescer a alguém ou algo, imaginado ou real, que seja mais forte. O desejo de adorar pode ser parte de nossa natureza, mas as maiores luzes da história são sempre aquelas que não se curvam a outras, aquelas que não suplicam, mas simplesmente agem.

Nós devemos pensar por conta própria. Isto é parte de um amadurecimento. No *Sidarta* de Hermann Hesse, o garoto Sidarta fica frente a frente com o próprio Guatama – o Buda em pessoa. Em vez de se juntar ao séquito de monges que seguem os ensinamentos de Guatama, como seu amigo Govinda, ele se afasta para buscar seu próprio caminho. Esse é o começo do seu despertar. À medida que o Buda se distancia dele, Sidarta decide nunca mais se curvar a ninguém, nunca mais:

"Einen Menschen sah ich," dachte Siddhartha, "einen einzigen, vor dem ich meine Augen niederschlagen mußte. Vor keinem andern mehr will ich meine Augen niederschlagen, vor keinem mehr. Keine Lehre mehr wird mich verlocken, da dieses Menschen Lehre mich nicht verlockt hat."

("Uma pessoa eu vi", pensou Sidarta, "apenas uma, diante de quem eu deveria baixar meus olhos. Diante de mais ninguém eu quero baixar meus olhos novamente, diante de ninguém, nunca mais. Nenhuma doutrina há de me seduzir de novo, assim como nem a doutrina dessa pessoa única me seduziu.")

Também Buda é humano, Sidarta percebe, assim como ele próprio; mesmo o ensinamento de Buda é contingente e meramente humano. Parte da ilustração de Sidarta vem do desejo humano por ensinamento, por instrução – mesmo a partir do próprio Buda:

"Er stellte fest, daß eines ihn verlassen wird, wie die Schlange von ihrer alten Haut verlassen wird, daß eines nicht mehr in ihm vorhanden war, das durch seine ganze Jugend ihm begleitet und zu ihm gehört hatte: der Wunsch, Lehrer zu haben und Lehren zu hören. Den letzten Lehrer, der an seinem Wege ihm ershienen war, auch ihm, den höchsten und weisesten Lehrer, den Heiligsten, Buddha, hatte er verlassen, hatte sich von ihm trennen müssen, hatte seine Lehre nicht annehmen können".

("Ele se deu conta de que algo o havia deixado, assim como a cobra perde sua pele, que algo já não estava disponível para ele, algo que o havia acompanhado ao longo de toda sua juventude e que a ele havia pertencido: o desejo de ter um mestre e o desejo de receber instrução. O último mestre que aparecera em seu caminho, mesmo este, o mais elevado e sábio entre os mestres, o mais sagrado – Buda –, agora mesmo este ele abandonara; já era hora de alijar-se de tal mestre; ele se via incapaz de abraçar sua doutrina.")

Como se diz, à medida que você envelhece, ou você se torna mais inteligente ou mais estúpido. E os que se tornam mais estúpidos são aqueles cujo pensamento se cristaliza.

Nestes falta a habilidade de continuamente recontextualizar-se no mundo em perpétua mudança ao seu redor. A sabedoria não é senão uma profunda compreensão de nossa natureza contingente. Não se trata de aprender uma série de verdades e então descansar sobre esse conhecimento e ir vivendo os dias. A sabedoria envolve a aceitação de que a própria verdade é variável. Compreender isso de fato requer humildade, pois uma pessoa deve ser humilde para abandonar suas pretensões à verdade inabalável. A melhor literatura é a da sabedoria. Ela está sempre nos ensinando a não ceder a nossa vaidade e a constantemente questionar nossas presunções antes que se calcifiquem em dogma pessoal – deste modo, não nos tornamos estúpidos. A literatura da sabedoria nos ensinará a não cair sob o domínio de doutrinas – mesmo de sua própria. O melhor aprendizado é sempre inerentemente contraditório, maleável e cheio de ironia. Ele sempre conterá uma cláusula renunciando a toda suposta verdade absoluta que possa conter. É algo com que se brincar e depois descartar, e ao qual quem sabe se retorne num outro momento da vida, quando houver nova lição a se aprender com ele, algo novo e diferente. Toda grande sabedoria deveria ter essa habilidade de se recontextualizar a qualquer momento. Se ideias não puderem ser recontextualizadas, elas são meros dogmas fadados a acabar na lata de lixo da história.

* * *

Talvez seja possível falar de minha experiência com Coltrane, naquele dia com Louis na cabana em Merrywood, como uma experiência "religiosa". Religião, entretanto, implica uma diretiva moral. E aqui está o porém: a evidência de algo temível e maior do que eu mesmo, que encontrei na música de Coltrane, não era moralmente aplicável a coisa alguma. Não era medo de uma represália o que eu estava sentindo; não era um medo sentido de forma negativa.

É comum falar que se tem uma experiência "espiritual" ao ouvir grande música. Tudo bem – as "Variações Goldberg" de Bach, "A Love Supreme" de Coltrane, "Machine Gun" de Hendrix –, a experiência que podemos ter ao ouvir esse tipo de música merece e necessita de uma denominação melhor do que simples "prazer". Mas o termo "espiritual", nesse contexto, expressa perfeitamente a vaga e, creio, ambivalente relação entre arte e moralidade tão inerente à era moderna – digamos, *grosso modo*, da Renascença em diante, desde o tempo em que a música começa a dizer mais respeito ao compositor individual e a ser menos um tributo anônimo à Divindade. Esse período de vários séculos é uma jornada para além da objetiva, despersonalizada música eclesiástica – por mais bela que seja – e em direção a um tipo de expressão bem mais subjetivo.

A subjetividade alcança um zênite com a música de Beethoven. Beethoven – o primeiro verdadeiro *rock star* da história, o primeiro cara que realmente nos chocou com sua música, antes de Liszt, Howlin'Wolf ou Keith Richards – escreveu a "Missa Solemnis" já quase no fim da vida. Trata-se de uma obra musical verdadeiramente ótima, a qual todos deveriam conhecer, e que ainda assim não é devidamente apreciada, por ser de difícil classificação. É formalmente uma Missa do tipo que seus predecessores, como Mozart e Haydn, escreveram, com os apropriados textos litúrgicos em latim, dividida em Kyrie, Gloria, Credo etc. Mas é um tanto longa para ser tocada como parte de uma missa real em uma igreja, e ao mesmo tempo que agrega a música sacra em uma multiplicidade de formas, ela também eclipsa aqueles limites expressivos, já com o simples fato de ser longa demais, e ainda pelo nível de virtuosidade demandado tanto de instrumentistas quanto de cantores. Assim, também não a vemos em salas de concerto com grande frequência, talvez porque curadores se intimidem por sua natureza devocional, ou diante de suas dimensões – ela requer uma orquestra completa, solistas e um coro.

Há um inegável sentimento de piedade em tal música. É, por um lado, a humilde oferta de Beethoven a seu Criador. Mas também é uma oferta tão pessoal, tão típica de Beethoven, que chama nossa atenção para o que ela é em si – independentemente do contexto religioso que habita. A importância desse contexto, desse modo, diminui. Esse é particularmente o caso do Sanctus, que é de fato o centro emocional da obra. A qualidade devocional da música se torna aí perigosamente arbitrária e a obra parece perder sua utilidade nesse sentido. Será que ela nem sequer teve, em algum momento, tal utilidade?

Como muito na música de Beethoven, a "Missa Solemnis" é desconstrutiva, atacando as bases de uma oposição binária longamente estabelecida no pensamento ocidental: a onipotência de um Criador *versus* a grandeza de conquistas puramente humanas. Bee-

thoven é um herói para os humanistas e tem seu lugar na galeria de mentes independentes – aquelas como Sidarta, que ousam pensar por si mesmas. Para nós, ouvintes, o *locus* de nossa admiração é vago e mutável – pode servir à reflexão sobre a glória de Deus ou a glória do próprio Beethoven, ou um misto de ambas. Não é de fato ideal para quem quer manter o foco no Criador onipotente.

A relação entre uma mente criativa e as cidadelas de devoção religiosa é fértil, e essa tensa mistura entre pessoalismo polêmico e piedade é a própria história da música moderna – é Beethoven, Coltrane, Jimi Hendrix; é tudo que você quer ouvir. O compositor, o improvisador, o cantor, o guitarrista – todos eles dizem: "Olhe para mim, veja como sou fodão!" E, ao mesmo tempo, dizem: "Eu estou a serviço de algo maior e mais poderoso do que meu ser, algo que não é corpóreo, e que eu estou humildemente transmitindo a você". Então buscamos uma palavra para descrever essa expressão dicotômica e nos saímos com "espiritual".

"Espiritual", diferentemente de "religioso", não implica um código moral. Essa qualidade variável é sua dúbia virtude Como ouvintes de música, podemos seguir qualquer direção. A música pode de fato funcionar como um guia moral silencioso: a evidência de ordem e resolução em Bach, por exemplo, pode inspirar alguém a buscar ordem e resolução em outras áreas de sua vida – é possível empreender essa mesma busca em outras circunstâncias. Mas e se ordem e resolução para essa pessoa significarem espancar brutalmente seus filhos quando eles falarem sem pedir permissão? O sentimento de irmandade vitoriosa no último movimento da Nona Sinfonia de Beethoven pode inspirar um sentimento de união entre as nações, um apelo ao mais elevado, ao melhor dentro de nós – o bem universal. Mas e se essa irmandade for excludente – e se resultar num tipo de tribalismo; e se a vitória significar esmagar sem misericórdia um inimigo, não importa qual tiver sido sua falta? Então a Sinfonia pode ser tocada para celebrar qualquer tipo de anseio niilista ou pérfido.

A música contorce nossas vísceras, e ao mesmo tempo apela ao que podemos chamar nossa natureza espiritual. Mas nosso "espírito", em qual medida possamos qualificar um conceito abstrato como esse, não é, ao que tudo indica, inerentemente benévolo. A música na maioria das vezes age apenas como um catalisador: lança mão do que quer que já exista em nós e o leva adiante na direção em que já está impulsionado, intensificando-o – seja no sentido de paz e amor, ou morte e destruição, ou pensamento racional e comportamento ordenado, ou ímpetos luxuriosos e bacanais. É por isso que a música desconcertou Platão no passado – ele percebeu que ela é completamente destituída de direcionamento moral.

Então talvez seja melhor deixar de lado a divisão ocidental entre Espírito e Razão quando pensamos em música – talvez seja justamente isso o que é tão impressionante nela, essa união do espiritual com o sensual, que com frequência vemos apartados um do outro em nossa experiência cotidiana. A música dissolve essas barreiras, ou ao menos questiona sua estabilidade. Quando, na grande música, nos deparamos com o sublime –

quando deparamo-lo em qualquer situação – com alguma sorte estamos preparados para ele. Com alguma sorte conseguimos dar a ele nossa submissão, deixando seu poder nos preencher, mesmo enquanto permanecemos humildes, atemorizados por sua beleza. Rilke descreveu essa confrontação de forma notável em sua primeira "Elegia de Duíno", ao imaginar o encontro com um anjo:

Wer, wenn ich schriee, hörte mich denn aus der Engel Ordnungen?
Und gesetzt selbst, es nähme einer mich plötzlich ans Herz: ich verginge von seinem stärkeren Dasein.
Denn das Schöne ist nichts als des Schrecklichen Anfang, den wir noch grade ertragen, und wir bewundern es so, weil es gelassen verschmäht, uns zu zerstören. Ein jeder Engel ist schrecklich.

(Quem, se eu gritasse, ouvir-me-ia entre as hierarquias dos anjos?
E mesmo que algum deles me subitamente tomasse contra seu peito, eu decerto pereceria diante de sua existência mais forte.
Pois o Belo não é senão o início de um temor que ainda podemos apenas suportar, e então maravilhamo-nos dele, vendo-o inclinar-se calmamente para nossa destruição. Todo anjo é terrível.)

Ouvir a música de Coltrane é como olhar para um desses anjos.

....

Brad Mehldau é pianista de jazz e líder do *Brad Mehldau Trio*. Traduzido por **Lorena Miranda**. Artigo traduzido da *The Scope Magazine* agosto/2010, "Coltrane, Jimi Hendrix, Beethoven and God".

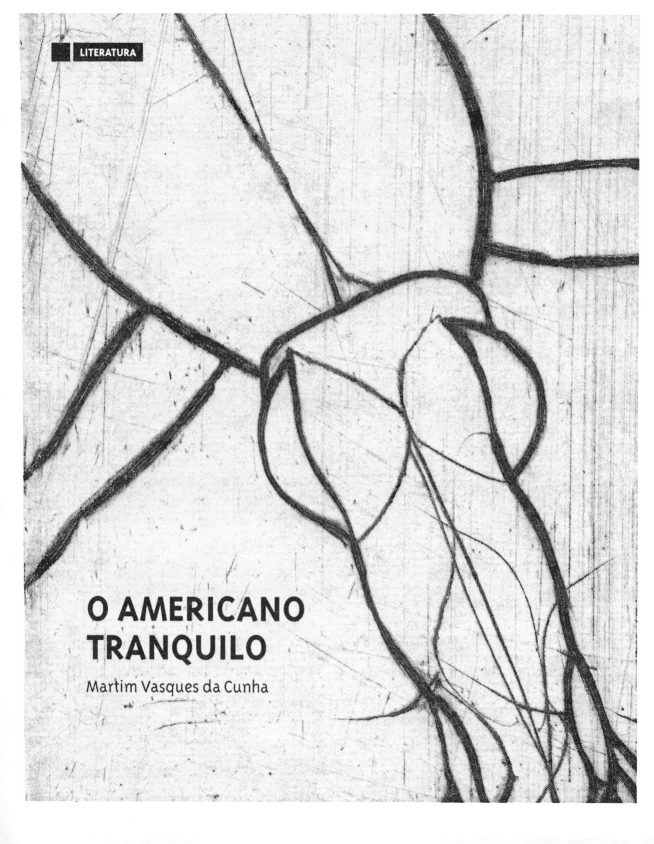

LITERATURA

O AMERICANO TRANQUILO

Martim Vasques da Cunha

Don't mess with the Mister In-Between.
Johnny Mercer

1

Está sentado em uma poltrona. Para a sua altura de 1,95m, é um tanto desconfortável. Veste uma camisa que imita estampas havaianas, uma calça bege e tênis Timberland de cano alto. Às vezes passa a mão pela cabeça desprovida de cabelos, inquieto. Os olhos são pequeninos, característica acentuada pelos óculos estilo *book keeper* dos anos 1920, mas observam tudo que se encontra ao seu redor: as pessoas que esperam no *hall* do hotel onde está hospedado, os empresários engravatados que seguram seus celulares nas mãos, as recepcionistas que andam sem parar, todos obrigados a ouvir uma música incômoda que sai dos alto-falantes. Quando a pessoa que espera chega e se aproxima, fica aliviado ao saber que ela também não aprecia o som de bate-estaca que enche o salão. E então pergunta: *That's bullshit music, isn't it?* [Que música rídicula, não é mesmo?].

Não se pode dizer besteira para agradar-lhe. Por trás do disfarce de sujeito pacato está James Ellroy, o renomado escritor de livros policiais. Começa aqui o perigo de cairmos nas classificações. Para a maioria dos críticos literários – e os escritores que anseiam pelo reconhecimento jamais alcançado –, o gênero policial sempre será de segunda categoria. Ledo engano – e aí estão os dois homens mais inteligentes do século XX, W.H. Auden e Jacques Barzun, dois de seus maiores defensores, para provarem

que qualquer palavra dita contra o romance policial não passa de uma confederação de imbecis. Se atualmente sofremos com a ausência de formas representativas de nossos dilemas morais – na antiguidade, tínhamos as tragédias, no Renascimento, as longas epopeias, no Romantismo, os poemas líricos e no Modernismo, os romances que se autodestruíam –, agora temos o *thriller* – especialmente a partir dos cânones estabelecidos por Ellroy –, como o que sobrou dos nossos escolhos para lidar com os únicos problemas que nos incomodam desde sempre: o mal e o sofrimento.

2

É uma afirmação discutível, sem dúvida; para prová-la teríamos que voltar alguns séculos, talvez à época de Aristóteles, quando o estagirita começou a discorrer sobre o que seriam os gêneros literários em sua *Poética*. Citamos o famoso texto que deu início a toda esta discussão porque, de todos os gêneros anteriores sobre os quais a literatura mundial erigiu seu prestígio, o *thriller* tem uma interessante aproximação com a tragédia grega.

Vamos então à *Poética*. Nela, Aristóteles afirma que há uma relação específica entre um determinado gênero literário e uma determinada elevação de caráter de quem o usufrui. Na sua época, a tragédia era o gênero com a função de purgar certas características da personalidade do espectador – características que não teriam uma virtude definida e sim um vício ainda difuso – e expô-las em cena para que ele percebesse o que acontece em sua alma, provocando uma decisão e, sobretudo, uma ação responsável. Daí sua nobreza, por assim dizer: a *katharsis* seria uma revelação do pior que há no sujeito para que ele o retire de dentro de si e enfim se torne o *spoudaios*, o homem maduro, que a *polis* precisa para ser bem governada.

Uma das acusações que recaem sobre o romance policial, em particular o *thriller hard-boiled*, é que ele seria sórdido, apelando para os baixos instintos de seus leitores, com ambientes encharcados de corrupção, sexo, traição, devastação física e moral. Esta era a crítica que, por exemplo, Jorge Luis Borges tinha sobre os livros publicados nas décadas de 1930 e 1940, quando os detetives durões de escritores como Dashiell Hammett e Raymond Chandler substituíram o cerebralismo de Edgar Allan Poe, Arthur Conan Doyle, Agatha Christie e G.K. Chesterton. Portanto, onde estaria a elevação de caráter que poderia relacionar a tragédia grega aristotélica e as histórias de *pulp fiction* nas quais James Ellroy se inseriu como seguidor bizarro?

Em primeiro lugar, temos de perceber que a tragédia grega, como apontou Ricardo Piglia, tem algo de história de detetive. Afinal, Édipo quer descobrir quem matou seu pai, e a grande reviravolta que descobrimos é que foi ele mesmo quem praticou o ato hediondo. Há sempre um mistério que deve ser desvendado, um enigma de cuja elucidação a sociedade depende para se manter minimamente sã. Além disso, a tragédia e a literatura policial têm um mesmo ponto de partida: o leitor (ou, no caso do drama, o espectador). Ambos são pessoas que devem usar de certa suspicácia, de um método de suspeita que coloca todas as coisas ao seu redor em uma espécie de parêntesis, até que a solução seja a melhor encontrada ou, pelo menos, aquela que, como diria Auden em seu célebre texto sobre o gênero policial, restabeleça a ordem divina na Terra.

Em segundo lugar, esta restauração da ordem neste vale de lágrimas se dá por meio da figura do detetive particular. Com o passar do tempo, este tipo foi se transformando de um ser acima de todos, capaz de ter *insights* profundos sobre a natureza humana – como Sherlock Holmes e Padre Brown –, em alguém que mal sabe o que acontece consigo mesmo, justo no momento que deveria resolver o seu caso mais importante ou perigoso – é o exemplo de, em menor grau, Philip Marlowe, de Raymond Chandler, e, em maior grau, de qualquer personagem que tenha saído da imaginação fértil e doentia de James Ellroy.

Esta mesma imaginação seria o terceiro ponto para aproximarmos o *thriller* da nobreza da tragédia. Ela não existe apenas nas tramas e nos enredos miraculosamente intrincados que envolvem uma galeria de nomes que, por incrível que pareça, não conseguimos esquecer após a leitura de várias páginas; existe também na vida interior de cada personagem, no modo como o escritor decide provar ao leitor que ela existe através de uma sequência de ações que, gradualmente, se mostram, como o sentido de um sujeito que terá de tomar uma decisão muito difícil e quiçá perigosa.

Quem revelou este caráter trágico subterrâneo do romance policial em toda a sua elevação foi Raymond Chandler. No antológico ensaio *A simples arte de matar*, ele arremata:

> Em tudo que se pode chamar de arte existe uma qualidade de redenção. Pode ser pura tragédia, se for alta tragédia, e pode ser compaixão e ironia, e pode ser a risada louca do homem forte. Mas nas ruas sórdidas da cidade grande precisa andar um homem que não é sórdido, que não se deixou abater e que não tem medo. Neste tipo de história o detetive deve ser este homem. Ele é o herói; ele é tudo. Ele deve ser um homem completo e um homem comum e, contudo, um homem fora do comum. Ele deve ser, para usar um clichê, um homem honrado – por instinto, por ser isto ser inevitável, sem que ele pare para pensar sobre isso, e certamente sem que ele o diga. Ele deve ser o melhor homem em seu mundo e um homem bom o suficiente para qualquer mundo. Não me interessa muito sua vida particular; ele não é nem um eunuco nem um sátiro; penso que ele poderia seduzir uma duquesa e tenho certeza de que não se aproveitaria de uma virgem; se é um homem honrado em uma coisa, é um homem honrado em todas as coisas. Ele é relativamente pobre, ou não seria detetive. É um homem comum, ou não poderia andar entre as pessoas comuns. Tem caráter, ou não seria conhecedor de sua profissão. Não aceita dinheiro desonesto de ninguém e também não aceita insolência da parte de ninguém – a insolência produz nele uma revanche à altura e desapaixonada. É um homem solitário e sente orgulho em ver que você o trata como a um homem orgulhoso ou, caso contrário, que você se arrependerá muito de tê-lo acontecido. Ele fala como um homem de sua idade, isto é, de modo áspero e ao mesmo tempo espirituoso, com um vívido senso do grotesco, com absoluto menosprezo por fingimentos e com total desprezo pela mesquinhez alheia. A história é a aventura deste homem na busca de uma verdade oculta, e não seria aventura se não acontecesse a um homem talhado para a aventura. Sua consciência tem um alcance que deixa o leitor perplexo, mas pertence a ele por direito adquirido, porque pertence ao mundo em que ele vive.[1]

Com Philip Marlowe, o rei Édipo não hesitou a usar sua arma calibre 38 para descobrir quem matou os pais e quem foi para a cama com a mãe *dos outros*. E, obviamente, vários autores adicionaram camadas de significados díspares em um gênero que, por si só, representava o final de uma era.[2] Quando Aristóteles classificou os gêneros literários na *Poética*, ainda se acreditava em uma unidade ontológica do cosmos e do ser humano; agora, na segunda década do século XXI, ninguém sequer mais pensa na tal ontologia, e quando isso ocorre, é sempre em termos

---

[1] Este é um dos trechos mais bonitos já escritos na história da literatura e deve ser lido no original (a sugestão é que seja declamado em voz alta e, de preferência, com um copo de malte bem gelado ao lado). Contudo, colocamos a tradução aqui para facilitar a compreensão do leitor.

[2] O exemplo mais evidente desta tendência é o ensaio *Leitores imaginários*, de Ricardo Piglia, publicado no livro *O último leitor* (Cia das Letras). Apesar do talento do escritor argentino, trata-se de um equívoco sem fim. Partindo do famoso trecho de *O longo adeus* em que Philip Marlowe finalmente sucumbe aos charmes de Linda Loring, *femme fatale* que se revela como a companheira ideal para o mais puro dos detetives, Piglia faz relações estapafúrdias sobre como a mulher representa, nos romances policiais (e especialmente nos de Chandler), a relação entre poder e dinheiro, que, por sua vez, leva à impotência moral (para não dizer *física*) do herói sempre casto e íntegro. A análise serve para quem gosta de ver marxismo e estruturalismo até em uma dor de dente. É surpreendente que um sujeito astuto como Piglia não consiga perceber que o final de *O longo adeus* não se trata de poder e dinheiro e sim do fato de que, naquele momento, Philip Marlowe não suporta mais o peso da solidão que se tornou sua vida (algo que o próprio Chandler deveria sentir naquela época, uma vez que, enquanto escrevia o romance, sua esposa Cissy, vinte anos mais velha, agonizava de um grave enfisema pulmonar).

que lembram mais filósofos alemães herméticos ou então alguns franceses que não hesitariam afirmar que o que parece ser o ser é na verdade o nada que nos traga – e assim a tal redenção defendida por Chandler foi jogada para debaixo do tapete.

3

Mas não para James Ellroy. Acostumado com a tragédia que foi sua própria vida, transformou-a em arte, mesmo na contracorrente de quem acha que seus livros não fazem parte da grande literatura. Estão errados. Na história do romance policial, se Edgar Allan Poe e Arthur Conan Doyle estipularam as primeiras regras do gênero, se Raymond Chandler e Dashiell Hammett o colocaram em uma condição respeitável, o que James Ellroy faz para o *thriller* é o mesmo que Ésquilo fez para o agora esquecido drama trágico de Atenas e o que Herman Melville e Joseph Conrad fizeram para o também subestimado gênero de romances marítimos – o elevou ao patamar de reflexão profunda sobre os abismos da condição humana.

Querem provas? Ellroy, como já foi dito, carrega o trágico nas costas. Sua mãe, Geneva Hilliker, foi assassinada quando ele tinha nove anos. *Assassinato* é uma palavra amena para explicar o que aconteceu; ela foi simplesmente estuprada e retalhada ao meio – e o caso jamais foi solucionado. Os repórteres de tabloide tiraram uma foto do então pequeno Leroy (seu verdadeiro nome) recebendo a notícia da polícia: o rosto perdido, os olhos desfocados, a boca quase aberta, os braços pesados, o corpo sem saber para onde ir.

E ele não tinha a menor ideia para onde *deveria* ir. Após a morte da mãe, ficou um tempo com o pai, um contador decadente de Hollywood que se gabava de ter ido para a cama com ninguém menos que Rita Hayworth. Foi nessa mesma época que leu vorazmente todos os romances policiais que caíam na sua mão e outros livros sobre a Hollywood dos anos 1940 e 1950. E assim formou-se em sua mente um mundo próprio, a Los Angeles da sua memória misturada com a da sua imaginação, amalgamada no eixo macabro que foi a triste história de Elizabeth Short.

Elizabeth Short era uma aspirante a atriz também conhecida como a "Dália Negra" e que foi encontrada morta em um terreno baldio em 1948. O rosto e o torso tinham sido retalhados e havia evidentes sinais de sevícias. O assassino nunca foi descoberto. Não é preciso dizer que o pequeno Leroy logo relacionou esse fato com o que aconteceu com sua mãe. Em seu mundo, não havia como diferenciar os dois assassinatos. Sua mãe *era* Elizabeth Short e vice-versa.

A psique de Ellroy era uma bomba-relógio. Pouco a pouco, depois do falecimento de seu pai, deixou-se cair em uma série de contravenções e *pecadillos*. Praticava *voyeurismo*, masturbava-se freneticamente (muitas vezes imaginando que fazia sexo com a própria mãe), roubava o que podia das casas que observava de forma sorrateira. Foi preso como um pequeno delinquente e, como se não bastasse, viciou-se em anfetamina e xarope para tosse. Um dia, cuspiu uma bola de pus, descobriu que tinha um buraco do tamanho de um punho nos pulmões, ficou internado e, nesse meio-tempo, decidiu que jamais voltaria a viver dessa forma, transformando-se no maior escritor que a América já teve (palavras do próprio).

A primeira coisa que fez foi mudar de nome: de Leroy para James. E assim ficou até hoje. Logo depois, começou a assimilar sistematicamente suas influências da adolescência e decidiu quem deveria seguir: sempre preferiu Dashiell Hammett a Raymond Chandler, e tinha um especial carinho por Ross MacDonald (Ellroy usa uma epígrafe de sua autoria em *Jazz Branco – No fim eu possuo meu local de nascimento e sou possuído por sua língua* – que, como veremos, pode ser considerado como o *motto* de toda a sua obra). De resto, também disse a si mesmo que seria único e que ninguém mais o copiaria.[3]

Se ele conseguiu? Conseguiu. Mas demorou algum tempo para encontrar a sua verdadeira voz. Sua estreia foi com *Brown's*

---

[3] O único autor contemporâneo de romances policiais que se aproxima de Ellroy em quesitos de qualidade e ambição é Edward Bunker, especialmente com livros como *O menino*, *Fábrica de animais* e as memórias *Educação de um Bandido*, todos publicados no Brasil pela Editora Barracuda. Uma outra exceção pode ser feita aqui no Brasil. Trata-se de Rubem Fonseca, que, com *A Grande Arte* (1983), aborda os mesmos temas de Ellroy, dessa vez com uma perspectiva bastante tupiniquim – uma relação, aliás, homenageada pelo próprio Fonseca no conto "Romance Negro" (1992), em que o personagem principal, o escritor Peter Winner, se encontra com ninguém menos que... James Ellroy!

Requiem (1981) e seguiu com *Clandestine* (1982), em que Dudley Smith, o imortal personagem que seria um dos eixos do Quarteto de Los Angeles, aparece pela primeira vez. Eram bons livros e nada mais. As coisas começam a mudar quando surge Lloyd Hopkins, o sargento de polícia com uma inteligência assustadora e uma psique atormentada (especialmente em relação às mulheres). Em três livros nitidamente inspirados em Thomas Harris (o autor de *O silêncio dos inocentes* e criador de Hannibal "O Canibal" Lecter) – *Sangue na lua* (1984), *Por causa da noite* (1984) e *O morro do suicídio* (1985) –, Ellroy projeta suas obsessões no seu herói e começa a articular uma visão muito particular do que seria a sua Los Angeles, além de esboçar os grandes temas que desenvolveria nos títulos seguintes: a corrupção inerente a qualquer sistema político, a ambiguidade das relações humanas e, principalmente, a sensação de que o homem está exilado do resto da comunidade.

A "trilogia Lloyd Hopkins" (como agora é conhecida, numa tendência de confirmar *a posteriori* que Ellroy só consegue trabalhar em grandes ciclos dramáticos) foi um sucesso de vendas e possibilitou ao seu autor que se reencontrasse com as duas musas que sempre o acompanharam: Elizabeth Short e Geneva Hilliker. Foi uma decisão arriscada – e que mudaria a carreira do escritor. A partir de agora, não se tratava mais de um mero autor de romances policiais, de um mero aprendiz. Com seu próximo livro, James Ellroy se tornaria o sucessor dos mestres do *thriller hard-boiled* e adicionaria a pimenta selvagem de sua própria existência, uma existência que só não terminou mal porque ele escolheu a redenção pelo caminho mais difícil: as mulheres.

É o próprio Ellroy que define a sua obra com o famoso aforismo francês: "*Cherchez la femme*" (Procurem a mulher). Este é o argumento central de *A dália negra* (1987), seu livro mais famoso e que lhe deu a fama que sempre sonhou. Usando de todos os seus poderes de imaginação, ele coloca dois detetives da polícia de Los Angeles, Bucky Bleichart e Lee Blanchard, na busca do que aconteceu realmente no assassinato de Elizabeth Short em 1948 – e com referências crípticas à morte violenta de sua mãe. Contudo, ao contrário do que poderia acontecer em um *thriller* clássico, com toda aquela sordidez que já irritava Borges, em que o investigador não se deixava corromper pelo ambiente ou pelas pessoas à sua volta, Ellroy faz algo que deixaria o vate portenho ainda mais fulo: seus heróis ficam cada vez mais encharcados na lama moral, com pitadas de obsessão sexual que não hesitam ter momentos de homossexualismo (masculino *e*, em especial, feminino), ao mesmo tempo que permite que tenham um vislumbre da decisão correta para as suas vidas.

É um acúmulo de paradoxos que só um grande artista dominaria nos três domínios que alicerçam qualquer obra literária: o conteúdo, a forma e o tema. E James Ellroy faz isso brilhantemente, mesmo correndo o risco de perder o controle. É justamente esse toque de loucura que o torna diferente, o caos sendo manipulado pela forma literária apurada, pelas descrições e pelos diálogos precisos, pela mestria dos temas e dos personagens que se cruzam e que jamais se perdem na memória do leitor. Se ele já tinha provado a todos o que podia fazer em *A dália negra*, ninguém esperava o que ele executaria a seguir.

É com *O grande deserto* (1988) que enfim temos a união insólita entre o romance policial e a tragédia grega. Somos testemunhas de uma das grandes criações dos últimos anos na literatura: o Quarteto de Los Angeles. Tendo *A dália negra* e *O grande deserto* como primeira e segunda partes, Ellroy reconstituiu a Cidade dos Anjos de seus livros de adolescência em um vasto painel histórico que pouco a pouco ganhava sopros épicos com os volumes restantes – *Los Angeles – Cidade proibida* (1990) e *Jazz branco* (1992). Inspirado em Beethoven (seu verdadeiro ídolo – dizem que tem inúmeros bustos reproduzindo o rosto do compositor alemão espalhados em cada canto de sua casa), Ellroy construiu um quarteto de romances que transformam a ação de cada personagem em uma decisão que pode afetar a História dos Estados Unidos em instantes. No caso de *O grande deserto*, a atenção se volta para o jovem investigador Danny Upshaw que, atormentado por um caso que envolve violência homossexual e conspiração comunista em plenos anos 1950, começa a questionar a própria sexualidade e a própria sanidade mental, tudo devidamente atiçado por um dos vilões mais sinistros já criados: Dudley Smith. Racista, politicamente incorreto, irlandês beberrão, fanático religioso, anticomunista virulento, Smith é astuto o suficiente para montar um esquema verdadeiramente monstruoso para que o Departamento de Polícia de Los Angeles se torne uma central do crime e a cidade fique sob seus pés. Todos os policiais se rendem ao seu charme especial, todos os promotores fazem os necessários rapapés e os astros de cinema mal sabem quem manda prejudicar suas carreiras com as revelações indesejadas de seus vícios privados e perversões públicas. Quem contraria suas ordens (oficiais e não oficiais) – como é o caso de Upshaw e dos detetives Buzz Meeks e Mal Considine – sem dúvida estará condenado a uma morte dolorosa e nem um pouco lenta. Dudley Smith é a *nemesis* perfeita em um Olímpio de sonhos que, como não bastasse, possui deuses mancos e reais que infernizam a vida dos cidadãos comuns e que fazem participações especiais na trama de Ellroy, como o excêntrico bilionário Howard Hughes, o gângster Mickey Cohen, o gigolô e capanga nas horas vagas Johnny Stompanato e sua amante, a atriz Lana Turner.

Esta galeria de nomes e lugares é desmembrada em uma sucessão vertiginosa de cenas violentíssimas, numa prosa que se torna cada vez mais seca e precisa e com *insights* psicológicos que nada devem a um Dostoiévski ou a um Henry James.[4] A vida interior dos personagens é revelada através das ações provocadas e assumidas conforme a consciência de suas responsabilidades. Ainda assim, há uma sensação de *inevitabilidade*, como se o destino os caçasse e quisesse afirmar que, mesmo encontrando a redenção, a desgraça não deixa de ser uma alternativa plausível. Ellroy manipula os cânones do romance policial a seu bel-prazer, mas, ao mesmo tempo, os embaralha para encaixá-los na definição de tragédia conforme George Steiner nos explica em *A morte da tragédia*:

> *O que eu identifico como "tragédia" em sentido radical é a representação dramática ou, mais precisamente, a prova dramática de uma visão da realidade na qual o homem é levado a ser um visitante indesejável no mundo. As fontes de seu estranhamento – do alemão "Unheimlichkeit" carrega o significado vigente de "aquele que é impelido para fora das portas"– podem ser várias. Elas podem ser as consequências literais ou metafóricas de uma "queda do homem" ou de um castigo primal. Podem estar localizadas em alguma fatalidade de exagero ou automutilação inseparável da natureza do homem. Nos casos mais drásticos, o estranhamento humano, ou intrusão fatal em um mundo hostil ao homem, pode ser visto como resultante de uma malignidade e negação demoníaca na própria estrutura das coisas (a animosidade dos deuses). Mas tragédia absoluta existe apenas onde a verdade essencial substantiva é atribuída à declaração de Sófocles que "é melhor nunca ter nascido" ou onde o resumo do discernimento nos destinos humanos é articulado no cinco vezes "nunca" de Lear.*

Os heróis de Ellroy são esses seres jogados no mundo e que precisam fazer, de uma hora para a outra, quando menos se espera, uma decisão fundamental que alterará não só as suas vidas, mas também as da cidade onde vivem. E tais decisões não são fáceis:

---

[4] Para quem não sabe, David Foster Wallace (sobre o qual foi publicado um ensaio no oitavo número da *Dicta*, de autoria de Julio Lemos), que costumava não brincar em serviço quando o assunto era preciosismo de estilo, sempre indicava aos alunos, nos seus cursos de escrita criativa, o início de *O grande deserto* – aquele que, após três parágrafos descrevendo o caos de fim de ano em Los Angeles, afirmava que 1950 seria uma "década de merda" – como o exemplo perfeito de abertura de romance.

geralmente envolvem renunciar a uma existência falsa, que demorou anos e anos para ser considerada como verdadeira. Contudo, no momento em que se confrontam com a realidade terrível dos fatos, não têm alternativa exceto a escolha correta e dolorosa. No meio da sordidez moral em que habitam, há uma fresta de luz, mesmo que ela pareça a ferida purulenta feita por uma faca ou bala de revólver.

Ellroy perseguiria esse caminho insólito com uma perseverança ímpar nos livros restantes do Quarteto de Los Angeles. Em *Los Angeles – Cidade proibida* (transformado em um filme impecável por Curtis Hanson em 1994, com Kim Basinger, Russell Crowe e Guy Pearce) e *Jazz branco*, as ações de cada personagem se avolumam em um panorama gigantesco. A Cidade dos Anjos não é mais suficiente; agora a corrupção se estende pelos Estados Unidos. E o estilo também muda: não temos mais as frases caudalosas, repletas de gírias; as sentenças ficam cada vez mais curtas, sucintas, sem verbos, num *staccato* que lembra muito os solos sincopados de um saxofone no meio de uma caótica *jam session*. Os heróis se tornam cada vez mais sombrios, mais obcecados; às vezes a única pessoa que tem uma moral ilibada é justamente uma prostituta de luxo; outras vezes o policial que deveria investigar um crime resolve cometer outros, para encobrir suas relações escusas com a Máfia e ainda continuar a manter financeiramente a irmã gêmea com quem tem um caso incestuoso. O risco da literatura é levado às últimas consequências – e, com o Quarteto finalmente completo, podemos concordar com o aforis-

mo de Ross MacDonald: agora sim, Ellroy *realmente* dominava a língua e *realmente* havia se apropriado de seu local de nascimento. Era o fundador de um novo mundo, de uma nova nação, mesmo que ela não fosse a mais agradável para se morar.

4

Para onde ele iria depois de tamanha ousadia? Ora, nada mais nada menos do que a própria história de seu país. Inspirado pela obra de Don DeLillo – especialmente o romance *Libra* (1988), sobre a vida de Lee Harvey Oswald, o suposto assassino do presidente Kennedy –, começa a criar em sua mente delirante uma versão subterrânea dos eventos dos anos 1960-1974, justamente a época de três assassinatos mal elucidados (além de John e Robert Kennedy, Martin Luther King), um conflito social (o Movimento dos Direitos Civis) e o *impeachment* de um presidente que, paradoxalmente, ao querer diminuir o poder do Estado na vida privada do cidadão, acabou por aumentá-lo em proporções gigantescas.

Esse instinto pelo subsolo que motiva as intenções dos personagens do novo ciclo de Ellroy – apelidada de Trilogia Submundo dos EUA, em homenagem a outro de livro de DeLillo, o fundamental *Underworld* (1997) – faz parte de suas convicções políticas inusitadas. Segundo Ellroy, Kennedy foi um covarde ("Fodeu sem parar com os exilados cubanos ao fraquejar na Baía dos Porcos") e o maior presidente que a América teve nos últimos anos foi ninguém menos que Ronald Reagan ("Estava certo o tempo todo no final da Guerra Fria e até mesmo Gorbachev teve que abaixar a cabeça ao admitir que ele tinha razão"). Com a aparição de Pete Bondurant – mercenário canadense que faz as vezes de investigador de casos extraconjungais e que teve uma participação especial em *Jazz branco,* conectando dessa forma os dois ciclos literários em um *cosmos* particular, algo que só William Faulkner conseguiu fazer na literatura americana –, Ellroy dá início ao primeiro volume da trilogia Tabloide Americano (1996). Bondurant e mais dois homens relacionados ao FBI – o agente Kemper Boyd e o advogado Ward Littell – são os três *leitmotivs* que se cruzam em uma trama intricada que, entre idas e vindas da Máfia, Revolução Cubana e o fascínio dos EUA pelos irmãos Kennedy (fascínio mimetizado nos modos de todos os envolvidos), chega ao ápice, que foi a conspiração criada para assassinar o presidente no dia 22 de novembro de 1963, em Dallas, Texas. Acompanhamos esses homens por quase setecentas páginas e, no final, ficamos aturdidos com tamanha riqueza psicológica e de detalhes de época que parece que estávamos imersos em um mundo sinfônico. A comparação com a música clássica não é aleatória: Ellroy se inspirou não só em Beethoven, como também ouviu como um maníaco as sinfonias de Anton Bruckner para ter a motivação estética e assim escrever os livros da Trilogia sem perder foco.

De fato, há uma virilidade bruta nos romances mais recentes de Ellroy, mais particularmente os volumes seguintes da Trilogia, *6 mil em espécie* (2002) e *Sangue*

errante (2007), que lembram muito os acordes maciços do compositor bávaro. A forma literária de manter três *leitmotivs* continua com uma precisão inquietante: cada livro sempre acompanha três sujeitos que se envolvem com o mundo obscuro da espionagem e da contraespionagem, da História que é feita por baixo do pano, do subsolo que ninguém quer encarar. Se em *Tabloide* tínhamos Bondurant, Boyd e Littell, em *6 mil* teremos Boyd, Littell e o jovem Wayne Tedrow e em *Sangue* o esquema começa com Tedrow, continua com o jovem *voyeur* Don Crutchfield (inspirado no passado do próprio Ellroy) e depois com o agente secreto Dwight Holly. Cada personagem tem uma mulher específica por quem se apaixona ou se envolve e cada um tem um deus do Olímpio americano a quem deve prestar contas. Estes são os atores reais de um mundo que já está em decadência há algum tempo: os irmãos Kennedy, Luther King, Sam Giancana, Richard Nixon e aquele que pode ser chamado o Zeus de toda a trilogia, o único que vigia a todos e sabe da vida de qualquer um que entre em conflito com seu desejo de poder – J. Edgar Hoover, o chefe do FBI.

Neste caleidoscópio de violência e subversão histórica, James Ellroy mostra o processo pelo qual os EUA perdeu a substância da liberdade interior que animou sua fundação e se tornou um Império que quer apenas sufocar o indivíduo, seja com as ideologias da direita ou da esquerda. Ninguém é inocente, e a culpa é tão difusa que poucos sabem o que é certo e o que é errado. Contudo, em um mundo de tamanho relativismo moral, ainda há espaço para a redenção que

Ellroy buscava desde o início. Isso fica claro em *Sangue errante* quando ele leva às últimas consequências o resumo de suas intenções: *Cherchez la femme*.

É na busca da mulher que trará a salvação ao imaturo e marginal Don Crutchfield que Ellroy escreve o que sempre almejou: o épico policial-histórico-sentimental. Por meio de duas mulheres, a revolucionária Joan Klein (conhecida também como *A Deusa Vermelha* devido às suas credenciais comunistas) e a acadêmica esquerdista Karen Sifakis, Crutchfield descobre o amor que nunca teve na sua juventude, mesmo que o preço dessa descoberta seja alto demais. A trama sentimental se amalgama com a trama histórica e juntos temos uma meditação sobre as decisões trágicas que alguém deve tomar para que finalmente seja responsável pelo seu destino e pelos outros. Ora, novamente estamos no palco da tragédia, mas dessa vez relacionada com um questionamento sobre os rumos do país que manda na sociedade ocidental. Para Ellroy, o importante não são os demônios políticos, que já fizeram estrago suficiente. O que importa desde sempre é se o homem consegue dominar os demônios que lutam constantemente na sua alma.

É uma indagação que parece perseguir o próprio Ellroy na vida pessoal – como fica claro nas memórias publicadas com mais de dez anos de diferença, *Meus lugares escuros* (1994) e *The Hilliker Curse* (2010). O primeiro livro lida diretamente com o assassinato de sua mãe e a investigação fracassada que tentou realizar na década de 1990 para descobrir o assassino; já o segundo é uma espécie de acerto de contas com a sua vocação

literária e com as mulheres que o inspiraram a escrever seus gigantescos livros.[5]

Mas é sobretudo um acerto de contas consigo mesmo. Apesar de todo o sucesso alcançado, do dinheiro acumulado – e que ele gasta para pagar as despesas de pensão de suas duas ex-mulheres, tão vultuosas que uma delas já o aconselhou carinhosamente que "não devia mais se casar" –, apesar da fama e da glória literária, ele realmente dá a impressão que é mais um "visitante indesejado neste mundo". Tem a aparência de um sujeito pacato, que esconde de todos um *hobby* melancólico para quem visita um país estrangeiro como se fosse um turista qualquer: gosta de deitar na cama em plena escuridão, fechar os olhos e, ao som de Beethoven, Bruckner ou Liszt, imaginar as tramas de seus livros ou então convocar as mulheres do seu passado ou futuro para lhe fazer companhia. Isso mesmo, você leu corretamente: ele *convoca* as mulheres que farão parte da sua vida. Sabe que elas aparecerão mais cedo ou mais tarde, como se fosse um mago invocando um feitiço extravagante.

De resto, não precisa fazer compras ou conhecer locais famosos. Contenta-se com um bom quarto de hotel onde possa deitar no escuro, comer um *hamburger* e uma linha telefônica que o faça entrar em contato

---

[5] Não é confusão de adjetivos: Ellroy aumentou exponencialmente as páginas de seus romances – *Tabloide americano* tem cerca de setecentas, *6 mil em espécie* tem novecentas e *Sangue errante* bate a marca das mil. No total, a Trilogia do Submundo soma quase duas mil e quinhentas páginas. Só para comparação, *Em busca do tempo perdido*, de Marcel Proust, tem só mil páginas a mais, porém distribuídas em *sete* volumes.

com sua companheira do momento, Erica. É uma paz que foi conquistada a muito custo: em *The Hilliker Curse*, ele não hesita em contar que, de repente, no meio de uma viagem promocional para o lançamento de *6 mil em espécie*, voltou a ter as mesmas compulsões doentias da adolescência, com a diferença que, em vez de se masturbar freneticamente, dessa vez se coçava sem parar e depois se observava no espelho de forma metódica com a certeza absoluta que *já* tinha um melanoma.

Assim como nas tragédias, os tormentos dos homens e da História demoram muito tempo para serem purgados aos olhos dos espectadores e dos leitores – talvez uma vida inteira. É o que se percebe quando se encontra com James Ellroy: uma firmeza de caráter que surge apenas quando se sabe que *ainda* está no deserto.

Os cristãos antigos simbolizavam a condição humana como uma espécie de roda da fortuna. Ensinavam que não devíamos ficar nem em cima, nem embaixo da roda, mas sempre no meio, porque, independente do seu movimento, deveríamos ser sempre constante nas nossas ações e escolhas. Na Hollywood dos anos 1950, época em que o pequeno Leroy fomentava o mundo que criaria anos depois, Johnny Mercer divulgava a mesma coisa na canção *Ac-Cent-Tchu-Ate the Positive*: Não mexa com o cara que está no meio (*Don't mess with the Mister In-Between*). O motivo? Porque ele sempre pode agir como afirmou Ludwig van Beethoven: *Agarrar o destino pela garganta*. Eis aí a essência de James Ellroy. E assim ele vai embora, a mão coçando a cabeça desprovida de cabelos, os óculos protegendo os olhos que tudo veem, o vento da manhã refrescando sua camisa de estampa havaiana, indo em direção ao quarto, para finalmente ficar no escuro, deitado com suas criações e musas.

Sozinho, com seus demônios.

....

Martim Vasques da Cunha é escritor, jornalista e doutorando em Ética e Filosofia Política pela Universidade de São Paulo.

LITERATURA

PANORAMA GERAL DO FRACASSO

Jonas Lopes

*CREONTE
(...) Ai de mim,
Já não sei o que fazer,
para quem olhar.
Tudo o que tenho nas mãos vacila,
e sobre minha cabeça
a fatalidade desaba, insuportável.*
Sófocles, *Antígona*

O verdadeiro caminho passa por uma corda que não está esticada no alto, mas logo acima do chão. Parece mais destinada a fazer tropeçar do que a ser trilhada.
Franz Kafka

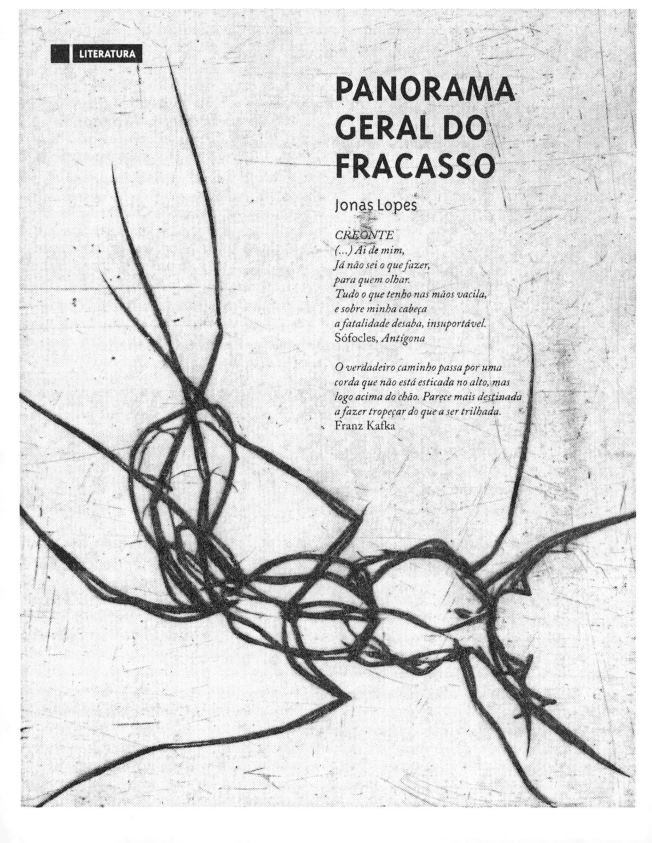

O intelectual e filósofo político norte-americano Russell Kirk não era de se enganar muito. O que não significa que fosse de todo infalível. Em seu excelente ensaio *English Letters in the age of boredom*, Kirk teoriza sobre quatro grandes temas que, a seu ver, têm inspirado a literatura imaginativa e fundamental desde o fim da civilização grega até nossos tempos: a religião, o heroísmo, o amor e a complexidade moral e social. Pode-se argumentar num primeiro momento, claro, que ficou faltando na lista a morte. Correto. Chama a atenção, porém, a ausência daquele que, sem sombra de dúvida, é o assunto primordial de toda literatura de qualidade – quiçá de qualquer gênero no território de humanidades, em especial a filosofia: o fracasso. Pois o malogro, tão implacável quanto moralizante, tão punitivo quanto cômico, contém praticamente todos os outros temas envolvidos na criação ficcional, inclusive os quatro mencionados por Russell Kirk, e não por acaso cumpre papel fundamental em parte considerável do cânone ocidental; há exemplos inclusive fora da ficção, pois basta ler dois diários incontornáveis de autores do século XX, um deles amplamente disseminado (Kafka), o outro injustamente pouco conhecido (o do peruano Julio Ramón Ribeyro, útil para o argumento desde o título, *La tentación del fracaso*). Considera-se aqui a estrutura básica, arquetípica do fracasso – "ruína, desgraça, insucesso, mau êxito", lista o Michaelis –, ou seja, uma expectativa de personagem que se revela frustrada. A partir daí, há as nuances. E já podemos começar a entrever uma lista elementar de personagens indiscutivelmente clássicos que, de uma forma ou outra, sob matizes diversos, fracassam miseravelmente. Édipo, Ulisses, Quixote, Falstaff, Bovary, Fausto, Anna Kariênina, Josef K, Zeno Cosini, Brás Cubas, Julien Sorel, Lord Jim, Ahab, Dorian Gray, Raskólnikov, Von Aschenbach, Leopold Bloom, para não falar de um sem-número de personagens da *Comédia humana*. Fracassam no amor, na conquista do poder ou riqueza, na busca da bondade plena e, no caso de Zeno, na simples tentativa de largar o cigarro. Todas as figuras citadas possuem, em suas motivações, a ambição de alcançar outro patamar em determinado aspecto. Todas têm suas iniciativas frustradas, suas vaidades apunhaladas violentamente.

Chegamos, dessa forma, ao primeiro preceito básico do fracasso como tema: só se fracassa porque se almeja, e só se almeja porque flertar com o desastre faz parte do processo de atração intrínseco à criação artística. Tanto que uma das conquistas literárias supremas do final do século XIX e de muita coisa do século XX (o homem sem qualidades de Robert Musil, o sinólogo Peter Kien, de Elias Canetti, os narradores todos de Thomas Bernhard, esse brilhante arqueólogo do ódio contra e em torno do malogrado) foi compreender essa definição de fracasso como mote básico do enredo e tentar transcender esse conceito. Caso de Tchekhov, nas magníficas peças do fim da vida, situadas entre o drama e a comédia e nas quais já se parte da situação de pré-fracasso, ou mesmo da impossibilidade de se contorná-lo. Beckett transportou isso para um patamar ainda mais elevado. Mesmo

161

após todo revés possível, com Tio Vânia resumido a lágrimas comoventes, Tchekhov ainda deixa Sônia gritar: "nós devemos sobreviver". "Eu acredito", grita ela, quase implorando, sonhando com uma vida terna, tranquila, e os sofrimentos que sejam cobertos por um mar de misericórdia. Beckett vai além ao dotar seus protagonistas da consciência não só de que fracassaram, mas também de que os sofrimentos serão no máximo afogados por uma enxurrada imunda, embora muito estruturalista medíocre se tenha dedicado apenas a abordar Beckett a partir da fragmentação da prosa e da linguagem, esquecendo-se do efeito moral profundo decorrente da escolha pela inação. Apenas a certeza da brutal verdade da inutilidade de agir e reagir (falaremos mais disso ainda) permite que o narrador de *O inominável* finalize o romance com aquela frase tão célebre ("*I can't go on, I'll go on*"). O tal silêncio "que não dura, onde se escuta, onde se espera, que se quebra", de que fala Beckett, é uma manifestação aguda do fracasso. Não era meia-noite. Não chovia (*Molloy*).

Saiu da pena do poeta, tradutor e ensaísta José Paulo Paes um dos estudos definitivos sobre o fracasso na literatura, *O pobre-diabo no romance brasileiro*, recolhido em *Armazém literário*. Zé Paulo pinça quatro livros para embasar seus conceitos: *Os ratos* (Dyonélio Machado), *O coruja* (Aluísio Azevedo), *Recordações do escrivão Isaías Caminha* (Lima Barreto) e *Angústia* (Graciliano Ramos). Poderia ter citado outras joias: *O amanuense Belmiro*, de Cyro dos Anjos, *Lições de abismo*, de Gustavo Corção, *O braço direito*, de Otto Lara Resende; considerando-se narrativas curtas, há Murilo Rubião e Dalton Trevisan (aludido muito lateralmente por Paes); Nelson Rodrigues, para variar, representa nossa arte dramática; Machado de Assis, enfim, renderia por si só um capítulo, um ensaio inteiro. José Paulo Paes chega a abordar a questão que torna possível a discussão desse texto, a razão pela qual o fracasso é viável enquanto motivo literário, o *compadecimento*. "Compadecer-se", anota, "é, etimologicamente, padecer junto, mas – atenção – em posição de superioridade. Magnanimamente abdicamos, por um momento, do nosso conforto de não sofredores para, sem risco pessoal, partilhar o sofrimento de alguém *menos* afortunado e por conseguinte *inferior* a nós".

Já se evocou centenas de hipóteses possíveis para definir a razão do fascínio que a literatura provoca. Grande parte delas resvala no fato de que lemos para buscar na ficção algo que esteja além de nossa vida real. Para além das limitações e dificuldades, ou que pelo menos permita que o interlocutor adentre uma realidade irreal, causa do apelo da literatura policial – como não sentir prazer caminhando entre assassinatos sabendo que basta fechar o livro para que aquele universo sangrento acabe? Personagens irrepreensíveis em termos morais, que sejam arrogantes, de tão felizes, provocariam sono ou asco. Conflito, claro está, é indispensável. Durante o estudo daquilo que chama brilhantemente de "fenomenologia da pobre-diabice", Paes recorre à *Teoria do romance*, de Georg Lukács (antes da fase em que se afunda num marxismo pouco racional), para diferenciar o romance de formação (a exemplo do *Wilhelm Meister*, de Goethe) do romance de desilusão (*A educação sentimental*, de Flaubert). Esse último "leva o herói, após o malogro de seus ideais, à descrença na possibilidade de qualquer forma de conciliação". Seria pretensioso afirmar que todo romance sobre fracasso seja um romance de desilusão. Mas partindo de uma combinação imaginária entre formação e desilusão, podemos retornar à compaixão do leitor, cujo espírito é instigado, alegrado ou entristecido pelos repetidos fracassos dos protagonistas. Sobretudo naquilo que se poderia chamar de romance clássico do fracasso, aquele dedicado justamente à sucessão sistemática de desastres. *D. Quixote*, por exemplo. Temos perfeita noção da insanidade de Alonso Quijano; sabemos, se tivermos algum bom-senso, que ele não encontrará Duclineia e tampouco vencerá as batalhas contra os moinhos de vento, e nada disso nos impede de continuar lendo e reagindo à leitura, gargalhando com as patetices de Sancho, irritando-nos com a crueldade dos antagonistas e emocionando-nos com a morte do herói ao final do segundo volume. O apelo é tão forte que William Faulkner dizia ler o *Quixote* todos os anos, "assim como há gente que relê a Bíblia". "Alonso Quijano", escreveu Juan José Saer, "é o primeiro da estirpe dos heróis novelescos que, sabendo estar condenado à derrota, não obstante saem a se medir com o mundo". Torcemos para que o Cavaleiro da Triste Figura não morra (o mesmo vale para Míchkin em *O idiota*, talhado por Dostoiévski à bondade cristã como Quixote, ou para o decrépito funcionário público de *O capote*, de Gógol), mas, ainda assim, o que Cervantes poderia fazer para terminar de

modo satisfatório o enredo? Nada. Idem para Tolstói em *Anna Kariênina*, ancorado numa protagonista que não raro estimula a antipatia de mulheres moralistas devido à graça e vivacidade amorosa. O escritor russo a mata para puni-la pelo adultério, e não é difícil imaginar tais moralistas dizendo que ela bem que teve o que merecia. A condenação é o oposto do compadecimento, porém opera em sentido contrário sem deixar de trabalhar por um mesmo objetivo: o de engajar o leitor. Seja na piedade ou na censura. Na novela *A morte de Ivan Ilitch*, Tolstói entrega ao leitor um juiz de instrução que, no auge da velhice, dá-se conta de que toda sua trajetória foi marcada pela futilidade. Massacrado pela decadência física, Ivan Ilitch vê a dignidade se esvair juntamente com a forma física. Todavia, o drama é atenuado pelo autor, que ao menos faz o personagem ter alívio com a morte ("Então é isto! Que alegria!"). Não nos entregamos ao moralismo; somente à consternação. Muito mais cínico e cético do que Tolstói, no que é favorecido pela prosa mais direta e trabalhada, pouco propensa a arestas, Flaubert curiosamente nos conduz mais à pena por Bovary. Por outro lado, instiga a raiva por Bouvard e Pécuchet por nunca conseguirem se dedicar a um só assunto em seus experimentos intelectuais fugidios. A dupla sistematiza tanto o romance do fracasso quanto, em uma chave menos bem-humorada (ou dotada de um humor que não se deixa revelar com tanta facilidade), o agrimensor K. de *O castelo*, de Kafka, desencantado pela impossibilidade de atingir o objetivo final, o castelo do título. Não por acaso, ambos os romances resul-

163

taram inacabados. Não havia outro jeito: o fracasso que se repete de maneira circular e constante, à maneira de uma fuga de Bach.

É evidente que José Paulo Paes, ao se referir ao romance de pobre-diabo, não estava definindo exatamente o romance de fracasso, o qual contém o pobre-diabo, mas deve ser flexível o suficiente para ir do cômico ao trágico, de *A comédia dos erros* a *Macbeth*, embora chegue ao estágio da perfeição nos momentos em que se equilibra no meio-termo. Por isso não se pode dizer que Paes esteja errado quando diz que não lhe parece que a primeira pessoa do singular "seja o signo mais adequado à representação literária do pobre-diabo". No caso da representação completa do fracasso, ela é deveras útil, sim. Não tanto quanto a terceira pessoa (ainda que um tanto escorregadia, no caso dos livros pré-modernistas, passíveis de digressões), que possibilita a existência de Emma Bovary ou Anna Kariênina, mas proveitosa ainda assim. A não ser em alguns exemplos específicos, a primeira pessoa não se mostra tão propícia quanto a terceira para o compadecimento. Compensa a omissão fazendo uso de outro recurso, a *autodepreciação*. Nietzsche, em *Aurora*: "A sensação de que 'sou o centro do mundo!' surge bem forte, quando repentinamente somos tomados pela vergonha; ficamos ali, como que entorpecidos no meio da rebentação, e sentimo-nos como que cegados por um imenso olho, que de todos os lados olha para nós e através de nós". Francis Bacon: "O próprio ser é foco pobre das ações de um homem (...) Sabedoria para proveito próprio é, em seus vários ramos, algo depravado". Já se dis-

se aqui que uma figura invencível e infalível mataria de tédio o leitor. Não se trata disso, e sim do egocentrismo desmedido, a capacidade de tropeçar numa casca de banana e achar que se esqueceu de amarrar o cadarço do sapato. Tristram Shandy, Humbert Humbert, Brás Cubas, este é o território de vocês. Ao falar de *Angústia*, de Graciliano Ramos, José Paulo Paes lembra que "o ato de revolta de Luís da Silva" se cumpre "no plano do imaginário, não do real". O toque de herói trágico comprovaria, a seu ver, "a inadequação da voz narrativa em primeira pessoa para a construção do pobre-diabo ficcional". Não se trata, repito, de condenar Paes, longe disso; mas a autodepreciação que resulta do egocentrismo, *especialmente* aquela iniciada no plano imaginário, é qualidade fundamental do fracassado, inclusive alguns fracassados que são também pobres-diabos.

Talvez nenhum autor tenha alcançado domínio mais pleno do imaginário fracassado utilizando-se da primeira pessoa do singular do que o suíço Robert Walser. "É uma honra azedar a própria existência", proclama o narrador de *O ajudante* (1908). Caso sintomático de escritor de escritores – admirado por Kafka, Benjamin, Musil, Canetti, Sebald e incontáveis outros –, Walser viveu uma existência medíocre trabalhando como mordomo, escriturário e, posteriormente, funcionário de banco. Cada vez mais isolado da família e da sociedade, entrou num processo convulsivo de decadência mental, exageros alcoólicos e uma tentativa de suicídio, e acabou sendo internado por uma irmã num sanatório. Ali passou o resto da vida, escrevendo narrativas curtíssimas

em letras minúsculas, criptografadas, muitas vezes incompreensíveis. Adepto das longas caminhadas solitárias em regiões montanhosas, ele morreu durante uma delas, no Natal de 1956. O mundo perdia um gênio pouco reconhecido até então, apesar do elenco ilustrado de admiradores. Entre os trabalhos publicados por ele antes da internação, o mais celebrado é *Jakob von Gunten*, escrito em forma de diário em 1908 e publicado um ano depois. Nele, Walser dá início à contribuição para a tradição malograda por meio do narrador homônimo, jovem aluno do Instituto Benjamenta, instituição dirigida por dois irmãos tão sisudos quanto desiludidos. Jakob von Gunten é um modelo de falta de sociabilidade e de autodepreciação tão acurado que faz Beckett parecer um *doppelgänger* de Jane Austen. Toda sua atividade mental se concentra na tentativa de transformar-se numa negação social, um orgulhoso e retumbante fracasso, que despreza qualquer possibilidade de êxito. "De uma coisa tenho certeza: no futuro, o que vou ser é um zero à esquerda, muito redondo e encantador", escreve ele no diário.

Ciente de que o cidadão resignado é aquele que encontra o melhor caminho na vida, Jakob, "pessoa pequena e insignificante", fornece ao leitor uma lista enorme de frases próximas do aforismo acerca do quão pouco se tem em conta. Sustenta que só quer conseguir viver com simplicidade, pois aceita "o tempo como ele é". A tristeza educa, acredita. E, principalmente, pensa que viver

SE A VIDA REAL FOSSE UM CAPÍTULO DE ROMANCE, SERIA O DE BRÁS CUBAS. ESTARÍAMOS TODOS VITUPERANDO SOBRE COMO NÃO FOMOS MINISTROS DE ESTADO.

em negação ajuda a não se frustrar: "aqueles que se dão valor em demasia jamais se sentem seguros diante dos desalentos e das humilhações, e a consciência que têm de si sempre depara com algo que lhe é hostil". A atitude desses narradores, portanto, nada tem de pose ou masoquismo; eles apenas sofrem do medo de sofrer. Assumir-se como fracasso é ter a certeza absoluta de que não se fracassará tentando ser um sucesso. Montaigne, em *Da incomodidade da grandeza*: "Acho muito difícil o esforço de suportar os males; mas em contentar-se com uma medida mediana de fortuna e em fugir da grandeza acho pouca dificuldade (...) Que devem fazer aqueles que ainda levassem em consideração a glória que acompanha tal rejeição, na qual pode caber mais ambição do que no próprio desejo e gozo da grandeza, porquanto a ambição nunca se conduz mais à vontade do que por um caminho desgarrado e inusitado?". Cioran, em *Breviário de decomposição*: "Tudo o que construímos para além da existência bruta, todas as forças múltiplas que dão uma fisionomia ao mundo, devemos à Desgraça – arquiteto da diversidade, fator inteligível de nossas ações". Considerando o narrador walseriano como uma figura única, que se desdobra nos romances vários do autor, até que Jakob não chega a ser realmente radical, porque ainda possui certa leveza de espírito, apesar do azedume geral – basta observar a relação terna que mantém com a irmã solteirona do diretor do Instituto Benjamenta.

Conforme perdia o gosto pela vida prática, o escritor imbuía os livros de uma amargura ainda mais autoconsciente e venenosa.

Peguemos como exemplo *Der räuber*, escrito em 1925, mas só publicado nos anos 1970. Não há ainda uma edição brasileira, porém em Portugal a editora Relógio D'Água lançou uma boa tradução (de Leopoldina Almeida), intitulada *O salteador*. Espécie de versão renascida do homem do subterrâneo, de Dostoiévski, o narrador do livro e dublê de escritor (a narração é dúbia, delirante, mas é ingênuo não tomar o narrador como o protagonista), vive marginalizado em Berna, onde persegue mulheres e chega a irritar o leitor devido aos comentários arrogantes, sarcásticos e ressentidos, ainda que eruditos (cita Hölderlin em diversos momentos). Para ele, que afirma ter muito orgulho de ser medíocre, toda pessoa saudável deve ler livros doentios e nunca demonstrar tristeza, só alegria, além de achar a maldade bela e ser amada moderadamente, com o intuito de – volta-se a Jakob von Gunten – evitar todo e qualquer sofrimento desnecessário. Obra-prima de misantropia extremada, *Der räuber* exacerba o sentimento do próprio Robert Walser, pois vários episódios são inspirados em sua vida, e na negação da existência comum vivida por ele próprio no sanatório de Herisau. É célebre a história de quando o suíço, perguntado sobre se continuava escrevendo no isolamento, respondeu que não. "Não estou aqui para escrever, estou aqui para ser louco", ironizou, talvez com um sorriso de sincera credulidade. Walser não apenas dissecou o fracasso em sua literatura, como a transformou em razão de existir. É

o herói dos desastrados, o homem que conseguiu combinar como poucos os elementos aqui exemplificados, de *compadecimento* e *autodepreciação*, fora que os romances de sua autoria cabem perfeitamente na fenomenologia da pobre-diabice teorizada por José Paulo Paes. Tinha antecedentes, lógico. O mais óbvio deles está em *Bartleby, o escrivão*, novela de Herman Melville, e no bordão hilário, desesperador do protagonista burocrata, "*I would prefer not to*" ("acho melhor não"). Melville lançou as bases do carinho pela negação; Walser deu a ele status de arte.

Sob um aspecto não tão ranzinza, embora não menos pessimista, o canadense-americano (acima de tudo judeu) Saul Bellow deu ensejo a um tipo de fracassado diferente do de Walser, com inclinações intelectuais e acadêmicas mais claras. O ladrilhado painel de perdedores de Bellow inclui Tommy Wilhelm (*Agarre a vida*), Charlie Citrine (*O legado de Humboldt*) e Arthur Sammler (*O planeta do Sr. Sammler*). Entre as desventuras desse último está a cena em que é perseguido por um vagabundo, numa Nova York massacrada pelas mazelas do progresso, até um beco, onde estranho lhe mostra seu pênis. Nenhum dos personagens supracitados, contudo, tem o carisma e a competência de execução de Moses Herzog, de *Herzog* (1964). Logo na abertura, o romance mostra a que veio: "Se estou louco, tudo bem para mim, pensou Moses Herzog". O uso do discurso livre indireto, variando entre a terceira pessoa neutra e a primeira pessoa digressiva de Herzog, aproxima o leitor desse professor que perdeu a esposa para o melhor amigo e, com ela, uma filha adorável, e agora divide o pão com a ratazana do apartamento. Não lhe falta uma noção minimamente correta da situação. Considera-se mau, ingrato, indiferente, distante, egoísta, preguiçoso, insípido, passivo e evasivo. Gasta o tempo escrevendo cartas imaginárias e nunca enviadas para figuras variadas, de Heidegger a Adlai Stevenson, da ex-mulher a Deus. Bellow narra uma série de eventos fracassados envolvendo Herzog. O mais ridículo deles acontece quando leva a filha para passear sem que a ex-mulher saiba. Acaba batendo o carro e a polícia encontra em seu bolso uma arma que pertencia ao pai, e não a ele. Mesmo com a sequência de desastres pessoais, não se entrega à misantropia como os personagens de Walser. Através do espírito incisivo, cômico e levemente punitivo, Bellow nos faz amar Herzog. E sentir uma pena – enredada pelo carinho – não tão grave quanto a que sentimos por Quixote ou pelo Ivan Ilitch de Tolstói.

Philip Roth, apesar da imensa admiração que sentia por Bellow, parece menos preocupado em instigar a compaixão do leitor. O titereiro Mickey Sabbath, protagonista de seu livro mais bem-acabado, *O teatro de Sabbath* (1995), sofre ainda mais do que Moses Herzog com situações patéticas provocadas pelo autor: "sem lar, sem esposa, sem amante, sem tostão... pule no rio gelado e se afogue", essa é sua situação. O episódio mais estridente é quando se hospeda na casa de Norman, um antigo amigo, e é pego na banheira se masturbando com a foto da filha do próprio Norman. Em outra passagem, Sabbath urina no túmulo de uma ex-amante recém-falecida, em uma última homenagem à memória dela. A literatura do fracasso com espírito punitivo busca causar constrangimento no leitor, nunca chegando a surgir uma relação real de compadecimento com a obra. Pode ser torturante, mas se o escritor tiver domínio da arte literária, caso de Roth (vide *O complexo de Portnoy*, *O avesso da vida* e *A marca humana*), de Evelyn Waugh de *Declínio e queda* ou ainda de Witold Gombrowicz em *Ferdydurke*, chegamos a uma das formas mais satisfatórias de literatura do fracasso, já que constrange o leitor sempre por meio de situações tangíveis, que poderiam ocorrer com qualquer um, até com o próprio leitor. Encontramos crueldade intelectual (diferente da emocional, aquela tão presente nos extraordinários dramas tardios de Ibsen) em todos os romances de Vladimir Nabokov, com destaque para *Pnin* (1957) e o desastroso professor que dá título ao livro – aliás, difícil entender a antipatia que Bellow e Nabokov nutriam um pelo outro. Na literatura contemporânea, um adepto do sadismo de fracasso é o sul-africano J.M. Coetzee, em especial no estupendo *Desonra* (1999).

Hoje em dia, a metafísica do malogro está altamente disseminada. Que o digam seriados de televisão como *Os Simpsons*, *Seinfeld* e *Curb Your Enthusiasm*. Na música pop, o Frank Sinatra de *In The Wee Small Hours* e *Only The Lonely* e Morrissey, ex-líder da banda britânica The Smiths, personificam o caso do perdedor que se despedaça em desilusões amorosas, território que é ouro puro para um desenvolvimento mais complexo do tema. De Martin Amis a Jonathan Franzen, passando por Ian McEwan (cujo protagonista do interessante mas falhado *Solar* é uma espécie de sobrinho moral dos de Saul Bellow), os nomes mais incensados da ficção contemporânea de língua inglesa lançam mão do fracasso para dar força a suas ficções. O catalão Enrique Vila-Matas desdobra a reflexão com mais competência, e transporta o fracasso para a criação literária de herdeiros espirituais de Bartleby que falham na tentativa de continuar escrevendo – Walser adaptado para o novo século: Vila-Matas sempre soube prestar homenagens honestas ao mestre. Um filme recente, o brechtiano *Dogville*, de Lars von Trier, conseguiu exemplificar de forma bem didática (talvez didática demais) a questão do compadecimento ao obrigar Grace, vivida por Nicole Kidman e que, após padecer na mão dos moradores de um pequeno vilarejo, acaba executando todos eles, a perceber que só suportava aquele sofrimento por arrogância e hipocrisia. Retorno uma última vez a José Paulo Paes: "Magnanimamente abdicamos, por um momento, do nosso conforto de não sofredores para, sem risco pessoal, partilhar o sofrimento de alguém *menos* afortunado e por conseguinte *inferior* a nós". *Touché*.

Se a vida real fosse um capítulo de romance, seria o de Brás Cubas. Estaríamos todos vituperando sobre como não fomos ministros de Estado.

....

Jonas Lopes é jornalista da *Veja São Paulo*.

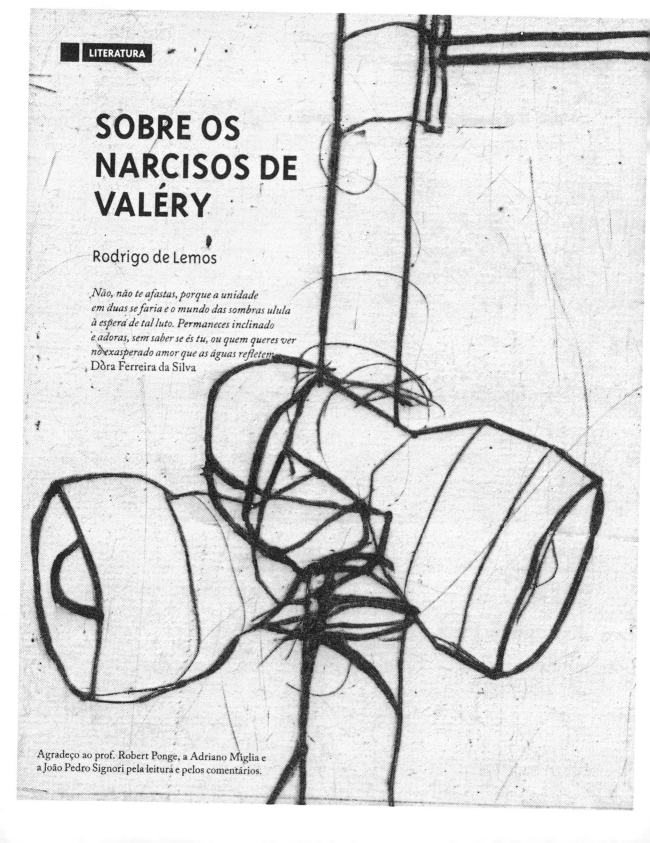

LITERATURA

SOBRE OS NARCISOS DE VALÉRY

Rodrigo de Lemos

*Não, não te afastas, porque a unidade
em duas se faria e o mundo das sombras ulula
à espera de tal luto. Permaneces inclinado
e adoras, sem saber se és tu, ou quem queres ver
no exasperado amor que as águas refletem*
Dora Ferreira da Silva

Agradeço ao prof. Robert Ponge, a Adriano Miglia e a João Pedro Signori pela leitura e pelos comentários.

A comédia intelectual de Paul Valéry (1871-1945) não prima nem pela abundância de cenários, nem pela variedade de personagens. Não são muitas as paisagens que solicitam sua sensibilidade – a maravilha da alvorada, a colunata de um templo, o céu mediterrâneo como o da sua Sète natal. Tampouco são muitos os mitos a povoar sua obra poética sucinta, composta de algumas dezenas de poemas trabalhados ao extremo. Semíramis, Orfeu, Fausto, tais são as figuras a que recorre Valéry para dizer a potência da vontade criadora, o encanto da poesia ou a sede de conhecer. Contudo, é Narciso quem ocupa o primeiro plano na sua obra poética; presente desde seus primeiros anos como poeta em Montpellier (na década de 1890) até a "Cantate du Narcisse" (1938), o pastor encantado com seu próprio reflexo é uma das imagens mais recorrentes em seus versos, o que levou o crítico Michel Décaudin a identificar no narcisismo o centro da obra de Valéry – fazendo eco ao próprio poeta, para quem Narciso representava "uma espécie de autobiografia poética".

* * *

Uma anedota está na origem do seu interesse por Narciso. À época de seus estudos em Montpellier, o jovem Valéry recebia as visitas de um amigo parisiense, André Gide; em meio à solidão da província, encontrava nele um semelhante. Durante uma dessas visitas, em 1890, passeando pelo Jardim Botânico da cidade, os dois companheiros deram com um monumento acompanhado de uma inscrição: *Placandis Narcissae ma-*nibus ("Para aplacar os manes de Narcisa"). Segundo uma tradição local, aquele era o túmulo de Narcisa, apelido da filha de Edward Young (o poeta de *Nights*); a família, protestante, não teria recebido autorização para enterrar a menina no cemitério da cidade, e Narcisa teria encontrado seu leito derradeiro junto às pedras e às árvores daquele recanto lúgubre do Jardim Botânico. Inspirado pelo pitoresco da cena e pelo encanto da anedota, Gide redigiu um curto tratado simbolista (que viria a ser seu primeiro texto publicado), o belo *Traité du Narcisse (Théorie du Symbole)*, em que pinta Narciso curvado sobre o rio do tempo, buscando transcender, por meio da contemplação estética, a aparência dos fenômenos em direção ao Éden da Ideia pura.

A comoção de Valéry não foi menor, segundo ele mesmo rememoraria em uma conferência de 1941: o apelido da filha de Young evocara-lhe o mito do pastor beócio, e, naquele mesmo ano de 1890, o poeta viria a escrever uma série de esboços para um soneto (publicado apenas postumamente) no qual seu tratamento do mito, ainda que em estado embrionário, já deixa transparecer algumas de suas características principais: Narciso, debruçado sobre a superfície que o separa de seu objeto de afeto, preso entre o desejo que o aguilhoa e a impossibilidade de realizá-lo, lamenta seu amor ao longo de um sonoro monólogo em alexandrinos. Essa abordagem do mito seria enriquecida em "Narcisse parle", composto a pedido de Pierre Louÿs no ano seguinte (mas reescrito até 1927). Tendo trocado a forma do soneto (e sua exigência de concisão) por estrofes de extensão irregular, Valéry desenvolve o tema acrescentando um novo tormento ao padecer do herói: a passagem do tempo, representada pelo por do sol que, submergindo a paisagem nas trevas, com ela suprime aos olhos de Narciso o seu reflexo adorado. Ao final, ele deve contemplar, impotente, o lento e implacável esvaecer daquilo que lhe é mais caro; seu único consolo, o doce som de uma flauta que ele faz soar à luz da lua.

* * *

Valéry procedia por aproximações sucessivas. Sua reflexão sobre a criação poética compreendia o princípio de considerar todo texto como esboço, como primeira aproximação, suscetível de alterações, de subtrações, de acréscimos. Ainda que não corresponda a diferentes versões de um mesmo poema, a série sobre Narciso ilustra muito bem esse método: a cada abordagem, o tema se precisa com um novo traço ou conhece uma importante variação.

Quando, na edição definitiva de *Charmes* (1926), vêm a público as três partes de "Fragments du Narcisse" (longo poema que representa o ápice do tratamento do mito), os já muitos leitores que o poeta conquistara desde a publicação de "La Jeune Parque" em 1917 puderam apreciar a rica significação que esse mito adquirira ao longo de mais de trinta anos. Às camadas de significado já sedimentadas nos poemas anteriores (a angústia do desejo irrealizável, a solidão, a passagem do tempo sugerida pelo cair da noite) vem somar-se uma nova, a mais peculiar a Valéry: a assimilação do desejo narcísico a uma busca do espírito, à vontade de uma pureza, de uma perfeição que em nada se identifica com as figuras do mundo, mas que, por isso mesmo, torna-se intangível e inquietante.

Essa assimilação transparece no uso recorrente de *pur*, monossílabo que exprime as preocupações espirituais de Valéry e que, vago em demasia para constituir um conceito, remete às suas mais íntimas e mais indefiníveis aspirações, como bem observou Albert Henry. Em "Fragments du Narcisse", o protagonista emprega-o frequentemente para expressar o que de sublime ele distingue na própria imagem. A noção de pureza aparece logo no verso de abertura (o célebre "Como brilhas enfim, termo puro a que corro!") para ressurgir mais à frente, quando Narciso exalta-se ao ver seu próprio torso nu, mais puro que o de uma mulher, diz ele. Nesse seu reflexo, Narciso não adora apenas um igual, uma cópia de si mesmo, mas um duplo mais que perfeito, miragem inalcançável da própria perfeição ("Semelhante!... E ainda assim mais perfeito que eu mesmo!").

Essa pureza não se restringe ao seu reflexo; por dirigir-se a um objeto tão nobre, a sua própria paixão é considerada uma afeição superior. É o que ilustra a segunda parte de "Fragments": ostentando seu desprezo pelos casais que, às bordas da fonte, rebaixam-se à condição de pura animalidade e entregam-se ao gozo carnal (tolos que se deixam enganar pela paixão alheia; rudes dominados por um apetite vulgar), Narciso, altivo, proclama seu desejo total de conhecer sua própria essência:

"Mas eu, Narciso amado, eu só estou curioso
Por minha própria essência;
Todo outro coração se faz misterioso
E é, para mim, só ausência."

Entretanto, a visão dessa perfeição está longe de ser beatífica. A angústia não cessa de assombrá-lo. Narciso está menos só do que gostaria; o apelo das ninfas, o vento a turvar a fonte, uma folha que cai sobre as suas águas, tudo se interpõe à díade fechada que ele aspira formar com seu duplo. A própria natureza de seu reflexo não é menos problemática – Narciso sabe da fragilidade que o faz inviolável, da impossibilidade de que seu amado saia do espaço virtual e se faça corpo e carne no mesmo mundo que ele habita.

* * *

Para apreciar a particularidade do tratamento que Valéry acorda ao mito, voltemos brevemente à sua versão mais tradicional, àquela que serviu de referência a gerações de escritores franceses, desde os autores do *Roman de la rose* até os simbolistas do século XIX, passando por Ronsard, por La Fontaine e por Rousseau: a de Ovídio nas *Metamorfoses*. Valéry, como ele mesmo o confidencia em carta a Gide, só veio a conhecê-la tardiamente, depois da primeira publicação de "Narcisse parle", em 1891. Seu julgamento não foi exatamente abonador; declarando não ter encontrado semelhança alguma entre o seu Narciso e o de Ovídio, e que somente três palavras de todo o texto o agradaram, ele confessa que aquele seria talvez seu último encontro com a versão latina.

De fato, a arte poética de Ovídio é em muito distante do simbolismo em voga na juventude de Valéry. Não são poucos as características que os poetas franceses de então recusavam (a intenção didática na arte, a veiculação da poesia com a narrativa) e que estão no episódio das *Metamorfoses*. Assentado em concepções religiosas e morais da Antiguidade latina, consiste em uma narrativa moralizadora contra a indiferença do amado pelo amante. A paixão por sua própria imagem acomete o herói de Ovídio como punição divina; é a sua frieza, o seu desdém pelos pastores e pelas ninfas fascinados por sua beleza que provoca a ira de Nêmesis, o castigo do herói sendo o de padecer do mesmo mal que provocara, consumido por uma ânsia irreprimível pelos encantos de um ser intocável – no caso, ele mesmo. Nas *Metamorfoses*, Narciso é um réprobo, um ser faltoso para com a ordem moral guardada pelos deuses, merecendo ser despojado da condição humana, o que ocorre por sua metamorfose em flor; sua paixão é, na verdade, o anseio por um corpo sedutor que a um primeiro momento ele não identifica como seu e que tanto mais lhe atrai quanto mais escapa ao toque.

Não é difícil perceber a distância entre o Narciso de Ovídio e o de Valéry. Subtrair o drama do protagonista a qualquer influência dos deuses (que permanecem mudos às preces do herói na parte III de "Fragments du Narcisse"); alçar Narciso de uma figura de opróbrio a um símbolo da busca de pureza; transformar um desejo que era pura concupiscência em alta exigência do espírito; eis como Valéry apropria-se do mito. Nisso, não repete o gesto provocador do Mallarmé de "Hérodiade", que faz de Salomé (emblema do crime e da lascívia) uma virgem mineral, porta-voz de um inflexível élan de idealidade?

* * *

Quando, em 1941, uma rádio de Marselha executou pela primeira vez a "Cantate du Narcisse", Valéry já havia acrescentado os últimos traços a seu retrato. Nessa sua última obra sobre o mito (cujo libreto redigira em 1938 e que teve a música composta por Germaine Tailleferre), seu trabalho foi o de reforçar as cores dos quadros anteriores (explicitando o tema da pureza) ao mesmo tempo que inseria variações formais importantes relacionadas à mudança de gênero, agora dramático. À primeira vista, a cantata difere dos poemas que a precederam, sobretudo por aproximar-se de Ovídio, a quem, apesar da sua malevolência inicial, Valéry toma emprestado alguns dos motivos mais característicos (como os deuses vingadores e a metamorfose em flor). Também no plano formal há um retorno às *Metamorfoses*. Com vistas ao palco, Valéry dá provas de um interesse marcado por desenvolver a ação da peça (exígua em um poema como "Fragments", por exemplo), que consiste nas tentativas das ninfas de fazerem-se amar por Narciso e na negação obstinada dele em abandonar sua paixão.

No entanto, tais semelhanças restringem-se ou bem aos detalhes, ou bem à estrutura; os problemas de significação da "Can-

tate" estão na continuidade dos problemas postos por "Narcisse parle" ou "Fragments". Nela, a noção de pureza continua tão fundamental quanto nos anteriores, o que se faz ver justamente na cena que em aparência mais diverge deles. Se em "Narcisse parle" e em "Fragments" era o reflexo que se apagava ante os olhos do amante, agora é Narciso quem está condenado pelos deuses a desaparecer. No momento mesmo em que vai ser transformado na flor que leva seu nome, despede-se do reflexo amado:

> Eis o fim dos teus dias neste mundo
> Onde dura o que é puro só um momento...

Narciso é tragado pela vida bruta, não sem antes denunciar a imperfeição deste mundo "onde dura o que é puro só um momento". Aí estão enunciados os termos de uma oposição inconciliável: de um lado, a visão da pureza; do outro, um mundo onde tudo é precário e contingente, uma realidade avessa às mais altas aspirações da alma, que nela não duram mais que o instante de um sonho.

É assim que o mito de Narciso em Valéry toca uma das principais preocupações de seu pensamento: o impulso ascético à liberdade interior perpetuamente assediado por forças externas, pelas urgências do corpo, do instinto, pelas limitações do mundo. Não é essa tensão que expressa em seu monólogo a jovem de "La Jeune Parque", dividida entre um desejo de autodomínio e a volúpia de deixar-se escravizar pela sensibilidade?

Mesmo a crítica de Valéry realiza à sua própria maneira essa figura recorrente. Em

"Avant-propos à la *Connaissance de la déesse*", prefácio para um livro de Lucien Fabre, Valéry, ao discorrer sobre a poesia pura, define-a como a procura por "uma beleza sempre mais consciente de sua gênese, sempre mais independente de qualquer *assunto* e de atrativos sentimentais vulgares, assim como dos grosseiros efeitos da eloquência". Também a poesia pura é um ideal ascético; em busca de uma beleza sobrenatural, o artista deve impor-se uma série de restrições: a negação da eloquência, a independência quanto ao tema, a recusa do sentimentalismo – tal qual Narciso rejeitando os fáceis prazeres do corpo alheio em favor da promessa de um bem maior. Porém, a exemplo do reflexo de Narciso, o objeto dessa ascese não é menos problemático que o caminho para alcançá-lo. Nada garante que, uma vez atualizada, essa beleza superior estará indefinidamente disponível ao gozo do homem. Pelo contrário; a propósito da poesia, ele diz que:

> (…) uma verdade dessa espécie é um limite do mundo: não é permitido nela estabelecer-se. Nada de tão puro pode coexistir com as condições da vida. Somente atravessamos a ideia da perfeição como a mão impunemente corta a chama; porém, a chama é inabitável, e as moradas da mais alta serenidade são necessariamente desertas.

"Nada de tão puro pode coexistir com as condições da vida"; conclusão a um só tempo amarga e orgulhosa, que repete a fórmula com a qual Narciso despede-se do mundo ao fim da "Cantate". A perfeição como "chama inabitável", como "morada deserta da mais alta serenidade", uma exceção transitória na trama de lacunas e de limitações da vida – mas, por isso mesmo, a mais nobre das suas justificativas.

* * *

"Perfeição", "pureza", "idealidade"; então o que caracteriza a visão de Valéry sobre Narciso seriam essas grandes palavras vagas, "palavras-papagaio", como ele mesmo dizia, que, incapazes de dizer qualquer coisa por si, repetem o que quem delas se serve faz com que digam? Para precisar seu significado, apelemos à sua interpretação do mito. Ele a expôs em algumas ocasiões, a primeira em carta ao crítico Frédéric Lefèvre, a segunda em resposta a Rainer Maria Rilke, que lhe escrevera para dar testemunho de seu entusiasmo por "Fragments du Narcisse".

Valéry admite que sua metafísica do mito não está presente em seus versos, no sentido de que nenhum desses poemas é "filosofia em verso" (a qual o repugnava); antes, sua ideia sobre Narciso foi tomando forma pouco a pouco, à medida que compunha. Ele a concebe como uma clivagem, como um estranhamento entre o particular e o universal no próprio eu: diante do espelho, que pode a consciência, crente como é na sua própria infinitude e universalidade (já que pode desposar todo tipo de objeto), senão estranhar ao ver-se atrelada a um rosto único, a um indivíduo particular, finito porque definido, determinado por um conjunto de condições que o ultrapassam?

Uma formulação que parece um tanto hermética, mas que é desenvolvido com mais detalhes em "Note et digression", ensaio de

1919 que vem complementar o clássico "Introduction à la méthode de Leonard de Vinci" (1894). A linguagem elegante e precisa, típica da melhor prosa de Valéry, disfarça mal uma profissão de fé entusiasmada no intelecto criador e nas potências ilimitadas da consciência. Esta última é definida como um círculo fechado, como um sistema completo de substituições psicológicas; ao desviarmos nossa atenção, substituímos um elemento do mundo por outro no seu foco. O que, segundo Valéry, é particular a esse sistema é sua radical exterioridade com relação aos elementos que lhe servem de objeto. Como bem lembra Marcel Raymond, nada mais estranho a Valéry do que as asserções da fenomenologia de que toda consciência é consciência *de* algo; para ele, é a consciência uma faculdade autônoma: tanto sua existência quanto seu funcionamento independem dos dados sobre os quais trabalha.

Exterior ao mundo, ela também lhe é superior; os elementos por ela percebidos só podem ser dependentes daquilo que os percebe – se suprimida a consciência, eles serão destituídos de significado, e a própria condição para conservarem-no é manterem-se no seu sistema. Tampouco pode haver para ela um elemento-limite; nada que seja pensado ou percebido pode esgotar a capacidade de pensar ou de perceber; nada existe que trave seu fluxo contínuo de substituições. Nem mesmo a morte pode abalar o sentimento de sua soberania: que é para a consciência pura essa morte senão uma ideia como as outras, substituível como as outras, de cuja existência ela está informada como da existência de uma casa ou de uma lei da termodinâmica, mas que nada pode significar-lhe? A conversão da sua própria morte em ato, em coisa do mundo, não implica precisamente a extinção do que poderia conferir-lhe significação?

Essa independência da consciência não se dá à exclusão somente do mundo externo, mas igualmente dos acontecimentos da nossa vida interior. Também eles são objeto de suas substituições, do mesmo modo que uma árvore ou um automóvel; uma lâmpada, a sensação de frio, uma emoção desagradável, uma relação matemática, tudo se iguala ao desfilar frente a esse *eu puro*,[1] impassível; ao seu olhar absoluto, os nossos eventos mais íntimos são coisas entre as coisas, simples elementos intercambiáveis. São eles – pensamentos, hábitos, emoções – que formam nossa *personalidade* particular e finita, limitada e contingente, pois plasmada ao sabor de acontecimentos sobre os quais não teve controle e sob condições de tempo, de lugar, de hereditariedade que lhe são externas. Contrariamente ao despojamento da consciência, que faz também a sua força, esse eu é o nosso polo sensível à dor e ao deleite dos sentidos, ao mole torpor dos elogios e ao reconhecimento amargo de nossas inferioridades, que foge continuamente ao seu presente, que tende sem cessar ao que já foi, ao que ainda será, ao que não pode ser. É ele

---

[1] Não é sem hesitação que me sirvo do termo "eu puro" nesta exposição do pensamento de Valéry; nada lhe é mais estranho do que a visão hipostasiada que a expressão poderia sugerir. Talvez fosse melhor, na esteira do crítico Jean Levaillant, falar em "posição pura"; resta que o próprio Valéry não se furtou ao termo "eu", no que o seguirei neste ensaio, deixando, no entanto, esta ressalva ao leitor.

o fragmento de mundo que a nossa consciência vê-se obrigada a carregar sem nele reconhecer-se.

E, mesmo assim, assumimos esse eu empírico como nosso único, verdadeiro eu; a ele nos limitamos como à nossa única realidade. Erro fundamental, segundo Valéry; é no eu puro, impessoal e irredutível a qualquer figura finita, indefinido como "o centro de massa de um anel", que se encontra o manancial da liberdade mais perfeita, de uma serenidade e de uma potência de espírito que o nosso eu "no mundo" jamais atingirá. Impõe-se, desde então, uma negação de tudo que poderia dar uma forma ao eu puro, uma "recusa de ser o que quer que seja" que encontra sua personificação ideal em M. Teste (herói da novela *La Soirée avec M. Teste*). Liberta assim da personalidade, pode a consciência, por meio de uma escrupulosa ascese intelectual, entrar em plena possessão de seus poderes, desenvolver-se a ponto de suspeitar na realidade habitual apenas uma resposta entre outras a problemas universais e, como tal, passível de toda sorte de modificação. É essa a atitude central dos homens de ordem superior, dos inventores, dos artistas geniais, dos grandes homens de ciência; é o símbolo máximo dessa atitude que Valéry encontra em Leonardo da Vinci, cientista, artista e inventor.

Certamente, semelhante teoria (ou mística?) do eu não poderia estar exposta tal qual nos líricos alexandrinos de "Fragments du Narcisse" ou da "Cantate". Narciso é símbolo; sua função é significar não uma descarnada abstração, mas a coloração emocional de uma certa metafísica. Não estaria aí a relação entre esses poemas e a sua espécie de filosofia da consciência? Com efeito, não haveria um paralelo entre as árduas recusas que Valéry propõe como caminho para a liberdade interior e as negações por Narciso das ninfas que o assediam, da impura fruição do corpo alheio? Acaso a fascinação frente ao duplo perfeito não corresponderia à do asceta valériano pelo eu puro? Não estaria a solidão desse penoso processo de autodepuração intelectual representada pela própria solidão de Narciso? E a angústia quanto à fragilidade de seu reflexo não seria a mesma de Valéry, consciente da impossibilidade de um ideal tão intransigente perdurar em um mundo em que todo élan à perfeição esbarra em limitações insolúveis ou dissolve-se em conciliações e em facilidades? Chegamos aqui ao cerne da sensibilidade simbolista herdada por Valéry, à sua vontade de uma imersão profunda no espírito na esperança de nele encontrar, tesouro enterrado ou fronte de donzela, uma virtude salvífica. Foi esse tipo de empresa – audaz ou imprudente? – que marcou a juventude de uma parte importante dos escritores franceses da virada do século, os quais, por essa via, ou chegariam à luta revolucionária, numa tentativa de romper os grilhões materiais da mente, ou, filhos pródigos, buscariam na Igreja a realização de uma beleza suprema da qual o esteticismo só fora, aos seus olhos, a miragem.

....

Rodrigo de Lemos é tradutor, professor de língua francesa na UFCSPA e doutorando em literatura francesa pela UFRGS.

LITERATURA

CORAGEM, HORROR E MARAVILHA: PHILIP ROTH E O TEATRO DE SABBATH REVISITADO

Pedro Gonzaga

1

Uma obra narrativa (evito literária, pois gostaria também de pensar no cinema, num quadro, numa fotografia) revela-se em sua grandeza por três aspectos indispensáveis à própria narrativa: a profundidade do quadro histórico que é capaz de abarcar, a presença de ao menos uma personagem que nos confronte com sua inapelável humanidade (sem a qual não há o reconhecimento) e a capacidade dessa personagem de nos levar ao horror ou à maravilha.

Num tempo em que os clássicos são acusados de velharia para pedantes, em que de todos os lados soa a voz procaz da impossibilidade de um cânone ocidental ou mesmo dividido por nações ou línguas, depois de tantos necrológios do romance e da própria literatura, como definir a importância de um autor e de seu legado no presente? Como afirmar grandeza em um tempo em que a crítica se tornou avessa à grandeza (que não a dela própria), inimiga do escritor e da possibilidade de ficção, locupletando-se na mais deslavada autopromoção (quando não autoerotismo)?

3

Horror e maravilha. A morte da inocente Lizaveta nas mãos inclementes de Raskolnikov. Ulisses reconhecido por sua cicatriz ao invencível sol de Ítaca. Carlos da Maia, que mesmo ciente de que Maria Eduarda é sua irmã, entrega-se à monstruosidade do incesto.

Escolha um grande escritor qualquer, um grande romance qualquer. Os três aspectos muito prontamente se revelarão. Elejamos *Dom Casmurro*. Ali está o retrato da sociedade patriarcal brasileira (para gosto dos historiadores), ali está Bentinho em sua insegurança e virulência, muito menos homem que Capitu mulher, ali está o pai capaz de oferecer ao filho a bebida envenenada que iria tomar. Tomemos David Kepesh, protagonista de *O animal agonizante*. Podemos ver com clareza tanto os Estados Unidos da virada do milênio quanto a efervescência sexual dos anos 1960, época em que Kepesh começara a lecionar na faculdade. O personagem-narrador se revela em sua fragilidade humana sob a crosta de homem experimentado, o horror se mostra pelo menos duas vezes em seu confronto direto com a morte: o beijo que dá na boca do amigo agonizante e o câncer que Consuela Castillo pede que ele sinta, ferindo o maravilhamento que ele antes sentia diante da beleza dela.

4

Três aspectos de aferição, que, analisados sem complacência, servirão, ao menos, como base para a leitura posterior, mais fina, para aquilo que é o mister literário em si, o estilo, a retórica, a habilidade vocabular, o *como dizer*. O que afirmo aqui é a falsidade de uma literatura romanesca sem narrativa, sem história. Mesmo as experiências radicais do *Novo romance* ou as de quaisquer escolas vanguardistas só se tornaram possíveis pois nossa leitura aguarda a história, espera um sentido para a experiência. A bem da verdade, nosso amor à narração permaneceu apesar de todos os radicalismos. A sobrevalorização da forma, tão cara ao século XX, arrefeceu. Se é verdade que em arte tudo é forma, é verdade também que o bom Homero segue a nos assombrar com a astúcia de seu herói errante sem que atentemos para a disposição dos hexâmetros dactílicos, a menos que sejamos especialistas em literatura grega clássica.

5

Depois de alguma reflexão, porém, veremos que algumas obras não obrigatoriamente apresentam o aspecto três, mas nem por isso deixam de ser grandes. São as obras de humor. Talvez pela ausência do tratamento elevado das personagens, tomando a antiga definição aristotélica, talvez pelo caráter corrosivo que o humor tem sobre os fumos da solenidade. Seja o que for, os dois primeiros aspectos seguem inalterados. Um importante quadro histórico e uma personagem poderosa seguem necessários. Mas e o horror e a maravilha? Ofereço uma hipótese: em vez do horror, a ironia; em vez do maravilhoso, a melancolia. Penso em *Memórias Póstumas*, em *A consciência de Zeno*. Por isso a dificuldade que temos de acrescentar obras de humor às obras-primas, a dificuldade que temos de aceitar um autor que transite pelos dois caminhos, o da seriedade e o do humor. Mais difícil ainda é decidirmos (se já não decidiram por nós) a que vertente pertence um autor. Não seria este, afinal, um dos problemas que a leitura de Philip Roth enfrentou no Brasil (e até nos Estados Unidos) em função do acachapante sucesso de *Complexo de Portnoy*, nitidamente um livro de humor?

6

O que reivindico neste estudo é um Roth ambivalente, que veremos surgir mormente a partir de *O teatro de Sabbath* (recentemente reeditado no Brasil), um ator que anda sobre o fio da navalha, rompendo com o nicho que lhe fora reservado, a saber, o de autor judaico, autorreferente e irônico, cantor dos prazeres de Onan, sendo célebre a anedota da escritora que dizia apreciar seu trabalho, mas que não apertaria sua mão caso o encontrasse. O que vemos nas aventuras deste misto de Pantagruel, Falstaff e Don Juan pervertido que é Mickey Sabbath é um dos mais difíceis equilíbrios já tentados na literatura recente: horror apesar do humor e do sarcasmo, do rebaixamento produzido pelo uso excessivo de sexo e do que para muitos seria classificado como desvio sexual. Mas eis que talvez surja a combinação que Roth repetiria em muitos livros posteriores: a morte (elemento trágico por excelência) com o sexo (em geral escatológico ou cômico).[1] Tal equilíbrio é tão difícil de se obter que é preciso muito esforço para

---

[1] Alguns exemplos da incapacidade do sexo de servir como tema para o horror ou maravilha podem ser encontrados com facilidade: *Lisístrata*, as adivinhas medievais, os hoje tediosos excessos do Marquês de Sade, o panfletarismo de um Lawrence, a tentativa de filosofia de Henry Miller etc.

lembrar de uma história de tema rebaixado em que se tenha conseguido tocar o horror quase sagrado da grande arte.

7

Por fim um último elemento a ser considerado antes de nossa análise de *O teatro de Sabbath* é um elemento externo, uma característica difícil de ser medida, tanto na vida quanto na literatura: a coragem. O nome que damos a esta virtude pode variar, mas não sua presença (um suicídio pode ser lido como coragem ou covardia, mas ninguém poderá negar o gesto), que na literatura deve romper com a continuidade dos valores vigentes ou leva-los à encruzilhada. O moralista Nelson Rodrigues escalavrando a carne da devassidão. Sem a coragem de seus autores (por isso o elemento é externo – ainda que seu reflexo se plasme à obra), Humbert Humbert respeitaria os limites da pedofilia, Bovary os do casamento burguês, Mersault os das leis que vetam o crime capital. Poderíamos acusar de imoralidade aos três autores, o que de fato aconteceu em suas respectivas épocas e para além. Coragem visível e inegável, Flaubert bradando ser Madame Bovary, coragem que parece se extinguir à medida que os autores vão envelhecendo. Eis o que mais surpreende nas últimas duas décadas da produção de Philip Roth. Poucos até hoje exploraram o tema da morte com tal bravura como ele o faz em *O homem comum* e mesmo no já mencionado *O animal agonizante* (novela da família de *A morte de Ivan Ilitch* e *Morte em Veneza*).

8

Exceto os poucos felizardos que acompanhavam a obra de Roth para além de *Complexo de Portnoy*, a história de sua leitura no Brasil só começa a mudar, malgrado os impressionantes livros do início da década de 1990, *Operação Shylock* e *O teatro de Sabbath*, com o lançamento completo da *Trilogia Americana*, um painel dos momentos-chave da recente história dos EUA, iniciada com *Pastoral americana* (Guerra do Vietnã), 1998, *Casei com um comunista* (macarthismo), 2000, e *A marca humana* (fim da Era Clinton), 2002, narrativas unidas pela presença de Nathan Zuckerman, alter ego recorrente de Philip Roth (deslocado, porém, na *Trilogia*, da função de protagonista à de testemunha), que aparecera pela primeira vez em *The ghost writer* (1979). Então, Zuckerman era ainda um aprendiz de escritor, que teve a honra de visitar um grande mestre do conto, o recluso E. I. Lonoff, fã inconteste de Henry James, a quem vai mostrar seus primeiros textos. Lá conhece uma jovem misteriosa, Amy Bellette, que é, para o narrador, muito semelhante a como seria Anne Frank caso estivesse viva. Forçado a passar a noite na casa de Lonoff em função do mau tempo, Zuckerman acaba por descobrir os dramas que a aparente vida estoica à Tolstói parecia esconder: Lonoff e Amy têm um envolvimento amoroso, e a esposa dedicada do velho escritor cansa daquela vida de isolamento e resolve abandoná-lo ao final do livro. A esta altura, estava maduro o estilo elegante e refinado, mas sem recorrer a arcaísmos, que já se delineava em sua estreia em 1959 com

Adeus, Columbus, e que caracterizaria a prosa de Roth até nossos dias, estilo típico do que poderíamos chamar de quarta ou quinta geração de escritores realistas americanos (se tomarmos Poe), autores que começaram a escrever entre o final da Segunda Guerra Mundial até fins da década de 1950, para os quais os experimentalismos formais não se revelavam mais um atrativo *per se* e que haviam elegido como ordem do dia compreender os dilemas e limitações da América.

9

O que iria diferenciar Roth de seus contemporâneos, principalmente nas três últimas décadas, seria a progressiva coragem que começou a apresentar em suas obras não só nas temáticas do sexo e da morte levadas ao limite do suportável, mas por ter conseguido dotar seus personagens as contradições do período em que viviam, devolvendo à História o poder que esta tivera sobre o destino dos personagens ao longo da tradição do gênero romanesco. Enquanto muitos se dedicam atualmente a uma literatura introspectiva ou do autor retorcido entre a impossibilidade da escrita e o peso das influências, Roth não se furta a localizar o drama de Coleman Silk em meio ao "verão da santimônia", o momento em que os Estados Unidos pararam para debater a felação de Bill Clinton. Como bem define David Remnick quando fala sobre *A marca humana*, em *Dentro da selva*, "a história não é cenário; permeia a narrativa, a mente dos personagens e a tessitura moral do livro".

Autor de admirável proficuidade, do alto de seus 78 anos, Philip Roth mantém, nos últimos tempos, uma média assombrosa de publicação (quase um livro por ano), infenso à autoimitação ou à condescendência que notamos num Vargas Llosa ou num García Marquez, para citar dois grandes autores vivos. *Nêmesis*, seu mais recente título no Brasil, trata de uma síndrome de poliomielite que assola Newark, o recorrente subúrbio judaico em que o autor se criou e que passou a ser uma espécie de Macondo ou Santa María em seus livros. *Humilhação*, 2009, traz um ator suicida que perdeu sua magia, retirado do convívio das gentes e acompanhado por uma ex-lésbica muitos anos mais jovem do que ele. *Indignação*, de 2008, marcada pelo *páthos* de uma tragédia grega, é narrado por Marcus Messner, um filho que para fugir ao medo do pai de que ele morresse na guerra da Coreia, acaba saindo de casa, entrando na universidade (mais uma chance para Roth erguer um de seus belos painéis históricos), sendo expulso por comportamento ofensivo, alistado nas frentes americanas onde encontra o destino que o pai tanto temia. Fato curioso no livro é que Marcus já está morto quando conta sua história, rompendo com a estética puramente realista. Antes ainda, *O fantasma sai de cena*, 2008, retomava, pela última vez até agora, o recluso Nathan Zuckerman, mutilado pelo câncer de próstata, que reencontra em uma Nova York feroz e dominada por celulares, Amy Bellete, a amante do grande mestre de *Ghost Writer*, também ela marcada pelo tempo, estigmatizada por uma terrível cicatriz que lhe cobre o crânio.

10

— Ou você abre mão de trepar com as outras, ou o nosso caso está encerrado.

Assim Philip Roth inicia com bravura e correndo riscos, dado que o livro não é comédia ou pornografia, *O teatro de Sabbath*, 1995, na opinião de muitos críticos a sua obra-prima, com este ultimato de Drenka, uma croata para além da meia-idade que dirige uma pousada muito bem frequentada numa região quase rural e montanhosa a norte de Nova York, e que tem por hábito se entregar ao maior número possível de homens, mas que há treze anos é amante de Mickey Sabbath, o protagonista, um velho titereiro que desconhece limites para seu impulso destrutivo. Na juventude a desmedida erótica de suas apresentações de rua o levou a ser processado; no presente ele vive em desgraça na comunidade de Madamaska Falls depois que uma fita cassete, contendo a gravação de uma conversa telefônica com uma aluna (sexo por telefone) vazou e o levou a ser defenestrado da posição de professor. Atacado pela artrite, em constante conflito com a mulher que tenta se livrar do alcoolismo, a relação com Drenka é seu único porto seguro. A exigência de exclusividade, no entanto, numa relação marcada pela luxúria e pela lascívia, revela sua verdadeira causa: Drenka está com câncer.

Com a morte da amante, Sabbath se desorienta. Não seria exagero ver em Drenka uma espécie de Lady Macbeth do sexo. Sem ela, assim como o rei usurpador, Sabbath está à deriva. Assim como a rainha da Escócia, o coração dela não deixa de ser branco.

A história se precipita com a morte de um antigo amigo do titereiro, que se suicidou numa crise de depressão. Um outro amigo em comum, um importante produtor nova-iorquino, Norman, dá a notícia a Sabbath, a quem não havia há trinta anos e o convida para ficar em seu apartamento até o enterro. É quando os atos (e a própria atuação) do protagonista começam a beirar o intolerável. Em linhas gerais, o objetivo do sexagenário Sabbath parece ser perverter todas as estruturas de uma sociedade que rejeita e odeia. É quando os pensamentos de morte o dominam e ele trata de ir em busca do cemitério onde está enterrada sua família. Os fantasmas do passado, também um elemento fortemente shakespeariano, assolam-no, a lembrança do irmão mais velho Morty, falecido nas Filipinas ao fim da Segunda Guerra, o espectro da mãe destruída por essa perda e que o persegue, a primeira mulher, Nikki, uma atriz de origem grega que desapareceu no mundo sem deixar pistas, razão pela qual abandonara Nova York para ir viver no interior. Cercado de mortos, e aqui a epígrafe do livro tomada de *A tempestade* ganha força (Próspero dizendo que um em cada três de seus pensamentos será dedicado a cova), o protagonista vai em busca da destruição. O filho de Drenka, que é um policial, flagra-o profanando o túmulo da mãe. Sabbath o provoca, à espera de uma reação que lhe tire a vida, mas não é o que ocorre. Ao fim do livro, embrulhado em uma bandeira americana, ele descobre que a razão de sua existência deve ser o ódio físico, o ódio da permanência em um mundo que abomina.

11

Recuperada a trama em linhas gerais, gostaria de analisar o livro seguindo os três pontos que devem compor uma grande narrativa como inicialmente propostos. O primeiro dizia respeito ao que da História de seu tempo a obra consegue registrar. Em *O teatro de Sabbath*, como é comum em outros livros de Roth (*O animal agonizante*, *Pastoral americana*), temos o registro simultâneo de duas épocas – a da juventude do protagonista e a do momento atual da narrativa. No plano do passado ergue-se a América do pós-guerra, seja na vida ceifada de Morty, seja no momento em que Mickey estabelece seu teatro de rua na Nova York dos anos 1950. Seu show licencioso, sempre com conotações eróticas, e feito basicamente com os dedos, termina mal quando ele acaba por despir os seios de uma moça que assistia ao espetáculo no meio da rua, sendo detido e processado. O mais interessante é que no plano presente, o debate, mesmo depois da revolução dos costumes, parece ser o mesmo. Roseanna, a esposa *new age* de Sabbath e suas amigas vibram com a história daquele infeliz Bobbit que teve seu pênis decepado. Sabbath é expurgado da condição de professor por sua relação, tida como assédio sexual, com uma garota maior de idade, sem qualquer coação aparente. O politicamente correto, com seu aspecto inquisitório e invasivo da privacidade, que lembra a época de caça às bruxas e o macarthismo, configura-se como um pano de fundo intolerável para o *modus vivendi*

das personagens rothianas.[2] Embora esse registro da História recente dos Estados Unidos possa parecer um aspecto menor, pergunto a vocês onde encontramos tal esforço dentro do romance brasileiro. Onde estão os romances sobre a Era Collor, sobre os governos das últimas décadas?

O segundo aspecto inicialmente mencionado, a presença de uma personagem que nos atraia por sua frágil humanidade, poderia gerar alguma polêmica, considerados não os heróis de um mundo sem heróis com a ascensão da burguesia (velho lugar-comum das classes de literatura), mas sim as figuras íntegras dos heróis da Antiguidade. Será mesmo? Pode haver a perfeição na ira de Aquiles, em seu rancor e sua teimosia? É Ulisses pura astúcia ou por vezes age de modo apaspalhado como qualquer um de nós? Para além do modelo da *Poética* aristotélica, que vincula ao efeito da personagem sobre nós o tratamento que lhe é dada (elevado, médio ou rebaixado), parece-me que para que possa ocorrer o horror ou a maravilha é preciso investir na capacidade da personagem de nos surpreender, de escapar à tipificação. O voraz e trapaceiro Sabbath, por vezes tirânico, por vezes afetuoso, por vezes um reles e salaz

---

[2] Contra esta invasão do público sobre o privado, contra um conjunto de valores caipiras redivivos, contra um certo "nós sabemos que", "nós pensamos que" é que parecem gritar os heróis rothianos. É como se os protagonistas estivessem contaminados pela fúria libertária que um dia gerou aquele individualismo em estado puro que encontramos em Thoreau e Whitman. Portnoy, Sabbath, Coleman Silk, Zuckerman encarnam a batalha inglória contra uma vida social que os oprime.

sátiro, em outras um libertário, combalido por sua artrite, encarna acima de tudo o drama do envelhecimento e da solidão humana, o desespero polimorfo do animal que sabe que vai morrer, que vai da vileza à redenção sem que tenhamos tempo de nos proteger racionalmente ou adequar nossa relação ou posição diante da personagem, que parece estar ali para nos lembrar de que não precisamos necessariamente ceder à panaceia das categorias com que a psicologia de auditório pretende ler o mundo. Nos bastidores do seu teatro obsceno, por vezes absurdo, podemos vislumbrar ainda ardente a cicatriz do desaparecimento da mulher, o fato de ter vivido à sombra da memória do irmão que podia tudo e que nunca voltou das Filipinas.

Dificuldade de classificação, de tomar uma decisão sobre o valor moral das ações de uma personagem. Como bem alertava Kundera, em seu indispensável *A arte do romance*, a grande literatura nunca é maniqueísta. Pode-se classificar como profanação aos atos de Sabbath diante do túmulo de Drenka? Ou haveríamos de considerá-los gestos de amor?

Por fim, vamos ao terceiro aspecto, a capacidade da personagem de nos levar ao horror ou à maravilha. Este grande acontecimento, que pode ou não estar no clímax da obra, é da ordem do que escapa à análise histórico-sociológica, formalista, estruturalista ou estilística. Trata-se do que sobreviveu do sagrado nas obras artísticas. Por mais que os elementos específicos de cada arte sejam indispensáveis para que se dê tal efeito, esse terceiro aspecto é aquilo que sobrevive às traduções, que perpassa as culturas, o que permite que um brasileiro letrado, apesar de tudo o que perde por desconhecer os contextos históricos e culturais de civilizações perdidas ou distantes, possa se maravilhar com uma das mil e uma histórias de Sherazade, ou que se horrorize com a obsessão de um velho japonês que manda fazer um molde com os pés da nora para que seus ossos sejam pisados por ela ao longo da eternidade.

Em *O teatro de Sabbath*, o horror se dá em uma cena em que o protagonista visita mais uma vez o túmulo de Drenka à noite. Então, já se acostumou aos amantes que frequentam o local, além do filho da croata que faz rondas no local para defender a memória da mãe. Uma das características do horror, e mais uma vez me vem à mente *Crime e Castigo*, é que alguma coisa em nós o antecipa ainda que nele não creia; pensamos (como na fantástica releitura que Woody Allen faz de Dostoievski em *Match Point*), enquanto Chris Wilton empunha a espingarda para matar a inocente vizinha a fim de ter um álibi para matar a amante grávida, não, ele não será capaz de disparar, embora o faça. Sabbath assiste a um amante se masturbar sobre o túmulo de Drenka. No desamparo que a ausência física da mulher lhe provoca, antecipamos o que ele fará, repugnados de antemão. Revela-se a natureza do horror. Aqui nós paramos, mas a personagem segue. Quedamos, contudo, paralisados. O horror nos fascina à maneira daqueles primitivos que viam os sacerdotes de suas tribos arrancarem ainda vivos das tripas o coração do imolado. Sabbath há de se besuntar com a seiva que verteu em homenagem a Drenka. Como Falstaff, na visão de Álvaro de Campos, Sabbath tem o amor gorduroso da vida. Ademais, o horror dispensa nosso perdão e nossos arrazoados. Para além da escatologia, está o símbolo da vida vertido sobre o símbolo da morte, como o próprio Sabbath também vertera, está a comunhão final, flagrada pelo filho de Drenka, do velho titereiro urinando sobre a cova da amante, numa tentativa vã de preservar os delírios sexuais que ambos experimentaram em vida. É preciso coragem para ir tão longe. Mas que arte é possível sem coragem?

Pedro Gonzaga é escritor, autor de dois livros em prosa *Cidade fechada e dois andares: acima!* e um de poesia, *A última temporada*. Além disso é tradutor e doutorando em Literatura pela UFRGS.

De onde vimos, para onde vamos

A escola no Brasil nos ensinou a odiar gramática. Saímos dela pensando que uma gramática é feita de um bando de regras chatas para uma língua que já sabíamos falar. E a única conclusão que tiramos desta fase foi: nossa língua é muito difícil. Regras e mais regras, exceções e mais exceções. Tudo o que um jovem adulto recordará desta fase são as nomenclaturas que nos obrigavam a decorar. Lembram-se das nomenclaturas, mas nunca dos fenômenos linguísticos. Ficamos, assim, sem saber bem o que é uma gramática ou a sua verdadeira função. Não nos ensinaram a *gramática geral*, muito menos a *gramática descritiva*, termos mais conhecidos para um estudante de Letras. Simplesmente nos ensinaram regras, e nos persuadiram a pensar que precisaríamos delas para escrever melhor. Mas o que é uma gramática? De onde surge sua necessidade?

Quando vamos estudar a gramática, já sabemos ler e escrever. Portanto, diferente do que era (de início) a *grammatiké* grega, a nossa não é apenas uma técnica de leitura e escrita: é análise descritiva, é uma conscientização da língua, um modo de conhecimento do seu sistema. O processo histórico que deu origem a uma massiva gramatização das línguas vernáculas é hoje reconhecido como a segunda revolução técnico-linguística (a primeira foi a invenção da escrita).

Esse processo de gramatização foi origem para um outro: o das pré-construções gramaticais, isto é, quando uma gramática é construída a partir de outra. Nossa tradição gramatical é quase toda greco-latina (e neste "quase" há um mundo). Sendo assim, ir à origem grega para analisar o que é uma gramática parece-me sensato, já que ela é a base para a nossa e muitas outras línguas vernáculas. Falo da *Tékhne Grammatiké*, obra de Dionísio da Trácia, a primeira gramática do Ocidente da qual temos notícia, e que serviu de suporte para as gramáticas latinas de Varrão, Quintiliano, Prisciano e outros, referências importantes para as gramáticas vernáculas.

Vamos, então, ao que diz Dionísio, o Trácio (I a.C): "Gramática é (a) experiência do uso da fala comum dos poetas e prosadores." Parece-me que ele conhecia bem a *Metafísica* (I, 1, 981ª 3) de Aristóteles, pois a palavra *experiência* (*empeiria*) é por ele adotada no mesmo sentido, ou seja, trata-se da mesma *experiência* que é a base para a arte e para a ciência. Varrão (116 a.C - 27 a.C) também seguiu a mesma linha ("*ars grammatica scientia est*"), sendo, no entanto, mais explícito. O termo aparece como *conhecimento prático*: uma descrição da língua usada pelos poetas e prosadores. O método é indutivo: encontra-se a regra a partir dos exemplos, que são, no caso, tirados do uso que o profissional faz da língua. Nada mais claro: gramática é a descrição da língua usada por quem a usa de modo atento e cuidadoso (o profissional). Vejam que, ao escolher os poetas e prosadores, e não o homem comum, Dionísio pauta uma dicotomia que só viríamos conhecer com Saussure, entre *langue* e *parole* – se entendemos *langue* como a língua descrita a partir destes profissionais: a língua em sua melhor expressão, superior à língua usada cotidianamente.

É a língua propriamente sistemática, estruturada (mas também falada, porque a *langue* não é língua artificial ou inventada), em que se pode observar o melhor uso do seu sistema.

A gramática é, assim, um processo científico. Mesmo a *langue* saussuriana é uma realidade linguística: ela existe, é tangível e, por isso, uma gramática pode, como o faz entender Saussure, "representá-la fielmente". É exatamente o que Dionísio propôs: representar a língua fiel e cientificamente, a partir dos poetas e prosadores. Para o bem falar e escrever, é preciso, entre outras coisas, que imitemos, ou ao menos conheçamos, os melhores. Se quisermos ir à base de nossa língua, conhecer seu sistema, é importante o estudo da gramática, tanto do ponto de vista sincrônico quanto diacrônico, quero dizer, conhecer seu sistema em um dado momento ou em uma sucessão histórica.

A tradição gramatical do português começa em 1536 com Fernão de Oliveira. Sua gramática é do tipo *romanceada* e descritiva; não é organizada nos moldes conhecidos e adotados hoje, parecendo quase um romance cuja personagem é a nossa língua. Também não é uma gramática de regras: sua preocupação é descrever a língua já existente, com o objetivo de ajuntar "preceitos para aprenderem os que vierem e também os ausentes"; os assuntos são variados, embora elementares, muitos ainda encontrados hoje. No trigésimo oitavo capítulo, aponta-nos algo que vai lembrar a definição de Varrão: "saibamos que a primeira e principal virtude da língua é ser clara e que a possamos entender [ele começa sua gramática com a definição "a linguagem é figura do entendimento"], e para ser bem entendida há de ser a mais acostumada entre os melhores dela e os melhores da língua são os que mais leram e viram e viveram, continuando mais entre primores sisudos e assentados, e não amigos de muita mudança". Este *muita* deixa bem claro a importância da tradição da língua para Fernão, pois mesmo sabendo que são "os homens que fazem a língua, e não a língua os homens", grandes mudanças acarretariam a incompreensão de nossa tradição linguística e literária.

Já no Brasil, nossa primeira gramática é de José de Anchieta, *Arte de gramática da língua mais usada na costa do Brasil*, de 1595, adotada como primeira sob o critério *ratione loci*, isto é, com publicação dentro das fronteiras nacionais, porque Anchieta não era brasileiro. O intervalo que vai desta data até 1802, ano que surge a *Epitome da grammatica portugueza* de Antonio Moraes e Silva, é chamado por alguns estudiosos *período embrionário*; o que vai de 1802 a 1881 constitui o *período racionalista*, época em que surge a *Grammatica portugueza* de Francisco Sotero dos Reis, período de avanço nas considerações sobre a linguagem, e de uma noção mais clara da diferença entre a ciência linguística e a arte gramatical. O ano 1881 marca o início do *período científico*, com a *Grammatica portugueza* de Julio Ribeiro, já a primeira gramática sistêmica com as tendências europeias da ciência linguística. Trata-se de período riquíssimo em análises e produções gramaticais com tendências históricas e descritivas, que termina em 1941, ano em que se inicia o atual *período linguístico*, com a publicação de *Princípios de linguística geral* de J. Mattoso

Camara Jr., "a mais importante obra teórica sobre linguagem escrita no Brasil em todo o século XX", segundo afirma Ricardo Cavaliere em *Uma proposta de periodização dos estudos linguísticos no Brasil* (ALFA, 2001).

Na coluna *Ars Grammatica*, a proposta será analisar aspectos da língua sempre ligada à nossa "última flor do Lácio", com perspectiva filológica e linguística. Será mais do que uma simples coluna de língua portuguesa, e seu objetivo será analisar a língua de modo descritivo, recuperando, muitas vezes, análises perdidas de alguns dos grandes estudiosos de nossa língua e de línguas irmãs. Como disse Fernão de Oliveira (cap. XLI): "Gramática em todas as suas partes é resguardo e anotação desse costume e uso, tomada depois que os homens souberam falar, e não lei posta que os tire da boa liberdade, quando é bem regida e ordenada por seu saber, nem é divindade mandada do céu que nos possa de novo ensinar o que já temos e é nosso, não embargando que é mais divino quem melhor entende. E, assim, é verdade que a arte nos pode ensinar a falar melhor, ainda que não de novo: ensina aos que não sabiam e aos que sabiam ajuda." Justamente aquilo em que este estudioso acredita, leitor.

A descrição do átono

Só para lembrar: um *átono* é um vocábulo (ou sílaba) sem acentuação própria, ou sem autonomia fonética. Este difere-se do *tônico*, e juntos são as duas formas para o chamado *pronome pessoal complemento*, cuja função é complementar o verbo. Dos pronomes, falarei dos oblíquos átonos: *me, te, se, lhe, o, a, nos, vos, lhes, os, as*. Tenho a certeza de que todos conhecem; mas quando vão usá-los, ainda fazem confusão. E para quem quer as regras de colocação, sugiro uma boa gramática ou um bom manual.

Se o vocábulo átono não tem autonomia fonética, ele deve depender dos vocábulos que vêm antes ou depois "para efeito de acentuação"; assim, um pronome oblíquo átono se apoia no verbo, pois é seu complemento. Daí temos duas posições das três possíveis de serem encontradas: antes, próclise; depois, ênclise; e, por fim, no meio (a terceira), mesóclise. Também daí deduzimos que o mais importante para definir a sua colocação é o princípio da *eufonia* (gr. *eu*, bom; *phoné*, som) ou agradabilidade sonora, uma suavidade na pronunciação. Mas a eufonia não determina por si só uma regra; ela é consequência do *habitual* na língua. É o que nos faz, por exemplo, achar que a língua de Portugal, muitas vezes, é diferente da língua do Brasil.

Outro fator que se deve observar nos oblíquos átonos é a sua *estrutura interna*, a sua análise morfológica profunda. Eles não dependem tanto de sua posição na frase para que possamos entender sua função, que é a de complemento do verbo. No português em geral a ordem das palavras determina o significado da frase. No entanto, parece que estes oblíquos (aqui, no caso, os tônicos também) não seguem este dado: sua ordem na frase é secundária, podendo, inclusive, vir em três posições. Esta característica está nas línguas indo-europeias; podemos encontrá-la no sânscrito e no latim, onde a ordem

segue mais um valor eufônico. Por ser um complemento, o oblíquo tem função ou de *objeto direto* ou de *objeto indireto*, funções que correspondiam respectivamente ao *acusativo* e ao *dativo* do latim, e esta função já está implícita nele (não depende de sua ordem). O curioso é que esta característica não só favorece as três posições dele na frase, como também evidencia uma estranheza, quando colocado em começo de frase e oração; porque se são complementos – e no português a ordem é importante – parece-nos estranho seu uso (escrito) em lugar que não seja o de um complemento: a posposição. E também apreendemos daí a explicação daquele velho caso do (tônico) "*mim* não conjuga verbo".

Temos, então, três dados importantes sobre o oblíquo átono: a) estrutura interna; b) princípio da eufonia; c) hábito na língua. Quando falo de *hábito*, aqui, são os efeitos acústicos a que estamos habituados, dos quais depende a eufonia. E podemos apreender destes três dados, inclusive, uma análise *saussuriana*, onde o item (a) seria a *langue* (ou o sistema), o item (b) a *parole* (ou a fala), e o item (c) fator determinante para o item (b) acontecer. Do hábito vem a eufonia, mas o uso eufônico destes vocábulos jamais *machuca* sua estrutura: um *me*, um *te* terão a mesma função nas três posições conhecidas, e assim, se pararmos para pensar, é sua estrutura que o torna maleável e permite seu uso em posições diferentes, aqui e em Portugal. É esta estrutura que o faz quase um *latim às avessas*, e que nos dá a chance, ainda hoje, de podermos ler a gramática de 1536 de Fernão de Oliveira sem grandes problemas de entendimento.

O filólogo M. Said Ali, já em 1908, na obra *Dificuldades da Língua Portuguesa*, apontava a importância da fonética (eufonia) para a colocação do oblíquo átono: "pela análise circunstanciada (...) veremos que o deslocamento do pronome regímen [o regido pelo verbo] é devido a uma atração essencialmente, puramente fonética" (II. 87); diz-se, então, que é matéria de *fonética sintática*, já que a sintaxe (a ordem) é determinada pela fonética. Mas também não podemos esquecer que entram nesta análise fatores além do fonético, como o *lógico*, o *estético*, o *estilístico* e o *histórico*, embora a eufonia seja, de fato, o fator mais marcante, assim como é a sua estrutura interna o fator determinante para o processo maleável de colocação – este belo fator latino que em um vocábulo já se encontra sua expressão sintática. "É a fala que faz evoluir a língua", dizia Saussure, e a análise do oblíquo átono em que a *eufonia* é vista lado a lado com a *estrutura* confirma a tese de que "existe, pois, interdependência da língua e da fala; aquela é ao mesmo tempo o instrumento e o produto desta"; mais tarde, esta teoria saussuriana foi responsável pelo desenvolvimento tanto do campo da *língua* quanto do da *fala*.

Portanto, leitores, o uso do pronome oblíquo átono se faz sempre *eufonicamente*, às vezes *lógica* e *esteticamente* também, com aquele *bom-senso* que não nos deve faltar, pois, parafraseando Fernão de Oliveira: para que ser amigo de muitas mudanças?

....

Leonardo Valverde é sanscritista, professor e mestrando em Linguística pela UFF. *www.leonardovalverde.com*

TEATRO

A INTUIÇÃO TRÁGICA DE NELSON RODRIGUES
OU A SALVAÇÃO PELO FETICHE

Pedro Sette-Câmara

Num desses almoços intermináveis, em que a quantidade de café expresso consumida tende a ser maior do que a do prato principal, ouvi de meu amigo Antonio Fernando Borges a seguinte pergunta: "O que você acha que torna boa uma peça de teatro?" Na hora, inventei um conceito, ou melhor, soltei uma palavra que parecia resumir algo que ainda estou tentando intuir: pertinência. Você pode ir ao teatro e apreciar o trabalho dos atores, as tiradas do texto, a estrutura e tudo o mais. Mas está disposto a perdoar um mau desempenho em qualquer área se a peça conseguir trazer à tona algum sentimento partilhado pelo famoso público em geral, mas que ele não ousa externar. Porque é difícil. Porque há estigmas. Porque há tabus. Esse traço de pertinência, aliás, se aplica bem especificamente ao teatro: romances e poemas podem esperar talvez gerações para consagrar-se. E o número de poetas e de romancistas que hoje não soam tão somente datados é bem maior do que o número de dramaturgos.

O melhor exemplo de obra relevante dos últimos tempos, porém, não veio do teatro, mas do cinema, e sou obrigado a recorrer a ele para ser entendido, porque muito mais gente vai ao cinema do que ao teatro. O filme *Tropa de Elite* mostrou o que todo mundo queria ver: um policial que vive o conflito do cidadão comum, dividido entre querer matar todos os bandidos e preservar a civilidade. A arte brasileira vivia presa ao esquema esquerdista, mostrando invariavelmente os criminosos como vítimas trágicas desse deus pagão chamado "a sociedade", enquanto o público, sem carros blindados nem seguranças, seguia crente de que vítima era

aquele para quem a arma estava apontada, e não aquele que apontava a arma.

É claro que o filme foi interpretado de maneira totalmente ideológica pelos idiotas. Afinal, hoje não é possível comer um saco de pipoca sem que um idiota faça uma interpretação ideológica. "Até quando você acorda de manhã, isso já é um ato político", ouvi uma vez de um jornalista sentado em seu trono invisível de Rei dos Idiotas. Depois, é claro, ele há de ter dito que *Tropa de Elite* é um filme "fascista", enquanto aquele famoso fio de baba já lhe umedecia a gravata. E há os idiotas do outro lado, que só viram no filme uma apologia do "tem mais é que esculachar essa bandidagem mesmo!".

O gancho do filme para o público não estava na ideologia. Claro que todo mundo tem alguma ideologia. Mas se até Karl Marx teve um filho com a empregada e não deixava o garoto ir além da cozinha, por que vamos admitir que Marx era complexo, e o grande público não pode ser? Cuidado, cuidado, o idiota da ideologia está querendo botar a cara para fora, é preciso botar a tampa do barril na cabeça dele e sentar em cima.

Mas voltando. O gancho para o público estava naquele dilema. Ter um ressentimento, uma raiva, um desejo de vingança, e saber que é feio agir motivado só por isso. Ou você tem lei, juízes, processos, prisões, penas, ou a polícia sai executando os malfeitores por aí. É essa a pertinência do filme, que mostra esses dois desejos contraditórios.

Não foi buscando outra coisa que não essa pertinência, e sempre de maneira cada vez mais refinada, mais certeira, que Nelson Rodrigues escreveu suas peças. Em suas crônicas, Nelson explicava que mostrava horrores no palco para que a sociedade não os praticasse, o que equivale tanto a uma afirmação de que ele buscava estar atento ao público quanto a uma declaração de princípios semelhantes àqueles que se costumam atribuir aos tragediógrafos gregos. Se pensarmos que o que se ensina, e que já faz parte do senso comum das classes cultas, é que tragédia significa "homem vai além de sua medida e é punido pelos deuses; a exibição dessa situação servia para educar a população grega", é possível encontrar algo dessa estrutura por toda parte em suas peças, com a devida atualização. A principal delas, que provavelmente ele aprendeu com Shakespeare e com Ibsen, é que os deuses não existem: as desgraças são produzidas pelos próprios personagens. Essa atualização mostra que a intuição dramática de Nelson ultrapassou bastante essa visão limitada, ainda que ela tenha servido de fôrma para boa parte de suas grandes obras.

Não creio que o objetivo de melhorar a plateia tenha sido atingido (aliás, em grande escala, provavelmente por nenhum dramaturgo). No caso de Nelson, a razão é bem simples. No teatro grego, não apenas os crimes normalmente eram assassinatos, como também não eram mostrados. Ora, já é mais difícil identificar-se com o assassino de alguém perfeitamente individualizado, como a maioria das vítimas gregas. Se o leitor pensar que muitos heróis do cinema são assassinos, vale lembrar que a maior parte de suas vítimas não ultrapassa o status de figurante. No entanto, os "crimes" de Nelson eram muitas vezes transgressões sexuais, e quando o personagem vai fazer algo sexu-

al, você normalmente para de enxergá-lo como personagem e começa a ver o ator. A transgressão do espectador teatral transformado em *voyeur* é mais gostosa do que a do espectador que permanece espectador, o que é provado pelo fato de que a lembrança do *voyeurismo* perdura mais. Eu mesmo assisti a montagens de Nelson Rodrigues no teatro do CCBB do Rio de Janeiro e não consigo lembrar quais foram – mas não esqueço da cena em que Carolina Kasting deixava a roupa toda cair. Além disso, lembro que, quando eu era criança, "filmes de Nelson Rodrigues" eram filmes em que seria possível ver alguma atriz nua. Pode ser que hoje, num mundo saturado de nudez, a meditação sobre as consequências nefastas do desejo desenfreado até suplante a visão de alguma moça despida. Para meninos dos anos 1980, alguns segundos de nudez poderiam ter a força de uma bomba atômica, obliterando qualquer meditação.

Havia ainda outra questão. Mesmo que se pense que o objetivo de uma peça é chocar, é razoável perguntar se o choque não é só um meio para a catarse ou para alguma outra coisa. Depois de um certo limite, o choque é apenas um choque. Uma espécie de dedo na tomada mental, do qual você simplesmente só quer se esquecer. Os horrores de um *Álbum de família*, por exemplo, eram horríveis demais. Para que a repulsa tenha algum efeito paralisante, ela precisa estar misturada à atração. Nessa terceira peça de Nelson Rodrigues, censurada em 1946 (no governo Dutra, após a ditadura de Vargas) e só liberada em 1965 (no começo da ditadura militar, com Castelo Branco), uma família vive uma rede de relações incestuosas, e o pai, para satisfazer seu desejo pela caçula, tira as virgindades de meninas de 12 a 16 anos com a ajuda da cunhada – que é apaixonada por ele. Isso é o tipo de coisa que provoca uma careta de repulsa, mas, creio (espero) eu, pouquíssima gente há de identificar-se com algum desses personagens. O mais interessante, porém, e que já mostra a intuição trágica de Nelson, é que todos os personagens praticam males para evitar o que eles e o público considerariam males ainda maiores. O homem que seduz ou que estupra adolescentes é menos repulsivo do que aquele que seduz ou que estupra a filha caçula.

Nelson, contudo, acerta em cheio quando começa a maneirar os temas e a mostrar que certos desejos e certos atos proibidos fazem parte da experiência comum, mostrando situações que, se não podem ser tecnicamente descritas como mais "verossímeis" (porque as primeiras também não recorriam ao fantástico), ao menos estão mais próximas da imaginação comum. O desejo pela mulher do próximo, a forte associação entre desejo e o senso de identidade e de superioridade, o desejo homossexual, o espírito de vingança que se traveste de moralidade e de justiça – tudo isso vai aparecer nos personagens das chamadas "tragédias cariocas" e nas "peças psicológicas" (segundo a classificação de Sábato Magaldi). Duas peças se destacam, creio eu, em termos de estrutura e intuição, servindo de chave para a obra total: *O beijo no asfalto* e *A serpente*.

Não é improvável que *O beijo no asfalto*, montada pela primeira vez em 1961, seja a melhor peça jamais escrita em português.

É verdade que, pela simplicidade da ação, pela agudeza do tratamento, talvez *A serpente* seja a mais "pura" das obras. Mas *O beijo no asfalto* trata de mais temas e tem uma galeria mais ampla de tipos.

Na peça, Arandir, ao lado do sogro, assiste ao atropelamento de um homem por um lotação. Corre até o moribundo, que lhe pede um beijo e é atendido. Isso faz com que, durante a peça inteira, a pecha de homossexual seja lançada contra Arandir, da qual ele se defende alegando que ninguém recusaria um beijo a um moribundo. Existe um aspecto fascinante nesse gesto de Arandir. De um lado, é óbvio que o beijo é esquisito, não por ser necessariamente o ato de um homossexual enrustido, mas porque é esquisito que um moribundo peça um beijo na boca e seja atendido. Se identificação com a plateia é importante, devo dizer que eu mesmo acho que não daria o beijo no moribundo, mesmo que ele pedisse. Não digo isso para alardear a pujança da minha heterossexualidade, mas porque o pedido pareceria tão esquisito que creio que eu ficaria sem ação. De outro, o beijo de Arandir permite que o jornalista Amado Ribeiro (que existiu de verdade, e permitiu que Nelson usasse seu nome na peça, mesmo depois de ter sido alertado de que o personagem seria "um canalha") inicie uma campanha popular contra Arandir, acusando-o de homossexualismo nos jornais e colocando até a polícia contra ele. A peça deixa claro que Amado Ribeiro quer apenas um bode expiatório para vender mais jornais; o próprio Amado Ribeiro não demonstra ter outro objetivo. No entanto, Nelson poderia ter criado um jornalista malvado que se aproveita de uma comunidade malvada para perseguir alguém não apenas inocente como heroico, o grande incompreendido que sempre vemos triunfar no cinema, o tipo "Cristo contra os linchadores". Nada disso. Arandir sofre por ter cometido um ato esquisito, mas esse ato é muito mais esquisito do que heroicamente incompreendido – e isso ainda que Arandir insista que não se nega um beijo a um morto.

Daí se percebe de novo a intuição de Nelson a respeito da tragédia. Já há muito tempo se entendia que esse ato esquisito seria o famoso ato de *hybris*, que sinalizaria a "desmedida" do homem e sua punição. Mas as tentativas modernas de escrever tragédias, altamente cristianizadas (querendo ou não), sempre contam a mesma história: a do herói transformado em vítima. Nelson compreendeu que, para ser digno de perseguição, não era preciso ser "melhor", que a tragédia não trata da revolta dos piores contra os melhores. Basta ser esquisito, basta ter algum sinal peculiar para assumir o papel do bode a ser sacrificado.

E é neste momento que vale a pena fazer uma pausa. Muita gente hoje em dia gosta de dizer que tal obra desafia as noções de certo e de errado, de normal ou de anormal, ou vai dizer que essas noções por si já nem sequer fazem sentido. O tragediógrafo não só concorda como vai muito além. Se você admite que "errado" ou "anormal" são apenas palavras que servem para estigmatizar certos atos e desejos, então o que você vai fazer agora que desmistificou essas noções, mas seus atos e desejos continuam a ter consequências negativas e violentas? Arandir é uma vítima, mas é um herói. Sua "culpa" foi

ter agido de um jeito esquisito, mas ele realmente agiu assim. O tragediógrafo registra essa relação de causa e consequência, em vez de fazer um movimento do tipo *Occupy Tragédia* até os perseguidores se acalmarem. As regras que governam o comportamento das pessoas podem mudar, mas sem dúvida hoje em dia o poder do protesto para mudar as coisas é gravemente superestimado.

O beijo no asfalto denuncia a clara e curiosa relação entre Nelson Rodrigues e Henrik Ibsen. Nelson Rodrigues trabalhou em jornais a vida toda. Ibsen, além de ter sido jornalista, não tinha biblioteca e lia apenas a Bíblia e os jornais. É razoável supor que Nelson teria criado um personagem jornalista-perseguidor simplesmente com base em sua experiência. É mais razoável ainda, sabendo que a nossa experiência é sempre interpretada, que apenas enxergamos aquilo que estamos tentando ver, que o conhecimento de Ibsen tenha de algum modo informado a experiência de Nelson. E, para entender o papel da imprensa nas peças dos dois dramaturgos, vale a pena transcrever um pequeno trecho sobre Ibsen de um livro de William Johnsen que traduzi, *Violência e Modernismo* (É Realizações, 2011): "A maneira piedosa como a comunidade repete 'as notícias' é notável; contudo, nossa própria relação com as notícias é idêntica, e por isso nunca é notada nos comentários a Ibsen. (…) Toda comunidade aprende com seus jornais a falar mal desses outros, que são personagens, nas notícias, de atos de indecência privada e pública". (Observação que vale para todas as publicações do mundo, inclusive para esta *Dicta&Contradicta*).

Isso é, enquanto o cinema ensinou o público a ver jornalistas como heróis da verdade contra um sistema corrupto, Nelson Rodrigues mostrou em *O beijo no asfalto* um jornalismo que é a própria essência do sistema corrupto. Para voltar a *Tropa de Elite*, no segundo filme temos o mesmo velho clichê da intrépida jornalista que investiga os bandidos. Em *O beijo no asfalto*, a primeira cena traz uma mancomunação entre o jornalista Amado Ribeiro e um policial em apuros por ter dado um tapa na barriga de uma grávida (e que sofreu um aborto): sacrificando Arandir, que deu um beijo no atropelado, Amado Ribeiro vende jornais, gratificando a sede de sangue do público, e o policial se safa por estar defendendo a moral e a decência. Afinal, como Amado Ribeiro observa, foi um beijo gay em plena Praça da Bandeira, na frente de todo mundo. Nelson Rodrigues ainda coloca uma fina ironia no texto da peça: quando o sogro de Arandir vai contar à filha Selminha que o marido vai se atrasar para o jantar por estar prestando depoimento na delegacia, Dália, sua outra filha, ao falar do atropelamento: "Uns criminosos esses lotações. Andam que!" A hipótese de acidente causado pelo morto já é excluída; a disposição de acusar alguém por um crime já surge na família, que logo será destruída por uma acusação antes mesmo de ela ser realizada, denotando que o clima de tragédia é nada menos do que perene. E se Amado Ribeiro sabe que é um aproveitador, Dália, por sua vez, pertence àquela multidão dos que "não sabem o que fazem".

PARA MANTER A ATMOSFERA ELETRIZANTE DO TEXTO ORIGINAL, CREIO EU, BASTARIAM DUAS ALTERAÇÕES: PRIMEIRO, COLOCAR O MORTO ATROPELADO EM CIMA DE UMA BICICLETA.

Agora, recordando o que eu mesmo já observei aqui na revista, no texto "Em busca da catarse perdida", fica a impressão de que *O beijo no asfalto* tornou-se irremediavelmente datada, porque hoje não seria possível que alguém ficasse chocado com um beijo gay. Ou ao menos alguém que tivesse pretensões a alguma chiqueza intelectual. Assim, a plateia de uma metrópole teria uma reação do tipo "ah, sei lá" ou "tudo bem, e daí?" para um beijo gay no meio da rua.

Para manter a atmosfera eletrizante do texto original, creio eu, bastariam duas alterações: primeiro, colocar o morto atropelado em cima de uma bicicleta. Apesar de eu ver praticamente todos os dias ciclistas furando o sinal, e de já ter sido quase atropelado por dois (um dos quais professor universitário; sei disso porque ele foi meu professor na UFRJ), reconheço que hoje os ciclistas são a nova minoria perseguida. Sei que alguns ciclistas foram atropelados, que isso é perfeitamente digno de lamentação, mas a minha experiência não mostra muitos ciclistas inocentes (já vi até um ciclista em cima da calçada gritar com uma mulher porque o cachorro dela o atrapalhava) e isto aqui foi o meu desabafo. Em segundo lugar, seria bom trocar o sexo de todos os personagens. A peça, afinal, não trata do homossexualismo em geral, mas coloca em questão o homossexualismo masculino e sua relação com o casamento. Nas peças de Nelson Rodrigues, sempre aparece a sugestão de que fulano "não é homem", querendo dizer que ele gosta de homem. Gostar de homem é não ser homem e até, segundo as próprias regras católicas que dariam invalidade a um matrimônio, constituiria "erro de pessoa". Para uma mulher, a ideia de que seu marido gosta de homem tem um impacto degradante, deixando-a desnorteada. O gay que não se assume tem problemas e é enrustido etc. Já a homossexualidade feminina é glamourizada. Se o beijo gay fosse lésbico, se Arandir fosse mulher, tudo seria diferente. O marido que suspeita do lesbianismo da esposa tem a impressão de que não foi convidado para a verdadeira festa. Ou então que a mulher está se fingindo de santa, sonegando aspectos que ele até apreciaria, dentro de uma certa discrição. Quando a jornalista Amada Ribeiro lançasse a suspeita de que o marido não conhece a esposa, de novo teríamos a figura do homem fraco, que é tão presente na teledramaturgia brasileira atual. "Casou com a lésbica sem saber", e o marido é o otário. "Casou com o gay sem saber", e a esposa é a pobre vítima. E vejam que falei "a jornalista". Sim, mulheres também fariam o papel dos grandes vilões. Na cena final... Bem, se você não conhece o texto, não vou estragar. Não sei se Nelson Rodrigues aprovaria essa sugestão, mas creio que sim. A "pertinência" de que falei no começo do texto ficaria novamente mais clara.

A curtíssima *A serpente*, última peça de Nelson Rodrigues, montada pela primeira vez em 1978, vai direto na relação entre sexo, ou melhor, desejo, e identidade. Na peça, Décio, marido de Lígia, sai de casa após um ano sem consumar o casamento. Lígia conta o que houve a Guida, sua irmã, que lhe ofere-ce uma noite com Paulo, seu marido. Guida quer que a irmã tenha o que ela tem, isso é, que seja como ela. Sobre Décio, é claro, pairam as suspeitas de "não ser homem". É isso que as mulheres discutem, enquanto na verdade Décio se realiza com a lavadeira, descrita simplesmente como "uma crioula de ventas triunfais". E, depois que Lígia passa uma noite com Paulo, também é claro que Guida não fica nada feliz. A rapidez com que se começa a falar em assassinato só não impressiona quem não aprendeu, até com o próprio Nelson Rodrigues, a ser cético em relação ao desejo, e, sobretudo, em relação aos próprios desejos. Porque, como costumo eu mesmo observar, há muito tempo, no senso comum, o desejo é considerado sagrado, no sentido de que, se você afirmar que deseja algo "de verdade", autenticamente, espontaneamente, então esse desejo está de algum modo legitimado. Os personagens de *A serpente* têm essa ingenuidade: Lígia acha que pode desejar o marido da irmã sem que haja consequências, Guida acha que pode oferecer o marido à irmã sem que haja consequências. A primeira delas, é óbvio, e que é imediatamente observada por Guida na cena em que Décio volta para mostrar a Lígia que está curado da impotência, é que os papéis estão confundidos. Paulo vai em socorro de Lígia, que se atira em seus braços. O desejo ingênuo que leva ao ato de *hybris* gera híbridos, isso é, papéis confusos. Se o marido dorme com a cunhada, quem é o marido, quem é a esposa, quem é a cunhada? O desejo assassino nasce dessa confusão de identidades: não se teme apenas perder um objeto, mas o próprio ser, e a consciência disso vai apenas ficando mais aguda em Guida. Só vale a pena alertar o leitor para o fato de que o final é relativamente imprevisível, ainda que não incoerente; contudo, explicar sua coerência estragaria sua surpresa.

O que mais chama a atenção em *A serpente* é que a trama principal não é definida por um elemento que, como em outras peças de Nelson, parece fetichista ou arbitrário, que limita o desejo e ao mesmo tempo define uma conduta essencial. Por exemplo, na hilariante *Viúva, porém honesta*, a jovem viuvinha não senta para não "contaminar" as partes pudendas, a fim de retribuir a fidelidade do marido morto – porque morto não trai. Mas mesmo em *O beijo no asfalto*, só na cena final entendemos porque o sogro de Arandir se recusa a pronunciar seu nome. Em *A serpente*, a atração imediata e irrefreável de Décio pela "crioula de ventas triunfais" é um elemento acessório. A consciência que Guida tem do desejo explicita que os elementos idiossincráticos dos personagens são regras que eles inventam para evitar males maiores – assim como os personagens das peças mais chocantes também faziam coisas horrendas para não fazer coisas ainda mais horrendas. Se Guida tivesse um comportamento fetichista, se tivesse a sua idiossincrasia peculiar, talvez tivesse evitado os males que sucederam.

E não existe nada mais pertinente para se mostrar quando todos pensam que o desejo é puro e sagrado.

....

Pedro Sette-Câmara é poeta e ensaísta.

POEMA TRADUZIDO

POEMAS EM PROSA DE PAUL VALÉRY

Traduzidos por Rodrigo de Lemos

Campeão do intelecto, poeta geômetra, apologeta da consciência suprema; eis as imagens que mais comumente se associam a Paul Valéry – não só com a complacência, mas com o concurso frequente do próprio, artista zeloso de composição e de forma, pensador entusiasta dos poderes criadores do intelecto (ver ensaio sobre Valéry nesta edição). Resta que, com a publicação póstuma dos seus monumentais *Cahiers* (escritos privadamente a partir de 1894) e dos poemas em prosa neles dispersos, revelou-se outro Valéry, entrevisto apenas raramente sob o busto do poeta demiurgo: o esteta do mundo imediato, anotando as sensações brutas e os pensamentos em germe que lhe sugeriam as coisas.

Estes poemas em prosa, selecionados e traduzidos por mim (com os comentários de Gabriel Nocchi), dão mostras dessas duas vertentes de sua poesia: por um lado, sua grande maneira, aqui representada pelo seu poema derradeiro, "O anjo" (escrito e reescrito de 1921 até algumas semanas antes da sua morte, em 1945), não inferior em elaboração artística a "La Jeune Parque" (1917) ou aos grandes poemas de *Charmes* (1922); por outro, seu estilo menor, o de "Manhã", de "Árvore", de "Pássaros canoros", poemas publicados pela primeira vez em *Tel quel* (1943) e coligidos por Michel Jarrety em *Poésie perdue* (2000), os quais, por seu aspecto inacabado e por seus temas emprestados à realidade mais ordinária, aparentam não mais do que registrar as ideias e aparentam não mais do que registrar sensações e ideias provisórias despertadas pela observação do objeto.

L'ANGE

Une manière d'ange était assis sur le bord d'une fontaine. Il s'y mirait, et se voyait Homme, et en larmes, et il s'étonnait à l'extrême de s'apparaître dans l'onde nue cette proie d'une tristesse infinie.

(Ou si l'on veut, il y avait une Tristesse en forme d'Homme qui ne se trouvait pas sa cause dans le ciel clair.)

La figure qui était la sienne, la douleur qui s'y peignait, lui semblaient tout étrangères. Une apparence si misérable intéressait, exerçait, interrogeait en vain sa substance spirituelle merveilleusement pure.

« Ô mon Mal, disait-il »

Il essayait de se sourire : il se pleurait. Cette infidélité de son visage confondait son intelligence parfaite ; et cet air si particulier qu'il observait, une affection si accidentelle de ses traits, leur expression tellement inégale à l'universalité de sa connaissance limpide, en blessaient mystérieusement l'unité.

« Je n'ai pas sujet de pleurer, disait-il Le Mouvement de sa Raison dans sa lumière d'éternelle attente trouvait une question inconnue suspendre son opération infaillible, car ce qui cause la douleur dans nos natures inexactes ne fait naître qu'une question chez les essences absolues; – cependant que, pour nous, toute question est ou sera douleur.

« Qui donc est celui-ci qui s'aime tant qu'il se tourmente? disait-ilMais ces pensées avaient beau se produire et propager dans toute la plénitude de la sphère de la pensée, les similitudes se répondre, les contrastes se déclarer et se résoudre, et le miracle de la clarté incessamment s'accomplir, et toutes les Idées étinceler à la

O ANJO

Uma forma de anjo estava sentado à beira de uma fonte. Nela se mirava e Homem se via, e em lágrimas, e espantava-se ao extremo de na vaga nua aparecer-se essa vítima de uma tristeza infinita.

(Ou, dito de outro modo, havia uma Tristeza sob o aspecto de um Homem que não achava a própria causa no céu claro.)

O semblante que era o seu, a dor ali pintada ele via como alheios. Tão desolada aparência interessava, exercia, interrogava-lhe em vão a substância intelectual maravilhosamente pura.

– Ó meu Mal, dizia, que sois para mim?

Tentava a si mesmo sorrir: a si mesmo chorava. Essa infidelidade do seu rosto confundia a sua inteligência perfeita, e as feições tão próprias que observava, uma afecção tão acidental dos seus traços, cuja expressão era de tal modo desigual à universalidade do seu límpido conhecimento, deste feriam misteriosamente a unidade.

– Não tenho motivo de chorar, dizia, nem posso ter.

O Movimento da sua Razão na sua luz de eterna espera encontrava uma pergunta ignota suspendendo-lhe a infalível operação, pois o que causa dor nas nossas naturezas inexatas não faz nascer mais do que uma pergunta nas essências absolutas; – enquanto, para nós, toda pergunta é ou será dor.

– Quem é este, então, que tanto se ama que se aflige? dizia. Compreendo tudo e, no entanto, vejo bem que estou sofrendo. Este rosto é por certo o meu rosto; estes prantos, meus prantos... E, no entanto, não sou esta potência de transparência de que este rosto e estes prantos, e sua causa, e o que dissiparia essa causa, não são mais do que imperceptíveis grãos de tempo?

lueur de chacune d'entre elles, comme les joyaux qu'elles sont de la couronne de la connaissance unitive, rien toutefois qui fût de l'espèce d'un mal ne paraissait à son regard sans défaut, rien par quoi s'expliquât ce visage de détresse et ces larmes qu'il lui voyait à travers les larmes.

« Ce que je suis de pur, *disait-il* » Et comment se peut-il que pâtisse à ce point ce bel éploré qui est à moi, et qui est de moi, puisqu'enfin je vois tout ce qu'il est, car je suis connaissance de toute chose, et que l'on ne peut souffrir que pour en ignorer quelqu'une?

« Ô mon étonnement, *disait-il,* Tête charmante et triste, il y a donc autre chose que la lumière? »

Et il s'interrogeait dans l'univers de sa substance spirituelle merveilleusement pure, où toutes les idées vivaient également distantes entre elles et de lui-même, et dans une telle perfection de leur harmonie et promptitude de leurs correspondances, qu'on eût dit qu'il eût pu s'évanouir, et le système, étincelant comme un diadème, de leur nécessité simultanée subsister par soi seul dans sa sublime plénitude.

Et pendant une éternité, il ne cessa de connaître et de ne pas comprendre.

Mai 1945

Mas esses pensamentos podiam surgir e propagar-se em toda a plenitude da esfera do pensar, as similitudes responder-se, os contrastes declarar-se e resolver-se, e o milagre da claridade continuamente realizar-se, e as Ideias todas cintilar ao brilho de cada uma, como as joias que são da coroa do conhecimento unitivo; nada, entretanto, que fosse da natureza de um mal aparecia ao olhar sem falhas que era o seu, nada por que se explicasse esse rosto de angústia e essas lágrimas que em si mesmo ele via através das lágrimas.

– O que sou de puro, *dizia*, Inteligência que consome sem esforço toda coisa criada, sem que em troca nenhuma a afete ou altere, não pode se reconhecer neste rosto carregado de pranto, nestes olhos cuja luz que os compõe é como enternecida pela úmida iminência das suas próprias lágrimas.

– E como pode a tal ponto padecer este belo aos prantos que é meu, que vem de mim, já que afinal vejo tudo o que ele é, pois sou conhecimento de cada coisa, e que só se pode sofrer por ignorar uma delas?

"Ó meu espanto, *dizia*, Rosto triste e encantador, existe algo então além da luz?"

E interrogava-se no universo da sua substância intelectual maravilhosamente pura, em que as ideias viviam todas igualmente distantes entre si e dele mesmo e numa tal perfeição de sua harmonia e presteza de suas correspondências que se diria que ele poderia esvanecer-se, e o sistema, cintilante como um diadema, por sua necessidade simultânea, subsistir sozinho na sublime plenitude que era a sua.

E, durante uma eternidade, ele não cessou de conhecer e de não compreender.

Maio de 1945

MATIN

Réveil

Au réveil, si douce la lumière et beau ce bleu vivant !

Le mot « Pur » ouvre mes lèvres.

Tel est le nom que je te donne.

Ici, unies au jour qui jamais ne fut encore, les parfaites pensées qui jamais ne seront. En germe, éternellement germe, le plus haut degré universel d'existence et d'action.

Le Tout est un germe — le Tout ressenti sans parties — le Tout qui s'éveille et s'ébauche dans l'or, et que nulle affection particulière ne corrompt encore.

Je nais de toutes parts, au loin de ce Même, en tout point où étincelle la lumière, sur ce bord, sur ce pli, sur le fil de ce fil, dans ce bloc d'eau limpide. Tu n'es encore et sans peine qu'un effet délicieux de lumière et de rumeur, merveille de feu, de soie, de vapeur et d'ardoise, ensemble de bruits simples confondus, dorure et murmures, matin.

* * *

Que ne puis-je retarder d'être moi, paresser dans l'état universel ?

Pourquoi, ce matin, me choisirais-je ? Qu'est-ce qui m'oblige à reprendre mes biens et mes maux ? Si je laissais mon nom, mes vérités, mes coutumes et mes chaînes comme rêves de la nuit, comme celui qui veut disparaître et faire peau neuve, abandonne soigneusement au bord de la mer, ses vêtements et ses papiers ?

N'est-ce point à présent la leçon des

MANHÃ

Despertar

Ao despertar, tão terna a claridade e belo o vivo azul!

O termo "Puro" me abre os lábios.

Eis o nome que te dou.

Aqui, unidas ao dia que jamais fora ainda, as perfeitas ideias que não serão jamais. Em germe, eternamente germe, o mais alto ponto universal de existência e de ação.

O Todo é um germe – o Todo sentido sem as partes – o Todo que desperta e se esboça no ouro, e que ainda não corrompe nenhuma afeição particular.

Nasço por todo lado, ao longe desse Mesmo, em toda parte onde cintila a claridade, nesta beira, nesta dobra, no fio deste fio, neste bloco d'água límpida. Não és ainda e sem esforço mais do que um delicioso efeito de luz e de rumor, maravilha de fogo, de seda, de vapor e de ardósia, conjunto de ruídos simples confundidos, douradura e murmúrios, manhã.

* * *

Por que não posso tardar em ser eu, preguiçar no estado universal?

Por que, nesta manhã, a mim mesmo escolheria? O que me obriga a reaver meus bens e meus males? Se meu nome eu deixasse, minhas verdades, meus hábitos e meus grilhões como sonhos da noite, como quem, querendo sumir e ressurgir de cara nova, abandona com cuidado à beira-mar documentos e roupas?

rêves et l'exhortation du réveil? Et le matin d'été, le matin, n'est-il le moment et le conseil impérieux de ne point ressembler à soi-même? Le sommeil a brouillé le jeu, battu les cartes; et les songes ont tout mêlé, tout remis en question...

Au réveil il y a un temps de naissance, une naissance de toutes choses avant que quelqu'une n'ait lieu. Il y a une nudité avant que l'on se re-vêtisse.

* * *

L'âme boit aux sources une gorgée de liberté et de *commencement sans conditions*.

Cet azur est une Certitude. Ce Soleil qui paraît et fait sonner pour soi de toutes parts le branle-bas et les honneurs, qui fait chanter une feuille et étinceler tout le pont, tous les cuivres de la mer, il s'annonce et monte comme un juge, il évoque les pâles erreurs à son tribunal; il condamne les songes ; il dissipe les croyances de la nuit, il casse les jugements de la terreur ; il rassure ou menace toute chose mentale... Que de pensées se cachent aussitôt, et que de procédures de l'esprit sont sans retard frappées de nullité!

Não seria agora essa a lição dos sonhos e a exortação do despertar? E a manhã de verão, a manhã, não é a hora e o conselho imperativo de não mais se assemelhar a si mesmo? O sono embaralhou o jogo, misturou as cartas, e os sonhos tudo confundiram, puseram tudo em questão...

Ao despertar, há uma hora de nascimento, um nascimento de tudo antes que algo aconteça. Há uma nudez antes de tornarmos a vestir-nos.

* * *

Bebe a alma na fonte um gole de liberdade e de *começo sem condições*.

É uma Certeza este azul. Este Sol que aparece e faz soarem para si por toda parte as honrarias e o tumulto, que faz cantar a folha e cintilar a ponte inteira, os metais todos do mar, anuncia-se e sobe como um juiz, convoca em sua corte os erros pálidos; condena os sonhos; dissipa as crenças da noite; anula os julgamentos do terror; acalma ou ameaça tudo o que é mental... Quantas ideias logo se escondem, e quantos processos do espírito são sem demora dados por nulos!

ARBRE

L'arbre chante comme l'oiseau.
Tout à coup, coup de vent. — Vent brusque.
Cela vient, s'apaise, revient comme vagues.

Le vent donne au grand arbre une multitude de pensées, le surprend, le trouble, l'attaque en tous points, l'ébranlé. Le revêt de l'envers de ses milliers de feuilles nombreuses. L'épouse, le change en rumeur qui grandit et s'affaiblit et le change en ruisseau perdu.

Ceci donne pur rêve du ruisseau.
L'arbre rêve d'être ruisseau ;
L'arbre rêve dans l'air d'être une source vive...
Et de proche en proche, se change en *poésie*, en un vers pur...

* * *

J'analyse et épouse le frissonnement des petites feuilles de l'arbre immense qui vit dans ma fenêtre. Cela commence et finit. L'arbre calmé, je cherche et trouve encore une petite feuille qui oscille.

Reprise maintenant, reprise accélérée. Ce sont sextuples croches, trilles insoutenables. Nous voici à l'extrême de l'aigu. C'est un prurit, un *ultra-vif*, une folie de fréquence, un délire d'excitation qui gagne les masses centrales et menace l'énorme vie.

Il y a une combinaison harmonique visible de la vibration affolée de la feuille avec celles de la tigelle, du rameau, puis de la branche mère et de la grosse branche aïeule. La plus grosse lourdement, lentement, se balance et ses parties de plus en plus fines et frêles oscillent, palpitent, scintillent.

Le mouvement gagne du front vers le sol.
Un amortissement délicieux achève la crise et la leçon de *poésie*.

ÁRVORE

Canta a árvore como o pássaro.
De repente, rajada de vento – Vento brusco.
Isso vem, abranda-se, volta como as vagas.

Dá o vento à grande árvore uma turba de ideias, surpreende-a, perturba, ataca em todos os pontos, abala. Reveste-a do inverso de suas mil numerosas folhas, cingindo-a, mudando-a em rumor que cresce e esmorece, depois em regato perdido.

Isto dá puro sonho do regato.
Sonha a árvore ser regato;
Sonha a árvore no ar ser fonte viva...
E, pouco a pouco, muda-se em *poesia*, num verso puro...

* * *

Analiso e partilho o tremor das folhinhas da imensa árvore que vive à minha janela. Ele começa e termina. Acalmada a árvore, busco e encontro ainda uma folhinha a oscilar.

Retomada agora, retomada acelerada. São sêxtuplas colcheias, insustentáveis trinos. Chegamos ao extremo do agudo. É um prurido, um *ultravivo*, uma folia de frequência, um delírio de excitação que ganha as massas centrais e ameaça a enorme vida.

Há uma visível combinação harmônica da vibração frenética da folha com as do caulículo, do ramo, e então do galho principal e do grande galho avoengo. O maior gravemente, lentamente balança, e suas partes cada vez mais finas e frágeis oscilam, palpitam, cintilam.

O movimento avança do cimo ao solo.
Um delicioso amortecimento resolve a crise e a lição de *poesia*.

OISEAUX CHANTEURS

L'oiseau crie ou chante; et la voix semble être à l'oiseau d'une valeur assez différente de la valeur qu'elle a chez les autres bêtes criantes ou hurlantes.

L'oiseau seul et l'homme ont le chant.

Je ne veux seulement la mélodie, mais encore ce que la mélodie a de libre et qui dépasse le besoin.

Le cri des animaux est significatif; il les décharge de je ne sais quel excès de peine ou de puissance, et rien de plus.

Le braiement de l'âne, le mugissement du taureau, l'aboi du chien, le cri du cerf qui rait ou brame, ils ne disent que leur état, leur faim, leur rut, leur mal, leur impatience. Ce sont des voix qui naissent de ce qui est ; nous les entendons aisément et possédons leurs pareilles.

Mais comme il s'élève et se joue dans l'espace, et a pouvoir de choisir *triplement* ses chemins, de tracer entre deux points une infinité de courbes ailées, et comme il prévoit de plus haut et vole où il veut, ainsi l'Oiseau, jusque dans sa voix, est plus libre de ce qui le touche.

Chant et mobilité, un peu moins étroitement ordonnés par la circonstance qu'ils ne le sont chez la plupart des vivants.

PÁSSAROS CANOROS

Grita ou canta o pássaro, e a voz parece ser ao pássaro de um valor assaz distinto do valor que tem para outros bichos que gritam ou que uivam.

Só o pássaro e o homem têm o canto.

Não quero somente a melodia, mas ainda o que a melodia tem de livre e que ultrapassa a necessidade.

O grito dos animais é significativo; livra-os de algum excesso de pena ou de potência, e nada mais.

O zurro do asno, o mugir do toro, o ladrar do cão, o grito do cervo que berra ou brame, todos só dizem o estado, a fome, o cio, a dor, a impaciência. São vozes que nascem do que é; nós as entendemos facilmente e possuímos similares.

Mas como ele se eleva e brinca pelo espaço, e tem o poder de escolher *triplamente* os seus caminhos, de traçar entre dois pontos uma infinidade de curvas aladas, e como ele prevê de mais acima e voa por onde quer, assim o Pássaro, até na voz, é mais livre do que o toca.

Canto ou mobilidade, um pouco menos estritamente ordenados pela circunstância do que na maioria dos seres vivos.

CONTO

MYCOPLASMA GENITALIUM JCVI-1.O

Jerônimo Teixeira

O rapaz abre a porta de vidro para que eu entre. Estendo a mão e me apresento. Eu sei quem você é, ele diz. Você é o homem do século XX. O rapaz sorri, mas não aperta minha mão.

O laboratório (que ele chama de estúdio) não tem janelas, mas a claridade é tão extrema que ofende os olhos. Paredes, cadeiras giratórias, balcões, aparelhos cuja função desconheço – tudo branco. O rapaz também se veste de branco, uma peça única, espécie de macacão sem bolsos, no qual não se vê botão ou zíper, nem sequer uma costura. Fala muito e fala rapidamente. Aponta objetos sobre a bancada, mostra cifras e imagens em uma tela holográfica que o acompanha por onde anda. Desejo prestar atenção, aprender sobre os animais pré-históricos no aquário, mas estou meio zonzo, os sentidos embotados. A sensação de autoestranhamento, de distância em relação às coisas imediatas, que se segue a um acidente de carro, a uma explosão, a um grande trauma – mas não houve trauma, que eu lembre.

Posso sentar?, peço ao rapaz.

Minhas desculpas, ele diz, apagando a tela ao seu lado com um gesto da mão. Faz pouco tempo que você chegou. É demasiado cedo para tudo isso.

Parece sinceramente consternado. Pega meu braço e me conduz até uma cadeira, com delicadeza. Como quem cuida de um velho.

Ele é jovem, mal saído da adolescência, pouco mais alto que eu, cabelo negro curto, traços um tanto duros – o queixo quadrado, a testa lisa e brilhante, maçãs do rosto tão proeminentes que os olhos claros parecem mirar do fundo de um poço. Usa um português correto – correto até demais, a fala de um estrangeiro que estudou a língua com grande aplicação (mas não distingo qualquer sotaque). Me oferece um copo d´água e um comprimido rosa, que eu tomo sem discutir. Ao nosso lado, sobre o balcão, uma espécie de forno ou estufa emite um sinal eletrônico agudo. Em boa hora, ele diz. Você talvez goste de assistir à *criação*. Ele abre a portinhola, e o animal sai da estufa.

Tem quatro patas de pelo alaranjado, com unhas compridas, felinas. As perninhas são atarracadas e parecem débeis para sustentar o corpo em forma de disco – um círculo perfeito, de uns quinze centímetros de diâmetro, cor vermelha com manchinhas pretas. O que parece ser o pescoço se projeta de uma extremidade do corpo e acaba em um disco menor, de quatro ou cinco centímetros de diâmetro, coberto de cílios translúcidos (ou serão tentáculos?) que ondulam em movimentos concêntricos. É uma coisa esdrúxula: uma anêmona montada sobre uma tartaruga (que uma criança perversa pintou como uma joaninha) com pernas de tigre anão. Até onde consigo observar, a criatura é um sistema fechado, desprovido de orifícios: não tem ouvidos, nariz, boca, ânus. Tampouco tem olhos.

O que lhe parece?, ele pergunta, e eu respondo com outra pergunta: Que bicho é esse? Ele me informa que o animal é uma nova *obra* sua e ainda não tem nome. O animal dá alguns passos sobre a mesa branca mas logo se detém; os cílios no disco superior – sua cabeça? – tremulam com suavidade. Talvez seja seu modo de sondar o ambiente, como o chacal que levanta o focinho e fareja o ar.

O que ele está fazendo?, pergunto.

Está à espera de que alguém o toque. Você desejaria tentar?, convida o rapaz.

Não, não desejaria nem desejo. Temo uma queimadura – a substância translúcida dos cílios lembra uma água-viva. O rapaz então encosta um dedo leve no centro do disco superior. Um ponto azul surge ali no meio, uma marca, uma mancha deixada pelo contato humano, e então os cílios se movem, ondulam, e essa onda comunica a cor de um cílio para o outro – em poucos segundos, o azul se espalha do centro até a circunferência externa do disco. É um azul intenso, a piscina de coral em uma praia do Pacífico nas fotos de uma revista de turismo.

Os cílios trocarão de cor a cada vez em que forem tocados, explica o rapaz. Ele faz uma demonstração: encosta o indicador na criatura mais uma vez, e um amarelo vivo toma conta do disco. A qualidade translúcida dos cílios – a "pura transparência", na expressão pretensiosa do rapaz – perdeu-se para sempre.

Todas as minhas obras guardam em comum esse traço de efemeridade, diz o rapaz.

Obra?, eu pergunto. Por que você chama esse – esse *bicho* de obra?

Ora, mas ele é as duas coisas, responde o outro. É um animal, um *bicho*, como você diz – o primeiro de sua espécie. E é uma obra de arte.

Não, não é, protesto. Tento argumentar que se esse bicho – e já uso outra palavra, mais pejorativa: se esse *troço* é arte, então o pavão, a zebra, o ornitorrinco serão igualmente obras de arte. Oh, não, ele retruca, as anatomias do pavão, da zebra e do ornitorrinco resultam de éons de acidentes geológicos e acasos ambientais. Não seguem um projeto deliberado. O animal sem nome sobre a mesa, ao contrário, é fruto de cuidadoso planejamento e execução. É uma forma absolutamente inédita, que não existia antes na natureza. O *bicho* é esse objeto elusivo descrito nos tratados de estética e sonhado pelos manifestos de vanguarda. É a finalidade sem fim. O novo.

Não, não e não, digo (e não sei por que essa discussão me exaspera tanto). Bato com a mão na mesa – a criatura se assusta, corre de volta para a estufa. Não basta ser novo para ser arte. Esse laboratório, que você chama de estúdio – você poderia criar aqui um vírus letal, uma variante mais destrutiva da varíola ou do ebola. Também seria uma forma que antes não existia na natureza. Mas ninguém pensaria em chamá-la de arte.

Por que alguém criaria um vírus letal?, ele pergunta, com uma ingenuidade que me desconcerta. Tímida, a criatura aos poucos avança para fora da estufa mais uma vez. Resolvo testá-la: encosto o dedo no disco superior. Os cílios são macios ao tato, como pelo de gatinho. A cor que eu imprimo ao disco é um marrom sujo.

Acho que ele não gosta de mim, digo.

Nenhuma obra de arte gosta de nós, o rapaz responde. Gosto da frase. Tento anotá-la mentalmente: nenhuma arte gosta de... Há uma névoa, uma teia viscosa na minha cabeça. Não consigo reconstituir o que me foi dito há poucos segundos. Acho que ele me deu a pílula rosa para isso – para desfazer a confusão.

O rapaz está reclinado sobre sua criatura. Sorri para ela, como sorrimos para um filho. Roça o indicador mais uma vez no disco menor, que imediatamente assume um verde claro e vibrante.

É uma coisa desconjuntada, eu digo, com ressentimento. Uma água-viva presa a uma tartaruga com patas de jaguatirica.

Percebo agora a natureza de suas objeções, diz o rapaz. É um argumento muito antigo, não é? Eu já li isso.

Fecha os olhos, e a tela holográfica acende-se no ar a seu lado, exibindo um texto em letras azuis – um texto que ele recita:

Humano capiti ceruicem pictor equinam iungere si uelit et uarias inducere plumas undique collatis membris, ut turpiter atrum desinat in piscem mulier formosa superne, spectatum admissi, risum teneatis, amici?

Estarei correto em supor que esse é o sentido de sua crítica à minha obra?

Não sei, respondo. Não entendo latim.

Você não sabe latim?, pergunta o rapaz, com um tom entre a surpresa e a censura – um tom que me irrita.

Claro que não, respondo. É uma língua morta.

Uma língua morta, repete o outro, como quem pondera algum significado oculto na óbvia estupidez que acabo de proferir. E, no entanto, *eu* sei latim, ele diz. Faz uma pausa calculada, e então acrescenta: Também sei português.

Quero retrucar, ou indagar qualquer coisa, mas não consigo vencer a névoa, a teia branca e grudenta dentro da minha cabeça. O rapaz toca mais uma vez no animal, e produz rosa, um rosa clarinho que me traz não sei que evocações de um ambiente familiar. Um quarto de menina, talvez.

Então o meu *bicho* não é arte, ele diz. Na sua opinião, que tipo de objeto poderia ser considerado uma obra de arte?

Um romance, digo (e não sei de onde me vem a certeza dessa resposta tão imediata).

Um romancista, argumenta o rapaz, usa vinte e seis letras para compor simulacros, criaturas da fantasia, sombras da sombra do escritor – ao passo que ele, com apenas quatro letras, produz criaturas reais, pulsantes, que sentem nosso calor, que reagem a nosso toque. Mas não, eu respondo, essas criaturas não são nada perto de monumentos como *Dom Quixote* ou *Crime e Castigo*. E desfio uma série de platitudes sobre representação da realidade, sobre catarse aristotélica (e ignoro, arrogante, quando o rapaz objeta que Aristóteles não conheceu o romance), sobre a "radiografia crítica da sociedade" (não se usam mais radiografias, diz o rapaz), sobre a emoção da descoberta nas primeiras páginas, quando o jovem provinciano faz sua entrada na sala de aula, e sobre a melancolia da conclusão, quando ele tardiamente toma conhecimento da traição da esposa suicida.

Vocês não leem mais?, pergunto ao final da minha desarticulada peroração.

Lemos, sim, ele diz. Já li todos os clássicos. Conservo uma pequena biblioteca aqui mesmo, no estúdio. Não tenho romances, mas veja só.

Tira uma caixa branca de uma gaveta no balcão. O interior é dividido em compartimentos quadrados, cada um deles com uma pílula amarela. Forço os olhos para ler as inscrições em letra miudinha sobre as pílulas. Mesmo quando abreviados, reconheço os títulos: *Rom+Jul, Corol., RicII, RicIII, Macbeth*. Já li todos esses, diz o rapaz, e os conservo integralmente na memória. Ele fecha os olhos, a tela holográfica acende-se mais uma vez com um texto azul. Trata-se, muito previsivelmente, do monólogo do *to be or not to be*, que ele recita sem ênfase ou entusiasmo.

A experiência da rememoração não é idêntica à experiência da releitura, segue explicando o rapaz. A pílula que propicia a leitura e a memorização imediatas de uma obra pode adiante ser empregada para criar artificialmente, no cérebro, os estímulos prazerosos da releitura dessa mesma obra. Como demonstração, ele toma a pílula marcada com as letras *MidSND*. Fecha os olhos mais um vez, e sorri – um sorriso discreto, contorção mínima de seus lábios finos, mas um sorriso genuíno. Retiro da caixa a pílula marcada com o título *Tempest* e a jogo na goela. Fecho os olhos, mas não vejo texto algum. Sinto apenas um cheiro nauseante de maresia, e ouço – não leio: ouço –, como que no fundo da meu crânio, uma

voz que grita, em inglês, palavras desconexas. *Boatswain* é a única que consigo reconhecer.

O que você acaba de fazer é muito perigoso, censura o rapaz. As pílulas foram ajustadas para a *minha* química cerebral.

É, não deu certo, digo. Mas gostei desse sistema. Talvez vocês possam fazer pílulas para o meu cérebro antiquado. Uma pílula que me ensine latim, por exemplo.

Não funciona assim. É na escola que aprendemos línguas, diz o outro. Sua voz revela uma nota de exasperação. Está cansado de me explicar as coisas mais básicas.

Ele pede licença para conduzir seus trabalhos. Percorre, diligente, outras bancadas do laboratório, acompanhado de uma constelação de cifras e equações que flutuam à sua volta. Inclina-se para observar estufas e aquários, sempre digitando números no ar. De repente, põe-se a falar em uma língua gutural que não compreendo, que não devo ter ouvido jamais. Intuo que está falando com outra pessoa, em alguma espécie de telefone invisível.

E se você fosse escrever um romance, ele pergunta, na volta de sua ronda. Sobre o que seria?

O que ele me pede de improviso deveria ser difícil, como tirar o proverbial coelho da cartola. Mas eu disparo a falar de um homem que tem a mulher e o filho pequenos assassinados, e do gato da família que fugiu na noite de crime e tempos depois reaparece fantasticamente em outra cidade, miando noite afora dentro de um apartamento desocupado, e do esquisito policial que, junto com o gato, some e ressurge ao longo da narrativa, e que meses ou anos depois irá oferecer ao protagonista uma oportunidade de vingança, ou de redenção, se é que uma coisa

se distingue da outra. Não há mais confusão ou névoa mental. Exponho detalhes miúdos da história: a mutilação no rosto da criança morta, o cheiro de mofo no apartamento fechado, a pelagem do gato quando fica eriçada de terror. Fazer o leitor *ver* – é para isso que serve o romance, dizia Conrad. O rapaz concorda com a cabeça, absorto na minha torrente verbal. Falo das traições íntimas da vida familiar, de ressentimentos de classe, de violência, tanta coisa que não sei se ainda faz sentido nesse novo mundo branco. Mas o rapaz me ouve.

É assim que *eu* faria arte, digo. Ou tentaria fazer. Suponho que ninguém mais faça isso agora, digo ao rapaz.

Um romance, você quer dizer? Você imagina que ninguém mais faria um romance, hoje?, pergunta o rapaz.

Suponho que hoje vocês só façam bichos, digo, apontando para a criatura sobre a mesa (o disco superior, tocado há pouco pelo rapaz, exibe um púrpura brilhante). Ou alguém ainda escreve romances?

Não, diz o rapaz. Ninguém mais *escreve* romances. Mas descobrimos novos métodos de composição.

Que outra forma de fazer um romance existe, que não seja escrevendo?, pergunto.

O rapaz segura a minha mão. Sua resposta sai calma, pausada, ponderada: em tese, pode-se criar, em um estúdio como este – ou, como você prefere, em um laboratório como este – pode-se criar aqui um ser humano, um adulto completo, e pode-se programá-lo com certas habilidades, certos talentos. Tal como essa criatura que você acha tão desarmônica (ele toca mais uma vez no bicho, e os tentáculos assumem um vermelho sanguí-

neo), esse homem seria um animal inédito. Não seria o único de sua espécie, é claro, mas seria, ainda assim, um espécime completamente novo. Em certo sentido, porém, seria também velho, porque poderíamos inserir nele memórias, lembranças de outro tempo, de um tempo passado, um tempo em que ainda se escreviam romances.

O rapaz faz uma pausa mais longa que as anteriores. Conclui: E então, Jerônimo (ele me chama pelo nome pela primeira vez), então esse homem – essa criatura – escreverá um romance. Da nossa perspectiva, porém, esse romance, por si só, não constitui uma obra de arte.

A arte é o escritor, digo.

A arte é a criação de um homem que cria livros, ele corrige.

E você já fez isso?, pergunto. Já criou um homem que cria livros?

Eu? Oh, não, eu não. Uma obra dessa envergadura exige um conhecimento superior da arte. Sou apenas um aprendiz neste estúdio.

Nova pausa, ainda mais densa e demorada. Uma nota musical eletrônica interrompe esse silêncio. É a campainha. O rapaz salta com agilidade infantil do banco alto em que estava acomodado. O mestre, diz. O mestre está chegando. Acompanhe-me, por favor. Você gostará de conhecê-lo.

Ele se encaminha para a porta. A curiosidade, ou a cortesia, mandariam que eu o seguisse. Mas fico onde estou.

Estendo a mão para a criatura sobre a mesa – e ela me morde.

....

Jerônimo Teixeira é escritor, jornalista e crítico literário da revista *Veja*.

CRÔNICA

TUDO O QUE VOCÊ NUNCA QUIS SABER SOBRE O HUMOR INGLÊS E JAMAIS PENSOU EM PERGUNTAR

Bruno Garschagen

Sentado à mesa do restaurante do hotel Randolph, em Oxford. 30 de junho de 2011. 00h05. Entre a quarta e a oitava dose de Lagavulin 16 anos, não lembro bem, Evelyn Waugh entra, pede para sentar-se à minha mesa. Sério, começa a contar a história de um jovem brilhante que, depois de passar com sucesso pelos dificílimos exames para se tornar *fellow* do All Souls College, saiu de férias pela Itália e lá se apaixonou. Queria casar. Pecado mortal; o *college* exigia dos professores o celibato. A vida intelectual era um sacerdócio que não deveria ser conspurcado pelas distrações, excitações e infortúnios do casamento.

No dia acordado para se apresentar ao reitor, o jovem carregava no rosto sua decisão devidamente sacramentada; abria mão do sonho intelectual pelo amor supostamente imortal. O reitor, homem prático e experiente, teve a mais justificada das reações:

– Santo Deus, sir! Como pode trocar *Todas as Almas* por um só corpo?

Evelyn terminou a história sem qualquer sorriso.

– Estimamos os nossos amigos não por sua habilidade para nos entreter, mas pela nossa para entretê-los.

– De fato, sir, de fato – respondi.

– Vamos dar uma volta. Preciso apresentar-lhe alguns amigos.

Fomos em direção ao Hertford College. Na entrada do prédio, que fica defronte do portão da Bodleian Library, encontramos dois de seus amigos.

– Meu caro Garschagen, estes são os *Hipócritas*: Harold Acton e Brian Howard.

Eu sabia que Acton e Howard tinham sido fundamentais na vida de Waugh em Oxford. Que ambos apresentaram-lhe aquilo que moldaria o futuro escritor e lapidaria o seu humor, incutindo-lhe valores artísticos e sociais, e também um mundo de experiências nada ortodoxas. Aquela lembrança atravessou meu cérebro como uma adaga; passeando com os três em Oxford, não seria prudente de minha parte manter o ritmo escocês de minutos atrás. Eu não poderia retribuir-lhes eventuais hospitalidades no mesmo diapasão.

Acton foi confundido durante anos como a fonte de inspiração para a criação de Antony Blanche, o dândi gago de *Brideshead Revisited*. Mas Waugh disse-me com sorriso contido que Blanche fora inspirado em Brian Howard. Talvez a confusão tenha surgido porque Waugh fez Blanche repetir algo que Acton havia feito da sacada do seu quarto no Christ Church College: megafone na mão, declamara trechos de *The Waste Land*, de T. S. Eliot. Autor de dezenas de livros, talvez o que revele de forma mais clara o quão interessante e *witty* Acton era são os dois volumes de sua autobiografia *Memoirs of an Aesthete* e *More Memoirs of an Aesthete*. Disse-me ele:

– As biografias e as autobiografias são, em geral, mais impressionantes do que a ficção escrita nas duas últimas décadas, mas os extravagantes *best sellers* que há entre eles são menos propensos a resistir ao teste do tempo.

– Sério, sir?

– Realmente, Garschagen; minha principal distração é caçar os filisteus.

Howard, a verdadeira inspiração para Blanche, também fora educado em Eton e depois estudara no Christ Church de

Oxford. Jovem brilhante, foi poeta com intensa vida social na universidade, onde desfilou com afetação e graça seu homossexualismo não militante. Mais tarde, aquele espírito jovial submergiria no alcoolismo e no vício de sedativos. Não deixou obra escrita relevante, mas seu ensaio *Cherwell*, publicado em 1927, narra de forma encantadora a atmosfera de seus dias em Oxford.

Fomos caminhando para o *pub* Eagle&Child. Já nos aguardavam com sete garrafas de dianteira os *Oxford Wits*: Cyril Connolly, John Betjeman, Maurice Bowra, John Sparrow, Christopher Sykes, Robert Byron, John Sutro e Alan Pryce-Jones. Lá estava eu diante de alguns dos mais finos representantes do humor britânico; era um espectador de uma conversa que crescia e descia de acordo com o nível dos copos. Ganhei amigos de infância após duas *pints* de Guinnes. Ante um embate animado sobre civilização, Connoly modestamente afirmou:

– Meus caros amigos, a civilização é preservada por pouquíssimas pessoas em pouquíssimos lugares. Só precisamos de algumas bombas e um pequeno número de prisões para extingui-la completamente.

Naquele instante, tive uma iluminação; haveria humor mais britânico do que a defesa da civilização na mesa do restaurante de uma cidade chamada "vau dos bois"?

Evelyn Waugh: "Você deveria conhecer meu filho, Auberon. Andou por Oxford, mas, como eu, abandonou os estudos. Mora em Londres. O que acha de encontrá-lo lá, Garschagen? Anote o endereço. Diga que estava com os *Oxford Wits*. Esta é a senha".

– Seria um prazer, sir. Mas devo confessar meu estranhamento por mencionar seu filho. Achei que o desprezava; e aos demais.

– Entenda, sir, desde que o meu afeto insalubre pela minha segunda filha desapareceu, pude desprezar todos os meus filhos equitativamente. Mas já que ainda existem, o melhor é não ignorá-los para não ser ainda mais incomodado.

– Perfeito, sir. Só uma pergunta para a minha pesquisa: acreditas realmente que o *charm* é o grande mal inglês?

– Acredito, sir. O *charm* não existe fora destas ilhas nevoentas. Ele mancha e mata qualquer coisa que toque. Mata o amor; mata a arte. Temo muitíssimo, meu caro Garschagen, que também o mate.

* * *

Embarquei de trem para Londres. Queria conhecer Auberon, claro. Mas deveria também cumprir a missão que prometera ao Martim, editor desta Dicta: descobrir o que era o humor inglês, o *humour* e o *wit*, essas instituições e tradições britânicas que atravessaram fronteiras e gerações para se tornarem célebres como os *pubs*, a afetação aristocrática, a rudez e violência da *low class*, a falta de modos, de dentes e de banho de certa juventude.

– O *wit* deveria ser um deleite glorioso como um caviar. Nunca espalhe-o como se fosse uma marmelada – disse-me Noel Coward, que seguia ao meu lado no mesmo vagão para Londres.

Na mala, muitas perguntas e um presente de Evelyn: os dois volumes de *History of English Humour*, de Alfred Guy Kingan L'Estrange, e diversas coletâneas de frases forjadas pelos mais espirituosos intelectuais e artistas da Grã-Bretanha.

* * *

O humor britânico que eu buscava não era o das gargalhadas vulgares. Joseph Addison foi preciso: "quando um homem dotado de *wit* nos faz rir, ele o faz denunciando alguma excentricidade ou debilidade do próprio caráter". Esse tipo de humor é constituído pela mistura de um achado espirituoso com hipérboles, metáforas, comparações, e uma delicadeza que pode ser mais ou menos rude, a depender da classe social. Mesmo os aristocratas se comportam e falam de maneira áspera e muitas vezes grosseira. A ironia é ferina e afiada como uma adaga viva.

No alentado, e não muito sedutor, *History of English Humour*, L'Estrange fez em dois volumes uma exaustiva arqueologia histórica do humor inglês. Mas as informações que traz e os exemplos elencados são importantes para se compreender a origem do assunto. O latim era o idioma inicial; a Idade Média, o marco histórico. Textos religiosos, lendas fantásticas, alegorias, sátiras contra a Igreja, o burlesco e a paródia compõem os elementos fundadores do humor inglês. A Igreja foi um alvo constante dos versos satíricos. Na coletânea *The Sak full of Nuez* há vários textos de humor áspero e rude contra a instituição e o clero.

Posteriormente, os versos satíricos em latim foram substituídos pelos escritos em inglês, e palavras e frases latinas, convertidas em ornamentos estilísticos. Explicação: os primeiros representantes do humor inglês eram clérigos (o que seria da civilização sem os homens da Igreja que, sob inspiração divina, nos deram o *british wit* e o whisky?). O livro mostra como os clérigos, tanto ingleses como estrangeiros, ajudaram a forjar o humor inglês com suas sátiras em forma de versos, sermões, epístolas, algumas recheadas de grosseiras e palavras de baixo calão.

A Santíssima Trindade do período de formação era composta por John Donne, Thomas Fuller e Joseph Hall. Ligados à Igreja, utilizavam os sermões, poemas e cartas como instrumentos de humor, muitas vezes violento. Robert Bastone, Geoffrey Chaucer, Henry Heywood, Nicholas Udall, Robert Greene, Gabriel Harvey também são representantes do *humour* britânico, assim como o poeta John Skelton (1460-1529). Abusado e insolente, dedicou esses amáveis versos ao então poderosíssimo Cardeal Wolsey:

> *God save his noble grace*
> *And grant him a place*
> *Endlesse to dwell,*
> *With the deuyll of hell,*
> *For and he were there*
> *We need neuer feere,*
> *Of the fendys blake;*
> *For I vndertake*
> *He wolde so brag and crake,*
> *That he wolde then make*
> *The deuyls to quake,*
> *To shudder and to shake.*

Essa faceta talvez explique a relação dos ingleses com a morte. Os estrangeiros não costumam entender por que os velórios não são aborrecidos. E por que o *de cujus* não ganha imunidade contra os gracejos. Não esqueço o velório de uma senhora vítima de câncer supostamente provocado pelo cigarro. Seu filho saiu-se com este achado: "Não deveríamos criar aqui um local exclusivo para fumantes mortos?".

Na história do humor britânico William Shakespeare ocupa um lugar de destaque. A peça *Hamlet* é fantástica ao conjugar humor e tragédia. E mesmo as peças históricas, como Ricardo III, e tragédias como Macbeth, têm o *humour* diluído na narrativa. Sem falar, é claro, em suas comédias.

L'Estrange segue a narrativa elencando os principais representantes e ourives do humor inglês a seguir a Shakespeare. Menciona também os *gentlemen's clubs* e os periódicos, que foram fundamentais a seu desenvolvimento e disseminação. Jornais e revistas como *Review* (e sua explosiva editoria "*Advice from the Scandalous Club*"), *London Spy, The British Apollo, or curious Amusements for the Ingenious, performed by a Society of Gentlemen, Tatler, Spectator, The Guardian, The Agreeable Companion; or an Universal Medley of Wit and Good Humour, The Wonderful Magazine, The Anti-Jacobin,* deixaram a Inglaterra mais charmosa e bem-humorada. "É essencial para a permanência do humor – conclui L'Estrange – que se refira a várias classes e desperte emoções comuns a todas elas."

A diferença entre *humour* e o *wit* deve ser observada. Ancorando-se em diversos autores, L'Estrange sugere que o humor está sempre pairando sobre as conversas, torna a vida em sociedade mais agradável e jamais inflinge dor em alguém especificamente. "A maioria dos ataques são direcionados contra pessoas imaginárias e é geralmente reconhecido que aquilo que parece errado para uns não parece para outros, e nenhuma pessoa honesta poderá negar que já ridicularizou outras por falhas que ela própria poderia cometer. (...) Mas apesar do humor não dever ser ofensivo, seria errado considerar que seu dever é imprimir uma virtude." Já o *wit* deve ser sempre um achado intelectual expresso em palavras e exige um talento de improviso. O humor pode ser tão inamistoso quanto o *wit*, mas este ganhou uma péssima reputação por ser mais saliente. Muitas vezes, o *wit* tem sido usado para adicionar uma alfinetada nos ataques maldosos. "Quase sempre os escritores nos lembram que devemos ser comedidos e prudentes no uso do *wit*; usá-lo somente quando necessário, em vez da ofensa acidental."

Aprecio a diferença estabelecida por Robert Charles Dallas, escritor amigo de Byron: "O *wit* é o conhecido e o definido; o humor é o desconhecido e o indefinido. *Wit* é a exibição inesperada de algum contraste claramente definido ou desproporcional; o humor é a indicação inesperada de uma vaga discordância na qual o sentido ou a percepção da ignorância é eminente. *Wit* é a comédia do conhecimento; o humor, da ignorância".

* * *

Chegando a Londres, encontrei Auberon Waugh no Harry's Bar. Ele se dedicava a um vinho português enquanto lia a edição mais recente da *Private Eye*. Aproximei-me. Palavra secreta: *Oxford Wits*. Olhou-me de cima a baixo em vez de, como eu esperava, abrir um sorriso e me convidar para sentar. Convidou-me. Foi até educado. Simulamos um certo desprezo mútuo, uma exigência da *gentlemanship*. Tomei uma dose de Laphroaig. Pedimos o jantar. Farto, suculento. Auberon deu um gole de vinho e disse não entender essa tara por dietas, corpos esculpidos *et caterva*.

— A dieta destrói as células cerebrais e debilita sua performance mental de forma irreparável. Ela deforma as percepções morais e tende à condução perigosa, afastando toda a libido ao mesmo tempo em que, quem faz dieta, está mais propenso ao HIV e ao seu concomitante flagelo, a AIDS. A dieta faz com que suas vítimas fiquem estúpidas, loucas, feias e chatas. A morte raramente tarda.

Aos poucos, desloquei a conversa para a política. Auberon observou:

— Até que o povo aceite que o impulso pelo poder é uma desordem de personalidade em si mesmo, como o desejo de participar de um congresso sexual com crianças ou o gosto por roupas íntimas de borracha, haverá sempre o perigo daquelas particularidades que convencem as pessoas a prestar atenção no que dizem os políticos e a levá-los a sério.

Terminado o almoço, caminhamos pelas ruas de Londres e Auberon disse que eu deveria conhecer um certo lugar. Mal pude acreditar quando vi a casa em Gerrard Street, no Soho. Entramos. Samuel Johnson e Joshua Reynolds nos receberam. Estávamos dentro do mítico *The Club*, fundado por ambos e outros sete em 1764. Aproximei-me de Samuel Johnson e contei-lhe sobre minha pesquisa. Ele prometeu me ajudar e, antes de sair da sala por alguns instantes, disse-me:

— A tarefa de todos os escravos tem um fim. O remador alcança no devido tempo a linha de chegada; o lexicógrafo, afinal, conclui o seu alfabeto. Só o desafortunado *wit* tem o seu trabalho sempre por começar. O clamor pela novidade nunca é satisfeito e um gracejo só faz aumentar a expectativa por outro *wit*.

Enquanto eu conversava com Edmund Burke, entraram no salão várias pessoas que eu não conseguia identificar. Fui apresentado a cada uma. Queria ouvir tudo, anotar tudo, conversar com todos, dizer frases espirituosas e memoráveis, não parecer um tolo deslumbrado, ou, pior, um brasileiro.

Benjamin Disraeli: "Garschagen, minha ideia de uma pessoa agradável é aquela que concorda comigo".

George Bernard Shaw: "Costumo citar a mim mesmo, Garschagen. Isto adiciona tempero à conversa".

Oscar Wilde: "Sou tão brilhante, Garschagen, que por vezes não compreendo uma única palavra do que digo".

Winston Churchill: "A história será gentil comigo, Garschagen, pois eu pretendo escrevê-la".

> "NÃO SERIA EXTRAVAGANTE DIZER, GARSCHAGEN, QUE PARA CADA DEZ PIADAS GANHAS UMA CENTENA DE INIMIGOS."

Laurence Sterne: "Não seria extravagante dizer, Garschagen, que para cada dez piadas ganhas uma centena de inimigos".

Jonathan Swift: "Os homens, Garschagen, aceitam alegremente serem ridicularizados por seu humor, mas não por suas tolices".

Daniel Defoe: "É melhor ter um leão no comando de um exército de ovelhas, Garschagen, do que ter uma ovelha à frente de um exército de leões".

G. K. Chesterton: "A doutrina da igualdade humana reside na seguinte questão, Garschagen: não há homem realmente inteligente que nunca se julgou um estúpido".

P. G. Wodehouse: "Só há uma cura para os cabelos grisalhos, Garschagen, e foi inventada por um francês: chama-se guilhotina".

Margaret Thatcher: "Ser poderoso é como ser uma dama, Mr. Garschagen. Se tiver que dizer às pessoas que você é, você não é".

Paul Johnson: "De fato, Garschagen. Ninguém pode ser verdadeiramente inglês até que consiga dizer 'really' de 17 maneiras diferentes".

Saki (Hector Hugh Munro): "Adoro os americanos, Garschagen, exceto quando tentam conversar em francês. É uma bênção eles nunca tentarem conversar em inglês".

Jeffrey Bernard: "Meus infortúnios são acontecimentos acidentais, meu caro Garschagen, e são a mera consequência de ter ido para o bar ou para a cama errada na hora errada, o que acontece quase todos os dias entre o meio-dia e a meia-noite".

* * *

Dias e garrafas depois, Auberon diz que é hora de partir. Seguro o choro, não por reservas tolas, mas por desespero. Vejo entrar no salão do *The Club* Kingsley Amis, Joseph Heller e Toby Young. Oferecem companhia até Heathrow. Sou cumprimentado por todos do *The Club*. Um breve adeus, espero.

Toby Young, colunista da mesma *Spectator* que abrigou em suas páginas alguns dos mais refinados estilistas da língua inglesa, não teme o presente e o futuro do *humour* e do *wit* britânicos. À minha pergunta se há o risco deles se perderem e virarem bonecos de cera do Madame Tussaud, responde que ele está onde sempre esteve: em pequenos círculos, em alguns poucos lugares. O panorama público geral pode parecer desolador, mas tal visão não está circunscrita ao presente. Do passado, só extraímos os grandes nomes, os grandes momentos, e esquecemos as multidões de tolos e idiotas.

* * *

Na viagem de volta ao Brasil, eu lia tranquilamente *Thank You, Jeeves*, e pensava nos dias anteriores. O que presenciara completava o que havia aprendido nos anos e anos dedicados aos textos e tantas horas

> **O HUMOR É A FORMA MAIS PROFUNDA DE RESPEITO PELO OUTRO E PELA TRADIÇÃO. É AQUILO QUE NOS LEMBRA ORDINARIAMENTE A PARTE NÃO DESAFORTUNADA DE SERMOS HUMANOS.**

diante da TV assistindo *Monthy Python, Beyond the Fringe, Jeeves and Wooster, Yes, Minister, A Bit of Fryand Laurie,* dentre outros filmes, séries e programas. Sorria com minhas lembranças, e a senhora ao lado supôs que eu quisesse algo mais do que o whisky que solicitei à comissária. Fui ignorado pela diligente funcionária, que rumou ligeira junto com os colegas em direção à cabine. Algo não corria bem; o avião perdia altitude. O comandante tentou nos acalmar o espírito:

— Senhoras e senhores, temos um pequeno problema. Todas as quatro turbinas do avião pararam de funcionar. Estamos empreendendo todos os esforços possíveis para fazê-las voltar a operar. Creio que vocês não estejam correndo muito perigo.

Após alguns pais-nossos e contida a angústia, só me cabia refazer o pedido do whisky e adormecer. Ao acordar, pensei que eu havia morrido serenamente, sem histeria, *noblesse oblige.* Sorri, mas o encanto foi estilhaçado com a senhora ao lado a retribuir com uma piscadela do olho direito, que reabriu com certa dificuldade. Aquela visão aterrou-me, e a voz do comandante informando que o pouso fora autorizado no aeroporto do Galeão completou o horror. Sim, era verdade. Além de não ter morrido, desembarcava no Brasil. Deus me abençoe. Amém.

Do outro lado do Atlântico, descobri que não há propriamente um mistério do humor britânico, que é um organismo vivo que se entranha e se move pela cultura, pelo idioma, pelas bebidas, pelos gestos e pelas palavras escritas e faladas. O *humour* e o *wit* formam uma parte do espírito de uma certa Grã-Bretanha cujo mote é viva e deixe viver. Exige, para deleite pleno, uma sintonia fina com a cultura. É elitista, à partida, mas recebe graciosamente todos aqueles que desejam fazer parte do *club*. Não é fácil; antes de tudo, necessário se faz lapidar o sentido de responsabilidade individual e o amor e respeito pela civilização.

O humor é a forma mais profunda de respeito pelo outro e pela tradição. É aquilo que nos lembra ordinariamente a parte não desafortunada de sermos humanos. Sim, senhoras e senhores, Thomas Carlyle foi piegas, mas estava certo ao dizer que "o verdadeiro humor não vem mais da razão do que do coração. Não é desdém; sua essência é o amor. O humor provém não da gargalhada, mas de um sorriso tranquilo, que reside naquilo que há de mais profundo". Quem não é bem-humorado não é humano.

....

Bruno Garschagen é Mestre em Ciência Política e Relações Internacionais pelo Instituto de Estudos Políticos da Universidade Católica Portuguesa — Universidade de Oxford. É colunista do OrdemLivre.org, podcaster do site do Instituto Ludwig von Mises Brasil, colaborador da Dicta&Contradicta e autor do blog www.brunogarschagen.com.

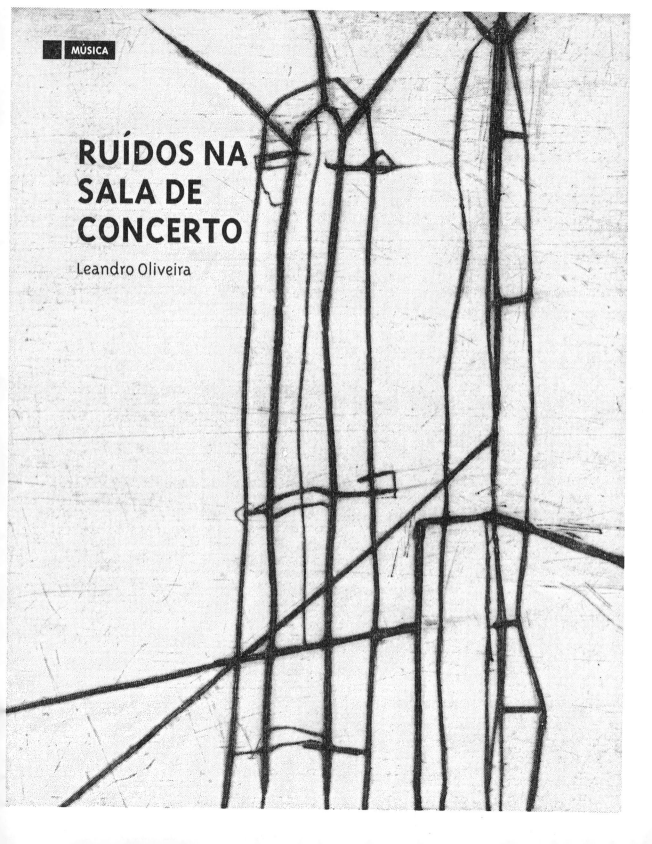

MÚSICA

RUÍDOS NA SALA DE CONCERTO

Leandro Oliveira

Neste ano do centenário de nascimento de John Cage, nos vemos em um extraordinário imbróglio estético. Não reconhecemos em boa parte da música séria de nosso tempo a legitimidade de representação de nossas sensibilidades. Isso não é um dado novo, mas decorrência natural do projeto modernista. O educado e inteligente crítico Alex Ross, responsável pela editoria de música clássica da revista *New Yorker*, publicou em 2007 *The Rest is noise – listening to the twentieth century*. O livro, que é antes de tudo uma deliciosa viagem pelos criadores e, por que não, inventores de música do século XX, viu seu título traído em português. "O resto é ruído – escutando o século XX" dá apenas uma dimensão – talvez a menos estimulante – do título original. "*Rest*" em português, no contexto de como ali se nos apresenta, pode dizer "descanso" evidentemente; mas, sobretudo, tem em "musiquês" uma tradução muito clara e técnica: ele diz das pausas, o silêncio do discurso musical. Todo o argumento do livro não deixa de ser este: o século XX é o período onde nada parou, onde mesmo as pausas são ruídos; na verdade, o século onde *sobretudo* as pausas são ruídos, onde ninguém ou nada almeja a tranquilidade. Tal como publicado, o sentido fica aquele do "resto" como o que sobra, "o resto é o resto", no nosso jargão popular. Preservando o discurso arrivista dos vanguardistas, onde "o que sobra é ruído - música boa mesmo é essa aqui, a do jovem e bom século XX" perdemos o elogio à introspecção.[1]

Traduzir é escolher. Quando Ross provoca "o silêncio é ruído", ele preserva um paradoxo aparente. Do ponto de vista perceptivo, a ausência de som é antes de tudo uma impossibilidade. Neurologicamente, o silêncio só pode ser compreendido através de um certo grau de abstração conceitual, ou inconsciência mesmo, das atividades sonoras; mesmo uma pessoa surda deve ter referências auditivas. Abster-se da experiência auditiva completamente – ouvir o silêncio no sentido estrito – é impossível. O compositor John Cage comenta em seu livro *Silence* sobre sua experiência com uma câmera anecóica:

> *quando eu entrei eu ouvi dois sons – um alto e um grave. Ao descrevê-los ao engenheiro encarregado, fui informado que o agudo era meu sistema nervoso em operação; o grave, meu sangue em circulação. Até minha morte haverá sons. E eles continuarão após a minha morte. Ninguém precisa temer sobre o futuro da música.*

"*the rest is silence*", que quer dizer, evidentemente, "o repouso (descanso, sono) é silêncio", mas que fora traduzido em 1978 por Oscar Mendes como "o resto é silêncio", depois Millôr Fernandes preserva e... e o resto é história. Ganhamos um diálogo em português, um diálogo nada provável, entre o livro de Ross e *O Resto é Silêncio* de Érico Verissimo. Os tradutores do português já nos deram algumas pérolas musicais. "O resto é ruído" nem se aproxima da graciosa *Filosofia em nova chave* de Susanne Langer, por exemplo, com o original *Philosophy in a new key*, que quer dizer "Filosofia em um nova tonalidade" – tonalidade musical mesmo, aquelas de dó, ré, mi maior; música como símbolo semiótico. Outra gafe famosa é a de uma biografia de Brahms, quando a referência à "forma ABA" se traduz por "forma Lá-Si-Lá" – um erro crasso que toma a estrutura pela transliteração musical das notas latinas e seu correlato anglo-saxão. Coisas de Google tradutor *avant la lettre...*

---

[1] A verdade é que a escolha da tradução é induzida. Ross cita no frontispício a passagem final de *Hamlet*

O silêncio é ruído. Em música, a discussão sobre silêncio tem sempre como ponto de partida – ou ao menos deveria ter – a dificuldade mesma de entender o tema a partir das suas referências mais básicas. Essa indisposição do silêncio em ser determinado por suas bases físicas nos leva à consideração de que ele é um problema conceitual, filosófico. Essa sonoridade ouvida no "absoluto silêncio" jamais poderia ser descrita como o "som do silêncio", por evidente ingenuidade contraditória; por outro lado, se entendemos o silêncio como a ausência do som, devemos, a partir das experiências realizadas, imaginá-lo a partir de um projeto absolutamente idealista.

De fato, podemos apenas discernir níveis de aproximação. Gradações que se aproximam da ausência do som, mas que jamais poderiam ser entendidas estritamente como o silêncio em seu "zero absoluto". E por isso, finalmente, tornar-se-ia necessário compreender o silêncio como um *constructo*. Pois para sua operação é necessário determinar sua possibilidade como elemento da cultura. O silêncio é algo instrumentalizado, resultante de acordos estabelecidos entre membros de uma dada comunidade que podem servir-se dele nos mais distintos âmbitos: ora como o espaço delimitador do próprio sentido de algum objeto sonoro (o espaço em que se conveniona ficar quieto nas obras tradicionais da música das salas de concerto), ora como elemento expressivo da música e gesto de impacto retórico (as pausas tais quais previstas no meio das notas), ora como elemento cosmológico (tais como entendido

em algumas tradições orientais – "no príncipio era o silêncio").

Na tradição musical clássica ocidental, John Cage leva ao limite o silêncio como objeto musical *per se*, na ocasião da produção de sua peça *4'33"*. Composta em 1952, para qualquer instrumento, prevê que o executante fique sem executar qualquer nota durante toda a duração de seus três movimentos. Como demonstram as análises da obra realizadas por Peter Gutman, a sua performance torna clara uma plêiade de sonoridades presentes e, ordinariamente sublimadas em qualquer sala de concerto. Cage demonstra que o silêncio e o ruído são, por um lado, disponibilidades mentais e, por outro, acordos culturais que nos permitem dar sentido a qualquer obra musical.

> Embora frequentemente descrita como uma peça silenciosa, *4'33"* não é silenciosa por nada. Enquanto o executante faz o máximo de silêncio possível, Cage quebra as barreiras tradicionais levando a atenção do palco à audiência e mesmo para fora da sala de concerto. Prontamente percebemos uma enorme quantidade de sonoridades, das mais mundanas às mais profundas, das esperadas às surpreendentes, das íntimas às cósmicas: movimentos nas cadeiras, folhear de programas (para entender o que está acontecendo), respiração, o barulho do ar-condicionado, o ranger de uma porta, o barulho do tráfego, um avião, zumbidos nos ouvidos, uma lembrança. Esta é uma música profundamente pessoal. Cada pessoa cria sua própria (…). É, em última instância, o momento em que a audiência e o mundo se tornam os *performers*.

A pergunta necessária que segue à obra de Cage é a mais essencial da produção musical contemporânea: este "silêncio" de 4 minutos e 33 segundos trata afinal de música ou de ruído? O acordo rompido por Cage é típico

da produção de nosso tempo, já que desloca o centro das expectativas do sentido da performance do criador para o ouvinte. O compositor se dá conta de que, quando no repertório tradicional se prevê o silêncio, ele é preservado em um sentido próprio antecedendo ou (raras vezes) seguindo o discurso musical previsto pelo compositor. A perplexidade que leva Cage a fazer seu questionamento artístico é engenhosamente adaptada do mundo das artes plásticas: *4'33"* faz referência explícita aos quadros de Robert Rauschenberg, especificamente sua exposição com telas em branco. O silêncio em música clássica ocidental tradicional é como a *moldura* para os sons; o que Cage faz é expor aos ouvintes, assim como Rauschenberg, a *tela* da música.

Ruído

Resquícios de *zen*. Algumas tradições orientais imaginam essa tensão entre som e silêncio em outras bases. Para muitas culturas, o silêncio é a base da música, o espaço a partir de onde a música surge; por isso, sua presença é motivo de uma celebração engenhosa, uma espécie de aproximação das forças primordiais. Os sons não são organizados para um fim ou expressão determinados – eles são deixados livres, quando muito reunidos gentilmente ou colocados em movimento. Uma reunião festiva e de dialética delicada é que cria a música. Diz Toru Takemitsu:

> Movimentar os sons em volta de nós, da mesma forma como dirigimos um carro, é a pior coisa que você pode fazer com eles. Minha forma musical é resultado direto e natural de como os sons

eles mesmos se impõem - e nada pode decidir de antemão o seu ponto de partida. Eu não me expresso de qualquer forma através destes sons; apenas reajo a eles e, ao reagir, deixo que a obra floresça por si mesma.

Oliver Sacks, em seu livro *Alucinações Musicais*, comenta o caso de a senhora B, que desde a tenra infância percebeu-se incapaz de entender qualquer produção sonora com sentido musical. O fato de a senhora B ser professora, atriz e absolutamente capaz em todas as suas outras disponibilidades sociais, motoras ou psíquicas, permite-lhe o assombro de imaginar que talvez o aparato necessário para o estabelecimento de sentido de tal ou qual peça musical deve-se, antes de tudo, ao nosso aparelho neurológico. "Amusia" ou a incapacidade de ouvir música é descrita por Sacks em distintas variantes que tornam o ouvinte incapaz de entender o discurso musical, ao menos em parte. Assim, há alguns com indisponibilidade de entender ritmo, outros melodias, sequências harmônicas. Alguns, mais raros, como o curioso caso da Senhora B, são incapazes de ouvir qualquer som musical. Ou melhor, incapazes de *entender* qualquer som musical: uma total incompreensão do sentido de uma determinada sequência de sons, a forma como um concatena ou não com outro; a música é ininteligível não por não ser fisicamente captada mas por ser logicamente incompreensível. Estudos recentes apontam que algumas pessoas afetadas por amusia não ouvem qualquer nota errada, ou melhor, seus cérebros registram as notas com a mesma acuidade com que faria o cérebro de Bach. A melodia é registrada em toda sua complexidade mas mesmo assim a pessoa não a percebe conscientemente. Falta-lhe a capacidade de relacionar os sons uns aos outros. Para ela, a música, mesmo a mais simples e bela, se apresenta como ruído.

Para entender tal fenômeno é necessário recorrer a Victor Zuckerkandl. Em seu livro *Sound and Symbol*, o musicólogo comenta a diferença específica da música para com todos os demais fenômenos acústicos: ela tem não apenas ordem – o ruído de um motor também tem – ela aponta para algo além dos elementos sonoros que a compõem, de tal maneira que a distância entre ouvir sons e apreender uma melodia seria equivalente à que há entre ouvir palavras e compreender o significado. Sendo assim, a pergunta que se coloca é simples mas radical: não sendo a simples organização da sonoridade que faz a música, seria seu sentido um fruto não só de processos fisiológicos mas uma decorrência do aprendizado?

Se o sentido musical é uma construção cultural, devemos colocar em questão, inclusive, sua suficiência. Sem qualquer contato com a música europeia, talvez um oriental iletrado não consiga entender a Quinta Sinfonia de Beethoven; talvez um pigmeu do Congo não entenda Mahler. A música, qualquer música, não diz de cara a que veio – algumas, talvez, não digam jamais – e isso deveria deixar nossos críticos de orelha em pé, afinal a história da recepção na tradição clássica nos permite mapear equívocos extraordinários na recepção de obras-primas – em sua origem percebidas como mero caos musical. Em outras palavras, o que chamávamos outrora

de ruído hoje é aceito como algo perfeitamente musical. Em certos momentos da história, ouvimos Beethoven ou Mahler como pigmeus do Congo.

Uma definição bastante comum do termo ruído me ocorre, e acho que merece ser colocada em tela. Pois se é verdade que o ruído se distingue da música pela sua indisponibilidade de sentido, a definição fica mais complexa se pensarmos o conceito à luz da teoria da informação. Ali, o ruído é todo elemento que atrapalha a passagem da informação. É neste sentido que podemos entender a assertiva de Alex Ross quando sugere o século XX o século da absorção do ruído pela música. É o século da absorção de elementos estranhos à performance, quando aquilo que deveria atrapalhar se torna um fato estético desejável.

O efeito musical é uma rede complexa onde o que conta, afinal, é o impacto da informação sonora "filtrada" pelo aparato cognitivo e organizada pelas referências culturais. A associação do ruído como elemento intrínseco a este contexto permite às mais distintas manifestações artísticas contemporâneas sua complexidade expressiva sem que, no entanto, consigamos definir de fato sua intencionalidade – e isto é não só permitido como desejável. Mas sendo o ruído um novo elemento da tradição, como podemos descrevê-lo sinteticamente? Isto é, qual seria sua contraposição necessária?

....

Leandro Oliveira é compositor e regente de orquestra. Como professor do projeto "Falando de Música" da Fundação Orquestra Sinfônica do Estado de São Paulo ministra palestras introdutórias a cada concerto da temporada sinfônica oficial da orquestra.

CINEMA

RESPONSABILIDADE E SERVIDÃO EM ALEKSANDR SOKÚROV

Alvaro Machado

Iniciada em 2002 com o polêmico *Moloch*, sobre a intimidade do ditador Adolf Hitler, a "tetralogia do poder" idealizada pelo russo Aleksandr Sokúrov seguiu com filmes sobre o ocaso de Lenin (*Taurus*, 2001) e a derrocada do imperador Hiroito (*O Sol*, 2005), recebendo seu fecho em 2011, com uma versão muito pessoal para o *Fausto* de Goethe, obra que já situa a questão do poder no campo da informação e do conhecimento. Num raro lance de justiça nesse tipo de evento, o Festival de Cinema de Veneza premiou com o Leão de Ouro a obra baseada no clássico alemão, cujas exibições nos cinemas brasileiros se iniciaram em 1º de junho.

Com 61 anos e quase sessenta filmes, Sokúrov é considerado pelos estudiosos como o mais legítimo guardião da grande herança cinematográfica russa. Estranhamente (ou não, diante do quadro político-social da Rússia contemporânea), não faz sucesso nem com a crítica nem com o público de seu país, onde seus filmes são exibidos de maneira deficiente (aliás, os melhores críticos de cinema russos atuam hoje na Europa ocidental e nos EUA).

E apesar de parte do financiamento da superprodução *Fausto* ter saído dos cofres estatais – o diretor conseguiu diretamente com o premiê Vladimir Putin financiamento para sua finalização –, o filme foi preterido na indicação anual ao Oscar: em seu lugar foi escolhido *Sol Enganador 2*, de Nikita Mikhalkov, unanimemente apontado como monumental "abacaxi". Isso talvez não tivesse acontecido se Sokúrov tivesse ouvido a sugestão de Putin de que se lançasse o filme dublado em russo. Mas o diretor fez ouvidos moucos e manteve todos os diálogos em alemão.

A desqualificação oficial para o prêmio estrangeiro não impediu, contudo, que o financiamento parcial recebido do Estado rendesse ao diretor nova saraivada de críticas, disparadas de todos os cantos da Europa, por sua suposta tendência à bajulação dos poderosos. Tradição de estupidez e levianidade iniciada já em 1990, quando se criticou dessa maneira *Elegia Soviética* pelo fato de o diretor ter-se aproximado de Bóris Iéltsin às vésperas de este ser eleito presidente, quando penetrou sua intimidade e mostrou-o com as mãos cobrindo o rosto por longos minutos, em desespero interior, ou mudo em frente a uma garrafa de vodca, na cozinha de sua *datcha*. Imagens que não precisam de qualquer legenda, narração ou diálogo para revelar seu significado. Já em 2002, o cineasta foi agraciado pela mesma crítica tacanha com as classificações "reacionário" e "czarista", simplesmente por ter retratado com mestria o museu Hermitage de São Petersburgo em seus dias de palácio imperial (*Arca Russa*).

Apesar do relativo sucesso de público de *Arca Russa* – repetindo: fora da Rússia –, o degelo do diretor com o Ocidente iniciou-se, propriamente, com a repercussão alcançada por *Moloch* após sua exibição no Festival de Cannes de 1999. Antes disso, distribuidores e exibidores jamais quiseram lançar comercialmente qualquer um de seus trinta documentários, obras que o autor prefere chamar "elegias", distantes de conclusões morais e de choques emocionais, ao contrário da maior parte da produção documentarista contemporânea. Tampouco prestaram-se os empresários de cinema, antes de *Moloch*, a enviar às salas de projeção uma dezena de ficções nas quais o tema do exílio, da perda e da morte encontram-se sempre em primeiro plano. Mesmo tendo alguns desses filmes recebido a chancela de premiações como a do Festival de Locarno para o notável *Mãe e Filho*, de 1996.

Por outro lado, a proposta do diretor de um filme em torno de Hitler e de um ciclo sobre o tema do poder encontra-se em total consonância com a estética e os objetivos de sua filmografia anterior.

Observemos aspectos dessa filmografia. Após a primeira formação universitária do cineasta, justamente em História, este se deparou, na escola oficial de cinema da ex-União Soviética, a VGIK, com um monstruoso acervo de milhares de curtas e médias-metragens: noticiários, realizados a partir dos anos 1920 por alemães e soviéticos e conservados por aquela instituição. Esses filmes serviam, sobretudo, aos mecanismos de propaganda do regime comunista e documentavam os avanços e recuos de Alemanha, União Soviética e Japão durante a Segunda Guerra, com batalhas, sofrimento coletivo, comemorações de vitórias... Prenunciando *Moloch*, Sokúrov intitulou uma dessas montagens de material de arquivo *Sonata para Hitler* (segundo filme do autor, datado de 1979).

Apesar de ao longo da projeção de 11 minutos ouvirmos, de fato, um trecho de peça de Bach para flauta-solo de caráter bastante lírico, atrelado a sons apocalípticos do compositor polonês Krzysztof Penderecki, o título do filme é, evidentemente, carregado de contradição e ironia, alinhando a palavra "sonata", de ressonâncias delicadas, camerísticas, ao nome que remete ao mais recente arquétipo do demônio, uma vez que, segundo crença simplificada e generalizada até hoje, o ditador seria o grande, senão o único, responsável pelo segundo maior genocídio do século XX (a soma das matanças stalinistas o supera).

O pequeno filme na verdade jamais poderia ser chamado "documentário", já que se trata de seleção e montagem altamente pessoais e refinadas de extratos do real, como se Sokúrov afirmasse claramente que não existe uma única maneira, ou uma "maneira oficial", de enxergar os fatos. *Sonata para Hitler* prenuncia exemplarmente o caráter do "docudrama" alcançado por *Moloch* e pelos filmes seguintes do ciclo sobre o poder (com exceção de sua conclusão ficcional, o *Fausto*), sobretudo pelo clima das cenas documentais escolhidas, imagens sobre a impotência e derrota do indivíduo uma vez inserido na máquina de guerra e de morte.

Sua exibição foi proibida na ex-União Soviética, provavelmente por mostrar, nos cantos do quadro cinematográfico, um relógio de datas que fixa os anos de morte de Hitler e Stalin, 1945 e 1953, respectivamente. Nessa obra, o diretor desenha uma paisagem psicologicamente devastada, pós-catástrofe,

> **SEGUNDO SOKÚROV, OS TIRANOS E DITADORES SÃO ALÇADOS AO PODER COM UMA GENEROSA PARCELA DE NOSSA PRÓPRIA VONTADE E SEMPRE HÁ MEIOS DE NEGÁ-LOS E ENFRENTÁ-LOS.**

buscando "mostrar que os genocidas também são vítimas de seus próprios crimes: a execução dos generais e do alto comando, o miserável desespero de Hitler derrotado, a vergonha das multidões e de toda uma nação", conforme Alexandra Tushinskaia, colaboradora habitual de Sokúrov em textos.

A tarefa autoimposta por Sokúrov em seu ciclo sobre o totalitarismo parece ser, justamente, relativizar crenças generalizadas e colocar em xeque as afirmações comumente estampadas em manuais de história e "filmes de época" sobre a Segunda Guerra, que via de regra fazem de Hitler o grande bode expiatório, ou, talvez melhor colocado, o grande "bezerro expiatório", para seguir a sugestão sokuroviana do deus zoomórfico *Moloch* dos cartagineses e outros povos bíblicos.

A partir dessa afirmação cinematográfica de que o suposto demônio ou anticristo também foi um homem, com problemas intestinais e sexuais, como a imensa maioria dos mortais, a questão ética proposta pelo diretor com a sua tetralogia pode ser enunciada de maneira sucinta: não existem carrascos com estatuto sobre-humano; não existem vítimas totais ou inocentes completos, como com frequência nos induzem a acreditar a respeito das vítimas do Holocausto e das Grandes Guerras. Os tiranos e ditadores são alçados ao poder com uma generosa parcela de nossa própria vontade e sempre há meios de negá-los e enfrentá-los, mesmo que isso nos custe uma abreviação da própria existência.

Como bem mostra a alegoria da viagem do cientista Fausto aos infernos, em última

análise é impossível "adquirir" poder, pois segundo Sokúrov este "não existe de fato, não é material e só existe na medida daquilo que as pessoas têm para lhe oferecer, segundo a proporção de sua submissão", conforme declarou o diretor numa entrevista concedida ao jornal inglês *The Guardian* no final de 2011. A frase ecoa inevitavelmente o conceito de Michel Foucault de que "o poder é, na verdade, o exercício do poder", ou seja, não se trata de coisa, pessoa ou lugar, mas de uma relação consentida.

Em conexão direta com a filosofia enunciada no *Discurso Sobre a Servidão Voluntária*, de Étienne de La Boétie (1530-1563), e frisando sempre que todo cidadão tem sempre uma *escolha possível*, seja ela fácil ou extrema, Sokúrov lembra que mesmo durante o terror stalinista as pessoas tinham a possibilidade de *trair* ou *não trair* seus ideários, suas crenças, sua religião, seus colegas de trabalho, sua família etc. Perguntado sobre a possibilidade de as pessoas terem sido *persuadidas* pelos poderes, mais do que *forçadas* a submeter-se a eles, o diretor responde que o gênero humano "gosta de ser forçado" e que as pessoas "até mesmo procuram pela ocasião de serem forçadas, pois essa é a posição mais confortável para a imensa maioria: gostamos de ser obrigados pela força, porque isso retira de nossos ombros a responsabilidade". No exemplo mais extremo e complicado, de Auschwitz e dos campos de extermínio, temos o registro de um ex-prisioneiro judeu a corroborar a afirmação do diretor: o escritor Primo Levi (1919-1987) se posiciona de maneira semelhante em *É isso um homem?* (*Se questo è un uomo?*), texto definitivo sobre a questão dos genocídios de minorias na Segunda Guerra.

Sokúrov atualiza e conclui seu raciocínio da seguinte maneira : "As pessoas têm hoje mais medo de responsabilidades que de qualquer outra coisa, especialmente o medo de assumir responsabilidades pelo seu país, pela segurança de seu povo, por guerra e paz. Muitos milhões sobreviveram somente porque se eximiram de suas responsabilidades. Por exemplo, delegando pelo voto a sua vontade a Hitler, tolerando Stalin. Milhões de pessoas nada fizeram para impedir a Revolução Cultural na China. E, agora mesmo, a maioria de nós recusa-se a refletir sobre o conflito atualmente em curso entre muçulmanos e cristãos". Atualizações sobre a servidão voluntária que, na filosofia contemporânea, também foram empreendidas por Pierre Clastres, no âmbito do antropologia política, e por Gilles Deleuze, em sua análise dos fluxos de capital e do estado-nação moderno.

A declaração sokuroviana enseja um novo ângulo para examinarmos a razão de os tiranos se humanizarem em seus filmes, tornando-os tantas vezes próximos das supostas "vítimas", bem como o recurso frequente a jogos de espelho entre esses dois extremos. Esse talvez seja, ainda, o motivo de acompanharmos tantas deformações especulares na direção de arte da tetralogia (produzidas muitas vezes com lentes especiais), além de notável multiplicação de reflexos na fotografia e de objetos-espelho nos cenários.

Mesmo no *Fausto*, de orçamento recorde na filmografia do diretor, o recurso da construção de sentidos no interior da imagem torna dispensáveis cenografia a reconstituições portentosas, preferindo-se, à grandiosidade do "filme de época", referências aos mestres da pintura. O procedimento atinge o ápice na citação magistral, em *Fausto*, das telas do flamengo Peter Bruegel, o Velho (1525-1569), em especial de sua *Procissão para o Calvário*, autêntico compêndio dos temas e técnicas de sua época (com seu *Caçadores na Neve*, o mesmo pintor constituiu referência para *Melancholia*, do diretor dinamarquês Lars von Trier) .

Temos assim, na construção da imagem sokuroviana, em especial para os três primeiros títulos da tetralogia do poder, a prevalência do cotidiano, alternado à interpretação culta da realidade mediada por pintores geniais e, algumas vezes, autores luminares do cinema. O contrário dos artefatos destinados a reforçar chavões históricos e a anestesiar o olhar com excessos de produção, exterioridade (o chamado "cinema físico") e velocidade (a influência da linguagem de videoclipe). Seja na imagem pacientemente construída ou no tempo dilatado de seus planos-sequência, em Sokúrov o totalitarismo cinematográfico hollywoodiano cede lugar ao respeito à reflexão e ao pensamento individual, ao espaço do espectador.

....

Alvaro Machado é jornalista e crítico de cinema e artes visuais, organizador dos livros *Manoel de Oliveira, Abbas Kiarostami, Cinema Político Italiano, Aleksandr Sokúrov, Amos Gitai - Percursos, Thomaz Farkas - Notas de Viagem e Claudia Andujar - A Vulnerabilidade do Ser* (todos pela Cosac Naify), entre outros.

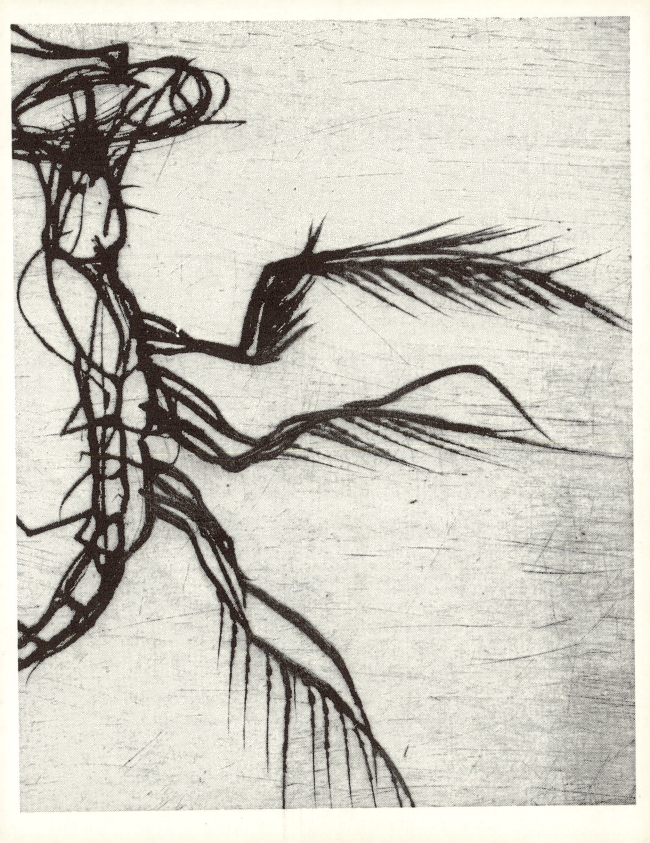

ANATOMIA DO POEMA

OS INCOMPREENDIDOS

Jessé de Almeida

A gruta da inveja, Ovídio, trad. Bocage
O bálsamo, Pedro Sette-Câmara
Ai, Margarida, Álvaro de Campos
Necrológio dos desiludidos do amor, Carlos Drummond de Andrade
Deslumbramentos, Cesário Verde

IV
A GRUTA DA INVEJA (Traduzido do Livro II)
As Metamorfoses (Fastos) poema de P. Ovídio Nasão. Trechos escolhidos, postos em verso
português, Obras de Bocage, Lello & Irmão- Editores, 1968

É a estância da Inveja em gruta enorme,   1
Lá nuns profundos vales escondida,
Aonde o Sol não vai, nem vai Favónio.
Reina ali rigoroso, eterno frio,
De úmidas, grossas névoas sempre abunda.   5
O monstro vive de vipéreas carnes,
Dos seus tartáreos vícios alimento.
Da morte a palidez lhe está no aspecto,
Magreza, e corrupção nos membros todos;
Olha sempre ao revés; ferrugem torpe   10
Nos asquerosos dentes lhe negreja;

Vê-se o fel verdejar no peito imundo,
Espumoso veneno a língua verte:
Longe o riso lhe jaz dos negros lábios,
Só se nos mais há pranto há nela riso,   15
Em não vendo chorar lhe acode o choro:
Não goza de repouso um só momento,
Os cuidados que a roem não sofrem sono:
Mirra-se de pesar, ao ver nos homens
Qualquer bem; rala, e rala-se a maligna,
É verdugo de si, ódio de todos.   21

Diferentemente das duas "Anatomias" anteriores (*Dicta* 8 e 9), não apresento aqui uma tradução. De Ovídio, Bocage utilizou o motivo e fez outro poema, tirando-lhe o caráter narrativo para realizar algo mais próximo à lírica reflexiva.

A seguir o original latino, saberíamos da entrada de Minerva na gruta com o fim de invocar a criatura para infectar Aglauro ("Infecta com a tua peçonha uma das filhas de Cécrops./ Tal é necessário: trata-se de Aglauro. [...]" (livro II, vv 784-5)), e assim impedi-la de ganhar os favores de Mercúrio, o que aconteceria se Aglauro aproximasse o deus de sua irmã Herse (vv 745-51;758-9).

Preenchamos as "lacunas" bocagianas com os versos ovidianos, em tradução mais próxima ao modelo, empreendida pelo português Paulo Farmhouse Alberto (Cotovia, 2007).

O primeiro verso – apresentação do ambiente – corresponde ao 760 do original, no qual percebemos acréscimo de uma personagem e de uma ação: "De imediato, a deusa vai à mansão da Inveja, imunda". Os versos de 2 a 5 em nada acrescentam, senão formalmente, ao latino (vv. 761-764), cujo conteúdo foi condensado em quatro decassílabos. É de fato uma condensação, uma vez que o de Ovídio é composto – considerando-se nossa contagem – de versos mais longos, com média de quatorze sílabas. Os versos 765 a 768, que descrevem o momento em que a deusa entra na gruta e bate na porta, são "descartados", pois Bocage ignora a narrativa ovidiana em favor da elaboração de uma lírica reflexiva, como já dito.

Os de número 770 a 774, ilustrativos do sentimento que a criatura representa, são também ignorados: "(...) ao vê-la, desvia o olhar. Esta, por seu lado,/ levanta-se da terra infértil, deixando pelo chão bocados/ de víboras meio-comidas, e

avança com passo indolente./ Ao ver a deusa, deslumbrante pela beleza e as armas,/ lançou um gemido e contraiu a face, soltando suspiros".

O poema de Bocage, ao contrário do original com subordinadas que imitam movimentos metamórficos, é composto por coordenação. Assim, cada verso encerra-se com repouso melódico, ou seja, o final de cada um coincide com a pausa respiratória, com exceção dos *enjambements* (vv.10 e 19). Essa sucessão de coordenadas, e assindéticas, e composta por decassílabos brancos, confere ao poema certo congelamento rítmico, alguma monotonia declamatória, dando sensação de pesado silêncio e isolamento, a coincidir assim com a quietude e o isolamento do ambiente tétrico, onde a Inveja se esconde e remói suas dores.

Ainda que o autor tenha descartado o *significante* do original, extraindo-lhe apenas o *significado*, por outro lado imita a dicção da língua latina por meio de hipérbatos, como, p. ex., deslocando o verbo para o final da frase (vv. 2, 5, 9, 10). Ademais, há os já mencionados versos brancos e uma estrutura rítmica que obriga a uma elocução, mais lenta, que lembra a uniformidade monotônica dos antigos cantos litúrgicos e enfatiza mais a duração que a acentuação.

Como o assunto são os baixos sentimentos manifestos na mentalidade romântica, que se traduzem no ressentimento (como denúncia em "O bálsamo", "Necrológio dos desiludidos do amor" e "Ai, Margarida", e sintoma em "Deslumbramentos" de Cesário Verde), nada melhor que tenham sido introduzidos por um poema que os personifica, encarnando-os mesmo, de modo a se tornar um comentário muito lúcido aos mesmos sentimentos que ameaçam a integridade da personalidade do homem.

O BÁLSAMO
Pedro Sette-Câmara
(12º quadro da peça *Os amadores*)

"Os dias podem ser longos, secos,   1
verdadeiramente insuportáveis,
faltando uma musa em cujos ecos
eu consiga ouvir meus condenáveis
acertos e misérias, meus passos   5
de desejo e glória sem sentido,
alinhados como um nó ou laço
simples, sem pudores, redimido.   8

Não, mentira: não quero a perfeita,
geométrica armação, não quero
somente um reflexo que se espreita
querendo fingir que não é lero-
lero essa pretensa solução.   13
Eu quero um bálsamo, e só isso.
Uma voz, um toque. E as ondas vão
me fazer dormir no precipício,

leve, flutuante, sem razão".   17

O poema é atribuído a Válter, uma personagem dramática que lembra Estevão d'*A mão e a luva* (1874), de Machado de Assis, um dos grandes romances realistas que, por conta da cronologia, é muitas vezes classificado como "primeira fase", posto que esteja mais próximo dos quatro últimos, inclusive na qualidade da percepção psicológica.

Ambos são figuras paralisadas pela expectativa que criaram para si mesmos: a de que os outros devem notá-los ou lhes descobrir a importância, tanto faz por qual motivo ou merecimento; querem "uma voz, um toque". Ademais, carregam a ilusão de que o talento (vv. 3-8) ou uma paixão intensa (Estevão) podem salvá-los, e Válter, num gesto desesperado, comete um ato chocante na esperança de que os amigos finalmente *o sintam* (vv.15-17), ato este que se tornou, junto com sua insegurança e imaturidade, sim, o seu "bálsamo", em vez de o ser a sua "genialidade", o seu bom gosto musical ou sua poesia.

O pior foi das profundezas ter de testemunhar a repercussão desse ato e perceber que nem isso causou o impacto desejado, deixando nos seus amigos a impressão de que, no final das contas, estavam lidando com um desmiolado que escrevia umas poesias "bregas".

A personagem-autor mostra-se neste poema um exigente que ataca em duas frentes ou oitavas com certo acento camoniano. Na primeira, espera o consolo da poesia, que só ela pode salvá-lo dos seus dias "longos, secos". Na segunda, com "Não, mentira" até o verso 13, parece dar chance para que a sinceridade se manifeste. Porém não vai adiante: deixa de exigir da poesia para exigir do mundo (vv. 14-15).

Válter não limita seu romantismo ao seu conteúdo mais patente, como a idealização de si mesmo, as desculpas enobrecedoras para suas fraquezas ou uma série de receitas soteriológicas. A forma calça muito bem esse conteúdo: o metro escolhido é o eneassílabo (mas sem a uniformidade acentual), um dos preferidos pelos poetas românticos. Em tempo, notem o belo símile no verso final, que prolonga os versos 15 e 16: o adjetivo "flutuante", a depender da intenção, pode ter as esperadas duas sílabas ou no presente caso três, não apenas para garantir os nove versos, mas para que sua segunda sílaba possa ser pronunciada com a mesma intensidade da primeira de "leve", mantendo o verso em estado de suspensão e assim desenhando o boiar de um corpo: "*le*ve, flutu*a*nte, sem razão". O vocabulário é hiperbólico, há recurso a termos "intensos", usados com cálculo para causar impacto ("longos, secos/ verdadeiramente insuportáveis"; "condenáveis/ acertos e misérias"; "precipício"), que é uma maneira de acentuar suas próprias dores, a ponto de se acreditar estar diante do único sofredor do mundo.

Não estranhe o leitor a alusão a "cálculo", o qual está em boa parte da poesia romântica. Esta não abriu mão da disciplina e chega a explodir sua revolta com rigor formal muita vez atribuído aos parnasianos ("Existe um povo que a bandeira empresta/ P›ra cobrir tanta infâmia e cobardia!.../ E deixa-a transformar-se nessa festa /Em manto impuro de bacante fria!.."). Seguindo esse mesmo raciocínio, "os incompreendidos" são manipuladores e observadores dolorosamente agudos – inclusive de si mesmos (vide *O Homem do subsolo*), – e, no baixo assento etéreo, um Brás Cubas, sem a "pena da galhofa", e a Inveja, cujos "cuidados que a roem não sofrem sono", são o que veem quando se olham ao espelho.

POEMA 116 [AI, MARGARIDA]
Álvaro de Campos

In *Poemas de Álvaro de Campos*, Edição Crítica de Fernando Pessoa, Volume II, ed. Cleonice Berardinelli, Imprensa Nacional - Casa da Moeda, 1990

Ai, Margarida,   1
Se eu te désse a minha vida,
Que farias tu com ella?
— Tirava os brincos do prego,
Casava c'um homem cego
E ia morar para a Estrela.   6

Mas, Margarida,
Se eu te désse a minha vida,
Que diria tua mãe?
— (Ella conhece-me a fundo).
Que ha muito parvo no mundo,
E que eras parvo também.   12

E, Margarida,
Se eu te désse a minha vida,
No sentido de morrer?
— Eu iria ao teu enterro,
Mas achava que era um erro
Querer amar sem viver.   18

Mas, Margarida,
Se este dar-te a minha vida,
Não fôsse senão poesia?
— Então, filho, nada feito,
Fica tudo sem efeito,
Nesta casa não se fia.   24

Communicado pelo Engenheiro Naval
Sr. Álvaro de Campos em estado
de inconsciência
alcoolica

Se o poema anterior é de uma personagem dentro de um drama, este foi escrito por uma à qual falta um enredo elaborado por alguém, que tem de caminhar por entre a gente, mora em endereços conhecidos, escreve artigos para jornais igualmente conhecidos e chega a alimentar rivalidades com o seu criador.

A julgar pela "atribuição explícita" (Berardinelli, 1990, p.23), pelo ineditismo de até então, além da explicação das circunstâncias em que fora escrito, Fernando Pessoa não estava certo sobre quem deveria ser seu "autor". Por outro lado, não poderia ser atribuído a nenhum dos outros heterônimos, como Alberto Caeiro, pela sua ignorância da forma fixa, nem Ricardo Reis, pela quase escassez de humor e certa carga de idealismo disfarçado em sobriedade estoica. Nem o ortônimo poderia assumir-lhe a autoria com tranquilidade. A atribuição a Álvaro de Campos dá-se mais pela proximidade que pela afinidade: se há proximidade no tom do conteúdo, por outra falta afinidade formal. A forma fixa em Álvaro de Campos é, em comparação a de Ricardo Reis e Fernando Pessoa, bastante flexível e a meio caminho da prosa, bem como confundível com seus poemas sensacionistas, o que não parece ser o caso de "Ai, Margarida", cujo desenho formal tem contornos mais bem definidos.

Aqui o autor emula jocosamente as pastorelas medievais, com estrofes paralelisticamente rimadas (vv. 1,2; 7,8; 13,14; 19,20). Essa forma medieval, porém, é contaminada pelo atual acento lusitano que os versos parecem exigir, como, por exemplo, o reforço nos *is* prolongados das estrofes, além da conhecida rima *mãe*/tam*bém*(tamb*aim* vv. 9 e 12). Ainda a respeito dos *is* (bem à portuguesa), o *i* de Margarida, ao contrário do de "vida" de valor mais breve, prolonga-se de tal modo – e sem forçar a barra, uma vez que é natural à pronúncia lusitana – que surge mais uma sílaba (Margari-*i*-da), resultando numa redondilha menor, não num tetrassílabo, comunicando-se melodicamente com a redondilha maior dos versos seguintes.

Já o diálogo entre os amadores compartilha a natureza da famosa discussão que o próprio Álvaro de Campos disse ter havido entre ele e Alberto Caeiro: "(…) senti carnalmente que estava discutindo, não com outro homem, mas com outro universo". O referido diálogo ocorre apenas no mundo das formas, sem que os conteúdos se toquem, causando o efeito cômico do diálogo de surdos. O homem dirige-se à mulher em termos românticos, por meio de linguagem hiperbólica, cheia de sentimentalismo derramado (*se eu te désse a minha vida*), para convencê-la da intensidade de sua paixão. Ela, por sua vez, indiferente a metáforas enobrecedoras, *sempre* interpreta o que lhe é dito de forma literal, e assim *sempre* quebra o encanto da declaração amorosa, beirando a crueldade nos três versos finais, em resposta à entrega do jogo dos versos 20 e 21. Ele, porém, longe de ser vítima de uma mulher insensível, não sofre senão as consequências de quem a trata como personagem de uma ficção romântica, sempre pronta a acatar docilmente tais declarações, como aliás era do feitio da personagem-autor de "O bálsamo", que não incluía apenas as amadas, mas também seus amigos na sua narrativa.

NECROLÓGIO DOS DESILUDIDOS DO AMOR
Carlos Drummond

Reunião, 10 livros de poesia de Carlos Drummond de Andrade, 6ª edição,
intr. de Antônio Houaiss, 1974, ed. JO

Os desiludidos do amor   1
estão desfechando tiros no peito.
Do meu quarto ouço a fuzilaria.
As amadas torcem-se de gozo.
Oh quanta matéria para os jornais.

Desiludidos mas fotografados,   6
escreveram cartas explicativas,
tomaram todas as providências
para o remorso das amadas.
Pum pum pum adeus, enjoada.
Eu vou, tu ficas, mas nos veremos
seja no claro céu ou turvo inferno.

Os médicos estão fazendo a autópsia   13
dos desiludidos que se mataram.
Que grandes corações eles possuíam.
Vísceras imensas, tripas sentimentais
e um estômago cheio de poesia...

Agora vamos para o cemitério   18
levar os corpos dos desiludidos
encaixotados competentemente
(paixões de primeira e de segunda classe).

Os desiludidos seguem iludidos   22
sem coração, sem tripas, sem amor.
Única fortuna, os seus dentes de ouro
não servirão de lastro financeiro
e cobertos de terra perderão o brilho
enquanto as amadas dançarão um samba
bravo, violento, sobre a tumba deles.

A indiferença das amadas em relação aos gestos e palavras nobres dos amadores se prolonga neste crudelíssimo necrológio, no qual se lê uma das mais soberbas aplicações de hipérboles, que mais geniais se mostram quanto mais exageradas ao paroxismo parecerem. Ao contrário dos exemplos anteriores, o poema é polimétrico, variando entre decassílabos de diversas acentuações, octossílabos, eneassílabos e dodecassílabos, numa passagem de um metro a outro de forma rápida, vertiginosa, como uma antecipação da onomatopeia que aparece no décimo verso.

Se estes amadores, seguindo a tradição romântica, valem-se de cálculos com os quais esperam atingir determinado fim (vv. 7, 8, 9), ou seja, se pensam cuidadosamente no efeito que certas atitudes terão sobre as pessoas que os cercam, e assim executam com zelo aquilo que seus cálculos ditam, essa dedicação e essa engenharia mental não parecem encontrar uma resposta à altura de seu esforço, e o gênio termina por ser incompreendido. Por outra, como no caso de "O bálsamo", a natureza chocante do ato parece ligar-se necessariamente à frieza da resposta ou à mais completa ignorância do ocorrido (vv. 27, 28)

Muita vez o exagero não atinge seu efeito e termina por ser mera caricatura, e desse modo o que era para ser impressionante passa a ser simplesmente ridículo. Por exemplo, "Eu sinto em mim o borbulhar do gênio", de Castro Alves, seria ainda mais lamentável, não fosse a eficiência métrica. Por sinal, se em "O bálsamo" e em "Ai, Margarida", o ridículo do sentimentalismo poético se apresenta em bons versos, um truque que garante respectivamente o interesse do espectador (ou leitor) e o efeito cômico, Drummond parece abandonar o charme da simulação em favor da caricatura pura e simples: "Pum pum pum adeus, enjoada./ Eu vou, tu ficas, mas nos veremos/ seja no claro céu ou turvo inferno". Ou seja, representa algo feio por um traço ainda mais feio, mas um feio que se integra ao conjunto.

De qualquer maneira, Drummond eleva a intensidade das metáforas à última potência e ainda lhes põe uma poderosa lente de aumento e, por incrível que possa parecer, a intensidade emocional sai intacta e eloquente. Vejam o exemplo que se inicia na primeira estrofe: não bastasse o "estão desfechando tiros no peito", logo em seguida pousa sobre esse verso a aludida lente que nos faz ver o "Do meu quarto ouço a fuzilaria". É um dos poemas mais barulhentos que conheço.

Ainda seguindo o belo exagero, a expectativa sentimental de "Que grandes corações eles possuíam" é surpreendentemente quebrada pela sua redução ao mais cru anatomismo de "Vísceras imensas", imediatamente seguida pelo híbrido à Tarantino: "tripas sentimentais/ e um estômago cheio de poesia.."... Mencionemos ainda o "Os desiludidos seguem iludidos/ sem coração, sem tripas, sem amor" em que o estado de morte é ainda intensificado pela enumeração negativa, para a qual não restam aos iludidos nem as metáforas sentimentais ("coração" e "amor"), nem as matérias dessas metáforas ("coração" – o órgão – e "tripas"), enumeração esta – em dez sílabas bem distribuídas – que parece ter sido composta por um Camões encarnado num dissecador, e que se prolonga no sáfico "bravo, violento, sobre a tumba deles". E tudo isso numa mistura atordoante e eficiente de linguagem poética e o mau gosto típico das notícias da imprensa marrom.

DESLUMBRAMENTOS
Cesário Verde
O livro de Cesário Verde, s/d, Ulisseia.

Milady, é perigoso contemplá-la
Quando passa aromática e normal,
Com seu tipo tão nobre e tão de sala,
Com seus gestos de neve e de metal.

Sem que nisso a desgoste ou desenfade,
Quantas vezes, seguindo-lhes as passadas,
Eu vejo-a, com real solenidade,
Ir impondo *toilettes* complicadas!…

Em si tudo me atrai como um tesoiro:
O seu ar pensativo e senhoril,
A sua voz que tem um timbre de oiro
E o seu nevado e lúcido perfil!

Ah! Como me estonteia e me fascina…
E é, na graça distinta do seu porte,
Como a Moda supérflua e feminina,
E tão alta e serena como a Morte!…

Eu ontem encontrei-a, quando vinha,
Britânica, e fazendo-me assombrar;
Grande dama fatal, sempre sozinha,
E com firmeza e música no andar!

O seu olhar possui, num jogo ardente,
Um arcanjo e um demónio a iluminá-lo;
Como um florete, fere agudamente,
E afaga como o pêlo dum regalo!

Pois bem. Conserve o gelo por esposo,
E mostre, se eu beijar-lhe as brancas mãos,
O modo diplomático e orgulhoso
Que Ana de Áustria mostrava aos cortesãos.

E enfim prossiga altiva como a Fama,
Sem sorrisos, dramática, cortante;
Que eu procuro fundir na minha chama
Seu ermo coração, como a um brilhante.

Mas cuidado, milady, não se afoite,
Que hão-de acabar os bárbaros reais;
E os povos humilhados, pela noite,
Para a vingança aguçam os punhais.

E um dia, ó flor do Luxo, nas estradas,
Sob o cetim do Azul e as andorinhas,
Eu hei-de ver errar, alucinadas,
E arrastando farrapos – as rainhas!

———

Em sua *História da literatura portuguesa*, Saraiva e Oscar Lopes diz do poema que há um "misto hiperbólico de ódio-adoração à mulher aristocratizada e distante". Esse "ódio-adoração" subjaz às atitudes extremas em "Bálsamo" e "Necrológio dos desiludidos do amor", e o poema de Ovídio-Bocage ilustra-as com muita eloquência.

Dizem ainda que Cesário Verde "introduziu no verso o processo queirosiano de suprir pelo adjetivo ou pelo advérbio uma relação lógica extensa, de imediatizar, pela surpresa da relação verbal, uma sugestão que morreria, se fraseologicamente se desdobrasse" (p. 986) e exemplificaram com: "Quando passa aromática e normal". De fato as combinações de substantivos com imagens de natureza diversa, e pois, indissociáveis, algo como um simbolismo enlouquecido, fazem-se presentes (vv. 4, 12 e 13).

Para José Guilherme Merquior, é "uma poesia erótica realista que celebra Beatrizes mundanas, enfeitiçantes, mas nem por isso menos ironizáveis", e conclui dizendo que "o português Cesário acaba seu poema ameaçando Milady com a revolução popular (*De Anchieta a Euclides*)". Ameaça análoga, mas humorada, vê-se na paráfrase que Bandeira fez de Ronsard: "Por que é que o vosso coração hesita?/ O tempo foge... A vida é breve e é vã.../ Por isso, amai-me... enquanto sois bonita". Porém os versos Ovídio-bocagianos é o que mais bem ilustra a voz deste poema que, com a frustração de uma conquista que nem sequer foi tentada, sonha o pior para o objeto que fascina, com a esperança de não mais admirá-lo. A dama que é objeto de imprecação e admiração poderia responder como a bela Marcela de *Don Quijote*, segundo a qual o *"amado por hermoso"* não é obrigado "*a amar a quien le ama*". No presente caso, porém, o objeto dessa paixão, tão desvairada quanto nula em iniciativa, não toma conhecimento (vv. 5 e 6) do efeito que causa em algumas pessoas, ainda que saiba afetar o coração de muitas. Quanto à voz tão ressentida quanto solitária, por sua vez, nada faz para que a altiva dama tome conhecimento do que por ela

sente; limita-se tão somente a desejá-la em segredo. Ainda assim, alimenta um ressentimento muito forte, pois esta não lhe percebe a paixão tão ardente quanto silenciosa. Não poderia ser de outra forma, uma vez que o amador comporta-se como se diante de um deus a quem se reza em voz baixa e tem suas preces atendidas ("O bálsamo"). Acrescente-se que não ser "menos" ironizável, como diz Merquior, não a torna ironizável de fato, ou, por outra, sutilezas nem sempre surtem efeito, porque a ironia não tem o apelo da violência passional, e pode ser interpretada de forma literal quando convir (cf. o caso de "Ai, Margarida").

No vocabulário o poema é revelador. Exceto pelo erro de regência tão lusitano, o pronome de terceira "si" com o de tratamento "você" (v. 10), a voz é de um *outsider*, que emula o modo de expressão dos que se encontram acima dele e que diz odiar, o que explica o léxico aristocrático e correção métrica ladeando um conteúdo tão ressentido quanto revoltado, que lembra os cronistas sociais que sonham participar do *grand monde* bajulando os ricos elegantes ou ironizando-os nas suas colunas, que é outro modo pelo qual a admiração pode se manifestar.

....

Jessé de Almeida é crítico literário e autor de *A natureza da poesia* (Tulle, 2007).

RESENHAS

DUAS NOVAS TRADUÇÕES DE HOMERO

Bruno Gripp

Traduções de Trajano Vieira
(Editora 34, 2011) e de Frederico Lourenço
(Companhia das Letras, 2011)

Traduções são um elemento essencial da história de uma literatura. Mais do que qualquer outra obra, a *Odisseia* há mais tempo possui uma tradição tradutória consolidada. Foi, afinal, uma tradução latina, feita por Lívio Andrônico, que serviu de marco inicial para toda a tradição literária latina; foi igualmente uma tradução, desta vez inglesa, da *Odisseia* e da *Ilíada*, de Pope, que ampliou o interesse no classicismo e desenvolveu todo um estilo literário na Inglaterra do século XVIII; da mesma forma, a tradução homérica de Voß é uma das grandes responsáveis pela extensão da admiração a Homero na Alemanha da *Aufklärung*.

Em português, até recentemente, várias gerações de leitores tinham duas principais opções: a tradução de Odorico Mendes, poeta maranhense do século XIX, reconhecidamente de difícil leitura pela opção estética radical do tradutor; e a de Carlos Alberto Nunes com sua escolha original por um metro que mimetiza o metro homérico. Em 2011, porém, fomos brindados com duas novas traduções, de modo que nosso número de traduções relevantes, e, consequentemente, de visões tradutórias, dobrou.

Traduzir uma obra longa, complexa, distante do nosso tempo e do nosso ideal estético como é a *Odisseia* implica uma série de escolhas do tradutor. Ele pode escolher entre fazer uma tradução mais simples e clara, que é a opção de Frederico Lourenço, ou uma versão de maior consciência poética, como é o caso de Carlos Alberto Nunes, que tenta se aproximar da poesia homérica, e o de Trajano Vieira, que procura adaptá-la à nossa tradição literária.

Tal problema se colocou igualmente em outras línguas: Lívio Andrônico resolveu adaptar a *Odisseia* ao verso nativo latino, o satúrnio, e Pope adaptou Homero ao *iambic pentameter* característico da poesia inglesa. A escolha do estilo da tradução é uma escolha estética, e envolve pressupostos muito diferentes para cada opção. Dessa forma, quando criticamos uma tradução, devemos estar bem conscientes dos objetivos estéticos de seu tradutor, já que não se pode exigir de uma tradução algo a que ela não se propôs.

No caso das duas traduções em questão, a de Frederico Lourenço, publicada originalmente (2007) pela editora Cotovia e recentemente (2011) editada no Brasil pelo selo Penguin/Cia. das Letras, e a de Trajano Vieira, publicada também em 2011 pela Editora 34, estamos diante de opções estéticas opostas: Lourenço optou por uma abordagem mais fiel ao conteúdo e de menor esmero poético; já Vieira faz um "aportuguesamento" de Homero.

A tradução de Lourenço é em verso livre, sem metro rígido e sem rima. No prefácio ele nos informa que seu verso é "levemente inspirado no hexâmetro dactílico grego (o metro de Homero, formado por seis pés dáctilos – uma sílaba longa, seguida por duas breves), mas, com exceção do verso inicial e de outros momentos importantes, essa inspiração é bem distante – o que não é um demérito, já que mesmo o verso homérico original contém muitas adaptações métricas e raramente encontramos um verso totalmente dactílico. Desse ponto de vista, ele chega a ser mais próximo do original grego do que as traduções que, como a de Carlos Alberto Nunes, mimetizam um hexâmetro português, o que acaba formando uma jaula métrica muito mais rígida do que o verso original, cuja liberdade possibilita diversas adaptações.

A maior qualidade da tradução de Lourenço é sua clareza – não há tradução mais clara da *Odisseia* em nossa língua. O vocabulário utilizado é simples e corrente (nem sequer alguns regionalismos portugueses são sentidos), sem absolutamente nenhum termo estranho e alheio à fala culta. A sintaxe também é simples, quase sempre empregando a formulação direta e evitando ao máximo as inversões características das traduções de Odorico Mendes e Carlos Alberto Nunes. O texto segue bem de perto o original grego, tendendo a uma tradução palavra por palavra e partindo para a paráfrase somente quando necessário. Isso é muito útil para nós, professores e estudiosos de Homero, pois com essa tradução nunca estamos longe dos conceitos e formas originais. Se Ulisses está "dividido em seu coração", conseguimos facilmente deduzir que se trata do "thymós", órgão anímico característico do mundo ho-

mérico. Ademais, os inícios e finais de falas e descrições coincidem com as posições em Homero, e mesmo os *enjambements* são mantidos em praticamente todos os casos.

Embora a correspondência verso a verso não seja sempre mantida, são poucos os momentos em que o tradutor opta pela introdução de mais um verso. Ela segue muito de perto a numeração do original, o que também facilita para o estudioso. Nesse ponto a tradução se mostra extremamente fiel.

Já a tradução de Trajano Vieira esposa uma teoria estética mais engajada, seguindo um caminho diferente. Enquanto o professor português nos fala, no prefácio, brevemente das condições e da situação da poesia homérica, o brasileiro menciona, nas duas breves páginas que se seguem, Heidegger, Ezra Pound, Augusto e Haroldo de Campos e tem como epígrafes trechos de Paul Valéry e Jorge Luis Borges.

Não é segredo para ninguém a ligação de Vieira com o projeto estético-tradutório de Haroldo e Augusto de Campos. Ele mesmo escreveu o prefácio para a tradução de Haroldo da *Ilíada* e sempre apoiou e foi apoiado pelo falecido poeta em suas aventuras pela literatura grega. Sua tradução da *Odisseia*, portanto, se configura como a sucessora lógica da *Ilíada* de Haroldo de Campos: verso alexandrino branco (sem acentuação interna), muitos neologismos e paralelismo de versos com o original, o que acarreta uma intensa concentração da expressão. A escolha pelo verso alexandrino tem razões histórico-culturais e práticas: se o verso mais apropriado para a expressão épica em língua portuguesa é o decassílabo heroico de fama camoniana, o dodecassílabo tem uma tradição literária forte.

O formato bilíngue em que foi publicada a tradução de Vieira é uma vantagem, pois nos permite cotejar sem mais problemas a tradução e o original, assim como contemplar o esforço de Vieira em produzir uma tradução verso a verso.

A busca pelo neologismo baseia-se na facilidade de formação de compostos característica da língua grega, e também na utilização de epítetos formulares da poética homérica, trechos poéticos que ficam associados a diversos personagens, de onde temos "Aquiles de pés ligeiros", "Ulisses saqueador de cidades", "Posêidon sacudidor de terras", "Zeus ajuntador de nuvens" etc. Em grego, uma parte importante desses epítetos é formada por compostos como "*ptoliporthos*" (saqueador de cidades), "*ennosigaios*" (sacudidor de terras) e "*nephelegereta*" (ajuntador de nuvens).

Nisto ocorre um curioso fato: se a busca por ser fiel a um fato linguístico afastou-nos do comum da língua portuguesa, ela também teve como consequência afastar-nos daquela que muito provavelmente é a característica mais especial da língua homérica: seu estilo formular. A poesia homérica era uma poesia tipicamente oral, sua marca mais típica sendo a existência de fórmulas poéticas que constituem as bases pelas quais a poesia era criada. A repetição formular, que é uma característica tão essencial dessa poética, aqui fica completamente à parte (imagino que o leitor nem sequer teria conhecimento dessa característica) porque ela se encontra escondida nas variações e diferentes traduções

dessas fórmulas. Pegue-se como exemplo o epíteto "Odisseu saqueador de cidades" que aparece oito vezes na *Odisseia* e é traduzido por Vieira de seis maneiras diferentes.

O resultado final é uma "transcriação" (para usar o termo de Haroldo de Campos) que faz de Homero um poeta modernista, preciosista e livresco. O sucesso da tradução de Vieira deve ser mensurado, portanto, de acordo com o projeto modernista que ele tinha em mente. Nesse aspecto, é bem-sucedida, embora não possua a mesma fluência da de Haroldo de Campos e tampouco o mesmo grau de invenção.

As edições também mostram as diferentes visões de Homero. A tradução de Vieira acompanha um glossário de nomes, um mapa da Grécia homérica, um bem-vindo plano do palácio de Odisseu e um não tão útil mapa das errâncias de Ulisses, que, se não é justificado pelo poema em si (uma vez que é uma tentativa de colocar na geografia real uma geografia imaginária), justifica-se se pensarmos na tradição posterior. O texto grego espelhado constitui um ato de honestidade do tradutor muito bem-vindo do ponto de vista escolar, ainda que para o pesquisador tenha pouca utilidade (precisamos de aparato crítico e de edições mais recentes). Além disso, há alguns posfácios que reforçam a visão de Vieira de Homero como um poeta moderno, além de um famoso ensaio de Italo Calvino sobre a *Odisseia*. Tudo isso mostra a opção decidida por uma *Odisseia* aberta para a recepção futura.

Já a edição de Lourenço é antecedida por um importante ensaio do helenista americano Bernard Knox, além do prefácio

248

da edição original, e acompanha dois mapas da Grécia e do mediterrâneo homérico, sem tentar colocar no mapa as terras míticas do poema.

Temos assim duas propostas diferentes de tradução: a de Lourenço, mais sóbria e literal, e a de Vieira, de apostas estéticas mais altas. Resta saber que tipo de tradução e que tipo de Homero nós queremos. De qualquer forma, elas ampliam nosso leque de opções de traduções de Homero. E se as traduções são um momento importante para a história de uma literatura, essa riqueza de opções é uma contribuição inestimável à nossa cultura literária e mais uma mostra do valor perene da obra de Homero.

DE COMO AS GRANDES MIGRAÇÕES REMODELAM O MUNDO

Eduardo Carvalho

Doug Saunders. *Arrival City: How the Largest Migration In History is Reshaping Our World*. Pantheon, 2011.

Doug Saunders – correspondente do jornal canadense *The Globe and Mail* em Londres – visitou dezesseis países, trinta cidades, pesquisou durante três anos e chegou a uma conclusão que espera que não deixemos passar despercebida: o evento mais importante do século XX está acontecendo na nossa periferia. O mundo está passando, segundo Saunders, pela última grande

etapa de migração humana do campo para a cidade: "Vamos acabar este século como uma espécie completamente urbana". Este movimento inclui 2 ou 3 bilhões de pessoas – aproximadamente um terço da população mundial – e afetará (ou melhor: já afeta) diretamente a todos.

Saunders abre o livro com um pequeno retrospecto do processo de urbanização: a primeira grande onda aconteceu na Europa e no Novo Mundo no final do século XVIII até início do século XIX, e afetou profundamente ideias e costumes do período, incluindo eventos como a Revolução Francesa e a Revolução Industrial. Mas o debate sobre essa movimentação foi ignorado pelos jornais e parlamentos da época. A urbanização desorganizada gerou comunidades marginalizadas socialmente, ressentidas, e grande parte da história desse período é, segundo o autor, a história dessas pessoas tentando ganhar espaço na nova ordem urbana – inclusive violentamente. A advertência parece assustadora.

É para ser. O objetivo de *Arrival City* é não deixar esse movimento passar em branco desta vez. Porque agora a escala dessa migração do campo para a cidade é muito maior. E, mal administrada, pode ser também muito mais perigosa. Bem administrada, contudo, pode ser interessante culturalmente e, ao mesmo tempo, uma grande oportunidade econômica. Em sua peregrinação internacional, Saunders passou por cidades como Teerã, Los Angeles, Mumbai, Amsterdã, Caracas, Berlim, Nairobi, Londres – e São Paulo e Rio de Janeiro. Apesar de diferentes em muitos aspectos e distantes geograficamente, nas últimas décadas todas essas cidades enfrentaram pelo menos um problema em comum: lidar com novos habitantes que vieram do campo, às vezes de outros países, e quase sem dinheiro.

Arrival city – ou "Cidade de chegada" – é o nome com que Doug Saunders batiza os bairros de periferia em que vão morar esses imigrantes. É o primeiro lugar em que eles se acomodam numa metrópole, mas, numa *arrival city* funcional, não é o seu destino definitivo. Geralmente uma *arrival city* é um local de passagem para seus moradores bem-sucedidos, que, mais ricos, se mudam para bairros melhores – e abrem espaço para uma nova geração de imigrantes. Por isso, "cidades de chegada" parecem piores do que são. Se a administração pública não entender esta dinâmica e tentar consertá-las ou evitá-las com "assistentes sociais, blocos de apartamentos populares e replanejamento urbano", ela acaba estimulando a formação de calamidades urbanas como a de *Les Pyramides*, na França: um projeto de arquitetura gigante e muito bonito plasticamente que se transformou num beco perigoso de imigrantes que, já sem ligação com seu país de origem, não se sentem vivendo em comunidade nem se integram ao novo país.

Para Saunders, antes de assistente social ou polícia, habitantes de uma *arrival city* precisam de crédito, educação, cidadania e estímulo a abrir pequenos negócios. Parla é uma cidade na Espanha que assumiu seu caráter de "cidade de chegada" e, com apoio do governo espanhol, montou uma infraestrutura para receber imigrantes marroquinos, que conseguiram abrir restaurantes, educar seus filhos entre espanhóis e se integrar socialmente. Como em qualquer cidade, o desenho urbano é fundamental para que uma comunidade de imigrantes seja saudável. Neste sentido, *Les Pyramides* foi um desastre: seu baixo adensamento distancia as pessoas, inibe o pedestre e desestimula o comércio de rua. Saunders relembra as lições de Jane Jacobs, em *Morte e Vida de Grandes Cidades*, e sugere que sirvam de inspiração à organização dessas comunidades: que se desenvolvam de forma espontânea, orgânica, flexível, "em concentrações que sejam densas o suficiente e diversas o suficiente para que consigam desenvolver uma vida urbana".

A reportagem de Doug Sauders tem sido elogiada em vários lugares: num ensaio na revista *New Yorker* sobre uma série de livros dedicados a cidades publicados recentemente nos Estados Unidos, Nicholas Leman diz que a versão de Saunders é a mais persuasiva. No jornal inglês *The Guardian*, foi considerado "talvez o melhor livro popular escrito sobre cidades desde *Morte e Vida de Grandes Cidades*, cinquenta anos atrás". No Brasil, provavelmente a única nota foi do Elio Gaspari que lembrou que *Morte e Vida de Grandes Cidades* demorou 48 anos para ser publicado aqui. Caso *Arrival City* seja traduzido em menos tempo, esperamos que a pressa não comprometa a revisão, e a versão brasileira não repita que Brasília foi construída pelos militares e que Fernando Henrique Cardoso é economista.

Espero também que as principais sugestões de *Arrival City* sejam aprendidas e, com os devidos ajustes, executadas aqui. Saunders, quando narra o caso do Morro

Dona Marta, no Rio de Janeiro, diz que "a experiência brasileira ilustra o que pode acontecer quando *arrival cities* são ignoradas ou incompreendidas pelo governo". Aproveitando uma frase do livro: "desprezar novamente este assunto pode ser a diferença entre desenvolvermos uma nova classe média ou uma violenta e agressiva comunidade isolada".

LIVRES E IGUAIS?
Gabriel Goldmeier

Demétrio Magnoli e Elaine Senise Barbosa. *O Mundo em desordem: Liberdade versus igualdade* (1914-1945, Vol. 1). Grupo Editorial Record, 2011.

A passagem retirada do livro *Os limites da utopia*, do filósofo britânico Isaiah Berlin, não por acaso, é escolhida por Demétrio Magnoli e Elaine Senise Barbosa para estampar uma das páginas de seu *Liberdade versus igualdade – vol. 1. O mundo em desordem (1914-1945)*:

"(...) se realmente acreditamos que tal solução é possível, então com certeza nenhum preço será alto demais para obtê-la: tornar a humanidade justa, feliz, criativa e harmoniosa para sempre - que preço será alto demais para isso? (...) Como conheço um único caminho verdadeiro até a solução definitiva dos problemas da sociedade, sei como conduzir a caravana humana; e já que você ignora o que sei, não lhe é permitido ter a liberdade de escolha, mesmo dentro dos limites mais estritos, se o objetivo deve ser alcançado" (p. 102).

Berlin, ainda que em outros momentos admita a importância das utopias para a ampliação da imaginação, aqui evidencia seu temor em relação aos abusos na busca de sua realização. Lendo *Liberdade versus igualdade*, fica clara a concordância do sociólogo e da historiadora brasileiros com essa ideia. Durante suas mais de 400 páginas, o principal ponto explorado por eles é o do perigo de se tentar aplicar teses filosóficas sem a efetiva medição dos seus resultados práticos. A fim de colaborar com a solução desse problema, *Liberdade versus igualdade* propõe o confronto entre o teórico e o empírico, o que nos permite melhor compreender como nos organizamos socialmente e o que podemos fazer para caminharmos em busca da promoção dos dois princípios decisivos para a promoção da justiça: a liberdade e a igualdade.

A lição central do livro está posta: o debate sobre a liberdade e a igualdade não pode ser travado somente no campo teórico. A compreensão dessas ideias depende substancialmente de observações empíricas, isto é, de como, de fato, as sociedades, ao longo dos tempos, agiram e agem na direção do que julgam ser justo. Deste modo, *Liberdade versus igualdade* se apresenta como um livro raro que pretende ser um complemento ao sem-número de publicações dos filósofos políticos contemporâneos sobre essa temática, desde o clássico *Uma teoria da justiça*, de John Rawls. Dito de outro modo, enquanto os filósofos têm investigado se a justiça

251

está associada à maximização do bem-estar, à promoção da igual liberdade ou de certas virtudes, Magnoli e Barbosa procuram cumprir uma tarefa correlata: analisar os fatos mais marcantes da nossa história recente – nesse primeiro volume, o período que vai do início da Primeira Grande Guerra ao final da Segunda – sob a luz dessas ideias e testá-las frente à realidade.

Para tal, partem da reflexão sobre como esses dois lemas que marcaram a passagem do Antigo Regime ao mundo contemporâneo têm sido compreendidos e sobre como as diferentes sociedades ao redor do mundo têm tentado colocá-los em prática. O livro observa dois especiais distanciamentos entre a teoria e a prática: um ligado à eliminação dos ideais liberais em nome de uma questionável igualdade ocorrido nos regimes socialista, fascista e nazista; outro ligado à falsa garantia de uma liberdade igualmente distribuída ocorrido dentro dos Estados democráticos, até 1929, defensores do livre mercado.

Sua análise se inicia com a observação de que os bolcheviques antes da Revolução clamavam tanto por igualdade como por liberdade. Dito isto, mostra que a promoção de um tipo especial de igualdade, a econômica, à custa da eliminação da liberdade de participação, liberdade tão sonhada por socialistas como Rosa Luxemburgo, não contemplava os anseios dos cidadãos comuns, e que a instauração de tal igualdade só foi possível (se é que foi possível) por uma forte repressão e pela falsificação da verdade (exemplarmente traduzida por George Orwell em *Homenagem à Catalunha* e *1984*)

tão frequente em regimes totalitários que acreditam possuir uma Verdade maior sobre a História.

Mas, além da condenação a todos os regimes totalitários do período – e, obviamente, muitas páginas são dedicadas a mostrar os desmandos de Adolf Hitler e Benito Mussolini –, destaca-se no livro uma interessante crítica ao liberalismo. De forma didática, Magnoli e Barbosa nos mostram o desenvolvimento das teses liberais gestadas pelos pensadores da Escola Austríaca e levadas às últimas consequências no *crash* de 1929. Depois disso, mostram o ressurgimento do Leviatã (Estado), até então visto por esses liberais como o símbolo do Mal e das restrições à "verdadeira liberdade" – a liberdade de mercado – como o salvador de economias destruídas pela omissão do poder público de outrora. Dado esse cenário, os autores destacam a força das teses de Keynes e a aplicação de um primeiro formato do estado de bem-estar, não só em democracias como a americana, mas também nos regimes totalitários de Hitler e Mussolini. Deixam então claro que uma reinterpretação da ideia de liberdade tomava forma, a ideia de que os cidadãos somente serão livres se tiverem acesso a uma quantidade mínima de bens que lhes permita colocar seus diferentes planos de vida em prática, um ponto que segundo Magnoli e Barbosa aproximava democratas e totalitários. (Obviamente, essa atenção às necessidades básicas não atendia a todos os anseios humanos por liberdade e, portanto, não podemos dizer que regimes totalitários, que restringiam a liberdade de expressão, defendiam a liberdade.)

Essa dupla crítica – tanto aos totalitários quanto aos ultraliberais – dá o tom do livro: um livro que vê nas experiências extremas citadas uma busca exagerada por apenas um dos dois ideais básicos para a promoção da justiça e, ao mesmo tempo, um desrespeito inaceitável ao outro. Deste modo, contestam a defesa intransigente da igualdade econômica, pois os fatos mostram que essa, para ser alcançada, obrigatoriamente elimina a liberdade individual. Por outro lado, igualmente se opõem aos defensores da liberdade de mercado, dado que também os fatos mostram que tal postura gera uma pequena classe de privilegiados e uma grande massa de indivíduos sem oportunidades para exercer sua liberdade. Assim, o livro se encaminha para uma defesa de políticas como as de Roosevelt, que buscam um "entrelaçamento dos princípios da liberdade e da igualdade" (p. 232), uma defesa próxima do que tem sido sustentado pelas teorias políticas contemporâneas desenvolvidas a partir de Rawls, embora apresentada sob uma nova perspectiva, a perspectiva histórica.

O INFINITO PERDIDO

Marcelo Laier

Ao analisar o mundo literário da década de 1930, Elias Canetti escreveu em *O Jogo dos Olhos* que a "tríade sagrada do romance moderno era James Joyce-Robert Musil-Hermann Broch". E o que Broch (1886-1951) havia feito até aquele momento para pertencer a esse panteão? Havia escrito "apenas" sua estreia, já aos 45 anos: a trilogia *Os Sonâmbulos,* publicada entre 1930 e 1932, e que o leitor brasileiro finalmente tem a oportunidade de conhecer em uma digna edição (Editora Benvirá, tradução, glossário e posfácio de Marcelo Backes). Cada um dos livros é separado do outro por exatos 15 anos, 1888, 1903 e 1918, cobrindo todo o período de governo do Kaiser Wilhelm II.

No primeiro volume, *Pasenow ou O Romantismo*, o personagem-título Joachim von Pasenow, aristocrata rural prussiano, é um abúlico tenente cuja identidade é fundida com seu uniforme, e que oscila entre a prostituta tcheca Ruzena, que conheceu num cassino, e uma mulher de sua classe e posição, Elisabeth von Baddensen. Uma cena-síntese do caráter apatetado de Pasenow é o beijo de uma hora e quatorze minutos quando cai nos braços de Ruzena. Após uma série de eventos, sempre sendo manipulado pelo mefistofélico Eduard von Bertrand, que havia abandonado o uniforme militar pela carreira nos negócios, ele finalmente faz o óbvio para um homem na sua posição, culminando na talvez mais desastrada noite de núpcias da história da literatura.

No segundo volume, *Esch ou A Anarquia*, nos vemos diante do mundo das docas e tavernas à beira do Reno, nas cidades de Colônia e Mannheim. August Esch é um contador, órfão, luxemburguês, classe média baixa, de temperamento praguejante e impetuoso, obcecado com a ordem, a justiça, a redenção e a salvação. Num ritmo mais rápido, de frases curtas, acompanhamos todas as suas malsucedidas tentativas como empresário de luta-livre de mulheres (!) e sua volúpia sexual, desde garçonetes até a solteirona "com um dente a menos" Erna Korn, até que se decide finalmente por Frau Hentjen, viúva de idade indefinida, transmutada assim em esposa-mãe para o órfão Esch. O ponto crucial neste segundo volume é a visita que Esch faz a Bertrand (o ex-oficial do primeiro volume), executivo-chefe da Companhia de Navegação onde ele havia trabalhado, com intenção de matá-lo ou entregá-lo à polícia. Bertrand, revelado agora como "sodomita, porém só na Itália", é o símbolo do Mal, e responsável, na confusão febril de Esch, por toda a desordem do mundo. Aparentemente ele tem uma revelação na conversa com Bertrand, e desperta de seu sonambulismo. No entanto, de modo contraditório, o narrador afirma que um "homem que anseia pela sua pátria e pela sua mulher é um sonâmbulo", e é precisamente isso que Esch termina por fazer.

Os dois primeiros volumes têm uma estrutura semelhante, circular, num senso de simetria e proporção admiráveis, através de inserções de repetições e linhas de continuidade, com três longos capítulos acrescidos de um último capítulo com poucas linhas, em que o autor arremata impiedosamente a desesperança dominante. E como Broch era também matemático, o leitor já nota a evolução da desorientação dos indivíduos em progressão geométrica. Pasenow tinha alguns valores, como pátria, família e Deus, já Esch só compartilha com Pasenow os valores religiosos, que funcionam como uma camisa de Nesso, símbolo de uma armadura que leva a dores ainda mais dilacerantes para quem a usa.

Mas se fosse somente por estes dois primeiros volumes, *Os Sonâmbulos* jamais teria alçado Broch à condição de um dos principais modernistas. Ainda que perpassados pela habilidade narrativa e acuidade na observação da confusa tormenta em que os personagens vivem, como se estivessem num antessonho, são apenas pastiches de outros gêneros literários, respectivamente, o grande romance do século XIX e o romance expressionista.

A obra-prima da trilogia é o terceiro volume, *Huguenau ou A Objetividade*, definido por Milan Kundera como uma inovação revolucionária, por integrar gêneros não romanescos como reportagem, poesia, ato dramático, ensaio filosófico e aforismos na polifonia do romance. Otto Maria Carpeaux, também grande admirador da trilogia, escreveu que Broch era "o mais profundo dos romancistas de ideias". Neste romance-ensaio, situado no microcosmo de uma pequena cidade da Alsácia nos últimos meses da Primeira Guerra Mundial, onde os protagonistas dos dois primeiros volumes também reaparecem, o desertor e "arrivista inocente" Wilhelm Huguenau já se movimenta livremente num mundo onde predomina o vácuo de valores. O cenário não é exposto com o olhar de um moralista, mas através de um ensaio filosófico em dez intervenções chamadas "Decadência dos Valores", como se fossem um 'conforme queríamos demonstrar' para o modo de agir de Huguenau. Em *Huguenau* se completa a 'vertigem lógica', na definição matadora de Maurice Blanchot para a trilogia, culminando num crime, suspenso desde o segundo volume. Até então, o único a cometer um crime tinha sido o próprio autor, ao levar Bertrand ao suicídio, provavelmente para matar o esteta que porventura ainda habitasse nele, fruto da vivência em Viena, cidade que chamou de "metrópole do vácuo ético".

Huguenau é um dos símbolos supremos da degeneração alemã, ao lado dos cinematográficos e "doutores" Mabuse e Caligari. Como Broch, na sua obra ensaística, defendeu que toda obra literária, por seu alto poder cognitivo, nunca conseguirá romper com seu espírito de tempo (*Zeitgeist*), e o livro foi escrito ao final da República de Weimar, época caótica e grandiosa, não seria impróprio considerar Huguenau como o arquétipo do cidadão que emergiu naquele período. Assim como é importante ver com reservas o dom "profético" de *Os Sonâmbulos* em antecipar a ascensão do nazismo, ocorrida um ano depois do término da publicação da trilogia. Em duas passagens de *Huguenau* o autor reflete sobre a necessidade de o cidadão médio ter um *Führer* em quem projetar a demência de uma época. Como todo grande artista, Broch teve o espírito aguçado para apontar o perigo que se aproximava, resultante de um longo processo histórico-filosófico.

Huguenau é o produto final de quatro séculos de degradação dos valores, de secularização do Ocidente, e que chega à sua última fissão, o indivíduo, num processo iniciado no Renascimento, aquela "época criminosa e rebelde", que levou o "espírito europeu" ao positivismo, ao imediatismo, e à cisão em vários sistemas parciais de valores, o econômico, o militar, o religioso (do protestantismo) etc., cada um deles reivindicando o "absoluto terreno" em suas existências autônomas. Para Broch, o sistema de valores ideal era o da Idade Média católica, com seu ordenamento espiritual onde todas as cadeias de perguntas, sejam ontológicas-cosmogônicas ou simplesmente lógicas, terminavam em Deus, o ponto de plausibilidade do infinito, "metáfora de todas as metáforas". Broch, judeu convertido ao catolicismo, num caso único na história da literatura, está sem dúvida próximo da filosofia cristã neste momento da sua produção artística, e neste processo histórico de deslocamento do ponto de plausibilidade, tampouco a posição da Igreja Católica é satisfatória. Para ele, o método racional é sempre o da aproximação, tentando cercar o irracional em círculos cada vez menores, mas sem nunca alcançá-lo. E a Igreja Católica, em seu 'órganon de valores medieval', considera todo o irracional como manifestações do anticristo, inclusive o comunismo, que "tem princípios primordialmente cristãos que ela poderia aceitar sem mais". Sua atuação, com "seu instinto infalível do ódio, do ódio ao herege", é perseguir, dos males, o maior. Enfim, o cerne do pensamento filosófico exposto em *Os Sonâmbulos* é o equilíbrio necessário entre o racional e o irracional.

Como escreveu Blanchot no mais belo ensaio sobre o livro, "Broch não foi, por um lado, um romancista, por outro, um poeta e, em outros instantes, um pensador. Foi tudo isso ao mesmo tempo." Que esta edição brasileira consiga tirar a obra de Broch, o menos conhecido dos grandes romancistas do século XX, de seu círculo de admiradores *"highbrow"* e conquiste pelo menos meia dúzia de leitores.

DE HOMENS E DEUSES
Eduardo Augusto Pohlman e
Willian Silveira

Des hommes et des dieux.
Xavier Beauvois. França, 2011.

Uma das consequências danosas do ateísmo militante dos nossos tempos é a caricatura do Cristianismo com a qual ele impregnou o senso comum. Não tanto porque através desse expediente o Cristianismo perdeu parte de sua autoridade, mas principalmente porque a imagem que nos foi transmitida tanto dos seus dogmas como dos seus fiéis é simplória e superficial. Daí ser muito bem-vindo um filme como *Homens e deuses* (*Des hommes et des dieux*, França, 2010), que estreou no Brasil em 2011 e, como por vezes ocorre com grandes filmes, passou praticamente despercebido. O filme conta a história real de um grupo de monges trapistas que vive na Argélia, quando, em 1996, em plena Guerra Civil, são surpreendidos pelas ameaças de terroristas muçulmanos.

Não há por que nos alongarmos em aspectos históricos do filme. Sua beleza e força estão em outros lugares: no seu conteúdo e na forma com que este é transmitido. A direção é de Xavier Beauvois, ator, diretor, roteirista e professor da renomada *La Fémis*,[1] autor de mais de trinta filmes desde *Le matou*, seu curta-metragem de estreia, em 1986;

duas dezenas de indicações e doze premiações. Sabe-se, porém que, embora correta, a carreira moldada apenas pelo comprometimento não basta para salvaguardar alguém do esquecimento. A prova disso é que, antes de *Homens e deuses* receber o Grande Prêmio do Júri no Festival de Cannes, poucos lembrariam de *N'oublie pas que tu vas mourir* (*Don't forget you're going to die*, França, 1995), filme premiado pelo Festival na mesma categoria quinze anos antes.

À parte o tempo, o que separa ambos os filmes é a relação particular que mantêm com a linguagem cinematográfica. Nos anos 1990, o jovem diretor titubeava frente à técnica. Aos poucos, aprimoraria o *métier* com a prática e pelo contato com pessoas do talento de Agnès Guillemot, um dos principais editores da *Nouvelle Vague*, em especial de Jean-Luc Godard.

Independentemente do meio, o domínio dos recursos técnicos e a maturidade da concepção da linguagem artística são características determinantes para a qualidade de uma obra. No caso do filme razoável, o pêndulo entre acertos e equívocos prejudica o julgamento ao dificultar o discernimento entre as decisões reais do realizador e os frutos do acaso. No filme excelente, por sua vez, a coincidência de sucessos aponta para um único responsável. Em *Homens e deuses*, exemplo de excelência, o maior mérito do diretor reside em conseguir a comunhão primorosa de conteúdo e forma.

A corroborar a ideia de que Deus está no detalhe, a atenção para com a *mise-en-scène* destaca-se sobremaneira. A direção de atores concentra-se basicamente em dois princí-

---

[1] École Nationale Supérieure des Métiers de l'Image et du Son.

pios: na economia e no cuidado dos movimentos. Indiferentemente à importância da cena para o clímax narrativo, nenhuma passagem isolada sobressai à harmonia do conjunto. Da mesma maneira, o elenco experiente, composto por nomes como Lambert Wilson (*Medos privados em lugares públicos*, Alain Resnais, 2006), Michael Lonsdale (*Munique*, Steven Spielberg, 2005) e Olivier Rabourdin (*Meia-Noite em Paris*, Woody Allen, 2011), demonstra que o gestual minimalista, longe de diminuir a expressividade dos personagens, registra ainda mais intensamente e sem interferência as angústias das decisões e o regozijo da certeza oriunda da fé.

Igualmente, fazem parte da proposta estética do diretor as escolhas na composição dos quadros e a edição. Os louros da fotografia merecem ser divididos com a colega de *La Fémis*, parceira habitual e diretora de fotografia Caroline Champetier (*Promised Land* e *Plus Tard*). Nesse sentido, as sequências são sintomáticas, compostas predominantemente por planos gerais e abertos que evoluem com naturalidade para *travelling* horizontal. Não por acaso, as filmagens em Azrou, no Marrocos, deram preferência a ambientes com corredores e estradas a fim de explorar a profundidade e o movimento. Movimento este, aliás, que ganha significado especial a partir do ritmo da editora Marie-Julie Maille. Pode-se destacar no trabalho de Maille o equilíbrio atingido com a regularidade do encadeamento das cenas. Aqui, também, a virtude celebra a simplicidade e a precisão. A ordem das sequências se compromete a dar unidade rítmica ao filme de maneira a emular a relação própria que

a entrega religiosa, nas virtudes e no modo de vida, mantém com a passagem do tempo.

Há outros aspectos que merecem menção. O primeiro, a seriedade e o detalhamento com os quais a vida monástica é retratada. Vemos os monges nos seus afazeres diários, orações e atividades filantrópicas, e o grau de honestidade e realismo com que tais situações são exibidas é impressionante. No espectador não restam dúvidas: ali estão homens de profunda fé e convictos de sua missão. Vale destacar ainda a forma como a personalidade dos monges é lentamente desenvolvida ao longo da história. As suas motivações para adotar este estilo de vida, o valor e a importância da sua fé, o tipo de pessoa que esta missão exige, as virtudes cristãs, tudo isso é apresentado com maestria. São personagens convincentes, que nos exibem da maneira mais profunda e honesta possível o que significa verdadeiramente ser cristão.

Por fim, a dimensão do dilema moral e espiritual a que são submetidos quando devem decidir se abandonam ou não o monastério frente às ameaças dos terroristas. Dos monges trapistas não era exigido o martírio. A bem da verdade, as atividades comunitárias e o envolvimento com o mundo exterior eram encarados por eles como extrínsecos ao objetivo primordial de desenvolvimento espiritual. No entanto, o drama emergia exatamente da contrariedade dessa possibilidade com o propósito de eles estarem ali prestando serviço àquela comunidade: como abandoná-los no momento em que eles mais precisam de ajuda? Num ato de coragem, fé e benevolência, eles decidem ficar e resistir à ameaça das armas.

O filme termina com uma evocação da piedade cristã que é ao mesmo tempo um chamado à tolerância religiosa, através da leitura do testamento de Fr. Christian de Chergé, líder do grupo e um dos sete monges sequestrados pelos terroristas em março de 1996. Fr. Christian era membro do grupo Ribat-es-Salaam, criado por cristãos com o objetivo de compreender melhor o Islamismo e estudar como ele poderia ajudá-los na sua própria vida e crescimento espirituais. O grupo se reunia com frequência no Mosteiro, inclusive doze dos seus membros estavam presentes na fatídica noite. Tal aproximação, no entanto, nunca envolveu a negação dos dogmas cristãos ou um enfraquecimento da fé. Sua intenção era compreender de modo mais profundo o Islamismo e os valores religiosos em comum com o Cristianismo. Esse exemplo de tolerância e abertura a outras religiões sem perdas de identidade é mais um dos tantos aspectos que fazem do exemplo desses monges e do filme que os retrata algo a ser admirado.

EXPLICANDO O DESENVOLVIMENTO

Luiz Felipe Amaral

Daron Acemoglu e James A. Robinson. *Why nations fail: the origins of power, prosperity, and poverty*. Crown Business, 2012.

Why Nations Fail começa como que no Google Maps, comparando duas cidades.

Aliás, começa com um exercício que pode ser feito em casa. É só procurar, na fronteira entre EUA e México, a cidade de Nogales. Parte dela se encontra no estado do Arizona e a outra em Sonora, México. As diferenças são gritantes. Não é surpresa que o desenvolvimento da parte americana seja bem maior do que o da mexicana; a renda *per capita* dos domicílios é três vezes maior. A questão que nos confronta não é a dos pequenos detalhes do desenvolvimento, mas a da *big picture*: por que alguns países são tão mais ricos que outros?

Os autores Daron Acemoglu e James A. Robinson têm uma resposta: a diferença entre níveis de renda é consequência de diferenças institucionais. Segundo os autores, a comparação entre Nogales, Arizona, e Nogales, Sonora, deixa isso explícito e serve não apenas para introduzir o tema como para, já no segundo capítulo, expor as falhas de teorias rivais. O argumento principal é corajoso: instituições não são apenas um dos determinantes das diferenças de desenvolvimento, mas o principal e mais fundamental deles, tornando acessória qualquer outra explicação.

Vejamos: se diferenças geográficas são importantes para explicar o desenvolvimento, como a simples fronteira entre as duas Nogales geraria disparidades tão gritantes? O mesmo argumento serve para explicações culturais: no século XIX, a cultura das duas Nogales era rigorosamente a mesma. Outro exemplo: se geografia e cultura são tão importantes, como explicar as diferenças que apareceram nos últimos sessenta anos entre Coréia do Norte e Coreia do Sul? A maioria dos economistas diria que diferenças nos níveis de renda decorrem da ignorância dos líderes dos países mais pobres ao não implementar as políticas necessárias. Acemoglu e Robinson não se convencem. A quantidade de bons conselheiros fornecida pelas universidades e pelos "Bancos Mundiais" é muito grande; ocorre que no mundo subdesenvolvido há restrições que impedem as boas políticas de serem instauradas. *São as instituições, estúpido.*

É importante lembrar que a hipótese institucional não é recente ou uma novidade dos autores. Pelo contrário, ela está presente em boa parte da velha economia política e no trabalho de expoentes do século XX, como o ganhador do Nobel Douglass North. A inovação de Acemoglu e Robinson é uma melhor compreensão de como fenômenos institucionais afetam fenômenos econômicos e vice-versa. E ela é muito bem-vinda: ambos os autores são economistas de destaque. Robinson é economista e cientista político, doutor por Yale e professor de governo em Harvard. Acemoglu trabalha perto, no departamento de economia do MIT, e é de longe um dos mais talentosos de sua geração, tendo recebido em 2005 a Medalha John Bates Clark, dada ao economista com menos de quarenta anos de idade com maior contribuição para a área. *Why Nations Fail* é a materialização do programa de pesquisa dos dois na última década.

Esse programa envolve compreender melhor a relação entre desenvolvimento institucional e crescimento econômico. Esquematicamente, a proposta envolve compreender como instituições econô-micas, responsáveis por determinar o que e como uma sociedade produz e distribui seus bens, interagem com instituições políticas, que determinam como governos se formam e quais são os limites dos seus poderes. Dentro dessas duas dimensões, distinguem instituições extrativas de instituições inclusivas.

Na dimensão econômica, instituições inclusivas são aquelas que habilitam e incentivam a participação de grandes massas em atividades econômicas que façam o melhor uso de seus talentos e habilidades, e permitem que as pessoas façam as próprias escolhas. Elas envolvem, portanto, direitos de propriedade seguros, um sistema legal sem vieses e livre iniciativa. Instituições econômicas extrativas são aquelas nas quais não há propriedade, indivíduos não podem escolher como ganhar a vida e o sistema legal não trata a todos igualmente.

Instituições políticas inclusivas são as que satisfazem duas condições: um nível mínimo de centralização, permitindo o weberiano monopólio legítimo da violência, e pluralismo na distribuição do poder político, distribuindo-o amplamente e sem grandes disparidades. Instituições políticas extrativas são aquelas que deixam de satisfazer alguma dessas condições. Dessa forma, tanto grandes Estados absolutistas centralizados – como as monarquias modernas e o regime soviético – quanto países onde o poder é amplamente distribuído devido à falta de autoridade central, como a Somália, têm instituições políticas extrativas.

A partir das distinções acima, Acemoglu e Robinson constroem um argumento sobre como instituições evoluem. Nessa tarefa, outros dois conceitos fundamentais surgem. O primeiro é o de conjuntura crítica (*critical juncture*). Conjunturas críticas são eventos, ou confluências de eventos, que rompem o equilíbrio econômico ou político de uma sociedade, podendo gerar novos arranjos institucionais. Um exemplo é a Peste Negra na Europa medieval. A peste matou grande parte da população, tornando a oferta de trabalho escassa e iniciando um processo que culminaria no fim da servidão na Inglaterra. No resto da Europa, seus efeitos foram menos transformadores e a servidão permaneceu ainda por alguns séculos. Tais diferenças decorrem do caráter contingente das conjunturas críticas: seus resultados não são predeterminados.

O segundo conceito fundamental é chamado pelos autores de deriva institucional (*institutional drift*). Por meio dela, pequenas diferenças institucionais, como o maior poder que os trabalhadores ingleses obtiveram em relação aos do leste europeu por causa da Peste Negra, são amplificadas com o tempo e podem gerar diferenças relevantes, como, por exemplo, ajudar a explicar por que a Revolução Industrial ocorreu na Inglaterra do século XVIII.

O argumento do livro é que é pela interação entre conjunturas críticas e deriva institucional que instituições políticas e econômicas evoluem, e países que emergem desse processo com instituições políticas e econômicas inclusivas tendem ao crescimento econômico sustenta-do. Crescimento econômico sustentado depende de incrementos constantes na eficiência da economia, em um processo que tira do mercado modos de produção e tecnologias obsoletas, substituindo-os por processos mais modernos, ainda que gere ganhadores e perdedores. Tal processo, chamado por Schumpeter de destruição criativa, só ocorre de forma plena em contextos de pluralismo político: se elites econômicas detêm o poder político, os incentivos para inovar são restringidos, e novos modos de produção não são desenvolvidos, como ilustra a história dos grandes monopólios na colonização das Índias.

Nesse contexto, a Guerra Civil e a Revolução Gloriosa de 1688 na Inglaterra, ao gerarem instituições relativamente plurais, garantindo direitos de propriedade para inventores, derrubando monopólios e criando um arcabouço legal de equanimidade, foram as conjunturas críticas fundamentais para o início da Revolução Industrial um século mais tarde. A Revolução Industrial, por sua vez, constituiu outra conjuntura crítica: países com instituições inclusivas o suficiente para se aproveitar dos ganhos de produtividade entraram em trajetórias de crescimento econômico sustentado e hoje são ricos.

Uma vez nessa trajetória, os benefícios do crescimento econômico tendem a reforçar instituições políticas inclusivas, que por sua vez reforçam instituições econômicas inclusivas, em um círculo virtuoso. Nos países pobres ocorre o contrário: os detentores do poder econômico, com medo de perdê-lo, tendem a usar esse poder para domar o poder político e impedir que outros obtenham ganhos econômicos, gerando um círculo vicioso. Esses dois círculos explicam a disparidade de renda entre países. Contudo, como o processo histórico é contingente, ao enfrentar conjunturas críticas, é possível que países saiam de um processo para o outro. Segundo os autores, Botswana usou a conjuntura crítica da descolonização para entrar no círculo virtuoso do desenvolvimento.

Os casos da Inglaterra e de Botswana não são os únicos citados. Os autores utilizam diversos exemplos, que se por um lado dão a impressão de pesquisa, por outro tornam o texto repetitivo. Felizmente, a linguagem acessível ajuda. A grande quantidade de exemplos também é indício do poder do argumento. Não é tarefa fácil explicar grandes diferenças no PIB *per capita* com um único determinante. Contudo, se a generalidade é fundamental, ela também serve como contraponto ao depender de simplificações históricas, que, aliás, ficam patentes nas páginas finais, quando os autores falam do Brasil, e então seu poder de convencimento diminui. Eles próprios reconhecem uma ressalva a sua tese: é quase impossível terminar o livro sem considerar que o argumento, de tão geral, simplesmente não é falseável, um problema grande. Ainda assim, *Why Nations Fail* é mais do que bem-vindo a uma ciência que foi de *Uma Investigação sobre a Natureza e as Causas da Riqueza das Nações* para estudos sobre a melhor maneira de induzir o uso de redes contra mosquitos.

HERZOG ENTRE A LOUCURA E A MORTE

Thiago Blumenthal

Saul Bellow. *Herzog*. Traduzido por José Geraldo Couto. Companhia das Letras, 2011.

Depois do Holocausto, só restariam dois tipos de judeus: os mortos e os loucos. A frase de George Steiner representa a judiaria moderna com tal concisão cáustica que chega a espelhar qualquer ranço da condição de *self-hating*, projetada na forma de um míssil *Katyusha* sem direção logo após o iluminismo judaico no século XVIII. E essa *boutade* me parece uma das pistas para entender a complexidade sofisticada de um sujeito como Moses Herzog, a figura em foco em um dos romances mais aclamados da extensa obra de Saul Bellow (1915-2005).

Em edição revisitada depois de um longo período de completa falta de interesse editorial no Brasil, *Herzog* (1964) ganhou, pela Companhia das Letras, a tradução caprichada de José Geraldo Couto e a missão de continuar recuperando o *status* do autor por aqui. Não se trata do primeiro título de Bellow que a Companhia ressuscita: *As Aventuras de Augie March* e *Henderson o Rei da Chuva* foram publicados anteriormente. Quem detinha os direitos de sua obra era a Rocco, que chegou a editar *Presença de Mulher*, *A Conexão Bellarosa*, *Ravelstein* e *Dezembro Fatal*, e ainda pode se achar em sebos a edição rara de um *Herzog* com uma capa insólita pela editora Símbolo, de 1977, período que coincide com o Nobel do escritor um ano antes.

No entanto, o primor dessa capa de mais de 30 anos não supera a falta de criatividade dessa nova edição da Companhia. Foi tão errada, tão infeliz, que mereceria uma resenha inteira só sobre ela. Seria a primeira resenha da história da crítica literária a omitir todo o texto e focar somente na capa. Bem que gostaria de entrar para a história com um texto assim, mas não vou quebrar o pacto de civilidade que travo com o leitor para deixá-lo sem saber uma só palavra sobre o romance. Mas usar um envelope tirado de um banco de imagens que mais parece aquelas figuras *WordArt* é um exercício de estupidez que, retomando e extrapolando o pensamento de Steiner, mereceria a morte ou a loucura como danação.

Temos aqui não só o empobrecimento da obra via capa, mas também o erro ginasial de encerrar todo o conflito de uma geração em uma cartinha fechada a ser enviada, como a mensagem que chega a seu destinatário sem maiores ruídos: que se inspirassem na capa da edição da Penguin, com essa mesma carta em forma de papel amassado, com os garranchos deixando saltar à vista a escrita de uma mente perturbada. Portanto, para ler *Herzog* em sua versão brasileira, é preciso estar munido de tesoura: cortar a capa. Ou isso ou os pulsos do desafortunado capista.

Onde a edição erra na capa, acerta na escolha de um primoroso ensaio introdutório de Philip Roth. Originalmente o texto saíra na revista *New Yorker* de outubro de 2000 e a própria Companhia já o havia

publicado, com a tradução aos cuidados de Paulo Henriques Britto, no livro *Entre Nós: Um Escritor e seus Colegas Falam de Trabalho*, de 2008. Aqui encontramos um dos frutos do trabalho que Roth já tinha iniciado em 1998, quando visitou Bellow e sua mulher, Janis, em Vermont. Mais ou menos como Nathan Zuckerman faz com E.I. Lonoff em *O Escritor Fantasma*, de 1979.

Lonoff, Bernard Malamud, Henry Roth são substituídos, nesse ensaio, por Bellow, que surgiu, já com o seu primeiro *The Dangling Man* (1944), para balizar o universo judaico moderno. Está claro que os anos 1940 e 1950 tornaram manifesto o judaísmo ao *mainstream* literário americano. Mas foi com a votação dos melhores livros de 1959 pelo *New York Times* que a crítica literária dos Estados Unidos se voltou para os autores judeus que escreviam por lá. *Adeus, Columbus* e *Henderson o Rei da Chuva* estavam na lista. *Herzog* foi lançado em 1964 e o resto é história; o que Roth faz nesse texto é traçar, com um distanciamento de aproximadamente meio século, os méritos de Bellow, comparando-o a Kafka ("a África de Bellow atua como a aldeia do castelo de Kafka"), Joyce ("Herzog é o Leopold Bloom da literatura americana") e outros.

Roth conhece o terreno em que está pisando. *Herzog* é o retrato de um animal carregado de imensa energia sexual, fascinado com a própria ereção, à moda de um Leopold Bloom ou de um Alex Portnoy. Se o protagonista age, projeta-se para a frente, e chega a reagir, é por uma única razão: as mulheres. E esse motivo central na obra, cujo pivô é Madeleine, o leva à ruína. Como ele mesmo diz no começo do livro, ainda sem ter perdido o controle completo, "Nunca vou entender o que querem as mulheres. O que elas querem? Elas comem salada verde e bebem sangue humano".

São as mulheres e o modo quase tolo com que Moses Herzog se deixa envolver com elas que fazem do personagem um narrador tão meticuloso em suas descrições e tão perturbado nas ausências, quando se faz desaparecer para trazer à tona a figura de uma Madeleine, sua ex-mulher que o traiu com seu melhor amigo, ou de uma Ramona e seus "prazeres de harém". As cartas que passa a escrever em forma desordenada com destinatários reais, possíveis, e outros absurdos (Deus, Nietzsche, suas duas ex-mulheres, entre outros) - e que ele nunca envia - serviriam para consolá-lo, mas terminam por afundar o seu drama pessoal em desejo, sexo, obsessão, e, invariavelmente, a morte, encerrando a lógica proposta por Steiner: se não a loucura, somente a morte poderia traçar o painel mais realista da vida de Herzog. E ela está ali, sempre à espreita nas cartas e nas ações atrapalhadas do personagem, ora pelas discussões em torno das efemeridades da vida, ora pela presença da pistola de seu pai, tentadora a uma mente doentia e desgovernada.

Hors de combat, Herzog se refugia no campo. Água na panela, acende o fogo, faz espuma em seu rosto com sabão marrom de lavar roupa. E pondera, sob efeito paranoico anestesiado, a respeito do barulho insuportável da vassoura em algum lugar por ali. Mas sequer tem força para pedir que parem de varrer. Cristaliza, no banal (e justamente

no chão), a impotência de suas mensagens.

Ruidosas, rabiscadas de uma memória com dificuldade em ligar dois pontos cronológicos, as cartas de Herzog refletem o mito da mensagem imperial que deveria chegar às mãos do súdito lastimável e solitário, mas nunca chega, como nos apresenta Kafka em um de seus contos mais celebrados. Depois de milênios, passado o último portal, ainda assim, a carta só chegaria à capital, bem no centro do mundo, "onde se acumula a prodigiosa escória". Não se trata de uma escolha, mas apenas de uma condição: se Herzog não está morto, está louco. Mas, como conclui o próprio, "tudo bem para mim".

O LANÇAMENTO QUE NÃO HOUVE

SAUL KRIPKE, NAMING AND NECESSITY

Julio Lemos

Não é fácil dizer se Saul Kripke de fato é, como muitos dizem, o maior filósofo vivo – esse tipo de comparação pouco interessa. O fato é que a transcrição das três aulas dadas por ele na Universidade de Princeton entre 20 e 29 de janeiro de 1970 com o nome de *Naming and Necessity* é uma das obras de filosofia mais importantes da segunda metade do século XX.

A filosofia é muito mais do que análise da linguagem, e *Naming and Necessity* é a prova disso. A filosofia no século XX esteve dominada por variantes do antirrealismo e, em menor monta, pelo positivismo lógico, que reinou por um curto período. Todavia, curiosamente, o defensor mais arguto do realismo na história recente não foi um aristotélico-tomista, mas um filósofo analítico. O renascimento da metafísica nos últimos tempos, a propósito, provém da comunidade analítica; a publicação de *Naming and Necessity* é uma de suas causas.

* * *

A filosofia se dá num tempo próprio, que Victor Goldschmidt, em *La Religion de Platon*, chamou de "tempo lógico" – uma dimensão alheia à história e à biografia do autor. Mas não faz mal a ninguém situar o autor, para registro, no tempo e no espaço.

Saul Kripke nasceu em 13 de novembro de 1940 no seio de uma família judia (seu pai era rabino), formou-se em matemática em Harvard e, ainda no segundo ano da graduação, deu aulas aos alunos de pós-graduação em lógica no MIT. Embora não tenha sequer um título de doutorado, foi convidado a ser professor de filosofia em várias universidades, como Harvard e Princeton, e desde 2002 é professor no Graduate Center da City University of New York (CUNY), provavelmente o melhor lugar, hoje, para se estudar filosofia.

Além da sua contribuição à lógica modal – iniciada com um artigo escrito aos 19 anos de idade –, à semântica e à epistemologia, Kripke é dono de uma conhecida interpretação de Wittgenstein (que muitos chamaram de "Kripkensteiniana" em razão das suas idiossincrasias)[2] e de uma poderosa reformulação da teoria da verdade de Tarski, mostrando que uma linguagem pode incluir o seu próprio predicado de verdade.[3]

Não é bom sinal, mas não deixa de ser uma boa notícia, o lançamento, em dezembro de 2011, do primeiro volume dos seus *Collected Papers* em cuidadosa edição da Oxford University Press. Como Kripke publicou essencialmente artigos e transcrições de palestras, trata-se da porta de entrada mais adequada para a sua obra.

* * *

Naming and Necessity (daqui em diante "*N&N*")[4] ainda não foi lançada no Brasil, o que devemos atribuir ao atraso filosófico e editorial do país, que aos poucos vem sendo superado. Acredito que, em breve, esse vazio será preenchido com uma tradução digna.

---

[2] *Wittgenstein on Rules and Private Language*, Harvard, 1982.

[2] *Outline of a Theory of Truth*, in *The Journal of Philosophy* 72-19 (1975), pp. 690-716.

[4] Utilizo a edição padrão: *Naming and Necessity*, Oxford, Blackwell, 1991.

A gênese das ideias de *N&N* ocorreu entre 1963 e 1964, a partir de estudos formais de Kripke sobre teoria dos modelos e lógica modal. (Não se assuste o leitor: *N&N* é praticamente livre de lógica simbólica[5] e pode ser lido até com certo deleite filosófico.) As duas ideias que pretendo expor neste artigo foram consideradas praticamente incontroversas (dentro do que é possível em filosofia): (i) a teoria "descritivista" de Frege-Russell sobre os nomes próprios é equivocada; (ii) nomes próprios são designadores rígidos. As teses menos aceitas – por exemplo, a da identidade entre estados físicos e estados mentais – serão omitidas por falta de espaço, e porque nada supera a leitura direta de *N&N*.

I. A teoria descritivista pura de Frege-Russell sobre os nomes próprios é equivocada

Tradicionalmente – não só dentro do que Kripke denominou "a lógica moderna" –

considerou-se que um nome próprio fosse uma abreviação de uma descrição definida; e que *uma descrição definida refere-se ao seu referente especificando uma condição que apenas o seu referente satisfaz*. Já os nomes próprios se referem diretamente, se é que se referem, a seu referente. Pensemos num exemplo.

(1) *Pedro Álvares Cabral é o gajo que descobriu o Brasil.*

Temos um nome próprio n = "Pedro Álvares Cabral" e uma descrição D = "o gajo que descobriu o Brasil". Como não há nenhum outro gajo que tenha descoberto o Brasil, Pedro Álvares Cabral é o único indivíduo que satisfaz a descrição. Logo, Pedro Álvares Cabral = o gajo que descobriu o Brasil. Se outra pessoa descobriu o Brasil, então Pedro Álvares Cabral não é o referente da descrição "o gajo que descobriu o Brasil". E se ninguém satisfaz essa descrição, o nome é vazio, e não "refere" (em português o verbo 'referir' não possui forma intransitiva).

Em suma, foi o que sustentaram Frege e Russell: nomes próprios são descrições definidas disfarçadas ou abreviadas. (Ao menos, é a visão mesclada que comumente se atribui a eles; a de Russell é mais sutil, mas leva a essa conclusão.) Quando alguém usa um nome próprio, refere-se àquele objeto ou pessoa que satisfaz a descrição definida que ele (o nome) abrevia ou disfarça. Agora pensemos rapidamente em um dos grandes problemas que essa teoria enfrenta. Suponha que (1) é um enunciado verdadeiro; de acordo com a teoria descritivista, assim, 'Pedro Álvares Cabral' *significa* "o gajo que descobriu o Brasil". Conclusão: o enunciado

---

[5] Estão seriamente equivocados tanto os que acreditam que a lógica formal em nada ajuda a filosofia quanto os que dizem que esta não existe sem aquela (ou que uma pode ser reduzida à outra). Sobre isso, escreveu Kripke: *"Logical investigations can obviously be a useful tool for philosophy. They must, however, be informed by a sensitivity to the philosophical significance of the formalism and by a generous admixture of common sense, as well as a thorough understanding both of the basic concepts and of the technical details of the formal material used. It should not be supposed that the formalism can grind out philosophical results in a manner beyond the capacity of ordinary philosophical reasoning. There is no mathematical substitute for philosophy"* (Is There a Problem About Substitutional Quantification?, in G. Evans e J. McDowell (eds.), *Truth and Meaning*, 1976, p. 416).

"Pedro Álvares Cabral é o gajo que descobriu o Brasil" é uma tautologia (uma, digamos, obviedade circular: "O gajo que descobriu o Brasil é o gajo que descobriu o Brasil"). Mas essa conclusão é falsa, porque o fato de que o gajo descobriu o Brasil não é trivial, mas uma descoberta empírica (um fato histórico não pode ser uma tautologia!). Logo, *ser o gajo que descobriu o Brasil* não pode ser parte do sentido do nome "Pedro Álvares Cabral".

Wittgenstein vislumbrou o mesmo problema nas *Investigações filosóficas*, § 79, e propôs o relativamente conhecido exemplo de Moisés (aliás, parecido com o do nosso gajo). Se dizemos "Moisés não existiu", a frase pode significar várias coisas: que os israelitas não tinham apenas um líder; que o seu líder não se chamava Moisés; que não pode ter havido ninguém que tenha feito tudo o que o Moisés bíblico fez. Estaríamos dispostos a escolher apenas *uma* descrição definida para Moisés? Não seria melhor tomar como descrição de Moisés "o cara que fez a maioria das coisas que a Bíblia diz que ele fez"?

Searle, tomando como ponto de partida essa observação de Wittgenstein, propôs a substituição da teoria descritivista Frege-Russell por uma mais plausível. Ele substitui *uma* descrição definida por uma *família* de descrições possivelmente vagas, definidas ou não (*cluster concept theory*). Assim, o indivíduo que satisfaz todas, ou a maioria das, descrições contidas no conjunto, é o referido; não havendo um único indivíduo que as satisfaça, o nome não "refere". De acordo com essa tese, o exemplo (1) poderia ser substituído por esse aqui:

(2) *Pedro Álvares Cabral é o gajo que descobriu o Brasil e gostava dos índios e era alto e morreu em Santarém circa 1520, etc.*

Desse modo, ele seria o único indivíduo a satisfazer esse conjunto de propriedades. E Pedro Álvares Cabral *significaria* todas ou a maioria dessas descrições enumeradas no exemplo (incluindo o que vai em *et coetera*). Uma alternativa é que os nomes não *significam* essas coisas, mas sim que esses atributos *fixam a referência* de um nome; o que parece ainda mais plausível. Mas o problema do sentido e da referência não afeta esse aspecto da exposição de Kripke.

Chamemos, portanto, de *teoria descritivista pura*, como o faz Christopher Hughes, aquela que tome um nome próprio arbitrário *n* e lhe atribua uma descrição definida, ou todas ou a maioria das descrições do conjunto atribuído (chamemos de família D de descrições), de modo que seja necessário, cognoscível *a priori* e analítico que a coisa é *n* se e somente se ela satisfaz aquela descrição definida ou família D de descrições.[6]

Em bom português (embora essa formulação seja bem menos precisa), essa teoria sustenta que existe uma relação necessária e prévia a qualquer experiência entre o nome, a coisa referida e a descri-

---

[6] O que formalmente nos obrigaria a usar um quantificador Q-maioria para as descrições envolvendo o conjunto $\{D_1, D_2, ..., D_n\}$, considerando famílias finitas, a ser definido mais ou menos assim: Q-maioria $x(\phi x)$ se e somente se $(\phi x) > n/2$, suposto o uso de indexadores para os elementos do conjunto mencionado.

ção definida ou conjunto de descrições nas quais ela se encaixa. O alvo atacado por Kripke é justamente essa tão disseminada teoria. O argumento mais interessante é o modal. Ele procede da seguinte forma: se o descritivismo fosse verdadeiro, algumas verdades contingentes (que poderiam ser de outro modo) seriam necessárias (não poderiam ser de outro modo). Um exemplo clássico é tirado de Frege. Vésper era o nome do corpo celeste visto ao final da tarde em determinada posição. Se dizemos que Vésper é o nome próprio que abrevia a descrição "o corpo visto ao final da tarde em determinada posição", a teoria diz que se trata de uma verdade necessária que, se Vésper existe, seja qual for o corpo celeste visto naquela determinada posição ao final da tarde, trata-se de Vésper. Mas suponha que um meteoro tenha alterado a posição de Vésper e outro corpo agora fosse visível naquela posição no final da tarde; e a teoria nos obrigaria a afirmar que esse outro corpo é Vésper. O que é falso.

Kripke imagina um exemplo semelhante a este, mas usando Aristóteles, no prefácio que escreveu posteriormente a *N&N*:

3) *Pedro Álvares Cabral gostava de cães.*

Para que (3) seja verdadeiro, basta que esse fato se verifique. Russell, assumindo (1), o analisaria assim:

(3a) *O gajo que descobriu o Brasil gostava de cães, enunciado que por sua vez poderia ser analisado assim:* (3b) *Exatamente um gajo descobriu o Brasil, e essa pessoa [necessariamente!] gostava de*

cães, *o que ele é obrigado a dizer, tendo em vista o seu comprometimento com* (3a).

Pela teoria descritivista pura, o vínculo entre "o gajo que descobriu o Brasil" e "gostava de cães" é necessário, e é um dado que independe da experiência (*a priori*). Agora suponha um acontecimento histórico alternativo – que outro gajo tenha descoberto o Brasil, chamado Manoel. Ora, então é necessário que, por força de (3b), Manoel gostava de cães? Ora, diz Kripke, "o critério de Russell tornaria a afeição daquela *outra pessoa* por cães o assunto relevante para a correção de [3]!". O problema aqui é o seguinte. Pedro Álvares Cabral gostava de cães. Então temos que (3) é verdadeiro. Assim, (3a) e (3b) também se verificam. Deste modo, quem quer que tenha descoberto o Brasil gostava de cães. O que é falso.

A qualquer momento, verificando que (1) é contingente, seremos forçados a reconhecer que enunciados como:

(4) *Pedro Álvares Cabral poderia não ser um descobridor.*

São incompatíveis com suas análises, a exemplo de:

(4a) *O gajo que descobriu o Brasil poderia não ser um descobridor.*

Se não é difícil reconhecer que (4) é verdadeiro, porque *era* uma possibilidade à época que Pedro Álvares Cabral morresse antes de chegar ao Brasil ou algo semelhante, (4a) já é extremamente problemático, porque a primeira parte já elimina a possibilidade de que o descobridor do Brasil não tenha sido o descobridor do Brasil.

Kripke também formula um argumento epistemológico. Um exemplo clássico para demonstrá-lo é o de "Gödel". Fixamos como descrição definida algo que só Gödel realizou: a prova da incompletude da aritmética. Assim, temos o enunciado

(4) *Gödel provou a incompletude da aritmética.*

Sabemos que "Gödel" pode ser substituído, de acordo com a teoria descritivista, pela descrição "o homem que provou a incompletude da aritmética". Assim, afirma-se *a priori*, de posse do nome e da descrição que ele abrevia: se uma pessoa é Gödel, essa pessoa descobriu a incompletude da aritmética, e se alguém descobriu a incompletude da aritmética, essa pessoa é Gödel.

Mas suponha que venhamos a descobrir que um tal de Schmidt tenha provado a incompletude da aritmética e Gödel tenha ficado com a fama. Assim, pela teoria descritivista, quando dizíamos, antes da descoberta da fraude, "Gödel fez tal coisa" (por exemplo, casou-se com a sua mulher), estávamos na verdade dizendo "Schmidt fez tal coisa"; a confusão estaria armada! Porque mesmo sabendo usar de modo competente o nome "Gödel", não podemos conhecer de modo *a priori* que foi ele quem provou a incompletude em questão (na hipótese, aliás, seria Schmidt o autor do feito).

Se dizemos, "bem, então propomos a descrição definida D_2, já que a D_1 falhou", nunca chegaremos a uma descrição D_n que

esteja livre da contingência[7] ou da experiência (de surpresas *a posteriori*).[8] É desafiando o descritivista puro a fornecer um sinônimo necessário (uma descrição puramente qualitativa ou um conjunto delas) para um nome próprio que chegamos ao ponto que, penso eu, é o mais forte da refutação kripkiana. Seremos obrigados a dizer que a tese de que uma descrição definida (qual delas?!) tem ligação necessária com um nome é no mínimo inadequada, por mais atraente que seja.

II. Os nomes são designadores rígidos

Com isso fica clara a fragilidade da tese descritivista pura, que fixa como necessária, *a priori* e analítica uma *determi-*

---

[7] Não tenho notícia disso, mas alguém poderia tentar o argumento cantoriano da diagonal para D_n fazendo uso do fato de que sempre há uma descrição (ou conjunto de descrições) com base numa arbitrária contingência indexada como *n + 1* fora do conjunto enumerável inicial, e que, portanto, nunca acharemos uma descrição D que seja necessária – assumindo que a cardinalidade do conjunto de mundos possíveis é maior ou igual a $\aleph_0$ (aleph zero); alguns sugerem, por exemplo, $2\aleph_0$.

[8] É o exemplo do nome "Peano". Kripke mostrou que, mesmo que esteja errado sobre todos os fatos sobre o referente de um nome, o falante ainda assim pode se referir ao objeto em questão. Se alguém perguntasse a esse falante ignorante: "Quem é Peano?", ele responderia equivocadamente: "É o cara que descobriu os postulados de Peano". Ora, quem descobriu os "postulados de Peano" na verdade foi Dedekind. Mas não é a Dedekind que o ignorante se refere, mas a Peano, mesmo que não saiba nada de não trivial sobre ele (e inclusive se equivoque sobre algo importante).

nada descrição definida puramente qualitativa para um nome próprio. A intuição de Kripke, apesar de não ser uma nova teoria, é tão importante quanto a sua refutação da *big picture* da teoria descritivista pura: os nomes próprios precisam se referir ao seu referente mesmo em situações contrafactuais (como aquele em que Pedro Álvares Cabral não veio a descobrir o Brasil), e só assim o nome próprio terá uma relação necessária com o seu referente.

Ele usa o exemplo de Nixon, que ganhou as eleições presidenciais norte-americanas em 1970. Se é verdade que outra pessoa que não Nixon poderia ter ganhado essas eleições em 1970 (i. e., um dos seus adversários), nenhuma outra pessoa que não Nixon poderia ser, ou ter sido, Nixon. Nesse sentido, Nixon é como a constante π: não conseguimos imaginar uma história alternativa na qual *esse homem* a que chamamos Nixon, existindo, não fosse Nixon (se Nixon existe, ele é Nixon), assim como é impossível imaginar um valor diferente para π sem imaginar uma *outra* constante e portanto esquecer π. É evidente que nem "Nixon" nem o símbolo π têm necessariamente esse som ou sinal gráfico em qualquer mundo possível; basta que os designadores tenham equivalentes nominais. (*E. g.*, a mesma pessoa a que chamamos "Nixon" poderia se chamar ou ser apelidada de "Smith" sem que o indivíduo se alterasse; no caso de π, pode-se imaginar uma civilização extraterrestre que o conheça sem nunca ter feito contato conosco, e o chame sonoramente de "Chtulhu fhtagn". Muda a convenção, mas não a equivalência entre os designadores).

Esses 'nomes', Krikpe os chamou de *designadores rígidos*, que *apontam para o mesmo referente em todos os estados (mundos) possíveis nos quais a coisa designada existe*, na definição clássica. Ele anota que não observamos uma possibilidade (mundo possível, na terminologia modal) como quem olha por um telescópio; na verdade, *estipulamos* as coisas, como quem diz: "seja x Nixon" e, em seguida, pergunta: "como se comportaria Nixon se ele tivesse perdido as eleições? Seria ele ainda Nixon?" Bem, se *estipulamos* que x é Nixon, não teremos problema algum em admitir que é dele que estamos falando. E é assim que nos comportamos diante dos nomes. Em um batizado qualquer, é assim: "ele será chamado Richard Nixon"; e esse modo de se referir a ele é naturalmente passado de falante a falante, numa cadeia causal que vai do batizado em t_0 a determinado uso do nome próprio no tempo atual.

Além de inflexíveis – não poderem se referir, nem se terem referido, a nada diferente daquilo a que se referem atualmente –, esses designadores devem passar em outro teste: o objeto referido x poderia ter existido sem ser x? A resposta tem de ser *não* para que o designador seja rígido. Pense-se em expressões como "o número de planetas no sistema solar". Atualmente, esse número é oito. Esse "número de planetas" poderia ter existido sem ser precisamente o número oito, faltando, por exemplo, Mercúrio. Logo, "o número de planetas" não é um designador rígido, porque num estado é oito, em outro estado é sete, etc. "Nixon" e nomes próprios semelhantes passam no teste, como vimos.

Sendo designadores rígidos, não padecem do problema das descrições definidas. Uma nova condição foi colocada para os nomes próprios em sentido estrito: eles não podem abreviar descrições definidas. O nome "Aristóteles" não abrevia "o professor de Alexandre" porque Aristóteles poderia nunca se ter tornado professor; poderia inclusive não ter sido filósofo, recolhendo-se num recanto tranquilo na Macedônia, ouvindo *reggae* a vida inteira. Em razão disso, "o professor de Alexandre", se existiu, pode ter sido *outra pessoa*; por isso não é um designador rígido. "Aristóteles", todavia, sendo um designador rígido, exige apenas que o indivíduo a que se refere tenha existido – tenha ele sido professor, filósofo ou desocupado. Se Aristóteles não tivesse sequer nascido, o nome "Aristóteles" não teria referente algum. Mas existem designadores rígidos para coisas necessariamente existentes? Sim, responde Kripke; e com maior razão. É o caso de nomes como "o número primo par", que designa necessariamente o número 2 em *todos* os mundos possíveis. E nomes para tipos naturais (*terms for natural kinds*), como "água" e "gato"? Surpreendentemente, eles são também de designadores rígidos. Ambos os termos passam no teste da rigidez, e por isso se equiparam, aparentemente, aos nomes próprios. Para ele, aliás, um nome próprio só pode ser usado de modo rígido; e por outro lado nenhuma descrição definida pode dar o sentido de um nome próprio.

* * *

Kripke não deu o passo de oferecer uma tese que substituísse explicitamente a das descrições definidas de Frege e Russell; dado o seu profundo senso comum, ele estava consciente de que toda formulação fixa está destinada a ser refutada. Ele preferiu atacar o cenário geral da teoria descritivista pura, e deixou claras as suas intuições sobre os designadores rígidos. *N&N* transformou a filosofia analítica no século XX: colocou a metafísica novamente na ordem do dia e, com uma intuição simples – que agora nos parecerá até óbvia –, desafiou uma visão há tempos fixada.

....

Julio Lemos não é filósofo; mas poderia ter sido.

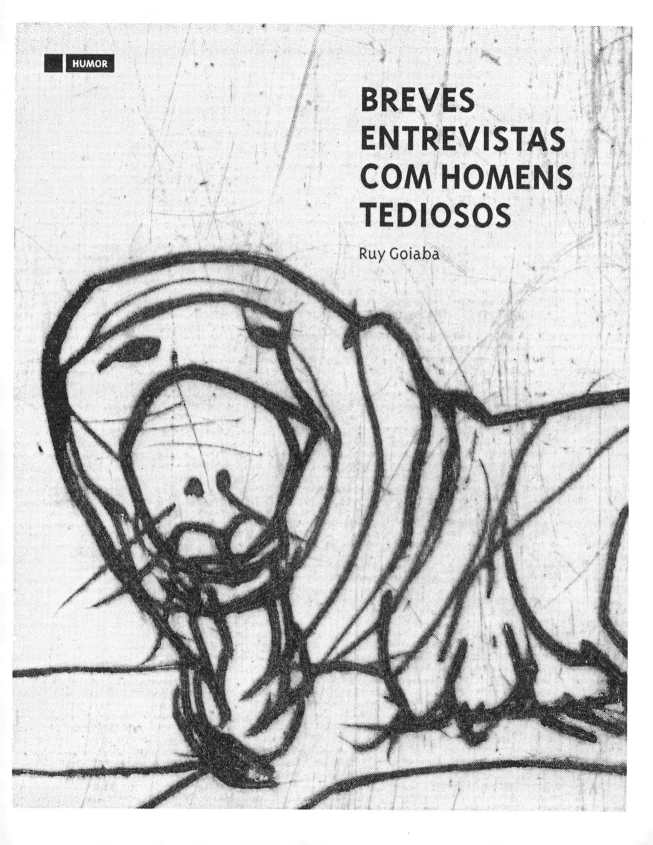

O que faz uma boa entrevista? Normalmente, entrevistados que tenham coisas interessantes a dizer e entrevistadores conhecedores do assunto, que saibam extrair o melhor da conversa sem nunca voltar os holofotes para si mesmos – ora simplesmente deixando o entrevistado falar enquanto ele é sutilmente conduzido, ora fazendo a provocação certa no momento certo. Mas nosso Brasil brasileiro, terra de samba e pandeiro, em regra prefere importar (*pun very much intended*) as piores coisas dos Euá: o Big Mac, as opiniões políticas do Sean Penn, os *talk-shows* em que os entrevistados servem de escada para entrevistadores falastrões. O padrão é David Letterman, não Charlie Rose – sem o *wit* do Letterman e sem entrevistados-escadas interessantes, mas com a canequinha. Não se pode ter tudo, afinal (e, parafraseando o Robert Frost, *wit* é aquilo que se perde na tradução). E, considerando os grandes momentos de humor involuntário que essas entrevistas rendem, temos o direito de reclamar? Não creio. O texto que segue é uma tentativa de unir o melhor desses dois mundos e imaginar como grandes nomes da literatura universal se sairiam nessas entrevistas à brasileira. Acho mesmo uma pena que sejam ficcionais – definitivamente, Goethe não sabe o que perdeu não aparecendo no *Domingão do Faustão*. Mas não custa tentar preencher essa triste lacuna.

1. Jô Soares entrevista Fernando Pessoa

(Banda toca "Vira-Vira", dos Mamonas Assassinas, em ritmo de jazz, com ocasionais gritos de "uou!" do entrevistador – que, como de costume, interrompe os músicos com um gesto.)

JS – Eu vou conversar com o autor deste livro aqui, *Mensagem*, que ficou em segundo lugar no Prêmio Antero de Quental. Vem pra cá, Fernando Pessoa!

(Pessoa e um time de futebol de salão dos seus heterônimos – Caeiro, Ricardo Reis, Álvaro de Campos, Bernardo Soares etc. – sobem ao palco para a entrevista.)

JS – Mas eu vou ter que entrevistar todos vocês, gente? Que coisa. Assim o programa só vai terminar no domingo de manhã (gargalhada do baixista Bira ao fundo). Vocês querem se apresentar? Quem começa?

Alberto Caeiro – Pouco me importa.

Ricardo Reis – Sei bem que nunca serei alguém.

Álvaro de Campos – Não sou nada, nunca serei nada, não posso querer ser nada.

FP-ele-mesmo – A vida é nada. Dá-me mais vinho.

JS – Ô, Alex, traz um vinho pro Fernando aqui. (Garçom aparece com vinho e serve FP em uma canequinha igual à do entrevistador. Jô se aproxima de FP e pousa a mão em seu braço esquerdo). Então, Fê, me conta: é verdade que o Sá-Carneiro jogava água pra fora da bacia?

(Nova gargalhada do Bira ao fundo.)

2. Leda Nagle entrevista James Joyce

LN – Vem cá, James, explica pros nossos telespectadores como foi essa coisa mágica de escrever um livro como o *Ulysses*.

JJ, bêbado – *O that awful deepdown torrent O and the sea the sea crimson sometimes like fire and the glorious sunsets and the figtrees in the Alameda gardens yes and all the queer little streets and the pink and blue and yellow houses and the rosegardens and the jessamine and...*

LN (interrompendo, sorridente) – Arte é uma coisa gloriosa mesmo, né? E, vem cá, tem alguma mensagem pros seus leitores brasileiros?

JJ – *A disincarnated spirit, called Sebastion, from the Rivera in Januero (he is not all hear), may fernspreak shortly with messuages from my dead-ported. Let us cheer him up a little and make an appunkment for a future date. Hello, Commudicate! How's the buttes?*

LN (sorrindo sempre) – Preferência nacional, com certeza. A gente agora vai pros nossos comerciais e depois volta pra um chazinho com Marcel Proust, que já está aqui no estúdio. Não saia daí.

3. Amaury Jr. conversa com Baudelaire

(Festa com "Keep It Comin', Love", de KC and the Sunshine Band, ao fundo. Num canto, Amaury se aproxima de Baudelaire, que está com aquela cara de pouquíssimos amigos da foto de Étienne Carjat e segura um drinque na mão direita.)

AJ – Mas olha quem está aqui nesta festa linda! Charles Baudelaire, o maior poeta da França. Tudo bem com você, Baudelaire, meu querido? O que é esse drinque verde aí na sua mão?

CB – Absinto. *Le poison qui découle de tes yeux verts.*

AJ – Nossa, isso é forte, hein? Se eu beber dois goles, fico desacordado por uns dois dias, ha-ha-ha. Mas diz pra mim, Baude – posso te chamar assim? Seu livro mais famoso é *As flores do mal*, nome misterioso, poético, não é? Existem as flores "do bem" e as "do mal", é isso?

CB, désolé - *Ô, Satan, prends pitié de ma longue misère...*

4. Fausto Silva apresenta Goethe

FS - E agora, exatamente às dezoito horas e trinta minutos, nós vamos trazer aquele que é um grande ícone da poesia mundial! Ééé, bicho, tá pensando o quê? Não é brincadeira o que esse cara faz, não. Ele é considerado por muitos o maior poeta da história da Alemanha! Diretamente da corte de Weimar para a sua telinha, vem aí o glorioso Johann Wolfgang von Goethe aqui no *Domingão*!

(Entra JWG, um pouco assustado com a gritaria do público.)

FS – Grande garoto! Essa ferinha aqui foi quem escreveu aquela história do cara que faz um pacto com o diabo – e o cara era meu xará, é brincadeira? O Brasil todo aplaude...

JWG, timidamente – *O sprich mir nicht von jener bunten Menge/ Bei deren Anblick uns der Geist entflieht...*

FS (interrompendo) – Esse é o super-Goethe! Monstro sagrado da dramaturgia alemã! Grande figura humana, tanto no pessoal quanto no profissional!

JWG – *Kennst du das Land wo die Zitronen blühn?*

FS – Orra, se conheço, meu. Morei cinco anos em Bebedouro...

(O poeta faz *nein-nein* com o indicador, vira-se e aponta para Caçulinha, que começa a tocar o lied de Schubert. JWG, na sua melhor voz de Dietrich Fischer-Dieskau, manda ver.)

JWG – *Kennst du das Land, wo die Zitronen blühn/Im dunkeln Laub die Gold-Orangen glühn...*

FS – Ô loco! Concertos pra juventude, galera! Quem sabe faz ao vivo!

5. Marília Gabriela entrevista William Shakespeare

(MG tira os óculos, faz gestos com as mãos, sorri para a câmera.)

MG – E vamos ao bate-bola com William Shakespeare, dramaturgo, poeta, meu convidado de hoje. Jogo rápido! Um grande medo?

WS – That undiscovered country from whose bourn no traveler returns.

MG – E o maior sonho?

WS – De uma noite de verão.

MG – Um desejo?

WS – All's well that ends well.

MG – Shakespeare por Shakespeare.

WS – A man of infinite jest, of most excellent fancy. É nóis na fita, mano.

Ruy Goiaba, 42, é jornalista e gosta mais de ouvir os entrevistados falarem do que de dizer ele mesmo as GRANDES VERDADES, em maiúsculas. Escreve no twitter @mrguavaman.